文
景

Horizon

社科新知　文艺新潮

托尔金传

J.R.R.TOLKIEN
A BIOGRAPHY

HUMPHREY CARPENTER
[英] 汉弗莱·卡彭特 著
牧冬 译　戴故秋 校

上海人民出版社

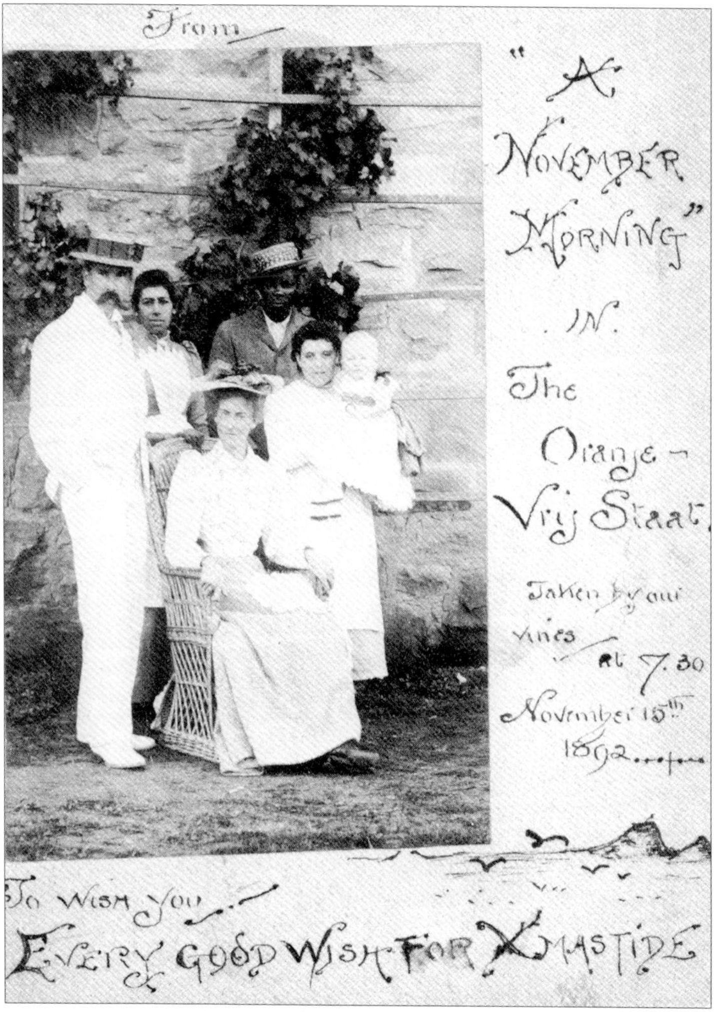

家庭合照，布隆方丹，1892 年 11 月

（从左至右：亚瑟 · 托尔金，女佣，梅贝尔 · 托尔金，伊萨克［僮仆］，保姆［抱着 10 个月大的］约翰 · 罗纳德 · 托尔金；照片周边文字［梅贝尔 · 托尔金所写］：11 月的一天早晨，奥兰治自由邦。1892 年 11 月 15 日 7:30 摄于我们的葡萄树旁。祝你们圣诞快乐，万事如意）

梅特兰街，布隆方丹，[1890] 年代

（托尔金出生的银行楼即左数第二幢房屋，位于两间商店后方）

萨尔霍磨坊

萨尔霍磨坊

（蒙伯明翰公共图书馆允许使用）

罗纳德·托尔金（左）和希拉里·托尔金（右），
1905 年 5 月，分别为 13 岁和 11 岁

弗朗西斯·摩根神父
（蒙伯明翰奥拉托利会允许使用）

伊迪丝·布拉特，1906 年，时年 17 岁

罗纳德·托尔金，1911 年，时年 19 岁

爱德华国王学校第一个 15 人橄榄球队合照，1909 年至 1910 年

（克里斯托弗 · 怀斯曼站在后排左数第 4 位，罗纳德 · 托尔金是后排左数第 5 位。笔迹来自托尔金）

约瑟夫·赖特

从院士花园看牛津大学埃克塞特学院的图书馆和礼拜堂

“放飞自我社”合照，1912 年 5 月。托尔金是这个埃克塞特学院本科社团的创建人之一，他坐在第二排右数第 2 位，科林·卡利斯坐在这排正中

伊迪丝·托尔金和罗纳德·托尔金，1916 年

利兹大学英语系合照，1921 年，前排中间坐着托尔金（左）
和乔治·戈登（右）

E.V. 戈登

诺斯穆尔路 20 号

家庭合照，诺斯穆尔路家中花园里，约 1936 年

（从左至右：普莉西拉，迈克尔，约翰，J.R.R. 托尔金，克里斯托弗）

家庭合照，诺斯穆尔路家中，1942 年 8 月

（站立的从左至右：克里斯托弗，约翰；坐着的从左至右：伊迪丝，普莉西拉，J.R.R. 托尔金）

C.S. 刘易斯

里奇韦旁的伯克郡丘陵，白马山丘附近（牛津附近的乡村之一）

大图村，一个原生态的牛津郡村庄（牛津附近的乡村之二）

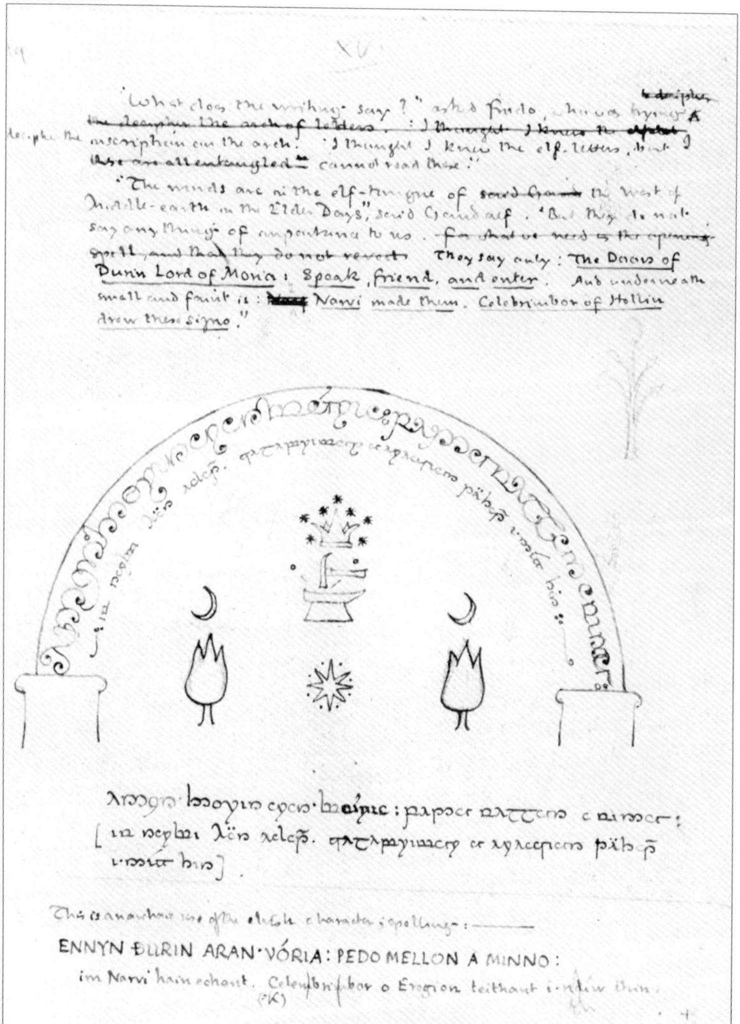

《魔戒》手稿某页，即托尔金关于都林之门的早期画稿

（获密尔沃基的马凯特大学同意）

伊迪丝·托尔金和罗纳德·托尔金在桑菲尔德路 76 号门口，1966 年

托尔金在伯恩茅斯的米拉马旅馆露台上，1961 年

在接受牛津大学名誉文学博士学位的仪式上，1972 年 6 月 4 日

托尔金接受牛津大学名誉文学博士学位

（比利特·波特摄，引自《墨象社》）

默顿街住宅书房中，1972 年

（比利特·波特摄）

托尔金生前最后一张照片，1973 年 8 月 9 日摄于牛津植物园、
他最爱的树木之一（黑松）旁
（迈克尔·乔治·鲁埃尔·托尔金摄）

谨以此书纪念茶社和巴罗社团

目 录

作者按

本书是基于已故J. R. R. 托尔金教授的书信、日记和其他文 9
献，及其他家人朋友的回忆写成的。[1]

托尔金自己不赞成立传。或者说，他不喜欢将其作为文学批评的一种形式。“这是我最强烈的主张之一，”他曾写道，“通过调查作家的生平来研究他的著作，是完完全全徒劳和错误的。”[2] 但毫无疑问，他意识到自己的小说大受欢迎，很可能死后就有传记问世。实际上，他似乎也为此做了准备。人生的最后几年里，托尔金给一些旧信件和旧文件做了注评，还写了几页童年的回忆。[3] 所以我希望我的书没有太过违背他的愿望。

写作中，我试图只叙述托尔金的生平故事，不去评判他的小说。这虽然是遵从他自己的看法，但我也觉得在作家的首部传记中进行文学批评并不恰当，这固然揭示了作家的特质，却也最终会反映批评家自己的特质。但我尝试勾勒出一些影响了托尔金想象的元素和文学作品，希望有助于理解他的著作。

汉弗莱 · 卡彭特

牛津，1976年

第一部

一次拜访

那是1967年某个春日的上午，我开车驶出牛津市中心，过 13
莫德林桥，沿伦敦路向前，上个斜坡来到体面又乏味的郊区黑丁顿。在一所大型私立女校的附近，我左转上了桑菲尔德路，这是条居民区道路，沿街都是两层的砖房，每家每户都带个整洁的前院。

76号住宅远在道路另一头。房子漆成白色，掩映于高高的篱笆、树篱和大树树荫中。我停好车，打开拱门，沿着蔷薇花丛的小径上前，按了按前门门铃。

很长时间寂静无声，只听到远处主路传来的车辆轰鸣。我考虑再按次铃或者转身走人时，托尔金教授开门了。

他比我想象的矮那么一点。身形高大是他书里常见的人物特征，所以看到他比平均身高略矮些，我稍感惊讶。他没有矮太多，但足够让人注意到这点。我做了自我介绍（我预约过这次见面，他等着我前来），他收起初见时疑惑甚至防备的表情，露出笑脸，伸出手，和我紧紧握了握。

他的身后，我看见一个狭小整洁的门厅，人们能想到的一对中产老年夫妇屋里该有的东西，这里一应俱全。报纸上引述过
14 W. H. 奥登一句不恰当的评论，称托尔金的房子“难看”。这是无稽之谈，它只是普通的郊区房子而已。

托尔金夫人出来了一会儿，和我打招呼。她比丈夫身形更小，是个整洁干净的老妇人，白发黑眉，束起的头发紧贴脑袋。寒暄几句后，教授走出前门，带我走进房屋一侧的“办公室”。

这其实是个车库，但早就不停车了。他解释说，“二战”开始后自己就没了车。退休后，他把这里修整得适合居住，搬来以前放在学院房间里的书籍和文件。书架上塞满各类词典、词源学和语文学[1]著作，以及诸多语种版本的文本，主要是古英语、中古英语和古诺斯语，还有一些是《魔戒》的波兰语、荷兰语、丹麦语、瑞典语和日语译本。一幅他笔下“中洲世界”的地图钉在窗台旁。地上有个很旧的旅行箱，装满了书信，桌上放着墨水瓶、钢笔头和笔杆以及两台打字机。屋子里飘着图书和烟草的味道。

房间并不舒适，教授为在这儿接待我致歉，但他解释自己其实是在书房兼卧室里写作的，那里没地方招待别人。他说无论如何这只是临时安排，希望很快就能兑现对出版社的承诺，至少写完一部著作的主体内容。[2]然后，他们夫妇就能搬到更舒适的住处，和趣味相投的人做伴，远离来访者和擅闯者。说到最后一句，他略显尴尬。

15 我跨过电暖炉，应他要求坐在一张温莎椅上。他从花呢外

套的口袋里掏出烟斗，立马向我解释只能留给我一点时间。亮蓝色闹钟吵闹的嘀嗒声响彻房间，仿佛也在强调这点。他说读者来信指出《魔戒》某段有个明显的矛盾，必须赶紧将其厘清，因为修订版即将送印。[3] 托尔金巨细靡遗地讲着，谈起他的书仿佛并非一本小说，而是真实事件的编年史。他并不自视为一个必须纠正或解释小错误的作家，而是一个必须拨去古早文献迷雾的历史学家。

尴尬的是，他似乎认为我像他一样熟悉《魔戒》。我读过很多次，但他谈论的细节对我来说没多少意义。我开始担心他抛出一些尖锐的问题，暴露我的无知。——现在他真的问了个问题，还好是个反问，只要回答“是”就行了。

我因为担心有更多更难的问题而紧张，又由于不能听清他每句话而更加紧张。他嗓音有些古怪，低沉而不洪亮。说的全是英文，但有种我很难形容的特点，仿佛我在和另一个时代或文明的人对话。大部分时候他谈吐不清，字词急着从嘴里蹿出来。他着急强调重点，整个短句就被压缩或吃了进去。他经常抬手抚嘴，就更难令人听清他在说什么。他说话句式繁复、很少支吾，但突然来个大喘气，就肯定在等我回答。回答什么？真有问题我也理 16
解不了。突然他重起话头（此前讲的还没完呢），最终画上个有力的休止符。其间，他叼着烟斗，紧咬牙关说话。话音落下，他划了根火柴。[4]

我再次苦思冥想一个妙评，还没想好，托尔金又顺着话头扯远，聊起报纸上一个恼人的评论。现在我觉得能附和几句，说了些希望不算太笨的话。他饶有兴致又不失礼貌地听着，详尽作答，将我的评论升华一番（我的评论无足挂齿），让我觉得自己还算言之有物。然后他又另开话题，再次超出我的理解，我只能唯唯地应和着。我觉得，自己作为对话的参与者，可能仅仅被视为听众。

聊天时，他在昏暗的小屋里走来走去，好像精力充沛，一刻都坐不住。他凭空挥了挥烟斗，在烟灰缸上敲出烟渣，填满烟叶，划根火柴，但只是偶尔抽几口。他的手小巧、干净、满是皱纹，左手无名指戴着朴素的婚戒。衣服有点皱，但很合身。虽然他已经76岁，但彩色背心的纽扣下，只有些许发福的迹象。我总忍不住去看他眼睛，他会扫视屋内，或凝望窗外。偶尔要发表重要观点时，会突然瞟我一眼，或凝视着我。他的眼眶布满皱纹，随着情绪起伏变化，又凸显每个情绪。

17 悬河之口终于停歇了一会儿，烟斗再次点燃。我抓住机会说明来意[5]，当然现在这似乎不再重要。他立即对这件事热情满满，仔细听我说话。聊完这事，我准备离开。但此刻托尔金显然没料到也不想我走，因为他开始滔滔不绝，又提起自己创作的神话。他的目光停在远处某个东西上，紧抓烟斗，从嘴里的烟斗柄那儿吐出词句，似乎忘记我的存在。从外在的各方面看，他就是典型的牛津教师形象，有时甚至是讽刺剧里的那种。但恰恰并非如此。似乎在老教授的皮囊伪装下，他有个独特的灵魂，踱步城郊的狭小陋室，却神游中洲的浩渺山川。

会面就此结束。托尔金带我走出车库，来到正门对面稍小的花园门口。他解释说，自己必须常年关着车库门，以防那些来当地体育馆看足球比赛的人把车停在他的车道上。他邀请我再次登门，这让我有些惊讶。他们夫妇都身体抱恙，即将前往伯恩茅斯度假疗养，托尔金自己的工作延宕多年，未回复的信件堆积如山，所以他并不是让我即刻重访，而是预约了不久后的某天。[6] 与我握手后他转身离开，孤零零的身影走进了屋里。

第二部

1892—1916年：早年时光

第一章　布隆方丹

1891年3月的一天，“罗斯林城堡号”蒸汽船驶离英格兰的码头，前往开普敦。一个苗条美丽的21岁少女站在船尾甲板上挥别家人，她将很长时间看不到他们。她就是梅贝尔·萨菲尔德，正前往南非[1]与亚瑟·托尔金结婚。 21

任何层面上，这都是她人生的转折点。抛在身后的，是伯明翰，迷雾天，家庭下午茶。在她前方的，是未知的国度，终年的晴天，与一个大她13岁男人的婚姻。

虽然梅贝尔很年轻，但她的婚约已不算短，三年前她18岁生日后不久，亚瑟就向她求婚，她答应了。但正因为她年轻，父亲两年来都不同意她正式订婚。她和亚瑟只能偷偷书信来往，或在家庭晚会上，于家人众目睽睽下见面。梅贝尔把信托付给妹妹简[2]，后者坐火车从学校回郊区家里时，在途中的伯明翰新街火车站站台转交给亚瑟。在家庭晚会上（通常是音乐聚会），亚瑟的妹妹们弹钢琴时，亚瑟和梅贝尔只能眼神交流，最多碰碰袖子。

这是架托尔金钢琴，一款托尔金家族企业生产的立式钢琴，
22 制琴曾是他们的家族产业。琴盖上刻着“必选之琴：为极端天气量身定制”。但亚瑟的父亲破产了，钢琴公司易手，他的孩子们失去了在家族产业里谋取差事的机会。亚瑟试着在劳埃德银行找份工作，但发现伯明翰分行的职位晋升太慢了。要养家糊口，只能另谋生路。他把目光投向南非，那里发现了黄金、钻石，银行业蓬勃发展，就业前景广阔。他向梅贝尔求婚后一年不到，就在非洲银行找到了职位，启程前往开普敦。

亚瑟的进取心果然是正确的。第一年他频繁出差，完成开普敦与约翰内斯堡之间很多主要城镇的驻点任务。他表现良好，1890年末被任命为一个重要分行的经理，分行位于奥兰治自由邦首府布隆方丹。他分到一套房，收入充裕，终于可以筹办婚事。1891年1月末，梅贝尔庆祝完自己的21岁生日，短短几周后就坐上“罗斯林城堡号”，投奔南非和亚瑟。如今他们的婚约终得梅贝尔父亲的同意。

或者更恰当地说，是“容忍”。因为梅贝尔的父亲约翰·萨菲尔德是个高傲的人，尤其傲于家世这个仅存的资本。他过去在伯明翰的布料生意很红火，但现在像亚瑟的父亲一样，也破产了[3]，只能以旅行推销洁怡清洗剂维生。生意上的失败反而强化了他对
23 家世的自傲，重视自己在米德兰兹古老又受人尊敬的家族。托尔金家族有什么好比的？不过是日耳曼移民罢了，来英格兰没几代，门第上不配做自己女儿的丈夫。

如果说三周的航程中，这些想法还萦绕在梅贝尔脑海，4月初船只进入开普敦港口时，她就已经把它们抛诸脑后。终于，她

在码头发现了那个一身白衣的帅气身影，胡子浓密，看起来完全不像34岁的人，对方也在人群中急切寻找他亲爱的“梅布”。

1891年4月16日，亚瑟·鲁埃尔·托尔金和梅贝尔·萨菲尔德在开普敦大教堂[4]结婚，随后在附近“海洋点”的一家旅馆度蜜月。他们坐火车前往奥兰治自由邦的首府布隆方丹，行程近七百英里，一路上精疲力竭。梅贝尔与亚瑟的房子就坐落在这里，这会是他们在一起的第一个，也是唯一的家。

45年前布隆方丹刚开始发展，那时只是个小村落，甚至直到1891年也没多大规模。梅贝尔和亚瑟从新建的火车站下车时，她眼里的一切都不过如此。集市广场在镇中心，说荷兰语的农民坐着牛拉的大车，从草原来到这里，卸下成捆的羊毛售卖，这是奥兰治自由邦的支柱产业。广场周围汇聚着文明的结晶：带柱廊的议会大厦、带双塔的荷兰归正会教堂、圣公会教堂、医院、公共图书馆和总统府。那儿还有个欧洲居民（来自德国、荷兰和英格兰）的俱乐部，一个网球俱乐部，一个法院，以及足够多的商店。但首批定居者种在那里的树木现在依然稀少，梅贝尔看到，镇上的公园里只有约十棵柳树和一个池塘。住宅往外仅几百码就 24
是开阔的草原，那里狼、豺和野狗逡巡，威胁着牛群。入夜后，狮子伺机捕猎，骑马的邮递员可能会遭到攻击。风从这些稀树平原吹来，吹进布隆方丹，卷起宽阔大街上的尘土。梅贝尔在家书里总结道，这个镇子就是“巨大的荒地！可怕的荒地！”。

但为了亚瑟，她必须学着喜欢上这儿，同时发现前方的人生还算舒适。非洲银行的地皮就在梅特兰街的集市广场旁，包含一个结构坚实的住宅和一个大花园。房子里有黑人或有色人种的用人以及一些白人移民。很多其他说英语的居民定期举办老套的舞会和晚宴，梅贝尔可以从中找到足够多的同伴。她个人时间充裕，因为亚瑟不忙于银行事务时，就在俱乐部里社交，或上课学荷兰语，这是政府和正式文件使用的官方语言。他必须认真讨生活，因为虽然布隆方丹只有两家银行，但另一家可是奥兰治自由邦本土的国家银行。而亚瑟担任经理的非洲银行却是外来的，在当地语言里就是个“外侨”[5]，一纸特殊的议会法令[6]保护下，它才有容身之地。更糟的是，非洲银行的前任经理跳槽去了奥兰治国家银行，亚瑟只有加倍努力，才能确保重要客户不会被前任经理挖走。不久，附近就出现了一些新项目，与西面的金伯利钻石矿或北面的威特沃特斯兰德金矿有关，这些项目可能会给他的银行带来收益。这是亚瑟事业的
25 关键阶段，梅贝尔看到他沉醉在喜悦之中。她略带忧虑地注意到，亚瑟自打来了南非，身体就时好时坏，但这里的气候似乎适合他的脾性，他自己也挺喜欢。不过仅几个月后，她就开始由衷厌恶这里的气候。夏天热得喘不过气，冬天寒冷干燥又尘土飞扬，这些时时让她心烦，却没怎么向亚瑟吐露过。“探亲”似乎遥不可及，他们只有在布隆方丹再待三年，才有资格去英格兰。

然而梅贝尔爱慕亚瑟，当把亚瑟从办公桌上拉起来，一起去散步、开车、打羽毛球或高尔夫，或者为对方朗读书籍时，她总是那么高兴。很快另一件事占据了她的头脑：他们意识到，她怀孕了。

1892年1月4日，亚瑟·托尔金给伯明翰的家里写信：

我亲爱的妈妈

本周要告诉你个好消息，梅贝尔昨晚（1月3日）为我生了个漂亮的小男孩。孩子有一点早产，但是强壮健康。梅贝尔也安然无恙。孩子（当然）很可爱。他的双手（手指特别长）和耳朵都很美，头发颜色很浅，他长着“托尔金”式的眼睛和非常明显的“萨菲尔德”嘴巴。总而言之，他很像他那梅贝尔·米顿姑妈的美貌版。昨天我们第一次叫来斯特罗莱瑟大夫，他说我们搞错了，还让护士回家两周。但搞错的人是他，8点我再次叫他过来，他一直待到12点40分。那时我们喝了威士忌，祝新生儿好运。孩子以他祖父命名，名字叫“约翰”，可能全名叫约翰·罗纳德·鲁埃尔。梅布想叫 26
他罗纳德，我想保留约翰和鲁埃尔……

“鲁埃尔”是亚瑟自己的中间名，但叫“罗纳德”在家族里没有先例。“罗纳德”是亚瑟和梅贝尔用来称呼儿子的名字，以后他的亲戚和妻子将这么称呼他。然而托尔金有时会说，自己并不觉得这是他真正的名字，当人们斟酌怎么称呼他时，他们似乎也略感棘手。一些学校的好友称呼他“约翰·罗纳德”，这样听起来有气势又悦耳。托尔金成年后，亲近的人以姓氏称呼他（正如当时约定俗成的做法），或者叫他“托托”，一个当时典型的友好昵称。而对比较陌生的人来说，尤其在他晚年，他以“J. R. R. T.”一名为人所知。[7]可能最终，这四个首字母就是他的最佳代表。

1892年1月31日，约翰·罗纳德·鲁埃尔·托尔金在布隆方丹大教堂[8]受洗。几个月后，一个雇来照看托尔金的保姆抱着他，全家在银行楼的花园里拍了张照。梅贝尔显得神采奕奕，亚瑟打扮花哨，举止神气，穿着白色热带西装，戴着平顶草帽。后面站着两个黑人用人，一个是女佣，一个是叫伊萨克的僮仆，照片里看起来都心情不错，对自己的出镜也有些讶异。梅贝尔反感布尔人对原住民黑人的态度，她对自家用人宽容大度，甚至伊萨克做出一件异常出格的事之后仍是如此。一天他把小托尔金偷出来，带到自己的村落里，骄傲地炫耀这个新奇的白人小孩。这引
27 起了巨大的骚动，但他没被解雇。他还给自己的孩子取名“伊萨克·米斯特·托尔金·维克特”以感谢东家，其中最后一个名字是为了纪念维多利亚女王。

托尔金家里还有其他麻烦。某天邻居的一只宠物猴从墙上爬过来，咬坏了孩子的三条围裙[9]。柴棚里藏着蛇，要小心避让。好几个月后托尔金开始学走路，踩到一只狼蛛。狼蛛咬了他，他害怕地跑过花园，直到保姆一把抓起他，吸出了毒液。长大后，他还记得那天很热，自己满怀恐惧穿过高高的枯草丛。但他记不清那只狼蛛了，还说这次意外并没有让自己特别讨厌蜘蛛。[10]尽管如此，他在自己的故事里不止一次描绘过带毒牙的恐怖蜘蛛。

多数日子里，银行楼的生活颇有规律。清晨和下午晚些时候，孩子被带到花园，他看到爸爸在一块围起来的空地中照料葡萄藤、种植新苗。托尔金周岁前，亚瑟种出了一片杉树、柏树和松树的小树林。也许日后托尔金对树木的热爱与此有关。[11]

从上午9点半到下午4点半，孩子必须待在屋里避免日晒。

即便屋里也热气逼人，他必须全身穿白色。“宝贝从头到脚打扮起来，穿上白色的褶裙和白色的鞋子后，看起来真像个小仙子，”梅贝尔给婆婆写信，“就连他光着身子时，我也认为他看起来更像一个小精灵。”

现在梅贝尔有了更多的同伴。孩子1岁生日后没多久，她的姐姐梅·因克尔登和姐夫沃尔特·因克尔登从英格兰赶了过来。28 30岁出头的沃尔特是个伯明翰商人，对南非的金矿、钻石矿有商业兴趣，他把妻子和年幼的女儿玛乔丽留在银行楼，马不停蹄地前往矿区。当时布隆方丹又是个冷夏，更糟的是亚瑟也出差数周，不在身边，梅贝尔感受到个中苦楚，姐姐梅及时给她带来了欢乐。天很冷，姐妹二人挤在餐厅火炉边上，梅贝尔织着孩子的衣服，她们谈起在伯明翰的日子。布隆方丹的生活，包括气候，无尽的社交拜访，无聊的晚宴，都让梅贝尔心生不快，她一股脑儿全说了。再过一年左右他们就能回去探亲，虽然亚瑟总是找理由拖延他们的英格兰之行。“我不会让他推迟计划太久，”梅贝尔在信中写道，“他变得太喜欢这儿的气候，这让我不太愉快。我希望自己能更喜欢这儿的天气，因为我确定他将不会再回英格兰定居。”

最终归乡之旅**还是**延迟了。梅贝尔发现自己再次怀孕，于1894年2月17日生了另一个男孩。他受洗后起名叫希拉里·亚瑟·鲁埃尔。

希拉里身体健康，在布隆方丹的气候里茁壮成长，但他的哥哥就不怎么适应了。罗纳德看起来健壮帅气、金发碧眼，他爸形容他“活脱脱一个萨克森年轻人”。每天，他都要探访爸爸在楼下的办公室，和银行职员们聊个不停，把大家都逗乐了。他还会索要纸笔，涂鸦一些粗糙的图画。[12]但长牙成了他的烦心事，还引起高烧。他们日复一日请来医生，梅贝尔很快就疲惫不堪。当时正值天气最糟的时候：严重的干旱毁掉了生意，败坏了人们的
29 心情，还带来一场席卷草原的蝗灾，破坏了好收成。[13]且不论这些，亚瑟还给父亲写了梅贝尔害怕听到的话："我想我会在这儿干得很好，应该不回英格兰定居了。"

无论去留，炎热显然对罗纳德的健康很不利，必须想办法带他去呼吸点凉爽的空气。所以1894年11月，梅贝尔带着两个孩子来到几百英里以南的开普敦海边。罗纳德将近3岁，大到足以依稀记起那段长长的火车之旅，以及从海边跑回来，跑进大片平坦沙滩上的一个淋浴小屋。假期后梅贝尔和孩子们回到布隆方丹，准备前往英格兰。亚瑟买了船票，雇了保姆随行。他很想陪同前往，但无法离开岗位，因为正好有个铁路计划需要银行的业务。他致信父亲："这些日子里竞争激烈，我不想把手头的工作转交别人。"不仅如此，离岗期间只能领一半薪水，外加旅途的开销，这不是他能轻易负担的。所以亚瑟决定暂时留在布隆方丹，稍后再赶去和英格兰的妻儿会合。罗纳德看到父亲在行李箱盖子上涂了"A. R. 托尔金"几个字。这是他孩童时代对父亲唯一残留的清晰记忆。

1895年4月初，梅贝尔和孩子们乘坐"圭尔夫号"蒸汽船从南非出发。罗纳德日后只能约莫想起几句南非荷兰语，还有当地干旱荒凉、尘土飞扬的景色，而希拉里年纪太小，甚至连这些都
30 不记得。三周后，已是成年女性的小妹妹简在南安普敦和他们见

面，几小时后他们就到了伯明翰，挤进金斯希斯小小的家中。梅贝尔的爸爸像以前一样开朗，说着笑话和俏皮话，母亲也很善良和善解人意。他们住了下来，春夏过去，罗纳德的身体明显改善。然而，虽然亚瑟写信说他很想念妻儿，渴望过来和他们会合，却总有些事情拖住他的脚步。

11月消息传来，亚瑟感染了风湿热[14]。他恢复了一些，但无法抵御英格兰的冬天，必须等完全康复才能启程。圣诞期间梅贝尔无比焦急。罗纳德倒是自得其乐，迷上了他看到的第一棵真正的圣诞树，它和他们去年12月在银行楼装点的枯萎桉树完全不同。

到1月，他们得知亚瑟仍然身体欠佳，梅贝尔决定回布隆方丹照顾他。他们做好安排，罗纳德兴奋地要给父亲写信，保姆负责代笔。

金斯希斯阿什菲尔德路9号，1896年2月14日

亲爱的爸爸，

我真高兴我要回去见你了我们都离开你那么长时间了我希望船把我们全都安全送回去。我知道收到你小罗纳德的信你会很高兴的从上次写信到现在时间过了好久我现在真的是个大人了因为我有大人的外套大人的连衣裙上装妈妈说你认不出娃娃和我了我们都长得这么大了有那么多圣诞礼物要给 31
你看格蕾西姑妈来看过我们了我每天都走路只坐我的邮车一小会儿。希拉里爱你吻你好多次，你亲爱的

罗纳德也是。

这封信从未寄出。因为来了电报，亚瑟出现大出血，梅贝尔必须做好最坏打算。第二天，1896年2月15日，亚瑟死了。梅贝尔作为遗孀，听到了亚瑟生命最后几小时的完整描述。[15]他的遗体埋在布隆方丹的圣公会墓地，距离伯明翰5000英里。

第二章　伯明翰

最初的打击过后，梅贝尔·托尔金明白必须做决定了。她和 32
两个孩子不可能永远住在父母拥挤狭小的城郊住宅里。她还没多少财力自立门户，尽管亚瑟努力开源节流，也只积累了为数不多的资金，大部分都投资到了博南萨的矿产上。虽然红利不低，但给梅贝尔带来的收入至多一周30先令，完全不足以维持她和孩子最低的生活标准。孩子们的教育也是个问题，或许她自己可以先教几年，因为她会拉丁语、法语、德语，会画画、弹钢琴。等罗纳德和希拉里够大了，要参加伯明翰爱德华国王学校的入学考试，这是城里最好的文法学校，亚瑟也曾在这里上过学。同时，梅贝尔必须找到租得起的住处，这在伯明翰有很多，但孩子们需要新鲜空气和乡村环境，不管生活如何拮据，这个家要能让他们感到快乐。她开始搜索各类租房广告。

5岁的罗纳德正逐渐适应外祖父母屋檐下的生活。他几乎忘
了自己的父亲，开始认为他是往昔传说的一部分。从布隆方丹到 33

伯明翰的生活转变让他有点困惑，有时他巴望着能看见银行楼的阳台从阿什菲尔德路的外祖父母家里冒出来。但时间流逝，南非的记忆开始褪色，他更关注起周遭的大人。家里住着舅舅维利和姨妈简，寄宿着一名保险公司职员，一头淡黄头发，坐在楼梯上边弹班卓琴边唱《波莉·伍莉·都朵》，向简抛着媚眼。家里人都觉得他普普通通，所以得知简和他订婚后大为吃惊。而私底下，罗纳德很想要一把班卓琴。

他外公约翰·萨菲尔德白天在伯明翰走街串巷，推销店主和工厂经理交来的洁怡清洗剂订单。外公胡子很长，看起来很老。他63岁，宣称自己能活到百岁。他是个非常开朗的人，即便曾在市中心开过布店，似乎也不反感现在以旅行推销员的身份谋生。有时他会拿出一张纸和一支配有上好笔尖的钢笔，沿着一枚六便士硬币画个圈，在方寸间，用工整的圆体字写下整篇主祷文。这项技能可能源于他的祖先是雕刻师和制版工，他骄傲地谈起，因为祖上给威廉四世干得不错，国王给了他们家族一个盾形纹章，以及谈起萨菲尔德爵爷是他们的远亲（他说错了）。

罗纳德由此开始了解萨菲尔德家族的处世之道，感觉这些人比他亡父的家庭更为亲切。他的托尔金祖父就住在阿什菲尔德路的附近，有时他们带着罗纳德去看他。但约翰·本杰明·托尔金
34 已经89岁，因儿子的死大受打击。亚瑟死后六个月，这位老人也撒手人寰，这孩子和托尔金家族的又一丝联系被切断了。

然而，他还有姑妈格蕾丝。她作为亚瑟的妹妹，说了很多托尔金先祖的故事：这些故事听起来匪夷所思，但格蕾丝说它们千真万确。[1]她宣称家族的姓氏最初是“冯·霍亨索伦”，因为他

们是从神圣罗马帝国的霍亨索伦地区过来的。某个乔治·冯·霍亨索伦曾在1529年的维也纳之围[2]中，为奥地利公国的费迪南大公战斗过。他展现出巨大的勇气，率军私自突袭奥斯曼土耳其人，夺得苏丹的军旗。格蕾丝姑妈说所以他的绰号是“托尔库恩”（Tollkühn），莽汉。这名字保留了下来。托尔金家族也可能和法国有关，和那里的贵族通婚后，他们的绰号有了法语版本：迪·泰梅莱尔（du Téméraire）。大家对托尔金祖上为何与何时来到英格兰各执一词，最普遍的说法是1756年普鲁士人侵萨克森[3]，他们逃离了那里的领地。格蕾丝姑妈倾向于更浪漫的故事（虽然难以置信），1794年某个迪·泰梅莱尔逃过法国大革命的断头台，穿过英吉利海峡来到英格兰，显然那时采用了旧称谓的另一种形式，“托尔金”。这位先生据称是个小有成就的羽管键琴演奏家和钟表修理工。这是典型的中产阶级讲述家族起源的方式，解释了为何托尔金一族会出现在19世纪的伦敦，且以制造钟表、钢琴为生。多年后，亚瑟的父亲、钢琴制造商和乐器销售商约翰·本杰明·托尔金，来到伯明翰做生意。 35

托尔金家族总喜欢浪漫化他们的起源。但不管真相如何，在罗纳德童年时代，他们家是彻头彻尾的英格兰人，和伯明翰郊区数以千计的中产商人并无二致。无论怎样，罗纳德对母亲家里更有兴趣。他很快爱上了萨菲尔德一家和他们代表的特质，发现尽管这家人基本都生活在伯明翰，祖上却是从伍斯特郡宁静的小镇伊夫舍姆搬来的，此前已有几代人在那里生活过。罗纳德从南非来到这里，这种漂泊的日子让他没多少归属感。如此居无定所的童年，让他相信整个西米德兰兹地区，尤其是伊夫舍姆，才是他真正的家。他曾写道:“尽管论名字我是个‘托尔金’,但论品位、论才能、论养育之所,我却是个‘萨菲尔德’。”他形容伍斯特郡:“那个郡的每个角落(无论优美还是肮脏)都是我心中无可言喻的家乡,世界任何其他地方都比不上。”[4]

到1896年夏天,梅贝尔终于找到了一处足够便宜的居所,能让她和孩子们单独居住。他们搬离伯明翰,前往城南一英里外的小村庄萨尔霍。这次搬家对罗纳德影响深远。正当想象力开始展现的年龄,他发现自己身处英格兰的乡村之中。

他们住进了格雷斯维尔路5号,这是幢半独立的红砖小屋,位于一排房屋的最后,是梅贝尔从当地一个地主那儿租来的。沿
36 着门外的道路可以上到一个小坡,走到莫斯利村,最后直达伯明翰。这条路的另一个方向通往埃文河畔的斯特拉福德镇。但路上的车辆不多,仅限于偶尔出现的农用大车和商人货车,很容易使人忘记城市就在近处。

马路对面有片草地,绵延直至科尔河的岸边(所谓科尔河,其实也就是条稍宽点的小溪),上面坐落着萨尔霍磨坊,一幢烟囱高高的老式砖房。三个世纪以来这儿一直在研磨谷物,不过时代变了。河水水位较低时,蒸汽机可以提供能量。现在磨坊的主要任务是磨碎骨头,制成肥料。[5]河水日复一日地翻过水闸,冲过巨大水车轮子的下方,房内所有东西都沾上一层细细的白灰。希拉里·托尔金才两岁半,但不久后就和哥哥一起外出冒险,穿过草地来到磨坊,透过篱笆,盯着暗室中转个不停的水车轮子。他们还会绕着跑到院子里,那里的人们把一个个麻袋甩到等候的马车上。有时他们闯入大门,从洞开的门廊向里看,能看到巨大

的皮带、齿轮、转轴，还有工作的人们。这儿有一对父子磨坊工。[6]父亲胡子漆黑，不过吓到他们的倒是儿子的样貌，他的白衣服满是灰尘，目光犀利。罗纳德称呼他“白食人魔”。当儿子呵斥他们，叫他们走开，他们就逃离院子，跑到磨坊后面的一处地方，那里有个安静的池塘，天鹅在里面游泳。池塘下面深邃的水流突然冲过水闸，冲到底下的水车轮子上：真是个危险又刺激的地方。

还有个绿树环绕的深沙坑，在离萨尔霍磨坊不远处，通往莫斯利的小坡上，这是另一个孩子们最爱去的地方。其实这里四 37
处都可以探险，虽然危险也不少。有个老农，看到罗纳德采他家的蘑菇，就追着他跑，从此孩子们叫他“黑食人魔”。如此诱人的可怕之事，是萨尔霍那段时光的精华所在。近八十年后，希拉里·托尔金回忆：

“我们采摘花朵、闯入他人土地，度过了那些愉快的夏天。人们蹚水前把鞋袜留在岸上，黑食人魔就拿走鞋袜，让人们前来索要，然后揍了他们！白食人魔没那么坏。我们以前常去一个地方采黑莓（名叫‘山谷’[7]），但途中必须穿过白食人魔的地盘，那条小道位于农田中间，我们两个喜欢四处游荡，寻找麦仙翁和其他好看的花花草草，所以他并不是很喜欢我们。妈妈带上午饭，走到这美丽的地方后，低声呼唤，我们立马就冲过去！”

除开托尔金一家住的那排乡间小屋，萨尔霍就没几幢房子。但霍尔格林村就在附近，走过一条小巷，蹚过一个河流浅滩就到了。那里有个摆货摊的没牙老奶奶，罗纳德和希拉里有时在她这儿买糖果。他们逐渐开始和当地孩子交朋友，这并不容易。他们的中产口音，长长的头发，穿围裙的习惯，都会成为其他孩子嘲弄的对象。[8]他们也不习惯沃里克方言和乡下男孩的粗野。但他们掌握了一些当地词语，用到自己的言谈里:“乔尔”（chawl）是猪脸肉，“米斯金”（miskin）是垃圾箱，“派克勒特”（pikelet）
38 是小圆饼，“甘姆吉”（gamgee）是脱脂棉。“甘姆吉”源于发明“加姆季氏敷料”的伯明翰人甘姆吉大夫[9]，这是一种用脱脂棉做的外科敷料。他的名字在该地区家喻户晓。

梅贝尔不久开始自己教孩子，没有比她更好的老师，也没有比罗纳德更聪明的学生了。[10]罗纳德4岁就能阅读，很快就学会了娴熟地写字。梅贝尔从父亲那里掌握了书写技巧，书法赏心悦目又别具一格。她采用一种笔挺又精致的风格，用优雅的卷曲线装饰大写字母。罗纳德不久也开始练习书法，虽然与母亲的不同，但同样优雅而别致。但他最喜欢的是与语言相关的课程。搬到萨尔霍没多久，妈妈就介绍起拉丁文的基础知识，他对此兴趣十足。他对词语的读音、形状和对词语的含义一样有兴趣，梅贝尔意识到他有特殊的语言天赋。她开始教他法语，罗纳德并不怎么喜欢这门语言，没特殊原因，只是觉得法语的读音不如拉丁语和英语好听。她还尝试让他爱上弹钢琴，但没成功。似乎对他而言词语取代了音乐，他乐于听读音、看字形、背单词，却几乎不管它们背后的含义。

他的素描也不错，尤其是描绘风景和树木。妈妈教授了很多植物学知识，他学得颇有成效，很快就是个植物学小专家。[11]但他再次对植物的形状和触感而非植物学细节展现出更大的兴趣。尤其是树木，他爱画树木，但最爱和树木**在一起**。他爬

树、靠着树，甚至和树交谈，但失望地发现不是每个人都对树有同样的感觉。有件事他记忆犹新："磨坊池塘旁曾有棵柳树，我 39
爬过。我想它是斯特拉福德路上一个屠户的。有天他们把它砍了，然后弃之不顾，木头就这么躺在那儿。我永远不会忘记这一幕。"[12]

课余，妈妈给了他大量故事书。虽然不想如主人公那样冒险，他还是被《爱丽丝漫游仙境》迷住了。[13]他不喜欢《金银岛》《安徒生童话》《花衣吹笛手》里的故事，但喜欢印第安红人的故事，渴望有天能带着弓箭打猎。他更喜欢乔治·麦克唐纳的"柯蒂"系列，故事发生在一个遥远的王国，那里的山下藏着丑陋恶毒的哥布林。亚瑟王的传奇也让他兴奋不已。但他最爱的还是安德鲁·朗的《彩色童话集》，尤其《红色童话》，因为这本书最后几页藏着他读过的最好的故事[14]。这是个奇诡又震撼人心的传说，发生在北方某地，说的是西古尔德如何杀死巨龙法弗尼尔。罗纳德无论何时读来，都觉得这故事引人入胜。"我被龙深深地吸引，"很久后他表示，"当然，我只是个胆小的人，并不希望龙就住在我隔壁。但这个世界哪怕只有法弗尼尔这样的幻想存在，无论会变得多么危险，都是个更丰富多彩、更瑰丽动人的世界。"[15]

他不满足于**阅读**龙的传说。大约七岁时，他开始自己写一条龙的故事。"我只记得一点关于语言的细节。"他回忆，"我母亲对那条龙不置一词，但她指出，人们不说'绿大龙'，而说'大绿龙'。我那时候就想知道为什么，现在也一样。事实上我记得这也许意义重大，此后很多年我都不曾再写什么故事，而是转向 40
了语言研究。"[16]

萨尔霍的日子又过了几个春秋。为庆祝维多利亚女王登基六十周年的钻石庆典，莫斯利山丘顶上的学院[17]张灯结彩。梅贝尔依靠自己的微薄收入，加上托尔金和萨菲尔德家里亲戚偶尔的接济勉力维持，来让孩子们吃饱穿暖。希拉里长得越来越像他父亲，罗纳德却显出萨菲尔德家族的瘦长脸型。罗纳德偶尔会做同一个奇怪的梦：巨浪高涨，冲向树木和绿色的田野，吞没他和周遭的一切，避无可避。这个梦让他困扰，也将反复出现好多年。他后来认为这“就是我的亚特兰提斯情结”。[18]但他通常睡得很安稳。每天他都担心家里的窘迫现状，然而这也让他更热爱自己的母亲，热爱萨尔霍的乡间，这是个催人冒险和给人慰藉的地方。他纵情于周边事物，迫切享受快乐，仿佛察觉到有朝一日这片天堂终将失落。这一天终究来了，而且来得很快。

自从丈夫死后，基督教就在梅贝尔的生活中扮演着日益重要的角色。每周日她带着孩子们长途前往“高教会派”的圣公会教堂。然后某个周日，罗纳德和希拉里发现他们沿着陌生的路，去了另一处礼拜的地方：奥尔斯特街上的圣安妮教堂，位于伯明翰市中心附近的贫民区。这是一座罗马天主教教堂。[19]

梅贝尔考虑了一段时间，决定成为一个天主教徒。她也并非独自这么主张。她的姐姐梅留下丈夫在南非处理生意，自己和两个孩子回来了。她瞒着丈夫，也决定成为天主教徒。1900年春天，梅和梅贝尔接受圣安妮教堂的皈依指导，同年6月加入罗马
41 天主教会。

家人的怒火很快袭来。她们的父亲约翰是在循道宗学校长大的，现在是个一位论派[20]信徒。自己的女儿竟然成为教皇党人，

这让他难以置信、怒不可遏。梅的丈夫沃尔特，自视为当地圣公会的骨干，当然不允许妻子与罗马天主教有什么联系，回到伯明翰后，就禁止她再去天主教堂。梅不得不听从。值得宽慰的是，她转而去信了唯灵论，这或是对丈夫的一种报复？

亚瑟死后，沃尔特一直给梅贝尔提供一些经济资助，如今不会再有，梅贝尔必须面对来自沃尔特和其他家人的敌意。更别说托尔金家族了，他们很多人都是浸礼宗[21]教徒，激烈反对天主教。这些紧张关系，外加经济上的窘迫艰难，对梅贝尔的健康没好处，但没什么能动摇她对新信仰的忠诚。她力排众议，开始让罗纳德和希拉里都接受天主教指导。

同时，罗纳德到了去上学的年纪。1899年秋，7岁的罗纳德参加爱德华国王学校的入学考试，他父亲也曾在此就读。可能因为母亲此前教得太宽松，他考砸了。[22]但一年后他再次参加并顺利通过，1900年9月入学。托尔金家族的一个叔叔[23]难能可贵地伸出援手，为梅贝尔支付了这笔每年12英镑的学费。学校位于伯明翰市中心，距离萨尔霍四英里远。因为母亲买不起火车票，有轨电车也到不了他家，头几周罗纳德只能走路去上学。这显然 42
不是长久之计，梅贝尔遗憾地结束了他们的乡居生活。她在莫斯利租了套位于电车轨道沿线的房，更靠近市中心。1900年底，他们收拾行李，离开这个栖居四年的快乐小屋。“四年，”暮年的罗纳德回望这段历程，写道，“却似乎是最长的四年，也是我生命中最有奠基意义的四年。”

如果乘坐伦敦和西北铁路公司的火车到达伯明翰，你很难无视爱德华国王学校的建筑，因为煤烟熏黑的它就赫然耸立在新街火车站的缭绕烟雾之上。它是重建议会大厦的建筑师巴里的作品。† 他以厚重风格来设计这座维多利亚哥特式[24]的建筑，和牛津一些富裕学院的大厅建筑很像。这所爱德华六世设立的学校受到的资助颇丰，管理层得以在伯明翰很多比较贫困的区域开设分校。但学校本部的“高中”，其教学水平在本市无可匹敌。在这里，楼下火车的汽笛声声作响，楼上成百上千的孩子坐在破板凳上寒窗苦读，剖析凯撒著作的句式。他们中有很多人将继续前往高等学府，赢得自己的荣光。

到1900年，爱德华国王学校的房屋已容不下现有的学生规模，校园里促狭拥挤、人满为患、嘈杂不堪。这幅景象让罗纳德·托尔金这个成长于安静乡村的孩子心生畏惧，无怪乎他在第一个学期身体孱弱、旷课众多。[25]但他逐渐适应了这种混乱嘈
43 杂，甚至很快甘之若饴，欣然遵守学校的日常安排，尽管他的学业还没展现什么过人之处。

与此同时，家庭生活已和他印象中萨尔霍时期的生活大相径庭。他母亲在莫斯利郊外主路上租了幢小房子。望向窗外，看到的凄惨景象与沃里克郡乡村截然不同：爬上山坡的有轨电车，过路行人的漠然面容，还有远处斯巴克布鲁克和斯毛希斯的工厂烟囱永远在冒烟。[26]在罗纳德记忆里莫斯利的家是个“糟糕的地方”。他们还没安顿好，就又要搬家，因为这儿要建一个消防站，必须拆除他们的房子。梅贝尔在不到一英里的近处找到一幢住宅，它位于金斯希斯火车站后面的排屋之中。现在他们就住在梅

---

† 1930年代学校迁址后，巴里的建筑就被拆除了。——原注

贝尔父母家附近，但她选择那里的主要原因是可以沿路走到新建的圣邓斯坦天主教堂，教堂外墙面盖着波纹瓦，里面种着油松。

罗纳德还在为离开萨尔霍乡下感到孤苦寂寞，但他在新的家里还是得到了些许安慰。金斯希斯的家后面就是铁道，列车的轰鸣声，附近煤场推车车厢的拖曳声，时不时打断日常的生活。不过铁道路堑上有一些草坡，他在这儿发现了花草植物。另一些东西也吸引着他的注意：煤车的侧下方印着一些他不知道怎么读的奇怪名字，对他有种奇怪的吸引力。他对着**南蒂格洛**（Nantyglo）、**桑赫尼德**（Senghenydd）、**布伦龙达**（Blaen-Rhondda）、**彭里夫凯贝尔**（Penrhiwceiber）、**特雷德加尔**（Tredegar）这些地名瞎琢磨，发现了威尔士语的存在。

后来，童年的罗纳德坐上前往威尔士的火车，当车站名字在面前闪过，他意识到遇上了至今见过的最有趣的语言，古老却又生机勃勃。他搜寻相关的信息，却只找到一些费解的威尔士语书 44
籍。无论这一瞥多么诱人而短暂，他已经瞥见另一个语言世界。[27]

同时，他母亲忙碌起来。她不喜欢金斯希斯的房子，也不喜欢圣邓斯特教堂。所以每到周日，她又带着孩子们长途跋涉、四下寻找能吸引她做礼拜的地方。很快她找到了伯明翰奥拉托利会教堂，位于埃奇巴斯顿城郊，规模不小，由一个司铎社区看管。她应该能从中找到一个朋友，一个有同情心的告解神父吧？而且，教堂还有附属的圣斐理伯文法学校，由教堂的神职人员领导，费用比爱德华国王学校便宜，孩子们还能接受天主教教育。此外关键的是，正好学校隔壁有间房屋出租。所以1902年早些时候，他们一家从金斯西斯斯搬到埃奇巴斯顿，10岁的罗纳德和

8岁的希拉里也在圣斐理伯学校入了学。

伯明翰奥拉托利教堂是1849年由约翰·亨利·纽曼建立的，当时他刚转向天主教信仰，后来在这里生活四十年，直至1890年去世。纽曼的精神依然主导着这所位于哈格利路的教堂，绕着高高的房梁久久不绝，1902年这个社区还有大量与他结交过、为他效劳过的司铎。其中一位就是弗朗西斯·泽维尔·摩根神父，时年43岁。托尔金一家搬来没多久，他就接管了教区司铎一职，前来拜访他们。梅贝尔很快发现他不仅是个富有同情心的司铎，还是个很珍贵的朋友。他一半威尔士血统，一半盎格鲁-西班牙
45 血统（他母亲家在雪利酒贸易方面颇为知名），并非饱学之士[28]，却极具仁慈心、幽默感，举止显眼，可能和他的西班牙血统有关。事实上他是个很张扬的人，说话大声，待人热忱，初见时让小孩手足无措，熟络起来后显得可亲可爱。他很快成为托尔金一家不可或缺的成员。

要不是弗朗西斯神父的友谊，比起前两年，他们家本不会有多少起色。他们住在奥利弗路26号，新家只比贫民窟好一等，周围都是脏乱的小巷。圣斐理伯学校离他们家前门仅一步之遥，但教室砖墙裸露，比起爱德华国王学校的哥特巨构真是霄壤之别。学校的教学质量也相对低下。很快罗纳德就在班里鹤立鸡群，梅贝尔认识到圣斐理伯学校的教育还不够格。所以她让罗纳德退了学，再次亲自授课，并且大获成功。几个月后，罗纳德就获得了爱德华国王学校的基金会奖学金，1903年秋重回该校。希拉里也从圣斐理伯学校退学了，但没能通过爱德华国王学校的入学考试。“这不是我的错，”梅贝尔写信给亲戚，“或者是他不懂

那些知识。但他成天心不在焉，写东西拖拖拉拉。”她暂时继续在家教小儿子。

罗纳德回校后，被安排在六年级，大概在学校的中间档次，[29]开始学古希腊语。他日后回忆与这门语言的初识：“古希腊语读着流畅，句读铿锵，还有耀眼的外表，我被深深吸引。但这种吸引是因为它的古老、它的遥远陌生（对我来说）：它并未触及我内心的家园。”[30]掌管六年级的人叫乔治·布鲁尔顿，是个精 46
力旺盛的男人，也是学校少数专职教英语文学的助理教员之一。这个课程很少列入课表，列入时主要内容也就是研究莎剧，罗纳德很快发现自己“非常不喜欢”莎剧[31]。多年后，他尤其记得“莎士比亚那句‘勃南的森林会向邓西嫩高山移动’[32]，我在校时就对这种低劣用词感到格外失望和反感，希望设计一个场景，树木真的会冲向战场”。如果莎士比亚的作品无法取悦他，还有另一道更对他胃口的大餐。他的学级主任布鲁尔顿倾心于中世纪，是个严格的老师，要求学生必须使用平实的英语古语。当有学生用“屎尿”这个词时，他大吼：“屎尿？要叫矢溺！说三遍！**矢溺，矢溺，矢溺！**”[33]他鼓励学生阅读乔叟的作品，用原味的中古英语向他们背诵《坎特伯雷故事集》。罗纳德听到这些，获得启示，决定进一步学习这门语言的历史。

1903年圣诞，梅贝尔给婆婆写信：

我亲爱的托尔金夫人，

你说比起孩子们花钱给你买东西，你更想要一幅他们的画作，所以他们画了这些给你。今年罗纳德的画格外精彩

（他在弗朗西斯神父房间里办了一场了不起的画展），他从12月16日放假后就努力创作，找到新的绘画主题，我也是。
47 我已经闭门不出近**一个月**，甚至没去奥拉托利会教堂！这闷热潮湿的烦人天气反倒让我感觉好点了。罗纳德放假后，我终于能在早上休息会儿。我已经有**几个礼拜**整晚失眠，外加着凉生病，似乎是撑不下去了。

我发现一张2先令6便士的邮政汇票，汇票遗落很久，是你以前寄给孩子的，至少是一年以前。整个下午，他们用这张票还有一点钱，在城里给你买东西。他们替我干完了所有圣诞采购的活计。罗纳德很懂衣服穿搭，像个真正的“巴黎裁缝”一样挑选丝绸衬里，或是任何雅致颜色的衣物[34]——我好奇他展现了哪项祖传技艺：艺术家还是布料商？他在学校成绩不错，学会的古希腊文比我会的拉丁文多多了。他说假日里要和我一起学德文，虽然现在我更想卧床休息。

一个年轻欢乐的神父在教罗纳德玩国际象棋，他说罗纳德读过**太多**的书，几乎所有适合15岁以下男孩的书都读了。[35]他不知道还有什么经典著作可以推荐罗纳德阅读。这个圣诞罗纳德参加了他的第一次圣餐礼，算得上是我们今年享用过的一顿盛宴。我不想说这个让你恼火，只是因为你说你想知道孩子们的一切。

永远爱你的，

梅布

新年开年不顺。麻疹和随之而来的百日咳让罗纳德和希拉里缠绵病榻，希拉里还得了肺炎。额外的看护压力让梅贝尔不堪重负，正如她害怕的，她确实“撑不下去了”。1904年4月，她住了院，确诊为糖尿病。

奥利弗路的房子关上大门，不多的几件家具收了起来，孩子 48
们被送往亲戚家，希拉里去了萨菲尔德外公外婆那儿，罗纳德去了霍夫，和埃德温·尼夫一家住在一起，他就是那个娶了姨妈简的淡黄头发保险公司职员。[36]能治疗糖尿病患者的胰岛素当时还不存在[37]，梅贝尔的情况更让人焦虑。但夏天以后她大为恢复，终于可以出院。显然她的恢复期很长，必须得到悉心照料。弗朗西斯神父提出了个计划。在伯明翰以外几英里，有个叫雷德纳尔的伍斯特郡小村，纽曼主教早先在这里盖了个规模不大的乡间住宅，供教堂神父静修。房子边上有幢小屋，当地的邮差在此居住，他妻子把卧室和起居室让给他们，为他们提供三餐。这是个理想的疗养之所，他们三人都将受益于这里清新的乡间空气。所以1904年6月下旬，孩子们与母亲会合，前往雷德纳尔度夏。

他们仿佛又回到了萨尔霍。小屋坐落于一条安静的乡村小巷一角，后面就是教堂住宅的林地，还有毗邻小礼拜堂的小块墓地，奥拉托利会的神父们和纽曼自己都安葬于此。孩子们在林地上自由嬉戏，他们还能沿着远处陡峭的小径，穿过树林前往高高的利基丘陵。邮差的妻子蒂尔太太为他们烧了可口的饭菜。一个月后梅贝尔给婆婆寄明信片：“和四周前坐火车见我的那两个白脸病鬼相比，孩子们现在看起来好得**离谱**！！！希拉里今天得到了花呢套装和他第一套伊顿套装[38]！他看起来**好极了**。今天有点湿漉漉的，但天气不错，孩子们写下这一天：我们摘蓝莓，我们在

49 干草上喝茶，我们和弗朗西斯神父一起放风筝，我们写生，我们爬树。他们从未如此享受过一个假日。”

弗朗西斯神父经常前来拜访。[39]他在雷德纳尔养了一条名叫罗伯茨勋爵的狗。他常坐在奥拉托利会住宅爬满常青藤的阳台上，抽一个硕大的樱桃木烟斗。“更引人注目的是，”罗纳德回忆，“他只有在那里才抽烟。也许后来我的烟斗瘾就是从此处来的。”当弗朗西斯神父不在家，雷德纳尔也没有其他司铎的时候，梅贝尔和孩子们就和丘奇夫妇合租一辆马车，去布罗姆斯格罗夫做弥撒。这对夫妇是为奥拉托利神父们服务的园丁和看门人。这真是田园牧歌般的生活。

很快9月新学期开始，罗纳德如今状况良好，该回爱德华国王学校读书了。但他的母亲暂时还无法离开他们的欢乐小屋，回到满是烟尘的伯明翰。所以罗纳德必须早起，步行一英里多前往车站，乘火车到学校。他到家时将近天黑，有时希拉里会提灯来接他。

孩子们都没注意，梅贝尔的情况再次恶化。11月初她突然倒下，让孩子们惊慌失措。她因糖尿病陷入昏迷，六天后的11月14日，她去世了。去世时弗朗西斯神父和姐姐梅陪在她的床榻旁。

第三章 “我的语言”与伊迪丝

“我亲爱的母亲是个真正的殉道者，不是每个人都能像我和 50
希拉里那样，如此轻易蒙受上帝无上的恩典，被赐予这样一位母亲。她在劳作和病痛中牺牲自己，换来我们对上帝的虔信。”

母亲去世九年后，托尔金写下上述文字。这暗示了他是如何让自己的天主教徒身份和母亲产生了联系。可以说，母亲死后，他对母亲的热爱转化成对宗教的信仰。这份宗教的慰藉是情感的也是精神的。或许母亲的死，更坚定了他要研究语言的信念。说到底，正是母亲成为他第一任老师，鼓励他以语言作为自己的爱好。如今斯人已逝，他将矢志不渝。丧母之痛也对他的个性造成深远影响，让他变得消沉悲观。

或者说，让他有了两面。本质上他是个乐观开朗、劲头十足的人，对生活充满热爱。他爱畅谈，爱运动，很有幽默感，很会交朋友。自此起他有了另一面，更私人的一面，但在日记书信里随处可见。这一面的他会频频陷入深深的绝望。更准确地说，陷

入这种情绪，他深感自己将一无所有，这与母亲的死更是息息相
51 关。没有什么是安全的。没有什么可以长久。没有什么一劳永逸的战斗。

梅贝尔·托尔金安葬在布罗姆斯格罗夫的天主教墓地。[1]弗朗西斯神父在她坟茔上安放了一个石质十字架，十字架的样式和雷德纳尔墓地里神职人员们的一模一样。按照梅贝尔的遗愿，他被任命为两个孩子的监护人。这是个明智的选择，他对孩子们的慷慨和喜爱经久不衰。他的慷慨确有行动。弗朗西斯神父有一笔私人收入，是从家族的雪莉酒生意中得来的。他作为奥拉托利会成员，不必向社团上交财产，可以自行支配。[2]梅贝尔当年从亚瑟那里继承的投资在南非的资金，其分红可以资助孩子们，如今只留下八百英镑，而弗朗西斯神父悄无声息地加进他那份投入，确保孩子们吃饱穿暖。

梅贝尔死后，弗朗西斯神父必须即刻给孩子们找个住处：这是件棘手的事，因为让他们和亲戚同住固然是理想方案，但也有风险，那些萨菲尔德家、托尔金家的三亲四眷可能会想方设法把孩子们从天主教手里夺回来。他们的确已经在计议违背梅贝尔的意愿，送孩子们去新教寄宿制学校读书。不过还有一个亲戚，一个嫁到他们家的舅妈，并没有鲜明的宗教立场，愿意租一间房子给他们。她住在伯明翰奥拉托利会教堂附近，弗朗西斯神父认定这是此刻最好的选择了。几周后，13岁的罗纳德和11岁的希拉里搬进了舅妈家顶楼的卧室里。

她名叫比阿特丽斯·萨菲尔德，住在埃奇巴斯顿区长长的小
52 街斯特灵路上一幢昏暗的房子里。孩子们住一个挺大的房间，希

拉里开心地探出窗外，向下面的猫扔石头。但罗纳德仍沉浸在丧母之痛中，魂不守舍，痛恨窗外绵延不绝的屋顶和工厂烟囱。绿色乡野依然远远在望，但已属于遥不可及的过去了。他困在了城市的囚笼中。户外风光，他采过蓝莓的利基丘陵，雷德纳尔的欢乐小屋，母亲的死让他与这些一刀两断。也正因如此，他把这些回忆与母亲联系起来。他对乡间景色的感情，此前离开萨尔霍时就已如此鲜明，如今因为丧母而更加充沛。他爱记忆中童年的乡村，也爱记忆中自己的母亲，两份爱已然难解难分，前者还将成为他创作的主旨核心。

比阿特丽斯舅妈给予两兄弟餐宿，除此之外能给的不多。她寡居不久，膝下无子，还穷困潦倒。遗憾的是，她不善表达感情，又不太能理解孩子们的所思所想。有天罗纳德进入她的厨房，看到壁炉里堆起纸灰，发现她已经烧光了梅贝尔的私人文件和书信。她从未考虑罗纳德可能希望留下它们。

还好奥拉托利会教堂就在附近，这儿很快成为罗纳德和希拉里真正的家。他们一大早赶去教堂，在弗朗西斯神父最爱的侧祭坛那里协助他举行弥撒。然后他们在一个简陋的食堂里吃早饭，玩他们惯常的游戏，让一只厨房里的猫在旋转传菜桶里转个不停，[3]再出发去学校。希拉里已经通过入学考试，进入爱德华国王学校。如果来得及，两人就一起走到新街，如果五街口的钟塔显示他们来不及了，就坐马车过去。 53

罗纳德在学校交友广泛，特别是其中一位，不久成为他形影不离的伙伴。他叫克里斯托弗·怀斯曼，比罗纳德小一岁，父亲是家住埃奇巴斯顿的卫斯理会（循道宗）牧师。怀斯曼一头金发，脸庞宽阔和善，举止态度鲜明。1905年秋他们共同进入五年级，托尔金在年级里名列榜首（现在他显示了过人的学术潜力），怀斯曼紧随其后。他们都对拉丁语和古希腊语感兴趣，都喜欢玩英式橄榄球（爱德华国王学校里从不踢“足球”），都热衷于谈天说地，于是很快从竞争对手变成了好友。怀斯曼是个虔诚的卫斯理会信徒，但他们发现可以讨论宗教，不会因此结怨。

他们一起一个年级一个年级往上读。显然托尔金有学语言的天资（他母亲已经看到这点），爱德华国王学校就是他施展天资的绝佳天地。拉丁语和古希腊语是课表上的核心课程，一年级（或者说高年级）的老师教这两门课尤其出色，托尔金16岁生日前不久就读到了一年级，这个年级由校长罗伯特·卡里·吉尔森注目亲授。他是个留了撮整齐山羊胡的杰出人物，既是教古典学的资深教师，也是个业余发明家和卓有成就的科学家。他发明了用风力给蓄电池充电的风车，可以为家里的电灯提供电源；一款
54 胶版誊印机，可以复印学校的考卷（学生们说复印得很模糊）；一门小炮，可以发射高尔夫球。教学时，他鼓励学生们发散式学习，成为学一样精一样的行家里手——他是让托尔金印象深刻的榜样。吉尔森看似自由散漫，却鼓励学生们精研古典语言，这与托尔金的意愿完全一致。部分缘于吉尔森的教导，他开始对语言的通用原则产生兴趣。

了解拉丁语、古希腊语、法语、德语是一回事，理解它们**为什么**成为这样就是另一回事了。托尔金早已着手寻找精髓，寻找这些语言共有的元素——事实上，他已经开始研究语文学，一门研究词汇的科学。初遇盎格鲁-撒克逊语言时，他研究的兴头

更浓。

这还要归功于乔治·布鲁尔顿，那位比起**屎尿**更喜欢**矢溺**的老师。在他的指导下，托尔金展现了对乔叟时代英语的兴趣。布鲁尔顿很高兴，借给他一本盎格鲁–撒克逊语入门读本。这个馈赠真是及时雨。

托尔金翻开封面，发现自己正与诺曼人到来前的英格兰人面对面对话。盎格鲁–撒克逊语，又称古英语，对他来说既是自己母语的祖先，熟悉易辨，也是一门遥远晦涩的语言。读本用轻松易懂的措辞解释了这门语言，他马上小试牛刀，开始翻译书后所附的例文，发现尽管还不具备威尔士语的那种美学魅力，古英语对他已经很具吸引力。这更多是一种充满历史感的吸引，托尔金为学习母语的祖先而着迷。当他跳出读本中的简单段落，转而阅 55
读伟大的古英语诗歌《贝奥武甫》时，则变得兴奋不已。他第一遍读了译文，第二遍读了原文，发现这是古往今来最非凡的一首诗歌：讲述战士贝奥武甫的故事，他如何与两头怪兽搏斗，又如何在与巨龙战斗后死去。

如今托尔金又转向中古英语，发现了《高文爵士与绿骑士》。这是又一部点燃他想象力的诗篇：一个中世纪的故事，说的是一位亚瑟王的骑士寻找一个神秘的巨人，这巨人将要给他来上可怕的一斧子。托尔金很喜欢这首诗和它的语言，因为他意识到这差不多就是他母亲在西米德兰兹的祖先所讲的那种方言。他开始深入探索中古英语，阅读《珍珠》这篇描写死去孩童的讽喻诗，它被认为和《高文爵士》是同一个作者。他又转向一门不同的语言，略带迟疑地步入了古诺斯语的世界，逐字逐句阅读西古尔德与巨龙法弗尼尔的故事原文。他小时候读安德鲁·朗的《红色童话》时，已对这个故事深深着迷。至此，他掌握了一系列语言知识，在学生中已出类拔萃。

他遍寻学校图书馆和道路尽头科尼什书店角落里的书架，继续查找所有这些语言背后的“精髓”。最后他找到了德语的语文学书籍（他凑出足够的钱来买），虽然“内容枯燥”，但能提供他问题的答案。语文学，这是一门教你“爱语言”的学科，[4]也是
56 激励着他的动力所在。这不是对语言科学规律的肤浅好奇，而是对词语形状和读音的深深**热爱**，从母亲教他的第一堂拉丁语课时起，就已蓬勃涌现。

同样出于对词汇的热爱，他发明起了自己的语言。

大多数孩子都会创造自己的词汇，有些甚至会发明一套原始的暗语来交流。罗纳德的表妹玛丽·因克尔登和表姐玛乔丽·因克尔登小时候就这么做过。她们的语言叫“动物话”，主要由动物名字构成。比如**狗夜莺啄木鸟四十**表示“你是个蠢驴”。因克尔登一家如今住在伯明翰城外的巴恩特格林村，紧邻雷德纳尔，罗纳德和希拉里放假时经常去那儿玩一阵子。罗纳德学了“动物话”，用得很开心。没多久姐姐玛乔丽就失去兴趣，玛丽和罗纳德一起发明了一种更复杂的新语言。它叫“奈夫波什”，或者叫新废话。这门语言很快发展到兄妹俩可以用它编唱一首打油诗：

老爷爷他正发愁，
“如何带上我的牛？

当我好商又好量
要它进了我的筐
它就拼命吵不休！”

这样的事让巴恩特格林的生活充满了欢乐，还给步入青少年 57
阶段的罗纳德带来了启示。以前学古希腊文时，他就会创造一些古希腊风的词语自娱自乐。既然奈夫波什基本上不过是英语、法语和拉丁语披了件外衣，那他何不更进一步，完整发明一种语法结构更严谨、更合理的语言呢？这门语言可能没什么特别用处（虽然那时人造语言世界语还非常流行[5]），但他自得其乐，还能将自己喜欢的所有读音化为纸面上的文字。这绝对值得一试：如果对音乐感兴趣，他将很乐意谱写乐曲，所以为什么不发明自己的语言体系，就像谱写一篇自己的交响乐章呢？

成年后，托尔金开始相信，他那种发明语言的冲动，很多学生也能感受到。提及语言发明时他曾评价：“你知道这没那么不寻常。有些孩子很有创造力，这样的孩子比通常想象的多多了。这种创造也不仅限于画画、玩音乐，他们不管怎样就是想创造些什么。如果主要教的是语言，他们就会创造语言。这非常普遍，我曾想应该有人对此开展一下研究。”[6]

当托尔金年轻时第一次系统地发明语言，他决定以一门现实存在的语言做样本，或者至少作为起点。他能接触到的威尔士语还不多，于是转而去看弗朗西斯神父家里的西班牙语图书收藏，这是另一个他最爱的词汇来源。神父西班牙语说得很流利，托尔 58
金总是求他教教自己，但被拒绝，神父只允许他随意取阅书籍。

如今他再次研读，由此创造了一门叫“纳法林”的语言。[7]这门语言深受西班牙语影响，但自有一套音韵和语法。他无时无刻不投入其中，如果不是发现比西班牙语更有趣的语言，可能还会继续创造下去。

托尔金的一个校园好友在传教义卖上买了本书，发现用不上，就卖给了他。这本书是约瑟夫·赖特的《哥特语入门读本》。开卷后，托尔金立即感受到“一种情感，至少像《初读恰普曼译荷马史诗》[8]那样充满喜悦”。哥特人衰落后，就没人再说哥特语了，但仍有残存文字留给后人，这些文字深深吸引了托尔金。[9]他不满足于只是学哥特语，还要动手发明“更多的”哥特词语，填补那一点点词语之外的空白。[10]他还要更进一步，构想一种看似未曾有过记录，却基于真实历史的日耳曼语言。他将这番热忱和怀斯曼说了，怀斯曼自己也在学古埃及语及其象形文字，听得很有共鸣。托尔金还着手**逆向**发明语言，即他通过组织起一套符合“历史”的语言系统来发明语言，提出一些假想的“更早的”词语，这是发明语言时确有必要的。[11]他还致力于发明字母表，在一本学生时代起就使用的笔记本上，记录对应英语26个字母的代码系统。[12]他在语言上花费最多的时间，经常把自己关在与希拉里合住的屋子中，正如他日记写的，“发明了不少我的语言”。

59 梅贝尔死后，弗朗西斯神父为托尔金兄弟劳心劳力。每个夏天他带他们去莱姆里吉斯度假，住在三杯旅馆，探访他在这个街区里的朋友。罗纳德喜欢莱姆的景色，乐于在雨天为它画素描。但他最高兴的还是在晴天，可以沿着海岸散步。小镇附近的悬崖最近山石崩塌，他会去看这壮观的景象。他曾在那里发现一块史前动物的下颚骨，推想它是已石化的巨龙的一部分。[13]这些假日里神父和孩子们聊了很多，发现他们住在比阿特丽斯舅妈死气沉沉的房子里并不开心。回到伯明翰，他四处寻找更好的住处，这时想起在奥拉托利会教堂后面，住在杜奇斯路上的福克纳太太。她经常举办音乐晚会，一些神父会去参加，她也有屋出租。他认定罗纳德和希拉里住在她家将更快乐。福克纳太太同意了。1908年早些时候，孩子们搬进了杜奇斯路37号。

这是个覆满爬藤的昏暗房子，挂着肮脏的花边窗帘。罗纳德和希拉里住在三楼的一间屋子里。这里还住着福克纳太太的丈夫路易（一个酒商[14]，对自己卖的酒颇有品位），他们的女儿海伦，女仆安妮，以及其他房客。其中在二楼，男孩们的卧室下方，住着个19岁的姑娘，成天在缝纫机前干活。她叫伊迪丝·布拉特。

她非常漂亮，娇小苗条，有一双灰色的眼睛，一头黑色的短发，脸部轮廓坚毅分明。托尔金兄弟了解到她也是个孤儿，五年前母亲去世，父亲死得更早。事实上她还是个私生女。她母亲弗朗西丝·布拉特家在伍尔弗汉普顿，有一个制靴和制鞋的家族产业。母亲可能是为避免丑闻，1889年1月21日在格洛斯特生下了 60
她，生她时30岁。后来她母亲回到伯明翰，顶着左邻右舍的流言蜚语，在汉兹沃思的郊区把她带大。弗朗西丝·布拉特从未结婚，孩子出生证明上父亲那一栏是空着的。不过弗朗西丝留着他的照片，布拉特一家也知道他的身份。但即使伊迪丝知道父亲的名字，也不会传给自己的孩子。[15]

伊迪丝的童年还算快乐。她是由母亲和表姨詹妮·格罗夫在汉兹沃思带大的。能与格罗夫家族攀上亲戚，布拉特一家脸上有光，因为格罗夫家族里的乔治·格罗夫爵士，作为音乐词典的编辑声名在外。[16]伊迪丝自己也有音乐天赋，钢琴弹得很好，母亲死后，她被送往一个以音乐为特长的寄宿制女校。直到离校前，她都被寄望成为一名钢琴教师，或者可能当一名音乐会演奏家。但她的监护人兼家庭律师似乎并没有长远的谋划。他在福克纳太太的房子里为伊迪丝找了间房，满以为女房东喜欢音乐，所以伊迪丝能愉悦自在地练习钢琴。但他的思虑仅限于此，也不急着考虑更多，因为伊迪丝继承的土地散布在伯明翰多个区域，带来的收入足以维持她的生计。此刻也不需要再做什么，所以他顺其自然。伊迪丝在福克纳太太的房子里住了下来，但很快发现虽然房东太太喜欢有个会弹琴的住客，能在她的音乐晚会上为独唱的人
61 伴奏，但伊迪丝能不能真的**着手**练琴又是另一回事了。“现在，亲爱的伊迪丝，”福克纳会在她刚开始练习音阶和琶音时，立马冲进屋子，“现在**别再**弹了！”伊迪丝只能凄凄惨惨地回到自己房间，操持起缝纫机。

然后托尔金兄弟来到这里，她发现他们很有趣。她特别喜欢罗纳德，喜欢他严肃的表情和翩翩的风度。罗纳德虽然和同龄女孩接触不多，但发现他与伊迪丝的共同点后，迅速克服了自己的紧张。他们建立起了友谊。

事实上，罗纳德16岁，伊迪丝19岁了。但托尔金看起来年长，伊迪丝又显年轻，而且整洁、娇小、特别漂亮。当然她没有他对语言的兴趣，受过的教育也有限，但举手投足都很有魅力。他们结成了对抗那个“老妇人”（他们这么称呼福克纳太太）的

同盟。伊迪丝劝说女仆安妮从厨房偷一些食物的边角料出来，给三楼饥肠辘辘的男孩们吃，老妇人出门后，男孩们就去伊迪丝房前享受秘密的盛宴。

罗纳德和伊迪丝频繁光顾伯明翰的茶馆，尤其是带阳台的一家，在那里可以俯瞰人行道。他们坐在阳台上，向过路行人的帽子扔方糖，糖罐空了，就挪到下一桌。后来他们私下发明了一种口哨声，罗纳德清晨或睡前听到，就会走到窗口，伸头去看楼下窗边等着的伊迪丝。

他们有如此契合的个性，又处于如此的状况下，爱情的种子注定将抽芽生长。他们都是渴望爱的孤儿，也发现能够以爱相偎。1909年夏天，他们认定彼此相爱了。

多年后罗纳德向伊迪丝回忆："我给你的初吻和你给我的（那 62
几乎是个意外）；我们的互道晚安，你有时会穿着小小的白色睡袍向我道别；我们无休无止的窗边谈话；我们如何看着太阳从雾气中升起，听着大布朗钟[17]一次次整点敲响；还有那些差点把你吓走的蛾子；还有我们的秘密口哨；还有我们的自行车之旅；还有我们的炉边对话；还有那三个大大的吻。"[18]

罗纳德这时本该用功考取牛津的奖学金。但当他一半脑子想着发明语言，一半脑子想着伊迪丝时，很难专注学习那些古典文本。学校里还有个东西分了他的心：辩论协会，在高年级学生中大受欢迎。可能是因为尖锐刺耳的青春期嗓音还在，外加说话含糊名声在外，他还没参加过辩论。[19]这个学期，一种刚获得的信心驱使着他，让他围绕支持妇女参政论者目标和策略的动议初试啼声。他的陈述获得好评，虽然学校杂志认为“他有缺陷的辩论方式，给他的才华减了分”。[20]另一场辩论，他们讨论“本议院对诺曼征服的发生表示谴责”的动议（这可能是托尔金自己想出来的）。[21]罗纳德的陈述中，抨击（根据学校杂志的记录）“多音节蛮族语言[22]的传入，驱除了更粗俗却也更朴实的当地语言”。在一场探讨谁是莎剧作者的辩论中，他“突然有失体面地对莎士比亚骂不绝口，骂他龌龊的出生地，骂他龌龊的周遭环境，骂他龌龊的品性”。[23]他在英式橄榄球领域也颇有建树。他身材瘦削，
63 甚至有些羸弱，但早就学会以凶悍的风格弥补体重上的不足。他加倍努力，终于得到回报，进入了校队。一到那里，就如初生牛犊般奋勇拼杀。[24]后来回想起这些，他将其直接归因于一种骑士精神般的冲动：“浸淫在浪漫传奇中，我对待男女交往很严肃，而且将其作为我努力的源泉。”[25]

1909年秋季学期末的某天，他悄悄和伊迪丝约好骑车去乡下。“我们自以为算无遗策，”他写道，“伊迪丝名义上是骑车去看她的表姨詹妮·格罗夫。她出发一段时间后，我骑车‘去学校体育场’。但我们随后会合，去利基山丘玩。”整个下午他们都在利基山丘，然后去雷德纳尔村找茶喝，最终在一户人家那里喝到了，几个月前罗纳德备考奖学金时就住在他家。喝完后他们骑车返回，分头进入杜奇斯路的家里，以免引起怀疑。但他们漏算了流言的威力。招待他们喝茶的妇女告诉丘奇太太，罗纳德少爷在她那儿现身，还带着一个不认识的姑娘。丘奇太太作为奥拉托利会教堂的看守，又把这事儿传给了教堂的厨师。而这个厨师嘴巴从不把门，又告诉了弗朗西斯神父。

罗纳德的监护人事实上扮演了父亲的角色，当他知道自己投入如此多热爱、关怀、金钱的人，竟然不专注于至关重要的学业，而是和同一屋檐下大他三岁的姑娘私下幽会（一番调查后，真相很快水落石出），弗朗西斯神父的感受可想而知。他把罗纳德叫来教堂，告诉他自己大为震惊，要求这样的事必须停止。然后他安排罗纳德和希拉里搬去新的住处，让罗纳德远离那个 64
姑娘。

罗纳德并没有直接违抗弗朗西斯神父，不再继续公开约会，这似乎很奇怪。但那时的社会风俗，要求年轻人必须服从他们的父母或监护人，而且罗纳德深爱弗朗西斯神父，也仰赖他的资助，再者罗纳德也不是个叛逆的年轻人。所以，顺从命令就不足为奇了。

在伊迪丝事件爆发的节骨眼上，罗纳德还必须去牛津参加奖学金考试。如果此时头脑清醒，他本可以醉心于初见之下牛津的美景。他待在基督圣体学院，望着塔楼和矮墙，想到在牛津读书能给他带来怎样的皓月前程，相比之下自己的学校只是萤光残影罢了。牛津的方方面面都给他新鲜感，因为他祖上从未有人进过大学。如今轮到了他，有机会为托尔金和萨菲尔德家族赢得荣光，有机会报答弗朗西斯神父的热爱与慷慨，有机会证明与伊迪丝的恋情没影响他的功课。但这并不容易。考试后他遍寻告示栏，发现自己失败了。他在默顿街和奥利尔广场痛苦地转身，走去火车站，可能在想自己是否还会回来。

但其实他的失败并不意外，也不是灾难性的。对牛津奖学金的争夺一直很激烈，这只是他的第一次尝试。他明年12月仍可以卷土重来，不过那时将年近19岁，若再次失败，就没机会再去牛津，因为届时他的监护人将付不起他作为自费生的学费。显然他必须加倍努力。

65 “无比绝望，晦暗如常，”他在1910年新年的日记中如此写道，“上帝救救我，我感到脆弱和疲惫。”（这是他第一次开始记日记，或是留存下来最早的一篇日记。现在，像此后的人生中那样，他主要在日记中记录自己的悲伤和忧虑。当年后来终于阴霾消散，他就不再写日记了。）他面临困境，虽然和希拉里搬去新家，但新家离福克纳太太的房子不远，伊迪丝仍住在那儿。[26]弗朗西斯神父要求罗纳德斩断情丝，但没禁止他去见伊迪丝。罗纳德不愿欺瞒自己的监护人，但他和伊迪丝仍决定私下会面。他们一起度过下午，坐火车去乡下，讨论自己的计划。他们还逛了珠宝店，伊迪丝在那儿给罗纳德买了支笔，作为他18岁的生日礼物，罗纳德同样花10先令6便士买了只手表，作为伊迪丝21岁的礼物[27]，第二天他们还在茶馆里庆祝生日。伊迪丝决定接受邀请，前往切尔滕纳姆的朋友家，与一对年长律师夫妇共同居住。她告诉了罗纳德这些，罗纳德在日记里写“感谢上帝”，因为这是最好的解决方案了。

但他们的相会再度被发现。这一次弗朗西斯神父明确了他的态度：罗纳德不得再与伊迪丝见面，甚至不能通信。他只能再见她一次，在她出发去切尔滕纳姆的那天道声再见。自此以后他们必须彻底断绝往来，直至罗纳德21岁成年，监护人不再为他负责为止。这意味着要足足等待三年。罗纳德在日记里写：“三年啊，太可怕了。”

一个更叛逆的年轻人，可能不会遵守这个要求。即使忠实如罗纳德，也觉得监护人的意愿很难服从。2月16日他写道：“昨晚祈祷能偶遇伊（迪丝）。祈祷应验了。12点55分在威尔士亲王 66
剧院见到她。告知她我无法给她写信，两周后的周四将如约为她送行。高兴了一些，但很想再见她一面，让她开心起来。无法思考其他任何事。”然后2月21日写道：“我看见一个垂头丧气的小小身影，穿着雨衣，戴花呢帽子，一路踢着地上的水。我忍不住上前，表达我的爱和快乐。这让我幸福了好一阵子。祈祷再次重逢，该认真考虑未来了。”2月23日：“我看到她从大教堂那儿过来，她在为我祈祷。”

虽然这些只是偶遇，却带来了最坏的结果。2月26日罗纳德“收到弗（朗西斯）神父一封可怕的信件，告知又有人看到我和一位姑娘见面，他说这很恶劣和愚蠢，威胁如果不停下来，就要让我的大学生涯提前结束。这意味着我不能再见伊（迪丝），也不能给她写信了。上帝帮帮我。中午见到了伊（迪丝），却无法和她在一起。弗（朗西斯）神父给了我一切，我必须遵从”。当伊迪丝意识到发生了什么，她给罗纳德写信：“我们最艰难的时光已经来了。”

3月2日周三，伊迪丝从杜奇斯路出发，前往切尔滕纳姆的新家。罗纳德不顾监护人的禁令，祈求最后看她一眼。到了她出发的时刻，他遍寻各个街道，起初一无所获，但后来“在弗朗西斯路的角落，她骑车从我面前经过，骑去火车站。我可能三年内都无法见到她了”。

第四章 “茶社和巴罗社团等”

67 弗朗西斯神父并不聪明，他没意识到强行将罗纳德和伊迪丝拆开，反倒让一段男女韵事，升华成历经磨难的浪漫传奇。三十年后罗纳德评价：“可能再没别的做法更能坚定我的意志（不过这确实是真爱），让这段情缘天长地久了。”

伊迪丝离开后的几周，他都病恹恹悲戚戚的。弗朗西斯神父还在为蒙受欺骗而大光其火，指不上能帮多少忙。复活节期间，罗纳德向监护人申请给伊迪丝写信，后者勉强应允。他写了信，[1] 她也回复了，说她在新家很开心，“所有在杜奇斯路的可怕日子似乎不过是场梦罢了”。

其实她发现切尔滕纳姆的生活再适合自己不过了。她和C. H.杰索普夫妇住在一起，称呼他们“叔叔”和“阿姨”，虽然并没什么血缘关系。“叔叔”暴躁易怒，“阿姨”用她的体贴弥补了这点。除了教区牧师和杰索普夫妇的老友外，这里其他客人不多。但伊迪丝找到了同龄伙伴，发现读书时的好友莫莉·菲尔德的家

就在附近。她每天练习弹钢琴，学习管风琴，还定期在圣公会教
区教堂里演奏。她参与教会事务，在男孩俱乐部[2]和唱诗班外出 68
表演时帮忙。她加入樱草会[3]，参加了保守党的会议。她在创造
自己的人生，一个前所未见更精彩的人生。[4]她将发现那一刻来
临时，这样的人生很难割舍。

罗纳德这边，学校成为他生活的核心。他和弗朗西斯神父的关系依然紧张，对奥拉托利会也没以前那么喜欢了。但他在爱德华国王学校找到了至交好友。这是所走读学校，没有寄宿学校里C. S. 刘易斯反对的那些“甜馅饼”“血青”（他后来在自传《惊悦》里将描述这些）[5]。当然在年轻学生眼里，那些学长还是有权威的，但那是来自年龄和成就，而非来自阶层的权威。而且托尔金宣称19岁的他甚至都不知道“同性恋”这个字眼。无论如何，他完全投入了一个纯男性的社群。在这个年纪，很多年轻小伙都会发现女性同伴的魅力，他却在努力忘掉她们，把浪漫爱情抛到脑后。接下来的三年在他成长中至关重要，像母亲尚在的童年一样重要。这三年里的喜悦和发现，他没和伊迪丝分享，却和他的男性友人们分享了。所以他开始认识到男性同伴在他生命里的可贵之处。

学校图书馆是爱德华国王学校的重要机构，名义上由助理教员负责，实际却是由一些有“图书馆员”头衔的高年级学生管理。1911年，这些图书馆员里有罗纳德·托尔金，克里斯托弗·怀斯曼，R. Q. 吉尔森（校长儿子），还有其他三四个人。这个小圈子结成了一个非正式的组织“茶社”[6]。六十四年后，怀斯曼对这个组织起源如此描述道：

69 “它是在一个夏季学期成立的，干这事胆子不小。那时考试足足有六周，除此之外真的无事可干，所以我们就在校图书馆里喝茶。大家会带来‘茶余小点’：我记得有人带来一罐头鱼，没人喜欢吃，所以它就待在书架一堆书的上面，直到很久后发臭为止！我们常用酒精炉烧一壶水，但最大的问题是怎么处理茶叶。茶会经常开到放学后，那时清洁工带着拖把、水桶和扫帚过来，撒下锯末[7]，再全部清扫干净，所以我们就把茶叶放在他们的桶里。我们一开始在图书馆小隔间里喝茶。正值夏季学期，我们随后会去考普雷逊街的巴罗百货商店喝茶。茶室里有一系列隔间，即两个大高背长椅之间放着一个六人桌，非常清净，大家称为‘火车车厢’。这里成了我们最爱去的地方，我们根据这家商店的名字，把自己的组织名号改成‘巴罗人协会’。后来我成为学校《编年》杂志的编辑，要列出获得各种荣誉的人物名单，如果有人是我们组织的成员，我就在他名字旁打个星号，然后在页脚添加注释，‘这人同时是茶社和巴罗社团的成员’。他们花了七天才明白里面的意思！”

这个古怪的非正式组织，成员略有变动，但很快形成了一个稳定的核心，包括托尔金、怀斯曼和罗伯特·奎尔特·吉尔森。吉尔森（被称为R. Q.）从他父亲那里继承了生动的脸庞、敏捷的头脑，但仿佛是回应父亲对科学发明的热情，他私下把精力都用在画画和设计上，作品看着还颇有才气。他说话轻声细气又诙
70 谐幽默，热爱文艺复兴画作和18世纪。他的品位、专长和另两位明显不同：怀斯曼对自然科学和音乐颇有了解，后来是个杰出的数学家和业余作曲家。托尔金，他们称为“约翰·罗纳德”的

那位，通晓日耳曼语言和语文学，完全浸淫在北欧文学作品之中。这三个充满激情的男生有个共同点，都对拉丁语和古希腊语文学非常熟稔，他们的品位和知识同中有异，这种平衡让他们的友谊成长起来了。

托尔金呈至“茶社和巴罗社团”（T. C. B. S.，他们后来如此称呼）的文稿，反映了他广泛的阅读范围。他朗诵《贝奥武甫》《珍珠》《高文爵士与绿骑士》，讲述古诺斯语史诗《伏尔松萨迦》[8]里的恐怖场景，每每让朋友称快。朗诵中还即兴嘲弄一下瓦格纳，因为他很看不起后者对北欧神话的解读。[9]这些饱含学识的表演绝不会让朋友们诧异，其实如怀斯曼所说：“T. C. B. S. 接受了这种表演，也表明这个社团本身的确古怪。”或许这种小圈子的确很怪，但当时（以及当下）在受过良好教育的青年中稀松平常，毕竟他们正迈向满怀热情发现新知的阶段。

后来又有第四个人加入。他名叫杰弗里·巴赫·史密斯，比吉尔森小一岁，比托尔金小将近三岁，来自学校的现代科，不像其他人那样专修古典学。他和兄弟与寡母一起住在西布罗米奇，拥有朋友们认为的“米德兰兹的智慧”。T. C. B. S. 接纳他还源于他有全爱德华国王学校都难得一见的资质：饱读英语文学，尤其是诗歌。事实上他是个创作积极也颇有才华的诗人。在史密 71
斯（大家叫他G. B. S.）的影响下，社团开始认识到诗歌的重要性——正如托尔金早已着手做的那样。

爱德华国王学校只有两名教员在认真教授英语文学。一个是乔治·布鲁尔顿，另一个是R. W. 雷诺兹。“迪基”·雷诺兹曾是伦敦一家杂志的文学评论家，他试图灌输给学生一些对品位和风格的概念，但这套做法对罗纳德·托尔金不怎么管用，因为相比弥尔顿和济慈，托尔金更喜欢拉丁语和古希腊语诗歌。不过18岁的托尔金开始试着写诗歌，和雷诺兹的课程多少有点关系。他写得不多，也不怎么好，肯定没超过当时青年人的平均水平。其实当时他的写诗才华只有那么一点微不足道的苗头。1910年7月这个苗头出现，他写了一首森林景色的咏物诗，取名《林间日光》，其中几行如下：

> 轻盈悠游的精灵，前来尽情欢唱，
> 如同美景，如同欢乐，闪耀回响
> 光辉充盈其中，已然忘却悲戚，
> 绿草褐土之上，切勿离去匆忙。
> 来！为我跳舞！林中的妖精，
> 来！为我歌唱！请慢些消亡！

林地上跳舞的仙灵，对一个玩英式橄榄球，又很喜欢格兰道尔[10]和巨龙法弗尼尔的18岁年轻人来说，似乎是个奇怪的意象选择。为什么托尔金会想到写这些事物？

J. M. 巴利可能与此有关。1910年4月托尔金在一家伯明翰剧院看了他的《彼得·潘》音乐剧后，于日记里写道："难以形
72 容，不过毕生难忘。希望是和伊（迪丝）一起看的。"[11]更重要的联系，可能是他对天主教神秘主义诗人弗朗西斯·汤普森的热爱。[12]毕业前他已熟读汤普森的诗，后来成了这方面的半个专家。这首《林间日光》和汤普森的《姐妹之歌》第一部分某场景

非常类似，都是诗人先看到一个精灵，然后在林间空地上看到一大群妖精，诗人身子一动，它们就消失了。[13]这可能是托尔金对这类事物感兴趣的缘由。无论源自哪里，跳舞的精灵将在他的早期诗句里频繁出现。

1910年，他的头等大事还是努力二度备考牛津的奖学金。他尽可能用足个人学习的时间，但还有很多事打岔，尤其是橄榄球赛。多少个下午，他在伊斯顿路上泥泞的校运动场里挥汗如雨，然后骑一段长路回家，天色已暗，挂在自行车后的油灯摇曳闪烁。球赛有时会让他受伤：有一场比赛他撞坏了鼻子，再也没能恢复原状；另一次他咬破了舌头，尽管伤口完美愈合，但后来他总是把自己的口齿不清归咎于这次事故（其实他咬破舌头前就被公认口齿不清，真实的原因是他总有太多话想讲，而不是表达上有什么生理缺陷。他能够，也确实曾口齿异常清晰地朗诵诗歌）。他还花大量时间研究历史上存在过的语言和人造语言。1910年的四旬期学期[14]里，他在爱德华国王学校的一年级班上做了场标题严肃的讲座：《欧洲现代语言——历史源头与发展潜力》。他的讲稿要花三节各一小时的课才能读完，即便如此，当班老师打断他时，他还没讲到“潜力”。辩论协会也占用他很多时间。爱德华国王学校有个举办一场全拉丁语辩论的惯例，这对托尔金而言太容易了。一场辩论中他扮演罗马元老院中的古希腊使节一角，全程用古希腊语慷慨陈词。另一次他扮演蛮族使者，一口流利的哥特语让同学们大为震惊。还有一次他说了盎格鲁-撒克逊语。这些活动占据大量时间，他无法自称已对奖学金考试做足准备。尽管如此，他还是在1910年12月前往牛津，对自己的运气信心十足。 73

这次他成功了。1910年12月17日，托尔金得悉自己获得了埃克塞特学院的公开古典奖学金。这个结果不如预期那么让人高兴，因为本来凭他的能力足以获得一大笔奖学金，而他获得的（稍次一些）一年只有六十英镑。不过这已是不小的成就，外加爱德华国王学校的离校助学金，以及弗朗西斯神父的额外帮助，足以支撑他在牛津的学业。

出路已定，他暂时不再有课业压力。但爱德华国王学校的最后一学期还有很多事要做。他成了级长、辩论协会干事[15]和橄榄球队干事。他在学校的文学协会朗读了一篇研究古诺斯语《萨迦》的论文[16]，还锦上添花地以诺斯语读了原书片段。也正在此时，他发现了芬兰的《卡勒瓦拉》，又叫《英雄国》，其中的一系列史诗是记录芬兰神话的重要宝库。不久后他满怀激赏地评价
74 这本书中“陌生的民族和全新的神明，以及率真、粗野、不检点的英雄”。“我读得越多，越觉得自在和愉悦。”[17]他读的是人人图书馆出版的W. H. 科尔比译本，还想找芬兰语的原版，越快找到越好。

1911年的夏季学期为他的中学时代画上了句点。如往常一样，期末安排一出古希腊戏剧，配上符合音乐厅音响效果的合唱团。这次他们选择的是阿里斯托芬的《和平》，托尔金扮演的是神的信使赫尔墨斯。随后他们用古希腊语唱国歌（这也是爱德华国王学校的传统），托尔金的中学生涯落下了帷幕。“等候的亲戚们叫学校门房来找我”，他多年后回忆道，“他说我晚些时候才现身。‘刚才’，门房说，‘他是这场聚会的生命和灵魂。’说得很

得体。其实因为刚演好戏剧，我还穿着古希腊的长袍和凉鞋，跳着狂乱的酒神舞蹈，我自认模仿得还算不错。”但一切戛然而止。他爱过他的学校，如今极不情愿离开它。“我感觉，”他说，“自己像被踢下高处鸟巢的麻雀雏鸟。”

接下来的暑假，他和弟弟希拉里参加了布鲁克斯-史密斯一家组织的旅行团，去瑞士旅行。希拉里已提前退学，以务农为业，正在他们萨塞克斯的农场上干活。[18]旅行团成员大概有12个人：布鲁克斯-史密斯夫妇，他们的孩子，罗纳德和希拉里，两兄弟的姨妈简（已经成为寡妇），还有一两个单身女教师，是布鲁克斯-史密斯夫人的朋友。他们到达因特拉肯后步行出发。56年后托尔金回忆起这次旅程[19]：

“我们基本走山路，背着沉重的行李，徒步从因特拉肯走到劳特布伦嫩，到米伦，最终到达一片冰川荒野中劳特布伦嫩山谷 75
的尽头。我们照着地图，专拣人迹罕至的小路，沿途也不预订住处，所以睡觉的环境很简陋，男人们通常就在干草棚或牛栏里将就一下，早餐也是在露天草草吃过。我们必须向东前行，穿过两个施岱格[20]的山路前往格林德瓦，艾格峰和僧侣峰就在我们右侧，最终我们到达迈林根镇。我满怀忧伤地告别了少女峰的景色，以及直插深蓝天空的希尔伯峰。

“我们走到布里格，那里留给我的记忆只有嘈杂：有轨电车[21]带着刺耳的行进声，似乎它一天运营至少20小时，在山中纵横成网。在那儿住一晚后，我们爬上几千英里，抵达阿莱奇冰川脚下的‘村庄’，在一个木屋客栈里度过几晚，睡在有屋顶的房屋床上（不如说是睡在床下，那个‘床’[22]就是个不成形的睡袋，必须牢牢抱在身上）。

"有一天我们跟着向导，跋涉攀上阿莱奇冰川[23]——那一次我差点送了命。我们虽然有向导，但不知是那年夏天超乎寻常的炎热超出他们的常规经验，还是他们压根不在乎，抑或我们动身太晚。总之，中午的时候，我们正在一条狭窄的山道上鱼贯而行，右手边是高耸入云的雪山，左手边则是深入峡谷的陡峭悬崖。那一年的暑热已经融化了大部分积雪，露出了（我猜）平时掩盖在雪下的石块和巨岩。那一天白昼的高温继续融化着积雪，我们惊恐地看到不少石块加速滚下山坡：有的橘子大小，有的橄榄球大小，甚至还有更大的。落石呼啸着飕飕地掠过我们脚下的小径，一头扎进下方的山谷中。石头滑落的速度开始不快，接着便开始直线坠落，但是小路本来就崎岖难行，大家都得兼顾脚下一心二用地往前走。我还记得走在我前面的一名队友（是位上了
76 年纪的女教师）突然尖叫一声，猛地向前跃去，与此同时一块大石头砸到我们之间，离我最多一英尺远，吓得我腿都软了。

"随后我们进入瓦莱州，我自此记不起太多东西[24]，就记得某晚我们又湿又脏地来到采尔马特，那些法国来的有钱太太们[25]举着长柄望远镜朝我们看个不停。我们绑着绳子（不然我会掉进冰雪裂缝里），和向导一起爬到高处，到阿尔卑斯俱乐部的一个小木屋里[26]。我还记得我们和几英里外马特峰的黑色尖顶之间，起伏的雪原那片令人目眩的白色。"

启程回英格兰之前，托尔金买了几张风景明信片。其中一张是德国画家J. 马德莱纳尔画作的复制品，[27]名叫《山灵》，画着一个老人坐在松树下的石头上。他有一部白胡子，戴着一顶宽边

圆帽，披着一身长斗篷，在和一头白色小鹿交谈，小鹿蹭着他平摊的手掌。他的神情幽默又富有同情心，远处可见一座岩山。托尔金细心保存着这张明信片，很久后在收纳明信片的纸套上写了“甘道夫的原型”[28]。

9月初旅行团回到英格兰。在伯明翰的家里，托尔金打包他的东西。10月第二周的周末，他收到一份慷慨的礼物。那是他的老教员“迪基”·雷诺兹，用自己的汽车载他前往牛津。托尔金开始了牛津的第一个学期。[29]

第五章　初到牛津

77 汽车驶入牛津后，托尔金意识到自己将在这儿如鱼得水，经历过伯明翰的肮脏和乏味，他将喜爱和仰视这个城镇。必须承认，随意一瞥之下，自己的埃克塞特学院在牛津大学里并不算最漂亮。它无趣的正面是乔治·吉尔伯特·斯科特设计的，它的小礼拜堂不过是圣礼拜堂[1]的无聊复刻，这些还不如巴里设计的仿哥特风的爱德华国王学校来得出众。不过几码外就是院士花园，银色的桦树高高探过屋顶，悬铃木和七叶树的枝条越过围墙，伸到了布雷齐诺斯巷和雷德克里夫广场。对罗纳德·托尔金而言，这是他**自己的**学院，他的家，母亲死后第一个真正意义上的家。[2]在他楼梯间的底部，能看到一块写着他名字的板。扶着宽宽的黑色栏杆，走上高低不平的木质楼梯，就能瞧见他的房间，一个卧室，还有一个简朴又美观的起居室，从那里可以俯瞰狭窄的特尔街。太完美了。

1911年，大部分牛津本科生都来自富裕的上层家庭，很多还是贵族。牛津大学（当时）主要就是迎合这类年轻人的奢华习惯，房间里有“校工”（学院服务人员）等着为他们服务。但在这些非富即贵的学生之外，还有另一类社群：“穷学生”。他们即便不是真的穷，起码也不是出身于富裕家庭，要靠奖学金的资助 78
才能来读书。富裕学生有时会来找“穷学生”的麻烦。托尔金作为一个来自中产阶层的学生，要是去到另一所更为上流的学院，可能将遭遇不少仗势欺人的行径。相比之下他还算幸运，埃克塞特学院没有这种社会差异的恶劣传统。

同样对托尔金不无裨益的是，二年级学长里有不少天主教徒[3]，他们找到他，确保他能适应新环境。他很快交到了朋友，尽管交友必须量入为出，因为他收入微薄，而且在一个迎合有钱人的群体中省吃俭用也并非易事。每天早上他的“校工”送早饭到他房间，这可以节俭到只有吐司和咖啡。但这里有个惯例，要在早餐时招待你的朋友，这就意味着自掏腰包额外买些食物。午餐是面包、芝士和啤酒等“平民食物”，也是由校工送到房间。晚上要在礼堂正式用餐，虽然并不昂贵，但在席间朋友会乐于馈赠啤酒或红酒，当然这样的好意也必须回报。等到每周六早上付高额“食宿费”时，就让人愁眉不展了。而且学院提供的生活必需品很少，托尔金要买衣服，还要为房间添置一些家具。花销很快变多，尽管牛津的老板们也习惯了近乎无限赊账，但最后总要让学生还的。一年后托尔金记录他有“一堆没支付的账单”，还补上一句“和钱有关的事都不怎么让人愉快”。[4]

入学不久，他就全身心投入大学活动之中。他玩橄榄球，虽 79
然没在院队里成为头面人物。他不划船，因为那在牛津比其他运动都高端，是公学毕业生[5]的禁脔。不过他参加学院的散文俱乐部和辩证协会，参加斯泰普尔顿——学院的辩论协会。他还设立了自己的俱乐部“放飞自我社”（Apolausticks，意即“致力于自我放纵的人们”），主要由他这样的新生组成，大家在一起朗读论文、讨论问题、辩论观点，还享用奢华的大型晚宴。这比校图书馆里的茶会要高出一个档次，也眼花缭乱多了。不过这里展现的本性和促成T. C. B. S. 设立的如出一辙。[6]有畅谈，有足够的烟叶（这时他已经完全离不开烟斗，偶尔抽昂贵的香烟），有男性的陪伴，身处好友圈中的托尔金无疑是最开心的。

在牛津你的同伴必须是个男的。当然有一些女生来听讲座，但她们住在女子学院，这些学院就是大学在城郊的简陋飞地。无论何时与年轻异性接触，她们都必须有女伴在场。男的总是同性相吸，他们多数刚从只有男性的公学毕业，自然乐于接受牛津的阳刚氛围。

他们之间还说一些奇怪的俚语。比如早饭叫“吃食儿”（brekker），讲座叫“白活儿”（lekker），会社叫“入伙儿”（Ugger），歌咏会和恶作剧叫“唱曲儿”和“逗你玩儿”（sigger-sogger, pragger-jogger）。托尔金接受了这种说话方式，还积极参与到学生向镇民的闹事[7]中，那时这种闹事还很普遍。下述是他记录的一次典型的“晚间娱乐”：

80 “20点50分我们听到远处传来的吼声，知道外面出事了。我们冲出学院，足足玩了两个小时。我们‘闹’了镇民、警察和学监大概一小时。杰弗里和我‘俘获’了一辆公交，开到科恩市场，制造了各种怪异的噪声，后面跟着一群狂人，即混杂着的校队和‘镇民’。到达卡尔法克斯前，队里就全是大学生。我在那里向这一大群乌合之众发表激动人心的简短演讲，然后大家下坡前往烈士坟儿（maggers memugger），或者说殉道者纪念碑，在那里我再次演讲。所有这些都没受到违纪惩戒！”

这种行为，吵闹，傲慢，粗鲁，在上层学生中比在托尔金这样的“穷学生”中更为普遍。大部分“穷学生”避开玩闹，专心学习。但托尔金太爱社交，不会错过任何正在进行的活动，所以他在学业上没多少建树。

他学习古典学作品，必须定期参加讲座和辅导课，但他的头两个学期里，埃克塞特学院没有常驻的古典学导师，等常驻导师（即E. A. 巴伯，一个优秀的学者，乏味的老师）来到，托尔金早就开始敷衍了事了。他对拉丁和古希腊作者感到厌烦，对日耳曼文学更为热忱。他还对介绍西塞罗和德摩斯梯尼的讲座毫无兴趣，乐于旷课回宿舍，继续发明语言。不过课表中还有一部分引发他的兴致，他将比较语文学作为自己的研究专题，这意味着出席杰出的约瑟夫·赖特的课程和讲座。[8]

赖特来自约克郡，从最卑微的出身一路努力，成为比较语文 81
学教授，是个真正白手起家的人。他6岁时在毛纺厂工作，最初这没给他任何学习阅读写作的机会。但到15岁，他嫉妒工友能读报，就自学语言文字，没学多久就掌握了，更激发了自己学习的愿望。所以他去夜校学习法语和德语，还自学拉丁语和数学，每天展卷阅读到清晨2点，小睡一会儿后，5点爬起来去工作。到18岁，他感到负有传播这些知识的责任，所以在寡母小屋的卧室里开起夜校，收取工友每周两便士的学费。21岁那年，他决定用存款去德国大学就读一学期，所以乘船前往安特卫普，一程一程走到海德堡，在那里开始对语文学产生兴趣。这个前工人学了梵文、哥特语、古保加利亚语、立陶宛语、俄语、古诺斯语、古撒克逊语、古代和中古高地德语以及古英语，最终拿到博士学位。他回到英格兰，在牛津得到认可，很快被任命为比较语文学的副教授，还有了足够的积蓄，在诺勒姆路租了幢小房子，雇了个管家。他像个真正的约克郡人一样勤俭度日，常用一个小酒桶买酒喝，但觉得喝得太快，所以和管家萨拉商量好，让她来买酒，自己再从她那儿按杯买。他工作废寝忘食，着手写一系列语言入门读本，其中就有托尔金曾读过的哥特语读本，它给了后者
82 启示。最重要的是，他开始撰写《英语方言词典》，最终以六大卷付印。他一直有约克郡口音，能流利地说家乡村里的方言。每晚他都工作到下半夜。他的房子是半独立的，另一半住着纽鲍尔博士，一位希伯来文学准教授[9]。纽鲍尔视力很差，无法在人造灯光下工作。每天黎明时分，乔·赖特上床休息时，会敲敲墙壁，叫醒邻居，大声说“早安！”，纽鲍尔回复“晚安！”。

赖特娶了他以前的学生为妻，生下两个孩子，但都在童年早夭。他们一家过着一种斯多葛式[10]又精力充沛的生活，住在班伯里路他自己设计的一幢大房子里。1912年托尔金成为赖特的学生，后来还记得“他餐厅里的桌子非常大，我一个人坐在一头，借着透进窗玻璃的远方暮色，学习希腊语文学的元素”。[11]他也忘不了每周日下午，赖特一家招待他的超大份约克郡茶饮。乔·赖特还会从一个沉甸甸的李子蛋糕上切下巨大的一片。他家的亚伯丁㹴犬杰克能表演一个派对戏法，在主人拼出“无花果

树”的哥特语单词smakka-bagms（“斯玛卡巴格姆斯”）时，把自己的嘴舔得咂咂作响。

语文学让赖特走出了不名一文的境地，他作为老师，又把自己对语文学的满腔热情传递给托尔金。他要求一直很高，这也正是托尔金需要的。托尔金凭借自己广博的语言知识，似乎开始感觉比古典学者同辈们略胜一筹。但这里还有个人，提醒着他前路漫漫。同时，赖特还鼓励他积极主动学习。他得知托尔金对威尔士语萌生了些许兴趣，建议他继续，虽然是以一种典型的约克郡 83
方式："去搞定凯尔特[12]吧，小子，你会赚到一票[13]的。"

托尔金听从了他的建议，虽然与赖特的初衷不太一致。他设法找到中世纪威尔士语的书籍，开始学习这门从他看到煤车上的几个词起就心驰神往的语言。他的期望没有落空，尤其是对“优美”的期望。是**优美**，让他爱上威尔士语：词语的外观，词语的读音，其优美让人几乎不在意它们的含义。他曾说："比如，大部分说英语的人会承认‘**地窖门**’（cellar door）读起来很‘优美’，尤其是不考虑其含义（和拼写）时，觉得比‘**天空**’（sky）更优美，也比‘**优美**’（beautiful）优美得多。那么对我来说，威尔士语里遍地‘**地窖门**’。"[14]托尔金对威尔士语如此热情，大学时代却没去过威尔士，让人啧啧称奇。但这就是他人生的特点。虽然学习了很多国家的古代文学作品，他却只去过少数几个，这固然是外部环境所迫，但他也的确缺少出国旅游的兴趣。而且其实相比这些语言诞生地的当代实景，中世纪的书页更能激发托尔金的灵感。

大学生涯中，他重拾童年的绘画兴趣，开始展现自己的才能，主要体现在风景速写上。[15]他也在书法上倾注颇多精力，熟练掌握了多种手写体。[16]这一兴趣融合了他对文字的热情及其艺术家的眼光，也反映了他多样的个性。有个那段时间和他来往的人评价（略有夸张）：“他对每个朋友所用的书写字体都不尽相同。”

84 1911年圣诞，他重访以前常去的地方，度过大学第一个假期。托尔金离开爱德华国王学校后，T. C. B. S. 依然活跃，此时正在筹备它短暂历史上最大的一次活动，演出谢里登的喜剧《情敌》。[17] R. Q. 吉尔森对18世纪情有独钟，已全面开启这项工作，而且他父亲是校长，尽管此前英语剧作家的戏剧还未在校园内表演过，他们获得演出许可却毫无困难。吉尔森和克里斯托弗·怀斯曼都还是爱德华国王学校的学生，负责给朋友们分派任务。显然G. B. 史密斯也要参与其中，虽然他还不被认作T. C. B. S. 的成员，但成员们早就很喜欢他了。谁来扮演关键的喜剧角色马拉普洛夫人？非他们自己的约翰·罗纳德莫属。所以托尔金结束牛津的第一个学期后，来到伯明翰参加最后一次排练。

他们只演一场。带妆彩排结束到正式开幕之间时间很久，T. C. B. S. 决定与其四处闲逛，不如在巴罗百货商店喝杯茶（他们社团名字中的“B”取自这家百货商场），于是用外套遮住戏服。到那儿的时候，“火车车厢”还空着，所以他们脱了外套。女服务生和店员脸上的惊恐表情让他们此生难忘。

然后演出开始。学校杂志报道：“J. R. R. 托尔金扮演的**马拉普洛夫人**是个真正的创造，不仅是化妆，更是在方方面面都精彩绝伦。R. Q. 吉尔森扮演的**埃卜瑟鲁特队长**是最吸引眼球的主角，他承担起这个重量级角色，勇气可嘉，技艺可叹。怀斯曼扮演年老暴躁的**安东尼爵士**，演出效果非常出彩。其他小角色中，G. B. 史密斯诠释难打交道、不懂感恩的**福克兰**，值得大加 85
赞誉。”这次演出巩固了托尔金和G. B. 史密斯的友谊，他们的友谊长久而卓有建树，史密斯也被接纳为T. C. B. S. 的正式成员。

1912年暑假，托尔金在爱德华国王骑兵的军营[18]度过两周，这是他近期登记加入的地方骑兵团。他喜欢飞驰过肯特平原的体验（营地靠近福克斯通），但这两周风大又潮湿，晚上帐篷经常被吹倒。他受够了这种马背上和帆布下的生活，几个月后就退出了。军营生活结束后，他继续在伯克郡徒步旅行，爬上丘陵，为那里的村庄画素描。然后他大学的第一年就此结束，一切都过得太快。

他用功很少，开始变得惯于懒散。[19]在伯明翰他一周参加几次弥撒，但没有弗朗西斯神父盯着，他早上太容易赖床，尤其在前一晚和朋友熬夜长谈，在火炉前抽了一通烟之后。他遗憾地记录下牛津的第一个学期过去后，“几乎没做什么宗教日课”。他试图纠正这种生活方式，为伊迪丝写日记，记录自己所有不当和堕落的行为。尽管她是他心中闪耀的完美之人（他们难道不是已经彼此发誓永爱不渝了吗？难道不是已经承诺忠于对方了吗？），他依然被禁止在21岁前给她写信或去见她，禁令还要持续好几个月。同时，在昂贵的晚餐和深夜长谈中，一个个学期很容易就能打发，在专注学习中世纪威尔士语、发明语言中，时间也过得飞快。

大约此时，他发现了芬兰语。当初读《卡勒瓦拉》英译本 86

时，他就想了解这门语言，如今在埃克塞特学院的图书馆里，他找到一本芬兰语语法书，在其帮助下，开始攻读史诗原文。他后来说："就像发现了一个完整的酒窖，里面满是一瓶瓶以前从未品尝过的美酒。它着实让我陶醉。"[20]

他芬兰语学得一般，只能看懂《卡勒瓦拉》原文的部分内容，但这对他发明语言的影响重大且意义非凡。他不再发明新哥特语，开始创造深受芬兰语影响的自己的语言。这就是最终出现在他故事中的"昆雅语"或高等精灵语。[21]虽然很多年后这事才发生，但这门语言的种子已在他脑海里生根发芽。他向学院某协会宣读了一篇研究《卡勒瓦拉》的论文，探讨芬兰史诗中发现的这种神话的重要性。[22]"这些神话歌谣，"他说，"充满非常原初的丛林野性（primitive undergrowth）。很多世纪以来，欧洲文学整体上都在将这种野性逐步消除或减少，不同的民族完成这一任务的程度各有不同。"他补充说："我希望这种野性能留存更多，英格兰神话也是如此。"[23]这是一个激动人心的想法，可能他已经在考虑自己着手创造英格兰的神话了。

在伯明翰附近的巴恩特格林，托尔金和亲戚因克尔登一家共度了1912年的圣诞。他们家按惯例，表演了一出戏剧作为当季的余兴节目，这次表演的是托尔金创作的戏剧，名叫《侦探、
87 厨师和妇女参政论者》。后来他宣称看不起戏剧，但此刻他不仅是作者，还是主演，扮演"约瑟夫·奎尔特教授，文学硕士，文学学士，A. B. C.，又名世界级侦探塞克斯顿·Q. 布莱克–福尔摩斯，人称寻血猎犬"，正在寻找一名失踪的女继承人，名叫格温德琳·古德柴尔德。此时她爱上了一个身无分文的学生，两人相

遇时住在同一个宿舍里。她必须在这两天躲过自己父亲，直到自己21岁的生日到来，此后她就能不受约束地出嫁了。

因克尔登一家可能没意识到，这出家庭荒诞剧藏着弦外之音。不仅罗纳德在演出几天后就将庆祝自己的21岁生日，他还想与伊迪丝·布拉特重聚，他已经等待对方三年，确信对方也在等他。午夜钟声敲响，意味着1913年1月3日终于到来，他成年了。他立马起床给伊迪丝写信，重申自己的爱，问她："距离我们一起站在上帝和世界面前还有多久？"

但伊迪丝回信说，她已经和乔治·菲尔德订婚了，他是校友莫莉的哥哥。

第六章　久别重聚

88 罗纳德本可以忘掉伊迪丝的一切，他的朋友都不知道她的存在，他也从未向亲戚提起她。只有弗朗西斯神父知道，虽然他不再是罗纳德的法定监护人，但也不希望罗纳德和她旧情复燃。所以罗纳德完全可以撕碎伊迪丝的来信，任由她嫁给乔治·菲尔德。

但罗纳德在杜奇斯路的日子里许下的宣告和承诺，不能被轻易打破。而且这三年来，伊迪丝就是他的梦中女神，他的灵感缪斯，他未来的希望所系。他呵护培育着这份对她的爱恋，让它悄然生长，虽然养料仅仅是记忆中年少时的浪漫场景，以及几张她孩童时的照片而已。现在他只想到一种办法：必须去切尔滕纳姆，恳求她放弃乔治·菲尔德，嫁给自己。

其实罗纳德知道她会同意的，她在信里暗示，与乔治订婚，只是因为后者对她很好。她感到“被留下了”，不认识其他年轻男性，也不再相信罗纳德三年后依然想见到她。“我开始怀疑你了，罗纳德，”她在信中倾诉，“认为你将不再爱我。”但如今他去信重申爱的誓言，她暗示一切就都不一样了。

所以1913年1月8日星期三，罗纳德坐火车直奔切尔滕纳 89
姆，在站台见到了伊迪丝。他们走进乡间，在铁路高架桥下坐着聊天。那天最后，伊迪丝表示将放弃乔治·菲尔德，嫁给罗纳德·托尔金。

她致信乔治，退回了戒指。那个可怜的年轻人起初极度不安，他家人感到遭受羞辱，愤怒不已。但最终事件平息，他和伊迪丝又成为朋友。伊迪丝和罗纳德有点担心家里人的反应，同时在等待罗纳德的个人前景更明朗[1]，没有公开婚约。但罗纳德回到牛津上学时，“喜悦都迸发了出来”。[2]

他到牛津的第一件事就是给弗朗西斯神父写信，解释说他和伊迪丝已决定结婚。他对此忐忑不安，但神父的回信就算远非热情如火，起码也很平静，他接受了这个安排。这样也好，尽管这位司铎不再是罗纳德的法定监护人，却依然给予他亟须的经济资助，所以神父对婚约的容许非常必要。

既然已经和伊迪丝重聚，罗纳德必须全力投身到荣誉等级考试[†]中。通过两阶段会考后，他将获得古典学的学位，荣誉等级考试是其中的第一阶段。[3]本该在前四个学期学完的内容，他试图塞进六个礼拜里，但要打破自己熬夜、和朋友聊天的习惯并不容易，他还发现早起也同样不易——虽然和此前其他同学一样， 90

† 荣誉等级考试如同大部分牛津的考试，包括一系列书面考试，涵盖了参试者科目的各个方面。最后评出从第一等到第四等的等级（按成绩从高到低排序）。——原注。古典学的荣誉等级考试被称为世界上最难的考试之一。——译注

他把这点归咎于牛津潮湿的天气，而不是晚睡。2月底荣誉等级考试开始时，他对很多考试的准备依然很不充分。所以得知自己至少可以达到第二等级时，他基本松了口气。

但他知道本可以做得更好。在“荣誉等级考试”中拿到第一等级不算易事，但对那些矢志学术的学生，这是可以达成的，而托尔金已决定走上学术道路。不过无论如何，他在自己的研究专题比较语文学上得到一个“纯 α”，交出一张几乎满分的答卷。这要归功于乔·赖特的出色教授，但也展现了托尔金在此领域的杰出才华，埃克塞特学院注意到了这点。学院对如此一位奖学金持有者名落第一等级表示失望，但也建议既然在语文学上获得了A，他应该去做一名语文学家。埃克塞特学院院长法内尔博士知道托尔金对古英语、中古英语和其他日耳曼语言感兴趣，那让他转去英语系[4]会不会更明智呢？托尔金同意了。1913年夏季学期一开始，他就放弃古典学，开始研究英语。

以牛津的标准来看，英语语言文学系还很年轻，内部又分成两派。一派是语文学家和中世纪研究者，认为任何乔叟以后的文学作品都没什么挑战性，没法支撑起一门学位课程的教学大纲。
91 另一派是“现代”文学（他们指的是从乔叟到19世纪的文学作品）的拥趸，认为语文学和古英语、中古英语的研究就是“卖弄文字和咬文嚼字”。某些方面来说，要把不同观念的两拨阵营硬挤在一个系里，本身就是个错误。结果就是选择专攻“语言”（即古英语、中古英语和语文学）的学生被迫去读大量现代文学，而想读“文学”（即现代文学课程）的必须去研究斯威特的《盎格鲁-撒克逊语读本》，熟悉掌握一定量的语文学知识。两边都妥协了，两边都不太满意。

至于哪一边将赢得托尔金，这是毫无疑问的。他将专攻语言，也安排好了导师，即肯尼思·赛瑟姆，他是默顿英语语言和文学教授A. S. 纳皮耶的助理，一个年轻的新西兰人。见过赛瑟姆，拿到教学大纲后，托尔金“很讶异，因为就凭这份大纲，接下来的两年外加一个学期里，我都不需要用功学习了”。这些都太过简单和熟悉：要读的课文里，很多都已滚瓜烂熟。他甚至知道一些古诺斯语，这将是他的研究专题（由冰岛语专家W. A. 克雷吉指导）。[5]而且赛瑟姆一开始似乎并没有点燃他的灵感，他说话轻声细语，只比托尔金大四岁，当然缺少乔·赖特那样的威严仪态。但他是个细心勤勉的学者，托尔金很快就崇敬和喜欢上了他。[6]至于学业，托尔金伏案学习的时间比读古典学那时要长多了。这不如他想的那么容易，因为牛津英语系的标准很高。但他
很快就扎实掌握了教学大纲里的内容，写起了复杂的长篇论文， 92
比如《音变传播中的问题》《古英语和中古英语时代元音的变长》《英语中的盎格鲁-诺曼元素》。他特别有兴趣，想要拓展中古英语里他的西米德兰兹方言知识，因为这和他的童年与先祖有莫大的关系。他读了很多此前从未触及的古英语著作。

其中一本是基涅伍甫撰写的《基督》，一组盎格鲁-撒克逊语的宗教诗篇。有两行深深打动了他：

最明亮的天使埃雅仁德尔，向你致敬！
你从中洲世界的苍穹之上，拂临万民！[7]

盎格鲁–撒克逊语词典将**埃雅仁德尔**解释为“一道闪耀的光，光线”，但明显这里它有些特殊含义。托尔金认为它指的是施洗者约翰，但也相信它最初是指开启黎明的星辰，即金星。基涅伍甫的诗行中出现这个字眼，很奇特地触动到了他。“我感到一阵充满好奇的战栗，”很久后他写道，“仿佛半梦半醒之间，内心有什么骚动起来。远在古英语之外，在这些文字背后有一些辽远、诡谲又瑰丽的东西，要是我能把握住它们就好了。”[8]

当他开展研究专题时，发现了更多激发他想象的东西。古诺斯语（或者古冰岛语，两个名词可以互换）是挪威人9世纪逃离原住地后带到冰岛的语言。此前托尔金对古诺斯语已经有所了解，如今要深入研究它的文学作品。他阅读了《萨迦》和
93 《散文埃达》，后者又称《小埃达》，也学习了《诗体埃达》或称《老埃达》。沿着这条路，他与冰岛神话传说的古老宝库已不期而遇。

《老埃达》是一系列史诗的名称，其中一些内容不全、文字讹误。主要的手稿可追溯到13世纪，但很多诗篇本身非常古老，也许早于挪威人定居冰岛[9]之前。一些是英雄诗篇，描述人类的世界；一些是神话诗篇，叙述神明的活动。《老埃达》的神话故事中，有一篇甚至独占日耳曼神话诗篇鳌头的作品“瓦洛斯帕”，或称“女占卜者的预言”，讲述了宇宙的创生，预言了它的末日。这一作品诞生于北欧异教历史的末期，那时基督教正在取代异教旧神，然而人们在它展现的异教宇宙中，还是能感受到栩栩如生的神话传说，感受到它的可畏和神秘。它深深吸引着正构建幻想世界的托尔金。

重聚后的数月里，伊迪丝的宗教信仰引发了她和罗纳德的忧虑。要让他们的婚姻得到他教会的祝福，伊迪丝必须成为天主教徒。理论上她很乐意这么做——她确信很久以前自己祖上就是天主教徒，但事情没这么简单。她是圣公会的成员，还非常活跃。和罗纳德分开的日子里，她一大半时间都围着切尔滕纳姆家里的教区事务打转，而且干得不错，于是她在教区里有了些地位。这还是个光鲜的教区，典型的高雅小镇。如今罗纳德希望她放弃所有这些，去一个没人认识她的教区，她顾及于此，并不乐于接受 94
这一前景。她还担心房东杰索普“叔叔”将非常恼火，因为像很多同龄同阶层的人一样，他也很讨厌天主教。如果她“成为教皇的人”，那么他还会允许她继续住在这屋檐下，直到结婚为止吗？情况很糟糕，她建议罗纳德暂缓些时候，直到他们正式订婚或婚期将近，那时再说也不迟。但他不想听到这些，要她快点行动起来。他还蔑视圣公会，称它是“残存传统和残破信仰的可怜阴暗的混合体”。为什么当初自己亲爱的母亲就能忍受成为天主教徒的转变，而伊迪丝遇到同样的问题，反倒苦恼了呢？“我确信，”他致信伊迪丝，“我们将坚定地追随那道光，没什么三心二意、没什么世俗忧虑能让我们转变信念。”（他自己再次开始定期参加弥撒，可能也选择性遗忘了过去一年里自己不怎么参加宗教活动的事。）显然伊迪丝是否成为天主教徒，对他是个感情问题。尽管他不会承认，可能这是对伊迪丝是否爱他的考验，尤其考虑到她曾不忠于自己，和乔治·菲尔德订了婚。

所以她依言照办，告诉杰索普自己想成为天主教徒。“叔叔”的反应正如她害怕的，要她找到住处后立马滚出他家。伊迪丝面临危机，决定和她的表姨詹妮·格罗夫一起居住。詹妮人到中年，身形娇小，背部微弓，是个果断的女人。她们一起开始找房。有人似乎建议过她们搬到牛津，这样住得离罗纳德也近些。但她并不想这么做，可能是转变信仰一事上，罗纳德给了不少压力，她
95 还愤愤不已，而且她当然想在婚前维持独立的生活状态。她和
詹妮选择沃里克，离她们的家乡伯明翰不远，还比伯明翰迷人多了。一番搜寻后，她们设法找到一个临时住处。1913年6月，罗纳德加入了她们。

他发现沃里克，包括它的树木，它的山丘，它的城堡，都格外美丽。[10]天气炎热，他和伊迪丝坐平底船顺埃文河而下，一起参加天主教堂的祝祷仪式，（他写道）“我们从那儿宁静而欢乐地离开，因为这是我们第一次可以从容地并肩去教堂”。但他们也必须花时间给伊迪丝和詹妮找房子，找到合适的房子后，还要安排数不尽的事情。罗纳德发现操心家务事非常费时和烦人。其实他们在一起时并非全然开怀无忧，因为过去三年里分隔在两个完全不同的社群中，他们不再深知对方：一个社群全是男性、喧闹嘈杂、埋头学术，一个社群男女混杂、古朴单调、埋头家务。他们变成熟了，却也变生疏了。此后他们要真正相互理解，就要相互让步。罗纳德要包容她专注于日常生活的琐碎细节，可能对他而言过于琐碎。伊迪丝要努力理解他专注于书本和语言研究，可能对她而言这是自私的表现。但双方都不怎么特别成功。他们的书信充满爱意，但有时也会互相怨怼。罗纳德称呼伊迪丝“小可爱”（little one，他最爱这么叫她），亲切地谈起她的“小房子”，
96 但她的个性绝不“小”，在一起时他们常常大发脾气。一些麻烦

源于罗纳德自我界定为一个多愁善感的恋人，这和他展现给男性友人的完全是两副面孔。他和伊迪丝之间是有真爱和理解，但他总裹上一层恋爱的陈词滥调。如果他能更多地表现自己“书呆子”的一面，把她带进自己的男性朋友圈，她就不会对婚姻里突然出现的“书呆子”罗纳德那么介意了。但他生活的这两部分泾渭分明。

罗纳德拜访过沃里克之后，作为导师和陪同人员，与两个墨西哥男孩出发前往巴黎。在巴黎他们与第三个男孩及两位姑妈会合，后者几乎不会说英语。罗纳德很害臊，他只能讲一些基本的西班牙语词句，还发现，当他必须说法语时，他的法语也跟他告别了。他挺喜欢巴黎，喜欢独自探索这个城市，但不喜欢街上遇到的法国人。他给伊迪丝写信提起“他们的粗俗不堪、说话含糊、随地吐痰、猥琐无礼”。早在此次出远门前，他就产生了对法国和法语的厌恶，现在的所见所闻也没能治愈他的恐法症。接下来的事情发生后，他对法国的厌恶想必有了些正当理由。姑妈们和男孩们决定去游览布列塔尼，这一设想很吸引他，因为真正的布列塔尼人是凯尔特人的一支，说的语言在很多方面和威尔士语相似。但最终他们的目的地是迪纳尔，一个普通的海滨度假地。“布列塔尼！”罗纳德信中对伊迪丝说，“除了游客、脏纸头和更衣车外，什么都看不到。”还有更糟的。到这里几天后，他和一个男孩、一个年纪较大的姑妈走在街上，一辆车冲上人行道，撞倒了姑妈还从她身上碾过，造成严重内伤。罗纳德帮忙把 97
她送回旅馆，但她还是在几小时后去世了。手忙脚乱安排尸体运回墨西哥后，假期于是结束。罗纳德带男孩们回到英格兰，对伊迪丝说："除非我穷困潦倒到极点，不然再也不干这档子事了。"

1913年秋，他的朋友G. B. 史密斯离开爱德华国王学校，作为获得基督圣体学院奖学金的新生，前来牛津学习英语语言。因为R. Q. 吉尔森和克里斯托弗·怀斯曼已经考上剑桥大学，现在T. C. B. S. 的成员在牛津和剑桥里平分秋色。四个朋友不定期见面，但托尔金从未向他们提起伊迪丝的存在。既然她被接纳进天主教会的日子临近，他们打算正式订婚，也是时候告诉朋友们了。他致信吉尔森和怀斯曼，觉得难以措辞，甚至没告诉他们未婚妻的名字。他明显觉得这与T. C. B. S. 的男人同志情没什么关系。朋友们向他道贺，不过吉尔森略带洞见地评论说："我不怕你这样一位坚定的社团追随者，婚后会有所改变。"

伊迪丝由墨菲神父接引皈依了天主教。墨菲神父是一位沃里克的教区司铎，这项工作他完成得马马虎虎，后来罗纳德将很多事情归罪于他此时没好好引导她，但罗纳德自己也没怎么帮她。他发现很难和她沟通自身信仰那深邃而热忱的本质，这一本质与他对亡母的记忆牵扯很深。

1914年1月8日，伊迪丝加入罗马天主教会。这一日期是她
98 和罗纳德精心选择的，是他们重聚的第一个纪念日。由墨菲神父见证，她和罗纳德很快在教堂里正式订婚。伊迪丝完成了她的第一次告解和第一次圣餐礼，发现这是一种"伟大而奇妙的喜悦"。起初她维持着这种心态，定期参加弥撒，经常接受圣餐。但相比切尔滕纳姆的多姿多彩，沃里克的天主教会实在乏善可陈（甚至罗纳德都说它"丑陋不堪"）。即便伊迪丝帮着教会俱乐部为职业妇女服务，也没在教会会众里交到几个朋友，她还开始反感做告

解。所以当她担心自己的健康（她经常生病）时，就顺理成章地拖着不去做弥撒。她告诉罗纳德，起个大早去教堂，以及领圣餐前不能吃东西，这些实在不适合自己。“我是想去的，”她对他说，“还想经常去，但实在是不太可能：我的身体吃不消。”

她正走向一种沉闷乏味的生活。有自己的房子、有表姨詹妮的陪伴当然很好，但她们两人经常惹对方生气。除非罗纳德过来拜访，这里没其他人聊天，除了做家务也无事可干。她有了自己的钢琴，也可以成天练琴，但心知自己绝无可能成为音乐家了，婚姻和操持家庭会断绝她这个念想，经常弹琴的动力因此变少。天主教会也不需要管风琴演奏家。她怀念切尔滕纳姆的社交生活，自己那点积蓄，也只能偶尔去去音乐会和剧院了。所以收到罗纳德的来信，看他描绘自己的牛津生活充满晚宴、“闹事”、看电影，她觉得很不愉快。

罗纳德开始变得时髦。他给自己的房间买了家具和日本版画，定制了两套西装，发现穿起来看着很不错。他和朋友科林· 99
卡利斯一起组建了另外一个俱乐部，名叫“棋盘格”。[11]他们每周六晚聚会，在他或卡利斯的房间里吃晚饭。一场派系斗争后，他被选为学院辩论协会的主席（这在埃克塞特学院是个颇有影响力的团体），首次尝到学院政治的滋味，还挺乐在其中。他坐平底船，打网球，时不时做些功课，却也足以在1914年春季获得学院的斯基特英语语言奖。他用奖金中的五英镑购买中世纪威尔士语的书籍，以及威廉·莫里斯的不少作品：《伊阿宋的生与死》，《伏尔松萨迦》的莫里斯译本，还有他的散文诗歌浪漫传奇《狼族传说》。[12]

莫里斯本人就曾是埃克塞特学院的学生，这层联系可能激发了托尔金对他的兴趣。但直到此时，他明显还不熟悉莫里斯的幻想作品。其实他对现代文学总体上认识有限，因为牛津英语系的教学大纲对他这种专修语言的人，仅仅要求初步研究后乔叟时代的作家就够了。这段时期他对塞缪尔·约翰生、约翰·德莱顿和复辟时期戏剧做了些概略的笔记，显示他对这些只有三分钟热度罢了。[13]他曾对伊迪丝写信提及当代小说："我真的很少读小说，你知道的。"[14]对他而言，英语文学到乔叟就戛然而止，换句话说，他在古英语和中古英语时期的伟大诗篇中，从冰岛的早期文学中，已经收获了所要的一切欢乐和趣味。

但这也正是他发现《狼族传说》如此吸引人的原因。莫里斯
100 的文学观点与他的不谋而合。莫里斯在早期英格兰和冰岛故事的字里行间，发现了让自己兴奋不已的东西，试图在这本书中重现它们，部分写成了诗歌，部分写成了散文。故事发生在一片受到罗马入侵威胁的土地上，围绕着在大河边、森林空地上生活的某个家族或者说家族部落展开。这个森林叫黑森林（Mirkwood），名字取自古日耳曼的地理和传说。故事里的很多元素让托尔金印象深刻。[15]这本书的风格非常特殊，大量使用古语和诗体倒装句，试图重现古代传说的氛围。托尔金显然注意到了这点，他也很欣赏另一点：尽管故事时间地点模糊不清，但莫里斯依然有那种天资，能以非常细致的笔法，将他幻想图景中的各种细节描摹出来。后来，托尔金将以莫里斯为榜样亦步亦趋。

1914年夏天看望伊迪丝后，他在康沃尔度假，和伯明翰奥拉托利会的文森特·里德神父一起待在利泽德半岛上，在那里，他

看待风景的目光受到巨大冲击，康沃尔的景致让他兴奋不已。他和文森特神父每天都要散步很久，他向伊迪丝这么描述：“我们走过了悬崖顶上的荒原，走向凯奈斯湾。我在这么一封无趣的信里，怎么说都没法向你描述它。太阳炙烤着你，大西洋的巨浪拍打着尖岩暗礁。大海掏空崖壁，蚀出了奇形怪状的风洞和水眼，它们发出喇叭似的噪声，或像鲸鱼一样喷出水沫，放眼望去到处都是黑礁、红岩和白沫，映衬着淡紫和清澈的海绿。”他从未忘记这片海景和康沃尔的海岸线，这成为他心中的完美图景。[16]

一天他和文森特神父探访一个村庄，村庄位于离利泽德半岛 101
不远的内陆。他记下这次旅程：“喝完茶我们走回家，一开始经过乡下‘沃里克郡式’的风景，走下来到达赫尔福德河（几乎像个峡湾）的岸边，然后爬上‘德文郡式’的小道，来到河对岸，再走进更加开阔的乡野，沿着小道弯弯绕绕、左拐右拐、上上下下，直到暮色四起、红日西沉。几次探险和改道之后，我们来到荒凉裸露的‘贡希利’丘陵，走上一块长达四英里的草坪，舒展疼痛的脚。我们走到小卢安的居民区时，夜幕降临，然后又开始一路上上下下、弯弯绕绕了。昏暗的光线变得非常‘诡异’，有时我们走进林带，猫头鹰和蝙蝠让你毛骨悚然。有时树篱后喘气的马，或是不眠的老猪，都会让你突然心跳加快。最糟的可能还是不经意间误入了小溪。十四英里的路终于走完——还好利泽德灯塔扫过一片光亮，我们逐渐靠近海岸，潮声也越来越清晰，所以至少有两英里的路不算死气沉沉。”

长假的最后，他去了诺丁汉郡，在姨妈简、布鲁克斯-史密斯夫妇和弟弟希拉里共同打理的农场上住了几天。他在那儿写了首诗，以基涅伍甫的《基督》里让他着迷的句子起始："最明亮的天使埃雅仁德尔，向你致敬！"取名为"暮星埃雅仁德尔的远航"。诗的开头如下：

埃雅仁德尔腾飞，自大洋之杯
　自中洲尽头的暮光；
穿过暗夜的门户，如一道光束
　一跃凌驾黄昏之上；
102 如绽放银色光芒，他乘舟起航
　离开褪色了的金沙；
白昼挣扎着消翳，吐阳光之息
　他自西风之地驱驾。[17]

接下来的诗行描绘了这颗星船跨越苍穹的航行，航行直到晨光完全掩去它的踪迹。

他既是星辰也是水手，他的船跃入天空，这个概念源自对基涅武甫诗篇中"埃雅仁德尔"一词的联想。[18]但这首诗完全是原创的，它其实是托尔金自创神话的开端。

第七章　大战爆发

1914年夏末，托尔金写下《埃雅仁德尔的远航》的时候，英 103
国向德国正式宣战。[1]成千上万的年轻人早已应基钦纳[2]的征召入伍。但托尔金的感受大不相同：他更在意留在牛津直到完成学业，希望能拿到一等学位。所以，虽然长辈们希望他参军（他弟弟已经以司号兵的身份登记在册），他还是回到大学[3]，参加了米迦勒学期[4]。

最开始他说："太可怕了，我真不觉得自己可以撑下去：功课似乎难以完成，出席新学期的学生我只认识卡利斯一个。"[5]但后来他得知有一个方案，可以边上学边接受军事训练，拿到学位后再入伍，于是心情好转。他在这份方案上签了字。

既然决定要做什么，日子就顺心多了。如今他搬到圣约翰街的"出租屋"里，和卡利斯住在一起，后者身体不好也没有参军。他发现"和简陋的校园生活比，出租屋里的日子格外香甜"。他还高兴地发现，T. C. B. S. 的朋友 G. B. 史密斯还在牛津，等着被委任军衔。史密斯将要加入兰开夏燧发枪手团，托尔金想试着进同一个团，可能的话最好进同一个营。

104 开学后几天，他开始在大学公园里和军官训练团一起操练，同时还要进行常规的学术研究，但他很适应这种双重生活。“训练真是天赐”，他给伊迪丝的信里说，“我都快两周没睡了，但一点真正的牛津‘瞌睡虫’也没沾到！”[6]与此同时他还在搞创作。对威廉·莫里斯的热忱给了他灵感，他要将芬兰《卡勒瓦拉》中的一篇故事改编成莫里斯式的诗文传奇。他选了库勒沃这篇，这是个不幸的年轻人，无意中犯下乱伦之错，发现真相后伏剑自杀。他将其取名为“库勒沃的传说”，虽然只是对莫里斯风格的模仿，但也是他第一次以诗文形式写一篇传说，而这篇传说没写完就搁笔了。[7]

1914年圣诞假期刚开始，他前往伦敦参加T. C. B. S. 的聚会。克里斯托弗·怀斯曼一家搬到南方的旺兹沃思，“社团”四人齐聚他家：托尔金、怀斯曼、吉尔森和史密斯。他们一个周末都坐在楼上的小房间里，围着煤气炉抽烟斗、聊天。如怀斯曼所说，在一起时，他们感觉“每个人的智慧都放大了四倍”。

这一小群校友如何还能继续会面、互致信件，颇让人好奇，但他们已然谋划起共同做些有价值的事情。托尔金曾把他们比作拉斐尔前派[8]，其他人对此嗤之以鼻。然而他们的确感觉自己注定要去点亮那么一束全新的光芒。或许这只是年少的抱负在经历
105 世事而被掐灭前，最后的一次闪耀，但至少给托尔金带来了重要而实际的影响。他决定成为一位诗人。

后来他解释，1914年底的这场聚会帮助他找到“一个宣泄

口，倾吐了我所有郁积的块垒，”还说，“我将其归功于我们四人短短几小时内产生的灵感。”[9]

在伦敦度过周末后没多久，他就动笔写诗了。这些诗总体上并不出彩，有时还写得比较冗长。如下是《远古时代的海颂》里的一些片段，这首诗写于1914年12月4日，基于托尔金几个月前在康沃尔度假的记忆：

幽暗危险之地，路上肆虐暴雨
丝毫不闻人声，自从古早过去，
坐在破败海边，大海涛声低沉回荡
此乐声声不绝，响起泛沫拍岸白浪
侵袭被围之地，此役世世无休无已
拍打高塔尖峰，抡臂凿出缺口裂隙。[10]

托尔金把这首和其他诗歌给怀斯曼看，这位朋友评论说想起了西蒙斯对梅瑞狄斯的批评：“他把梅瑞狄斯比作一位爱在早餐后挂上她所有珠宝的女士。”[11]同时建议，“写诗别用力过头了。”

描绘他和伊迪丝彼此的爱恋时，托尔金克制不少，选择了一个他最爱的意象，写道： 106

看！青葱的我们，栖足在此刻
像栽种的心灵，沐浴着阳光
当密爱如此绵长（像两株秀美树木
在茂密林间，或在开阔谷地

纠缠着站立，紧靠着呼吸
空气的芬芳，渴饮那光芒
事事与你同在）我们合而为一，
它深深地根植，在生命的土壤，
也紧紧地缠绕，在甜蜜中成长。[12]

这一时期托尔金的其他诗篇[13]还有《月仙来太早》[14]（最后收录在《汤姆·邦巴迪尔历险记》中）。他在《哥布林的脚》中选择类似的“仙子”[15]主题，这首诗是写来取悦伊迪丝的，因为她说自己喜欢“春天、花朵、树木，还有小小的精灵”。《哥布林的脚》代表托尔金不久后由衷讨厌的那类作品的一切元素，所以引用它并不合适。但它韵律精准无疑，也刊载在当时的多部选集中，可说是他发表的第一篇重要作品。

我漫步走下了小道
那仙子提灯在闪耀
可爱的蝙蝠在飞翔
灰色的几个小家伙
逃走的样子吓到我
树篱和绿草在慨伤。
107 那翅膀漫飞在空中，
是甲虫们乱撞乱冲
发出呼呼嗡嗡作响。
哦我听到小小的号角

来自有魔力的小妖
大群小矮人在路上！

哦亮光！哦微光！哦叮叮当当的声响；
哦袍子轻轻小小，沙沙擦过了地上；
哦回声阵阵传出：他们快乐的脚步；
哦提灯摇摇晃晃，星光小球在手上。

G. B. 史密斯看过托尔金的所有诗作，提出了自己的意见。他鼓励托尔金，但也说后者要看更多的英语文学作品，提升诗歌写作水平。史密斯建议他去看托马斯·布朗、菲利普·西德尼和弗朗西斯·培根的作品，后来又推荐给他鲁珀特·布鲁克的新诗作。[16]但托尔金不当回事。他已经设定自己诗歌的航向，不需要其他任何人动他的罗盘。

他很快认识到，不确定一个共同主题，只是即兴创作诗歌，并不是自己想要的。1915年早些时候，他回到最初的那些埃雅仁德尔诗作，把它们编进一个更宏大的故事里。他给史密斯看了这些诗行，后者说很喜欢，但也想问它们到底是关于什么的。托尔金回答："我不知道，我会试着找到答案。"[17]不是创造答案，而是**找到答案**。他并不自视为故事的创造者，而是传说的发现者。这和他的自创语言紧密相关。

他创造受芬兰语影响的语言已经有段时间，到1915年，这
语言已经发展到一定的复杂程度。他觉得这是个"疯狂的爱 108
好"[18]，几乎不期待有观众来欣赏。但他有时会用这门语言写诗，

而且越是创造，越觉得应该有段“历史”去支撑它。换言之，你不能发明一种语言，背后却没任何民族使用过。他一直在完善它，现在要决定谁在使用它了。

他与伊迪丝谈起时，称呼这是“我无聊的仙子语言”。这里是一首用它写的诗歌的一部分，标注的时间是“1915年11月，1916年3月”。没有现存的译文，虽然**拉瑟兰塔**（“叶落”，即“秋天”）和**埃尔达玛**（西方净土的“精灵家园”）这两个词托尔金将来会多次用在不同文本中。

哦！燕子成群装点着秋季
疾飞如箭唤起了回忆
这金红深红秋日的色调
如埃尔达玛撒满了珍宝。[19]

1915年这一年里，托尔金脑中的图景变得清晰。他决定，这就是仙子和精灵的语言，埃雅仁德尔在他奇妙的航行中见到了他们。他开始写作《埃雅仁德尔的歌谣》，描绘这名水手在他的船变成星辰前，跨越世界的旅行。歌谣分成几组诗，第一首是《仙境的海岸》，叙述了一片神秘的土地维林诺，生长着两棵圣树，一棵结着金色的太阳苹果，一棵结着银色的月亮苹果，后来埃雅仁德尔来到了这里。[20]

这首诗与托尔金后来的神话概念的关系相对不大，但包含着未来《精灵宝钻》中出现的元素，值得引用在此，表明他当时的想象中出现了什么。这首诗最早的形态如下：

在月亮西方，太阳东方 109
那里耸立孤独山岗；
它伫立在苍绿大海，
白色高塔静谧安详，
就在塔尼魁提尔的远方
维林诺的远方。
一盏孤星前来拜访
随同月亮寻找猎获；
两棵圣树孑然生长
一棵结着夜晚银色的花朵；
一棵结着正午浑圆的浆果
长在维林诺土地之上。
皎洁月光如缕洒过
仙境海岸泛起浮沫
宛若一曲银色之歌
幻彩阶梯上轻轻吟哦
茫茫大海暗影之外
漫漫海岸沙滩之侧
从那科尔金色脚下
绵绵伸展无边无涯
就在塔尼魁提尔的远方
维林诺的远方。

哦！月亮以西，太阳以东

有星辰的港口坐落其中，
有白色城镇旅人走过
和埃格拉玛岩石山峰。
那汶基洛特静静停泊
埃雅仁德尔极目天涯
神奇和奇迹尽在掌握
从我们这里到埃格拉玛——
更远，更远，远过塔尼魁提尔的山巅
是维林诺我辽远的牵挂。[21]

110 当托尔金满脑子想着他神话的萌芽时，还要准备学校里的事，英语语言文学系的最后一场考试。考试在1915年6月第二周开始，托尔金成功了，获评一等荣誉学位。

他有理由相信，自己在战争结束后能因此找到一份学术工作。但同时他必须作为一名少尉，在兰开夏燧发枪手团担起自己的职责。他并没有如愿分到G. B. 史密斯所在的第十九营，而是分到了第十三营。7月起他在贝德福德接受训练，和其他五六位军官一起暂住在镇上的一幢房子里。他学着操练一个排的士兵，旁听军事讲座。他买了一辆摩托车，和一名军官同僚共用，周末能休息时，就骑着去沃里克看伊迪丝。他上唇留了小胡子。大部分时间，他外观举止和其他年轻军官并没什么两样。

8月，他转移到斯塔福德郡，接下来几周里和他的营队频繁从一个营地转到另一个营地，看起来毫无章法，但这是战时部队移动的典型特征。这些营地待起来都一样不舒服，军营生活中也都是难以下咽的食物、壕堑战斗的操练、机枪使用的讲演，除此外几乎无事可干，除了打桥牌（他很喜欢）和用留声机听雷格泰姆音乐（这他就不喜欢了）。他也不太喜欢自己的军官同僚。[22]“上级军官中没有绅士，”他告诉伊迪丝，“有人性的都极少。”他决定战时自己的学术研究也不能落下，所以有时读些冰岛语书籍，但时间依然过得很慢。“这些灰暗的日子，”他写道，“在一遍一遍又一遍疲惫的重复里，在无聊的话题里，在杀人艺术的一摊死水里，就这么白白浪费，一点意思都没有。”[23]

1916年初，他决定专攻发信号，因为和文字、信息、密码打 111
交道，比带一个排的苦差事要有趣多了。他学习莫尔斯电码、旗语、通信盘，学习用日光反射信号器和信号灯传送信号，学习信号火箭和野战电话的用法，甚至还有如何操纵信鸽（战场上有时会用到）。最终他被任命为营队里的信号官。[24]

登船去法国的日子近了，他和伊迪丝决定在他离开前结婚，因为英军死亡名单之长令人咋舌，他很可能一去不回。他已经24岁，她已经27岁了，无论怎样他们都等待了太长时间。他们囊中羞涩，但至少托尔金在部队还能拿到固定收入。他决定恳请弗朗西斯神父把自己继承的为数不多的股本都划到他名下。他还希望通过写诗赚点收入。他的诗歌《哥布林的脚》已经收录在布莱克维尔的年刊《牛津诗刊》上。受此鼓舞，他挑选了一些诗，寄给西奇威克和杰克逊出版社。为增加自己的股本，他卖了那辆摩托车里自己的份额。

他着手解决财政危机，去伯明翰和弗朗西斯神父谈钱的事情，打算告诉他自己要和伊迪丝结婚。但他站在这位以前的监护人面前，却没勇气告诉他自己要步入婚姻，直到离开奥拉托利会教堂，也只字未提，因为他无法忘怀神父六年前反对过他的恋情。[25]婚礼前两周，他才致信神父解释这些。神父的回信很温
112 和，衷心“祝福他们，祝他们快乐”，并表示愿在奥拉托利会教堂亲自为他们举办婚礼。哎，太迟了，婚礼安排已定，将在沃里克的天主教堂举行。

1916年3月22日星期三，早间弥撒之后，在墨菲神父的主持下，罗纳德·托尔金和伊迪丝·布拉特正式结婚。他们选择星期三，因为他们正是在1913年的一个周三重聚的。其间还发生了一起尴尬事件：伊迪丝没意识到，签婚姻登记表时，必须填她父亲的名字，而她从没告诉罗纳德自己是个私生女。她看着登记表一阵恐慌，写下了叔叔弗雷德里克·布拉特的名字。看到“父亲的职位或职业”一栏，她实在无从下笔，所以开了天窗。后来她告诉罗纳德真相。“我的妻子，我将因此更加温柔地爱你，”他这么写道，“但我们要尽量忘记这件事，把自己完全托付给上帝。”婚礼后他们坐火车去萨默塞特的克利夫登住了一个礼拜。[26]火车车厢里，他们一起涂写着伊迪丝的新签名（在一纸贺电的背面）：**伊迪丝·玛丽·托尔金……伊迪丝·托尔金……托尔金太太……J. R. R. 托尔金太太**。看起来真美。

第八章　同盟破裂[1]

蜜月回来后，托尔金看到西奇威克和杰克逊出版社对他诗作 113
的拒信，虽然先前有所预感，真的收到时还是很失望。伊迪丝回到沃里克，去处理完镇上的一些事情。他们决定，战时她将不置办长期住所，而是住在离托尔金军营尽可能近的带家具住宅里。她和表姨詹妮（她们还住在一起）来到斯塔福德郡的大海伍德乡村，就在托尔金军营附近。村里有个天主教堂，一位友好的司铎，[2]托尔金也给她们找了个好住处。但伊迪丝安顿好后不久，他就接到出发令。1916年6月4日星期日，他出发前去伦敦，然后前往法国。[3]

每个英国人都早已知道，“大攻势”[4]即将到来。整个1915年，战场西线都陷入事实上的僵局，无论是伊普尔的毒气[5]，还是凡尔登的绞肉机[6]，都无法将战线改变哪怕几英里。但现在成百上千的新兵经过训练营的筛选，组成了一支新军。显然一些惊人的事情将会发生。

6月6日周二，托尔金到达加来，被带去埃塔普勒的大本营。他的全套装备不知怎么在路上丢了：行军床、睡袋、床垫、备用
114 靴、脸盆架，所有的东西都是他精心挑选、斥巨资购买的，如今掉进军事运输系统的裂缝之中，消失无痕。他只能到处乞求、借用、购买替代品。

埃塔普勒的日子一天天过去，无事发生。登船时的紧张刺激，褪变成疲惫厌倦，更糟的是完全不知道外面在发生什么。他写了首描绘英格兰的诗[7]，参加例行训练，听海鸥在头顶盘旋。他和很多同僚一起被转到第十一营，那里聊得来的伙伴没几个。[8]下级军官都是他这样的新兵，有些还不到21岁。而多数情况下，那些老指挥官或副官都是退役后被挖来的职业军人，观念狭隘，有讲不完的在印度打仗或布尔战争的故事。老兵们不会放过新兵任何一个失误，托尔金说他们待他像低年级学生。他更尊重那些"普通人"，那些军士、二等兵，共计八百多人，构成营队的主体部分。他们小部分来自南威尔士，大部分来自兰开夏。因为军队的禁令，军官们无法和他们交朋友，但每个军官都有个勤务兵，悉心照看他们装备、关心他们生活，干的事很像牛津的校工。凭借这一安排，托尔金熟识了好几个勤务兵。多年后，他谈论起《魔戒》中的一个主要角色时说："我的'山姆·甘姆吉'象征着那些英国士兵，那些1914年战争中我了解到的二等兵和勤务兵，我承认他们比我自己要出色得多。"[9]

三周后，埃塔普勒的营队开拔去了前线。运送他们的火车慢
115 得出奇，时不时被打断停下。超过24小时以后，加来海峡平坦无奇的景致才远去，火车终于进入山峦起伏的乡间，一条运河与

铁轨并行向前，沿岸种着白杨。这里就是索姆河，他们已经能听到枪声了。

托尔金的营队在亚眠下车，从主广场的一口口大锅里吃饭饱腹，列队走出城镇。他们背着沉重的装备，当马匹拉着弹药车或大炮走过时，就纷纷让路或停下，不久就来到开阔的皮卡第乡下。笔直大道的两旁，房屋逐渐稀少，取而代之的是红罂粟[10]和黄芥菜的田野。一阵暴雨袭来，原先尘土飞扬的路面覆上一层白垩烂泥。队伍一路前行，衣裤一路滴水，士兵一路咒骂，就这样来到一个叫吕邦普雷的小村庄，亚眠已在十英里之外。他们在这里小住一晚，如此的住宿条件，他们很快就将适应：普通士兵睡谷仓或大棚里的草床，军官在农舍屋里搭行军床睡。他们所住的房子用包好的拱梁和泥墙搭成，古老而坚固。在外面的路口和矮房之外，雨后的矢车菊成片绵延到了天边。他们被战争包围了：眼里是破损的房屋、楼房的废墟，耳畔传来的嘎吱声、碎裂声、爆炸声步步进逼，协约国军队正在对德军阵地狂轰滥炸。

第二天，他们在吕邦普雷进行体能和枪刺训练。6月30日星期五，转移到更靠近前线的一个小村子。次日清晨进攻开始，他们没有参与，因为他们的任务是留作后备，几天后再加入战斗。总司令道格拉斯·黑格爵士预计，届时德国战线将洞开，协约国军将能深深切入敌占区。但他的预计落空了。 116

7月1日星期六上午7点半，英军前线的士兵冲出了战壕。T. C. B. S. 的罗布·吉尔森在萨福克军团服役，他就是其中之一。他们从战壕里爬上梯子，来到战场，按照此前的指导，横拉成平平的一排，开始缓慢行进。缓慢，因为每个人都背着至少65磅的装备。他们被告知德军的抵抗事实上已经瓦解，带刺铁丝网已被协约国的掩护炮火切断。但他们看到的是铁丝网依然完好，他们靠近时，德军机枪开火了。[11]

托尔金的营队还在待命，移动到一个叫布赞库尔的村子，大部分人在野外扎营，少数托尔金这样的幸运儿可以睡在小屋里。有明显的迹象显示，前线的发展偏离原定计划，数百名伤员送了回来，很多严重残疾，一些士兵被派去挖葬坑，还传来不祥的尸体腐败味道。真相是，两万名协约国军士兵在战斗第一天牺牲。德军的防御未被摧毁，铁丝网依然基本完好，枪手将英法士兵一排排射倒，因为他们缓步向前，成为绝佳的靶子。

7月6日星期四，兰开夏燧发枪手团第十一营投入战斗，但只有A连被送去战壕，托尔金等人留在布赞库尔。他又读了一遍伊迪丝讲述家中消息的来信[12]，又看了一眼收藏的T. C. B. S. 其他成员的短笺。他很担心吉尔森和史密斯，他们已经处于战争风暴
117 的核心。所以当天晚些时候，看到史密斯完好无损出现在布赞库尔时，他如释重负、欣喜若狂。史密斯将在这里休息几天，直到再上前线。他和托尔金不厌其烦地见面聊天，聊诗歌，聊战争，聊未来。一次他们走进田野，即使战争已经让乡村变成荒芜的污泥沙漠，这里还是有一片片红罂粟迎风摇曳。他俩焦急等待着罗布·吉尔森的消息。周日晚A连从战壕回来，十二人死亡，上百人受伤，生还者述说着前线可怕的故事。最后7月14日星期五，轮到托尔金的B连行动了。[13]

托尔金此刻经历的，千百名士兵已经领教过：从宿营地到战壕的长途夜行军，沿着交通壕蹒跚前行一英里或以上，到前线

后足足几小时搞不清状况，恼怒不已，直到和上一个连队完成交接。现场让托尔金这样的信号员痛苦幻灭，电线纠缠难解，野战电话埋在泥里、故障失灵，完全不像训练时那样整洁有序。而且最糟的是，他们只能用这些发最微不足道的信息，因为战斗前，德国人已经窃听通话，拦截了关键指令。[14]信号员甚至不能用莫尔斯电码蜂鸣器，只能依靠信号灯、旗语，还有最后一招：送信员或是信鸽。最糟的还有满地的死尸，被弹药炸得血肉横飞，头脸尚存的那些会用可怕的眼睛盯着你，战壕之外的无人区满是肿
胀或腐烂的尸体。举目四周，一片荒芜，绿草庄稼不见了踪影， 118
只剩下一片淤泥之海，树木没有了枝叶，只残存一段黝黑树干。这个托尔金口中“野兽般可怕”的阵地战场，他将永生难忘。[15]

他行动的第一天，协约国指挥官打算开展一场大规模攻势[16]，而他的连队被编入第七步兵旅，进攻还在德军手里的奥维莱尔村，这个小村庄已成废墟。进攻失败了，因为敌人的铁丝网又没被完全切断，托尔金的营队里很多人死在敌人的火力下。[17]他自己没受伤，但已经48个小时不眠不休，经允许在防空壕里打个盹。[18]又经过24小时，他的连队下了战场。回布赞库尔营房的路上，托尔金发现了史密斯的来信：

1916年7月15日

我亲爱的约翰·罗纳德

今早我看了报纸，罗布已经死了。

我很安全，但相比之下这又算什么呢？

请务必与我同在，你和克里斯托弗。我非常疲倦，这个

最大的噩耗让我陷入了可怕的抑郁。

曾经的T. C. B. S. 真正意味着什么，如今我绝望地认识到了。

哦我亲爱的约翰·罗纳德，我们究竟该走向哪里？

你永远的，

G. B. 史密斯

罗布·吉尔森已经牺牲在战斗的第一天7月1日，死在拉布瓦塞勒的战场上，死在指挥进攻之中。

托尔金致信史密斯："我感觉不再属于一个完整的团体。说
119 实话，我觉得T. C. B. S. 已经结束了。"但史密斯回复："T. C. B. S. 没有结束，也永不结束。"

如今每天都在机械重复：休息一段时间，回到战壕，更多的进攻（通常是徒劳的），再休息一段时间。当时正在强攻施瓦本堡垒，一个德军战壕的大型防御工事，托尔金参与了对进攻的支援。协约国军抓来一些战俘，其中有来自萨克森军团的人，这个军团曾在1759年的明登，和兰开夏燧发枪手团一起对抗法国。[19] 托尔金和一名受伤被俘的军官谈话，给他喝了水，对方纠正了他的德语发音。停止交火期间，战场上偶尔有短暂的平静。托尔金后来回忆，某次停止交火的时候，他的手放在战壕电话的听筒上，一只田鼠从藏身处窜出来，穿过他的指间。

8月19日星期六，托尔金和G. B. 史密斯在阿舍昂再次见面。接下来的几天里他们多次会面聊天，最后在布赞库尔一起

吃饭，当时炮火轰鸣，还好他们都没受伤。然后托尔金回到了战壕。

虽然交战不再像索姆河战役的头几天那么密集，但英军伤亡依然惨重，托尔金的营队也是如此。[20]他自己完全没受伤，但他在战壕里越久，成为伤亡人员的概率就越高。至于休假的机会，永远是马上会有，从不真正兑现。

拯救他的是军医所谓“原因不明的发热”。对士兵来说这就是普通的“战壕热”，由虱子传播，引发高热和其他发热症状，据报告已经有几千人因此得病。10月27日星期五，它也降临到 120
了托尔金头上。那时他被安排在博瓦尔住宿，离前线十二英里，发现生病后，转移到附近的医院，一天后，坐上了开往海岸的病员专列。到周日晚，他已经躺在了勒图凯一家医院的病床上，还将在那里待一个礼拜。

但他发热一直不退，于11月8日坐上回英国的船，到达后坐火车去伯明翰的医院。所以大约几天工夫，他发现自己已经离开恐怖的战壕，躺在洁白的床单上，看到了熟悉的城市。

他和伊迪丝重聚了。12月第三周，他已经恢复到可以出院，于是去大海伍德和伊迪丝共度圣诞。在那儿，他收到了正在海军服役的克里斯托弗·怀斯曼的来信：

自无畏号战列舰，1916年12月16日

我亲爱的约翰·罗纳德，

我收到家里的消息，G. B. 史密斯已经死了，死于12月3日炮弹爆炸造成的伤口。此刻我无法再说些什么，只能卑微地乞求自己配得上全能上帝的恩典。

克里斯

原来，那时史密斯正走在战线后方的乡间道路上，突然附近的炮弹爆炸，炸伤他的右臂和大腿。他被送上手术台，但那时已经得了气性坏疽。他们将他埋在沃伦古英军墓园。

121 就在不久前，他还给托尔金写过这样一封信：

> 我最大的慰藉是即便我今晚倒下（几分钟后我就要去执行任务），伟大的T. C. B. S. 仍有其他成员，能宣扬我的梦想和我们的共识。我坚信，仅仅一名成员的离世，并不能让T. C. B. S. 瓦解。死亡会让作为个体的我们变得面目可憎、弱小无助，但无法打垮不朽的四杰！我今晚离开前想和罗布聊聊这个，希望你也写信告诉克里斯托弗。我亲爱的约翰·罗纳德，愿上帝保佑你。如果我命该如此，愿你在我离开人世很久之后为我代言我一直想说的一切。[21]
>
> 你永远的
>
> G. B. 史密斯

第三部

1917—1925年：创造神话

第一章　失落传说

如果我命该如此，愿你在我离开人世很久之后为我代言我一直想说的一切。G. B. 史密斯的话在明确无误地召唤托尔金，要他将谋划已久的伟大工作付诸行动，这是个宏大惊人的计划，文学史上罕有其匹。他要创造一套完整的神话体系。 125

这个想法源于他发明语言的爱好。他发现这样的发明复杂到一定程度后，必须创造相关的“历史”，让语言在其中发展起来。早期的埃雅仁德尔诗篇概述了历史的一部分，如今他要全盘记录。

还有第二个推动因素：要在诗歌中表达最深切的感受。这个想法来自T. C. B. S. 带来的灵感。他的首批诗作颇为平庸，像四个年轻人质朴的理想主义一样不成熟，但它们是他迈向伟大散文诗的第一步（它们外在是散文，却有诗歌的内核），现在他开始动笔了。

还有第三个因素：**为英格兰**创作神话的想法。他大学本科论

及芬兰的《卡勒瓦拉》时即已暗示这点："我希望这种野性能留存更多，英格兰神话也是如此。"这个想法一直在发展，直到蔚为
126 大观。[1]托尔金多年后回忆："别笑！但在很久很久以前（我的雄心壮志打那时起瓦解已久），我就有心创作一套或多或少互相衔接的传奇，涵盖的内容上至恢宏的创世神话，下至浪漫的仙境奇谭——前者奠基于联系红尘俗世的后者，而后者又自波澜壮阔的背景中汲取夺目的光彩——我唯愿把它献给英格兰，我的祖国。它将拥有我渴望的格调与品质，多少含有冷澈之意，能够体现我们的'氛围'（指西北部，也就是不列颠和周边欧洲地区的气候与风土[2]，不包括意大利或爱琴海地区，更不包括东欧）；此外，（只要我做得到）它将拥有一种难以捉摸的美，有些人把这种美称为凯尔特风情（不过在真正的古代凯尔特遗产中，我们很难找到它的踪影），并且它应当涤除低俗，'严肃高尚'，配得上一片如今诗情盛行已久的土地上那些更成熟的心灵。这些伟大的传说故事，有一些我将会完整记述，但有许多我只会置于主题之内，勾画梗概，大幅留白。整套故事当与一个磅礴壮丽的主体相连，却又会给旁人留下余地，供那些慧心巧手驾驭画笔、音乐或戏剧来完善。这很荒唐吧。"[3]

这概念可能宏大到非常荒唐，但从法国回来的路上，托尔金决定要诉诸笔端。此刻他具备了天时地利的条件：他再一次和伊迪丝在大海伍德相聚，再一次身处如此可爱的英格兰乡间。甚至身在遥远海上的克里斯托弗·怀斯曼都察觉到有什么会发生，写信给他："你该开始写那个史诗了。"他的确开始了，在一本廉价笔记本的封面上，用蓝色粗铅笔写下他为这个系列神话取的

名字："失落的传说"，笔记本里写的故事，最终将演变成《精灵宝钻》。

他生活中发生的事件，只能给他笔下神话的来源提供肤浅的解释。联结起他第一份草稿（后来放弃）各个故事的方式，无疑 127
可追溯到威廉·莫里斯的《俗世天堂》，即一名海上水手来到未知的土地，听到一系列传说。托尔金的水手名叫埃里欧尔，意为"独自做梦的人"。埃里欧尔听到的传说宏大、不幸，极富英雄色彩，无法简单解释为只是源于他的文学积淀和个人经历。[4]他是在用自己的想象力写作，这个宝库还有大量未曾触及的区域和珍宝，余生他将收获不竭。

《精灵宝钻》的第一个"传奇故事"，讲述了宇宙创世和已知世界的建立。托尔金联想到古诺斯语中的"米德加尔德"（Midgard）和早期英语里的同义词，将这个世界命名为"中洲"（Middle-earth）。有些读者认为这是另一个星球，但托尔金无意于此。"中洲就是**我们的**世界，"他补充说，"当然我将情节设定在古代的某个纯属幻想的阶段（尽管并非全然不可能），那时的大陆板块与今天完全不同。"[5]

后面的故事主要说的是有关"精灵宝钻"（精灵的三颗伟大的宝石，书籍也因此得名）的铸造。邪恶魔君魔苟斯把它们从蒙福之地维林诺偷了出来，精灵随后发动了一系列战争，试图抢回它们。

有人会深究托尔金的故事和他基督教信仰之间的关系，发现很难理解如此一名虔诚的罗马天主教徒，会坚信笔下的世界没人

敬奉上帝。但这不难理解。《精灵宝钻》的作者是个虔信的教徒，
128 这本书与基督教也并不抵触，而且还完善了它。虽然故事里没有
对上帝的敬奉，但上帝的确就在其中，《精灵宝钻》比起其衍生
作品《魔戒》更明显地体现了这点。托尔金的宇宙是由上帝那个
“独一之神”统治的，他的下一级是维拉，世界的守护者，他们
是类似天使的大能者而非诸神，神圣且服从上帝。故事中某个可
怕的时刻，他们将权柄交还到上帝手中。[6]

托尔金采用这种表现形式，因为他希望自己的神话是遥远和陌生的，同时**不能是谎言**。他希望在神话传奇中体现自己关于世界的道德观，所以作为基督徒，他不能让这个世界里没有自己敬奉的上帝。但同时，如果把故事“如实地”安排在已知世界中，点出其中的宗教信仰就是基督教，则会抹去它们的幻想色彩。所以托尔金的宇宙中的确有上帝，但上帝一直隐身其后。

托尔金写作《精灵宝钻》时，相信自己某种意义上正在书写事实。他不认为所描绘的“精灵”“矮人”和邪恶的“奥克”真的曾行走世间，做过他记载的那些事。但他感觉，或是希望自己的故事体现深刻的真实感。当然他写的压根不是寓言，他再三表达过对这种文学形式的厌恶：“无论在哪儿闻到寓言的味道，我都不会喜欢它们。”给读者的信中也反复说过类似的话。所以，究竟在什么意义上他假设《精灵宝钻》是“真实的”？

他的文章《论仙境奇谭》和故事《尼葛的叶子》给出了答
案，两者都暗示上帝可赋予人“突然瞥见潜在的真实或真相”的
129 本领。[7]托尔金写作《精灵宝钻》时，肯定认为自己不只是在创
作故事。他这么描述书里的故事：“它们犹如‘天赐’之物，浮

现在我脑海中，随着一个个片段分别到来，片段之间的连接也逐步成形。这项工作虽然屡屡遭到打断（尤其是，即便撇开养家糊口的不得已，我的心思也会飞向另一极的语言学，在其中流连忘返），但令人入迷，只是我始终有种感觉，我是在记录已经‘存在’于某处的事物，并不是在‘创作’。”

第一个成文的故事写于1917年早期，当时他正在大海伍德康复疗养。[8]它就是《刚多林的陷落》[9]，故事发生时神话已将近尾声，讲述魔君魔苟斯进攻最后的精灵堡垒刚多林，激战后一些刚多林民逃出生天，其中就有国王的外孙埃雅仁德尔（Earendel）。[†]这个情节与神话的第一批概述，即早期的埃雅仁德尔诗歌联系了起来。《刚多林的陷落》的文风暗示托尔金受到威廉·莫里斯的影响，也不难想到构成故事核心的大战，其灵感与他在索姆河的经历可能有一丝关系。[10]或者毋宁说是与他对这些经历的反应有关，因为刚多林的战斗有一种英雄主义的庄严感，这在现代战争中已经看不到了。但无论如何这些都是表面上的“影响”：托尔金创作神奇精彩的故事，没什么原型或原始材料。自己发明名字，大部分的主角是精灵，这两大最显著的特征完全来自他自己的设计。

严加考究，《精灵宝钻》中的精灵脱胎于托尔金早期诗歌中 130
的“仙子”，但其实两者关系不大。[11]他脑海里有“精灵”这个概念，可能源自他对弗朗西斯·汤普森《姐妹之歌》的热爱，也

† 多年后托尔金才用埃雅仁迪尔（Eärendil）这个拼写。——原注

可能源自伊迪丝对“小精灵”的喜爱，但《精灵宝钻》中的精灵与《哥布林的脚》中的“小妖”毫无关系。就创作目的而言，精灵完全就是**人类**：或者说，是被剥夺创造性力量之前，也就是堕落之前的人类。托尔金坚信大地上曾有个伊甸园，人类犯下原罪、被放逐出去，让世上有了邪恶。但他的精灵虽能犯下罪过和错误，却没有神学意义上的“堕落”，所以能达成人类所不及的成就。他们是工匠、诗人、作家，创造出的作品之美，远超人类的手工制品。最重要的，他们是不死的，除非死于刀剑之下。他们的事业未完成或未趋完美之时，年老、疾病和死亡都无法让他们停下来。所以他们是各种艺术家的理想状态。

这就是《精灵宝钻》和《魔戒》中的精灵。托尔金自己在提及他们时，总结其本质：“他们是人类根据自己的形象创造的，但人类觉得最受限的那些方面，他们完全没有限制。他们永生，他们能按照意愿，直接实现自己的想象和愿望。”

托尔金用他发明的语言，构思出《刚多林的陷落》等《精灵宝钻》故事中的人名、地名。这些语言的存在，就是整个神话**存
131 在的原因**，所以他费心取名就不足为奇了。事实上，如上述引文所说的，他花在构思名字、研究语言上的心思，至少与撰写故事本身一样多。探究他如何开展这部分工作，是件很有意义也很有趣的事。

青少年时，托尔金就构思了一系列自创的语言，有些已经颇为复杂。但最终早期试验里只有一种语言让他满意，只有一项表现他的语言品位，那就是深受芬兰语影响的“昆雅语”。到1917年，它已经非常复杂精致，拥有几百个单词，尽管所依据的词干

数量非常有限。像任何“真实的”语言一样，昆雅语也来自某种更加原始的语言，这种语言可能在更早的年代使用过。[12]从这种“原始埃尔达语”出发，托尔金创造了第二种精灵语，与昆雅语同时代，却是另一群精灵在使用。他最终将这一语言称为“辛达语”，它音韵的模仿对象威尔士语，是仅次于芬兰语的最符合他个人口味的语言。

昆雅语和辛达语之外，托尔金还发明了其他一些精灵语，虽然仅存大概内容，但彼此关系之复杂、语言“家族树”构成之精巧，着实费了他一番思量。不过，《精灵宝钻》中几乎只有用昆雅语和辛达语拼写的精灵语名字。

短短几段话，无法充分解释托尔金如何用精灵语给故事的
角色地点起名字。简言之，他构思名字都极为小心，首先确定含 132
义，再确定它们在某种语言中的构词形式，再确定在另一种语言中的，最终最常用的是其辛达语的形式。不过，他实际上往往更加随意，经常写到高潮时，构思一个听起来很适合相关角色的名字，几乎不在意其语言起源，对他这么一个如此喜欢悉心创造的人来说，这似乎有点奇怪。后来他因为觉得“没意义”，删去很多这种随性创造的名字，剩下的名字，他用严格的语文学标准审视一遍，试着发现它们**如何**形成如此奇奇怪怪、看起来相当费解的形式。如果有人想理解他是如何工作的，必须掌握他想象力的这个侧面。年岁过去，他越来越将自己发明的语言和故事视为“真实”的语言和历史记载，认为有必要对其进行说明。换言之，沉浸在这种心境中，当他看到不尽如人意的名字和文字叙述的明显龃龉之处，不会说“这不是我想要的，我必须改掉它”；他会

抱着另一种态度解决问题："这代表什么含义？我必须**找出来**。"

这并非因为他失去了理智或判断力。对他来说，这像一种纸牌接龙[†]的智力游戏（他非常喜欢纸牌接龙），同时他相信自己的神话中有最终的**真相**。而其他时候，他会考虑大幅修改故事的
133 主体结构，改掉部分本质内容，像其他作家一样。这当然是两种截然相反的态度，而从各个层面看，他就是个有着双重迥异个性的人。

上述这些，就是1917年早先时候，他在大海伍德病假时开始创作的杰出作品。伊迪丝乐于帮他，在一本大练习本上，为他誊写了一份《刚多林的陷落》的清稿。这是一段难得称心的休憩时光。晚上她弹奏钢琴，他吟诵自己的诗歌，或给她画素描。此时她已怀孕了。但好景不长，托尔金的"战壕热"只是略有高烧和身体不适，在伯明翰住院一个月后，已经明显痊愈。如今收到营队重回法国服役的征召，他当然不想去。毕竟他刚开始自己的伟大创作，不想上演被德国人一梭子送命的悲剧，但他又能做什么呢？

他的健康状况回答了这个问题。就在大海伍德休假结束前，他再次病倒，几周后好转一些，被临时派驻到约克郡。[13]伊迪丝和她表姨詹妮卷铺盖随他北上，来到霍恩西，搬进他营地几英里外的一处带家具出租屋内。但回到岗位后没多久，他再次病倒，

---

† "纸牌接龙"，是单人玩家玩的纸牌游戏的英语称谓，其他地方又称"索利泰尔"。——原注。比如北美就叫"索利泰尔"。——译注

住进了哈罗盖特的一家疗养院。

他并没有装病，毋庸置疑确实有些生病症状。但正如伊迪丝信里说的：“多在床上一天，就多在英国一天。”他也知道一旦康复，就几乎免不了要重回战壕。所以像其他很多士兵一样，他的身体仿佛对此做出回应，体温一直高于正常，而事实是他夜以继日卧病在床，一直吃阿司匹林，丝毫无助于恢复体力。到4月，他再次好转，被送到英格兰东北地区的一所陆军信号学校进一步 134
训练。这是个好机会，如果能通过考试，就能被任命为约克郡营地的信号官，这个岗位或许能让他远离战壕。[14] 7月他参加考试，但没通过。几天后他再次病倒，到8月第二周就住回了医院。

在赫尔的布鲁克兰兹军官医院，托尔金身边都是志同道合的人，一群欢乐的同僚病友陪着他，其中还有一个来自兰开夏燧发枪手团的朋友。当地天主教修女会的修女们来看望他，其中一位将与他结下毕生的友谊。[15]他也能继续写作了。但同时，怀孕已久的伊迪丝只能和表姨住在海边的简陋小屋里。她早就后悔放弃了沃里克的房子，大海伍德的综合条件不错，而如今的生活几乎无法忍受。寄宿的房子里没有钢琴，食物极度短缺，因为德国U型潜水艇炸沉了许多英国船只。她也一直很难见到罗纳德——从霍恩西到他的医院，[16]要走又长又累的一段路。当地的天主教堂是个简陋的临时处所，搭在一家电影院里，她差点生出和圣公会成员詹妮一起去她的教区教堂的念头。而且她发现怀孕让人精疲力竭。她决定回自己住过三年的切尔滕纳姆——她唯一真正喜爱的小镇——在那里她可以自行安排在一个舒适的医院里生产，生产前可以和詹妮住在家里。所以她们去了切尔滕纳姆。

大约是躺在赫尔的医院的时候，托尔金为《失落的传说》撰写了另一篇重要的故事，最终定名《胡林的子女》，故事的主角
135 是不幸的英雄图林。读者可能再次察觉到一些确信无疑的文学影响：英雄与巨龙的战斗，不免会让人拿来与西古尔德、贝奥武甫的功绩做比较，而不知情的他与妹妹乱伦后自杀，又明显源于《卡勒瓦拉》中库勒沃的故事。但这些依然只是表面的“影响”。《胡林的子女》有力融合了冰岛和芬兰的传说，又有所超越，其戏剧冲突之复杂，个性描述之微妙，古代传奇中颇为少见。

1917年11月16日，切尔滕纳姆的产房中，罗纳德和伊迪丝·托尔金的儿子呱呱坠地。生产过程很艰辛，伊迪丝一度生命垂危。[17]让托尔金懊恼的是，尽管他被允许离开医院，但在孩子出生几乎一周后才能离开营地，去南方的切尔滕纳姆，那时伊迪丝已经开始恢复。他们决定给孩子取名为约翰·弗朗西斯·鲁埃尔，“弗朗西斯”是要纪念弗朗西斯神父，后者从伯明翰赶来给孩子施洗。洗礼后，罗纳德重回岗位，升到中尉。伊迪丝带孩子回到约克郡，搬到亨伯河口以北的鲁斯村，在罗纳德驻地不远处找到带家具的屋子住了下来。至此，他似乎不太可能再被派去海外。

在可以离岗的日子里，他会和伊迪丝去乡间散步。[18]在鲁斯附近，他们发现一片开着野芹花的小林地，然后漫步其中。托尔金回忆此时的伊迪丝：“头发乌黑，皮肤白皙，眼睛明亮，她能欢歌——还能**曼舞**。”[19]她为他在林中歌舞，由此诞生《精灵宝钻》
136 中的一段核心故事：必死人类贝伦爱上了不死精灵少女露西恩·缇努维尔。他们初见时，她正在林地的野芹花丛中翩然起舞。[20]

这段极为浪漫的仙境奇谭包含丰富的情感，有时甚至如瓦格纳的音乐般热情激昂，托尔金以前写的故事无法与之比拟。这也是托尔金写的第一个冒险故事，两个恋人一路前往魔苟斯的恐怖堡垒，要从他的铁王冠上摘取一颗精灵宝钻，似乎和弗罗多将魔戒扔进末日火山的任务一样，眼看注定失败。

在他的所有传奇之中，托尔金最爱贝伦与露西恩的故事，不仅因为他将露西恩这一角色与自己妻子画上了等号。五十多年后伊迪丝去世，他给儿子克里斯托弗写信，解释为什么想把“露西恩”这个名字铭刻在她的墓碑上：“她就是我的露西恩，她知道这一点。我本来言尽于此，但看来不久后该和你促膝长谈。我并不愿写传记，因为这与我本性相悖，我渴望倾诉的最深感受已写入神话传说。而深谙我心之人，应当知晓那些疏于记录的过往：我们童年有过可怕的遭际，虽然共同挣脱了那片泥沼，却留下伴随一生的创伤，相爱之后还要默默忍受创伤带来的幽暗一面。我们是无法改变自己的缺陷了，但爱情却让我们克服个人的缺陷，变得更愿包容，更能理解，宽宥那些生活中的过错和暗影。爱情也是这些疑问的答案，为什么这些过错和暗影无法触及我们灵魂深处，而我们年少爱恋的记忆却依然如此历历在目。仿佛我们永远能在林间空地相会（尤其我独处的时候），经常手挽着手悠然漫步，以此逃避死亡迫近的阴影，直到终有一天它将我们分开。”[21]

1918年春天，托尔金在鲁斯的时光告一段落，被派驻到斯塔 137
福德郡的朋克里奇营地，他去法国之前曾在这里接受训练。大约此时，他原来所在的营，那些还在法国的士兵或已经牺牲，或在埃纳的贵妇小径被俘了。

伊迪丝、孩子和詹妮·格罗夫向南来和他会合。伊迪丝感觉“这种生活凄惨流浪、居无定所”，他们在朋克里奇刚安顿下来，他又被派回赫尔。这次伊迪丝不想再搬家，艰难生产的后遗症迟迟不消，她被照顾孩子折磨得疲惫不堪、疼痛不已，苦涩地写信给罗纳德：“我不会再围着你的营地打转了。”同时，回亨伯驻防地的路上，罗纳德再次病倒，被送回赫尔的军官医院。“我想你应该不会再觉得疲倦了，”伊迪丝写道，“因为近两年前从法国回来后，你卧床的次数已经数不胜数。”在医院里，他除了继续创作神话和精灵语，还在自学一些俄语，并继续学习西班牙语和意大利语。

到了10月，他离开了医院。和平似乎临近了，他前往牛津，看看是否有机会找到一份学术工作。前景并不乐观：大学几乎停摆，没人知道和平到来后会发生什么。不过他拜访曾教他冰岛语的威廉·克雷吉时，听到了令人振奋的消息。克雷吉现在是《新英语词典》团队的一员，还继续在牛津编撰词典的后面部分。他告诉托尔金，可以给他找个助理编纂员的工作。11月11日战争
138 结束之际，托尔金联系军方，获准“为完成学业”留驻牛津，直到他复员。他在圣约翰街以前自己的出租屋附近找到了住处。1918年11月晚些时候，他、伊迪丝、孩子和詹妮·格罗夫住进了牛津。

第二章　暂住牛津

托尔金早就梦想能回到牛津。整个战场服役期间，他患上了 139
思乡病，思念自己的学院、自己的朋友、自己过了四年的生活方式。他也难受地意识到自己浪费了大量时间，因为他已经27岁，伊迪丝已经30岁了。但最终他们享受到渴望已久的东西："我们共同的家"。

托尔金意识到进入了人生的新阶段，开始（从1919年新年那天）记日记，记录自己的主要大事和对此的想法。他最初用的是普通的字体，后来改用自己刚发明的一款不一般的字母表，看起来像是希伯来字母、古希腊字母和皮特曼速记[1]字体的混合体。很快他决定将其加入自己的神话，以他故事里一名精灵贤者的名字命名为"儒米尔字母表"。[2]他写日记用的一直是英文字母，现在开始用这种字母拼写了。唯一的难处是他无法敲定其最终形式，总在改变字母的外形和使用方式，所以一个字符可能这周还表示字母"r"，下周就表示字母"l"了。他偶尔也会忘记记下这些变化，过段时间，发现自己都看不懂以前的日记。他也试过不要改来改去，顺着以前的样子写下去，但纯属徒劳。在这点上，像在其他很多事情上一样，他都无休无止地追求完美，反反复复地调整完善。

140 只要有点耐心，日记还是能解读出来的。它提供了托尔金新生活方式下的一些细节画面。早餐后，他离开圣约翰街50号，出发去《新英语词典》的办公室，办公室位于附近的宽街上，老阿什莫尔大楼里。在他口中“那满是灰尘的作坊、满目棕色的书房”里，一小群专家正日夜辛劳，编纂一本有史以来最全面的英语词典。他们的工作从1878年就已开始，到1900年字母A到H的部分已经出版，但因为战争造成的延期，十八年后字母U到Z的部分还没完成。原来的编辑詹姆斯·默里爵士已经在1915年去世，如今是亨利·布拉德利负责这事。他是个杰出的人物，此前在谢菲尔德的一家刀具公司做过二十年职员，然后全职投身学术事业，成了一名卓越的语文学家。†

托尔金在《词典》小组干得很开心，他很喜欢自己的同事，尤其是颇具学识的奥尼恩斯。[3]最初几周他受命研究warm（“温暖”）、wasp（“黄蜂”）、water（“水”）、wick（“灯芯”）和winter（“冬天”）的词源。[4]瞟一眼最终付印的“wasp”条目，就能大概了解这项工作所需要的能力。这个单词本身不难懂，但解释它时需要引用古撒克逊语、中古荷兰语、现代荷兰语、古高地德

† 布拉德利小时候在家庭祷告时，通过看父亲膝头的《圣经》，第一次学会的阅读方式是**上下颠倒**阅读。——原注

语、中古低地德语、中古高地德语、现代德语、古条顿语、原始前条顿语、立陶宛语、古斯拉夫语、俄语和拉丁语等语言中的类似形式。[5]毫不奇怪，托尔金发现这一工作教会了他很多语言知识。[6]他曾如此评价1919年至1920年编写《词典》的这份工 141
作："这两年里，我学到的比其他任何两年的都多。"[7]即便以《词典》小组的标准衡量，他的工作都可圈可点，布拉德利博士评价："他的工作成绩，显示他对盎格鲁-撒克逊语、对日耳曼语言比较文法中的事实与原则，已经超乎寻常地了如指掌。事实上，我敢毫不犹豫地说，我从不知道任何他这个年龄的人，能在这些方面与他媲美。"

只要走一小段路就能从《词典》办公室回家吃午饭，不久后还可以回家喝茶。就工作时长而言，布拉德利不是个严苛的项目负责人，这份工作极少占用托尔金整天的时间。和很多《词典》的同事一样，他是要同时在大学里教书来用足时间、增加收入的。他广而告之自己要招学生，于是一个个学院找上了门。主要是些女子学院，比如玛格丽特夫人学堂、圣休学院，都急着给他们的年轻女生找盎格鲁-撒克逊语老师。[8]托尔金的已婚是个优势，意味着送这些女生去他家上课时，不必把她们的年长女伴也捎过去。

不久后，他和伊迪丝决定找个租得起的小房子。他们在家附近的转角找到一处，即阿尔弗雷德街（现在叫普西街）1号，1919年夏末搬进去，雇了个厨师兼女佣。能有自己的房子感觉太好了。伊迪丝的钢琴从仓库里搬了回来，多年来她终于又有了定期弹琴的机会。她再一次怀孕，但这次至少能在自己家里生产，在像样的屋子里抚养孩子。到1920年春，托尔金做家教赚足收入，辞去了《词典》的工作。[9]

142 同时，他继续写作《失落的传说》。一天晚上，他在埃克塞特学院的散文俱乐部诵读《刚多林的陷落》，在场的学生反响热烈，其中有两个年轻人，分别是内维尔·科格希尔和雨果·戴森。[10]

突然间家庭计划改变了。托尔金申请了利兹大学英语准教授的职位，虽然不抱什么希望，但1920年夏天，他接到了面试通知。他在利兹的车站见到利兹大学英语教授乔治·戈登，戈登在战前是牛津英语系的重要成员，但托尔金不认识他。他们不自然地客套几句，一起乘有轨电车穿过市中心，来到大学，聊起牛津的默顿英语文学教授沃尔特·罗利爵士。托尔金事后回忆当时的场景："其实我不怎么看重罗利，他的教学水平的确一般，但我出于好意，说出他是个'威严超凡的人'（Olympian）这样的话。这话效果不错，虽然我真实的意思是，他坐在奥林匹斯山巅，高踞我的批评之上。离开利兹前，我就私下得知自己得到了教职。"[11]

第三章　北国探险

烟雾弥漫、肮脏不堪、工业尘雾挥之不散，工厂排房鳞次栉 143
比，怎么看利兹都不宜居。[1]利兹大学的仿哥特式建筑用各色砖块搭建，属于维多利亚晚期风格，和托尔金过去熟悉的建筑实在没法比。当初他决定接受这里的大学职位，搬到英格兰北部，现在他对此感到非常不安。

最初的日子比较艰难。1920年10月利兹大学开学后不久，伊迪丝生下第二个儿子，受洗后取名“迈克尔·希拉里·鲁埃尔”。托尔金工作日住在利兹的一个单间里，周末必须出远门才能回牛津见家人。直到1921年初，伊迪丝和孩子才准备好搬家北上，即便到这时候，托尔金也只能找到利兹的带家具房屋作为临时住所。[2]不过1921年末，他们租下了圣马可巷11号，这是大学附近小巷里一幢狭小昏暗的房子。他们在这里建立了新家。

利兹大学的英语系此时还很小，但乔治·戈登正扩大它的规模。戈登更像个组织者而非学者，托尔金发现他“非常善于管理”。[3]而且他对这位新助手很好，在自己办公室给托尔金腾出了空间，虽然这就是个看得到瓷砖和热水管的毛坯屋，还和一位法语教授共用。戈登对托尔金的居住安排很是关切。更重要的是，
144 他放手让托尔金全权负责系里的语言教学。

戈登决定遵照牛津模式，把利兹大学英语系的本科教学大纲分成两种：一种针对想要专攻后乔叟文学的学生，一种针对专注于盎格鲁–撒克逊语和中古英语的学生。后者初创不久，戈登希望托尔金设计一份教学大纲，既能吸引学生，又能提供扎实的语文学训练。托尔金很快投入其中。刚看到那些古板严肃的约克郡学生，他还有些拘谨，但不久就开始钦佩他们中的很多人。他曾写道：“我很喜欢那些‘榆木疙瘩’，也很惊讶有这么多‘孺子可教’的人，他们的主要特质是希望**有所作为**。”他不少利兹的学生都很努力，也很快就获得了佳绩。

但托尔金差点要离开利兹。在这儿的第一个学期，他被邀请去申请两个英语教授职位：利物浦大学的贝恩斯教席和开普敦大学新设的戴比尔斯教席。他发去申请，利物浦将他拒之门外，但1921年1月末开普敦给了他职位。他有很多接受的理由，这意味着回到出生之地，他也一直想再看看南非。[4]但他拒绝了，伊迪丝和孩子的状况不适合旅行，他也不想和她分开。12个月后他在日记里写：“此后我经常想，那会不会是一个来到我们身边的机会，但我们没有勇气抓住它。”事实将证明他的担心是多余的。

145 1922年早些时候，一个新的初级讲师来到利兹英语系的语言部，这个年轻人名叫E. V. 戈登。这个矮小黝黑的加拿大人（和乔治·戈登没血缘关系）是牛津的罗德学者[5]，托尔金还在1920年

指导过他，如今令他在利兹受到热烈欢迎。“埃里克·瓦伦丁·戈登来了，大家顺利接纳了他，他是我挚爱的朋友，我兄弟。”托尔金在日记里写到。

戈登来到以后，两人开始合作开展一个重要的学术项目。托尔金的导师肯尼思·赛瑟姆曾编辑过一本中古英语选段，托尔金编撰这本书的词汇表已经有段时间。这实际上意味着编一本中古英语的小词典，他做得极为严谨又富于想象。编这份词汇表费时很久，但1922年早些时候终于付梓，这时托尔金想做些更能发挥学术专长的事情。因为市面上还没有适合大学生阅读的中古英语诗歌《高文爵士与绿骑士》，他和戈登决定新编纂一版，托尔金负责正文和词汇表，戈登负责编写大部分的注释。

托尔金发现他的搭档是个“勤勉的小恶魔”，必须紧赶慢赶才能跟上他。他们按时完成这本书，1925年早些时候由克拉伦登出版社出版。这对中世纪文学研究是一大贡献，虽然托尔金后来常语带贬损地提起这一版的某些解读，来逗乐自己讲座的听众，好像他自己与此无关似的：“托尔金和戈登完全错了，说这个就是完全错了！难以想象他们在想什么！”[6]

E. V. 戈登和托尔金一样很有幽默感，两人一起在大学生中 146
协助组建一个维京俱乐部，大家见面后豪饮啤酒、阅读《萨迦》、唱滑稽歌曲。大部分歌曲都是托尔金和戈登写的，他们围绕学生编些不入流的诗歌，把儿歌翻译成盎格鲁–撒克逊语，用古诺斯语唱饮酒歌。若干年后，他们的一些诗歌私下里被印成一本小册子《献给语文学家的歌谣》。[7]维京俱乐部果然让托尔金和戈登成了广受欢迎的老师，外加他们的精彩教学，英语系语言部吸引了越来越多的学生。[8]到1925年，本科生里有20人专修语言，超过全系本科生三分之一，这个比牛津类似课程的通常入学比例高多了。

托尔金一家的生活非常快乐幸福。这里的大学氛围友好，让伊迪丝耳目一新，她也在教授太太中交到了朋友。生活依然拮据，托尔金还在省钱买房，所以家庭度假就少了。但1922年暑假，他们还是去约克郡海边的法利度过了几周。托尔金不喜欢这地方，说这里是“又小又差又偏远的海滨度假地”。与此同时，他还要在那儿花大量时间批改中学证书考卷，他现在每年都干这件苦差事赚些外快。不过他还写了几首诗。

过去几年他写过大量诗歌，很多与他的神话有关，有的印在利兹校刊《格里芬》、本地刊物《约克郡诗歌》，以及刊载英语系
147. 成员诗歌的书籍《北国探险》上。如今他开始创作一组题为《宾波湾的传说与歌谣》的诗歌。其中一首源自他对法利的感受，他在诗中抱怨现代都市生活的肮脏和吵闹。[9]另一首《巨龙来访》，描绘巨龙来到宾波湾、见到“比金斯小姐”后造成的破坏。[10]第三首《咯哩噗》，讲一个住在洞穴深处的怪异瘦小生物，有双苍白明亮的眼睛。[11]这些都是未来某个故事的惊鸿一瞥。

1923年5月，托尔金重感冒久久不愈，成了肺炎。他90岁的外公约翰·萨菲尔德那时正住在他家。后来托尔金回想起他“站在我床侧，穿着黑衣，看起来又高又瘦，轻蔑地看着我和我说话，像是觉得我和我这代人都是些退化的病夫。我还艰难地喘着粗气，他就急着要走，那样子仿佛要坐船出海环游不列颠似的!”。这个老人后来又活了七年，大部分时间和他的小女儿，也

就是托尔金的姨妈简在一起。她已经离开诺丁汉郡，在伍斯特郡的多姆斯顿拥有一个农场，农场位于一条不通往其他地方的巷子的尽头，当地人有时会称呼它“袋底”。[12]

托尔金的肺炎痊愈后，带着妻儿到他弟弟希拉里那儿住了一阵子。希拉里退伍后，在萨菲尔德祖居伊夫舍姆附近买了个小小的果园和蔬菜农场。托尔金一家帮忙干农活，那里还有放大风筝这样热闹的娱乐，两兄弟在房子对面的田里放飞，看得孩子们乐不可支。托尔金还拨冗忙自己的事，回头又开始神话创作。

《失落的传说》现在已几近完成。先前在牛津和利兹期间， 148
他已经写了一系列故事：世界万物的创造，精灵宝钻的铸就，魔苟斯将它们从蒙福之地维林诺偷出来的经过，这个系列神话还少一个明确的结局，即埃雅仁德尔乘坐星船的那次航行，这是托尔金创作神话时第一个浮现在脑海的元素。同时，一些故事还只有简介，但稍稍迈一步就能完成这个大作。然而他并没有积极迈向这个目标，反而开始重写故事，就好像根本不想完成一样。[13]可能他怀疑不会有出版社愿意出版，因为这肯定是个非常另类的作品。但邓萨尼勋爵的书比这奇怪得多，[14]却很受欢迎。所以是什么让他退缩了？可能是追求完美的愿望，也可能如克里斯托弗·怀斯曼评论他早期诗作中精灵所说的：“对你来说那些造物还有生命，是因为你还在创造他们。有朝一日你大功告成，它们对你而言就寿终正寝，只留皮囊，神魂尽失。”换言之，托尔金不想就此结束，不愿接受在自己发明的世界里，以后都不会创造什么了。这种创造，他后来称为“次创造”。

所以他没有完成《精灵宝钻》（这是他后来用的名字），而是回来继续修改，继续润饰，继续校订。他着手将两大主要的故事写成诗歌，这表明他还是想诗文并行。他采用《贝奥武甫》那种头韵体的现代版来写图林的故事，用押韵双行体来写贝伦与露西恩的故事，后者他称为“贝伦与露西恩的叙事诗”，后来又改名为“蕾希安之歌”。

149 同时他在利兹的事业迈出了重要一步。1922年，乔治·戈登回牛津做默顿英语文学教授，托尔金申请填补前者在利兹的空位。最后被任命的是拉塞勒·阿伯克龙比，但校长迈克尔·萨德勒向托尔金承诺，大学将很快为他专设一个英语语言教授的席位。萨德勒信守承诺，1924年，32岁的托尔金成为教授，这个岁数以英国大学的标准，算得上相当年轻。同年，他和伊迪丝买下达恩利路2号的房子，位于利兹市郊的威斯特帕克地区。相比圣马可巷，他们的居住环境大为改善，房子够大，四周都是开阔的田野，托尔金可以带孩子在这儿散步。

1924年初，伊迪丝心烦意乱地发现自己又怀孕了。她希望这是个女孩，但11月孩子出生后，发现还是个男孩。孩子取名叫克里斯托弗·鲁埃尔，名字是为了纪念克里斯托弗·怀斯曼。这孩子茁壮成长，父亲对他格外喜爱，在日记里写道：“现在我离不开这上苍赐予的宝宝了。”

1925年早些时候传来消息，牛津的盎格鲁–撒克逊学教授克雷吉前往美国，教席突然空了出来。牛津征聘教授，托尔金提交了申请。理论上他并不占优，候选者里资格出众的起码还有三位：利物浦大学的艾伦·马维尔，伦敦大学学院的R. W. 钱伯斯[15]以及肯尼思·赛瑟姆。不过马维尔决定不去申请，钱伯斯拒绝这个席位，所以竞争者减少，成为托尔金和他旧日导师赛瑟姆的对决。[16]

肯尼思·赛瑟姆如今在克拉伦登出版社担任高级职务，虽然不再进行全职学术研究，但他在牛津声誉不错，支持者不少。托 150
尔金身后也有不少支持他的人，其中包括乔治·戈登这个权术大师。[17]选举时两人平票，校长约瑟夫·威尔斯必须投下决定票，他投给了托尔金。

此后可以说基本无事发生。托尔金回到牛津，做了二十年盎格鲁–撒克逊学罗林森与博斯沃思讲席教授，后被选为默顿英语语言和文学教授，退休后先是住在一个老式的牛津郊区，后来搬到一个普通的海滨度假地，在妻子去世后回到牛津，81岁安然离世。像无数学者一样，这种日子平平无奇，虽然学术成就斐然，但也只是在非常小的学术圈子里获得认可，外人对此没什么兴趣。的确是这样——除了一个不寻常的事实，这些年“无事发生”的同时，他写了两本世界级畅销书，激发上百万读者的想象，影响他们的思想。这是个奇怪的悖论，《霍比特人》和《魔戒》的作者竟然是鲜为人知的牛津教授，他钻研的还是中古英语的西米德兰兹方言，他还过着平凡的郊区生活，抚养着他的孩子，照料着他的花园。

或者这是悖论吗？反过来看不也是千真万确的吗？难道我们不该感到奇怪，如此有才华和想象力的大脑，怎么会安享于学术和家庭生活的琐碎循例？如此渴望听到康沃尔海岸破浪之声的灵魂，怎么会满足于住在中产的海滨疗养地，和旅馆休息室里的一 151

群老太太聊天？如此观闻乡间旅社的壁炉柴火脆折就雀跃不已的诗人，怎会愿意安坐于自己的壁炉前，而这个壁炉里燃烧的是假煤炭的电流之火？我们该怎么看待这一切？

可能要了解他的中老年，我们只能在一旁观察、思考，也许慢慢地，我们将发现这一切的背后，他的生活方式浮现在眼前。

第四部

1925—1949年（上）：

“在地底的洞府中住着一个霍比特人”

第一章　牛津一天

直到19世纪晚期，牛津大部分学院院士，也就是大学的大 155
部分老师，都必须担任圣职，在职时无法结婚。[1]当时的改革者引入非圣职院士的职位，废除了单身要求。如此牛津的面貌肉眼可见地改变了，多年来开发商为新婚教师们建造数百幢房屋，红砖房一拨拨从城镇旧界逐步向北蔓延，沿着班伯里路和伍德斯托克路开疆拓土。20世纪初，北牛津已经成为学者和他们妻儿、用人纷至沓来的“殖民地”，这些“殖民者”居住的宅第从哥特式、宫殿式（有塔楼和彩绘玻璃）到朴素的郊外别墅不一而足。为服务这个陌生的社区，教堂、学校、一群群商店纷纷出现，不久就没剩下多少空地。不过，1920年代还是在新建一些楼房。北牛津的某条街上，托尔金就找到并买下一幢普通的新房，“L”字房型，白色砖墙，房屋一翼直指马路。1926年初，全家离开利兹一路南下，搬进了这里的新家。

他们将在诺斯穆尔路待上二十一年。1929年稍晚，住在他们 156

隔壁的书商和出版商巴兹尔·布莱克维尔搬了出去。他家房子更大，托尔金一家决定次年年初买下来，从诺斯穆尔路22号搬到了20号。这栋灰白色的房屋很宽敞，比先前那个更为壮观，小玻璃窗镶着铅框，高屋顶铺着石板。就在搬家前不久，第四个也是最后一个孩子出生了，这是伊迪丝期盼已久的女儿，受洗后取名为普莉西拉·玛丽·鲁埃尔。

除了1929年普莉西拉的来到和1930年的换房外，诺斯穆尔路的生活风平浪静，甚至恪守规律乃至定规，间或有些小插曲，但没什么大变化。所以描绘这段日子最好的方法可能是跟着托尔金，开启他1930年代初的典型一天（虽然纯属想象）。

这天是圣徒纪念日，所以要早起，7点托尔金卧室的闹铃响了。这间卧室位于房子背面，坐西朝东，看得到花园，原为盥洗室和更衣室，角落里有个浴缸。他睡在这儿是因为伊迪丝嫌他打呼太吵，而且他习惯晚睡，和她的作息不一致。所以他们各睡一屋，互不打扰。

他不情愿地起了床（他天性就不是个早起的人），决定做弥撒后再刮胡子，于是身披晨袍走过走廊，来到男孩们的卧室，去叫醒迈克尔和克里斯托弗。大儿子约翰已经年满14岁，远在伯克郡天主教寄宿学校就读。[2]另外两个儿子分别是11岁和7岁，还住在家里。

走进迈克尔的卧室后，托尔金差点被留在地板中央的火车头
157 模型绊倒，骂了一句。[3]当时迈克尔和克里斯托弗很喜欢铁道，在楼上一间屋子里铺满轨道模型。他们还喜欢去看真的火车头，

笔下的大西部铁路公司车头画得非常逼真。托尔金说他们这是“火车癖”，对此既不理解也不完全认同，对他来说，火车就意味着吵闹和灰尘，还有对乡村的破坏。但他容忍了孩子们的爱好，[4]偶尔还被他们拉着长途奔波到很远的火车站，去看“切尔滕纳姆飞行器”[5]疾驰而过。

叫醒孩子后，他穿上惯常的工作日装束：法兰绒裤子，花呢外套。孩子们穿上牛津龙小学的深蓝外套和短裤，他们一起从车库取出自行车，沿着安静的诺斯穆尔路出发向前，这时沿路各家的窗帘都还没拉起来。他们来到林屯路，骑进宽阔的班伯里路，有时在那儿遇见进城的汽车和公交车。这是个春日的早晨，樱桃树花朵盛开，枝条从房前花园一直伸到人行道上。

他们骑过四分之三英里进城，来到伍德斯托克路医院旁的圣阿洛伊修斯天主教堂，教堂看起来并不美观。弥撒在7点半开始，所以等他们到家时，只耽误了早饭一点时间。早餐在8点按时送上，准确说是7点55分，因为伊迪丝喜欢把家里的钟调快五分钟。钟点工菲比·科尔斯刚到厨房，拿盘子的声音咔嗒作响，她戴着女佣的帽子，在房里整天劳作。她已经在这儿干了好几年，各种迹象显示还将继续干下去，这是好事，因为在她之前的女佣已经惹了不知道多少麻烦。[6]

早餐时托尔金会看报，不过只是粗略地扫几眼。和朋友 158
C. S. 刘易斯一样，他认为“新闻”总体上并不重要，理应被忽略，[7]文学作品中才能找到唯一的“真相”，这让他们的不少朋友厌烦。不过，他们都喜欢报纸上的填字游戏。

吃完早饭，托尔金去书房点着火炉。天气寒冷，而像当时大部分英国中产阶级的住房一样，房子没有中央供暖，所以炉里的火头必须好好烧下去，才能让屋子温暖宜居。他很匆忙，因为9点有个学生要来，他还想检查一下自己早上讲课的讲义。所以他赶快清掉前一晚的炉灰。灰还是热的，因为昨晚干完活上床已经是凌晨2点。点火后，他扔了一堆煤进去，关上炉门，把通风调节器开到最大，然后匆忙上楼去刮胡子。男孩们去上学了。

前门铃响时，他胡子还没刮完。伊迪丝应了门铃，叫了他，他下楼时半张脸还盖着泡沫。原来只是邮差，但对方说看到滚滚浓烟从书房烟囱冒出来，托尔金先生应该去看看是否一切安好。托尔金冲进书房，发现炉子里烈火熊熊，几乎点着了烟囱。这事儿早已不是头一遭。[8]他浇灭火，谢了邮差，和他聊了聊春天蔬菜的长势，然后打开信箱，想起自己还有半边脸没刮。学生到的时候，他刚好收拾到可以见人。

这是个年轻的女研究生，正在学习中古英语。9点10分开
159 始，两人在书房里潜心钻研，讨论《隐修女指南》里某个棘手单词的意思。[9]如果你站在书房门口探头打量，是看不见他们的，因为门里是两排书架围成的“书海隧道”，穿过隧道，才能看到屋子的全貌。屋子两侧都有窗户，向南看得到隔壁的花园，向西看得到马路。托尔金的桌子在朝南的窗下，但他没坐在那里，而是站在火炉旁，边说话边挥着烟斗。女生轻轻皱眉，她正努力理解他云山雾绕的语义，听清他含糊不明的语音，因为他说得太快，有时又说得不清不楚。不过她开始了解他讨论的主题和指向的关键，满怀欣喜地在笔记本上潦草记下几笔。10点40分，她的指导“时间”以超时结束，对中世纪作家如何遣词造句有了新

领悟。她骑车离开，一路在想，如果所有的牛津语文学家都能以这种方式教课，英语系将成为怎样更有趣的地方啊。

托尔金目送她出门后，赶紧回到书房收拾自己的讲课笔记。他没空逐一检查，只能期望所有需要的都已经在那儿。这次他将讲授古英语诗歌《出埃及记》的课程，他拿了一份《出埃及记》的文本副本，这样就算发生最坏情况，看讲义也不顶用的时候，他总能当场借着文本讲明白问题。他把公文包和文学硕士学位服[10]塞进自行车筐里，骑车去了市中心。

有时他会在自己所属的彭布罗克学院讲课，但今天上午的
目的地是考试院（其实这更常见），高街上一幢壮观逼人的维 160
多利亚晚期建筑。一些热门讲座会分配到大型礼堂，比如今天C. S. 刘易斯将在东厅讲授他研究中世纪的系列课程[11]，吸引来大批听众。托尔金自己有一门《贝奥武甫》的通识讲座，上座率也颇高，这是针对那些非专修本科生开设的。但今天他要讲授的文本是必修课，只面向英语系里少数专修语文学课程的男女学生，所以他沿着走廊来到一楼一间狭小昏暗的房间，在那里的区区八个或十个本科生知道他守时的习惯，已经穿戴好学袍等候他到来。他也穿好自己的，伴着四分之一英里外默顿学院的钟声在11点敲响，准点开始授课。

他讲课主要基于讲义，说得流畅自然，偶尔也有即兴发挥。他逐行分析文本，讨论某些词语和表述的含义以及由此引申出的问题。下面聆听的学生很熟悉他，也是他课程的忠实拥趸，不仅因为他对文本的解读很有启发，还因为他们**喜欢**他本人：爱听他的笑话，习惯他开机枪式的说话方式，发现他非常有人情味，肯

定比他的一些同事有人情味多了，那些人讲课从不照顾听众的感受。

他不必担心讲义不够用，早在他讲完准备的材料前，12点的钟声和走廊里嘈杂的人声就打断了他。其实最后十分钟他完全脱离讲义，受文本中的一个词启发，开始专门讲述哥特语与古英语
161 在某处的特殊关系。现在他收起材料，和一名学生聊了几句，离开让位给下一个讲课人。

他赶上在走廊里的C. S. 刘易斯，稍稍聊了一会儿。他希望今天是周一，这样就能和往常一样喝着一品脱酒，和刘易斯畅聊一个多小时，[12]但今天两个人都没时间，托尔金回家吃午饭前还得买点东西。他告别刘易斯，骑车上高街，去热闹的室内市场，从肉贩林赛那里买了点香肠。伊迪丝列出的一周采购清单，其他货物都已在昨天送上门，但她忘了加进这项。他和林赛先生打趣几句，顺道去市场街角落的文具店买钢笔尖，然后沿班伯里路骑回了家。他设法抽出15分钟，给E. V. 戈登写了封早就该寄出的信，信里商议的是合作编辑《珍珠》事宜。他用的是一台哈蒙德打字机，个头不小，旋转字盘上的字面可以替换，他这一款还可以打出斜体，以及盎格鲁-撒克逊字母þ、ð和æ。没等他打完，伊迪丝就摇着手铃提醒要吃午饭了。

全家都会来吃午饭，边吃边聊，迈克尔不喜欢学校的游泳课啦，他脚趾感染是否就不用洗澡啦，主要是这样的话题。餐后托尔金去花园，看看蚕豆长势如何。伊迪丝带普莉西拉在外面草地上玩耍，和他讨论是否要挖开旧网球场剩下的空地，以增加蔬菜地的面积。然后，伊迪丝去房屋一侧的鸟舍喂金丝雀和虎皮鹦

鹉，他又骑车去了市中心，这次是要参加英语系的会议。

除了考试院阁楼上的狭小图书馆，英语系别无房产，而默顿 162
学院是与其关系最密切的学院，所以会议就在默顿学院进行。托尔金自己是彭布罗克学院的院士，但并不怎么参与学院事务，和所有教授一样，他首先是对自己的系负责。下午2点半会议开始，参会的有默顿英语语言和文学教授怀尔德，默顿英语文学教授尼科尔·史密斯，此外还有大概12名教师在场，其中有几名是女性。有时大家激烈争吵，自从托尔金提议改革教学大纲，他就成为“文学”阵营的众矢之的，多次经历这种争吵。但那样的日子已经过去，他的提议已经被采纳实施。今天讨论的都是些日常事务，比如考试日期、教学大纲的小细节、对系图书馆经费的审核等。每项议题都要花不少时间，会议开到将近4点。时间所剩不多，托尔金赶紧去博德利图书馆，拿他昨天从书库预约借阅的一本书，查找里面的内容。然后他骑回家，正好赶上4点半孩子们的茶会。

茶会后，他花一个半小时，伏案完成给E. V. 戈登的回信，开始准备第二天的讲义。按计划进行的话，学期开始前他就能备好一整个科目的课程，但通常他俗务繁忙，只能临时赶工。即便现在他都没怎么备好课，迈克尔写拉丁散文作业遇到问题要他帮
忙，又花了20分钟。很快到6点半，他必须换上晚礼服。托尔金 163
一周最多出去吃一两次饭，但今晚有彭布罗克学院的宾客晚宴，他答应要去见一位朋友的客人。他匆忙系上黑领结，再次骑车出发，留伊迪丝在家早早吃起了晚饭。

他到达学院教师交谊厅时，刚好赶上喝雪莉酒。他在彭布

罗克的地位有些突兀，实在是因为牛津的行政体系复杂难懂。大致可以说，大学**就是**学院的集合，因为大部分教工都有学院院士职位，主要职责是指导自己学院的学生。但教授们的地位完全不同，他们游离于学院系统之外，以系为基础开展教学，与他们的学生属于哪个学院并无关系。[13]不过也正是有鉴于教授们在学院生活中有无法剥夺的社交和其他便利，他们便被分到学院、成为该学院当然的院士。这种安排有时给人的感觉很不快，因为其他情况下，学院会选出自己的院士，而托尔金这样的“教授院士”某种程度上还要仰赖他们。托尔金觉得彭布罗克的人与他有点隔阂，他无疑能感受到交谊厅里严肃冷漠的气氛。还好那儿有位年轻有活力的初级院士R. B. 麦卡勒姆——比托尔金小好几岁——是自己人；现在他正等着介绍自己的客人。晚餐悦心又可口，因为烦人的法式餐饮（托尔金就讨厌这个）正在进袭几个学院的高桌餐会，而这里还看不到法式餐饮混进来的迹象，都是些家常菜。

餐后他借故早退，穿过市中心去贝利奥尔学院，一群“吃煤
164 人”将在那儿的约翰·布赖森屋里碰面。[14]“吃煤人”（冰岛语名字是Kolbítar，意思是冬天里那些躺得离火炉太近、看起来像在“吃煤”的人）[15]是托尔金建立的非正式读书俱乐部，模仿利兹大学的维京俱乐部，不过成员都是教师。他们一个学期见几次，见面后整晚读冰岛《萨迦》。今晚来的人不少，现任莫德林学院院长乔治·戈登，埃克塞特学院的内维尔·科格希尔，《新英语词典》的C. T. 奥尼恩斯，拜占庭和现代希腊语教授道金斯，布赖森自己，还有C. S. 刘易斯（托尔金很高兴看到他也在），在那儿

大声责备托尔金迟到了。他们正在读《格雷蒂尔萨迦》。像往常一样，托尔金第一个开始，因为他是俱乐部公认的最好的古诺斯语专家。他从上次聚会中断的地方继续，书平摊在膝盖上，流畅地即兴翻译了好几页。随后由道金斯接手，同样译得流畅，虽然比托尔金稍逊一筹。但大家一个个接下去，读得慢多了，每个人的翻译都不到半页，他们都承认自己不过是冰岛语的初学者。不过这就是吃煤人的初衷，托尔金建立这个俱乐部，就是要让朋友们信服冰岛文学就该阅读古冰岛语原著。他对朋友们的卡壳失语勤加勉励，对他们的刻苦努力大加赞誉。

大约一小时后，他们正聊到尽兴，讨论《萨迦》时还开了威士忌。然后托尔金向他们读了一首刚写的诗，诗歌描绘一名英语系的成员，写得有些粗鄙又非常风趣。他们散场时已经超过11点，托尔金和刘易斯一起走到宽街尽头，然后各自回家，刘易斯沿着霍利韦尔街去莫德林学院（他还单身，开学后经常睡在学院里），托尔金骑车回诺斯穆尔路。 165

他到家时，伊迪丝已经睡了，屋里一片漆黑。他点起书房的火炉，填好烟斗，虽然知道自己理应继续写明早课程的讲义，但忍不住从抽屉里拿出完成一半的手稿。这是一个他写着逗自己和孩子开心的故事，他怀疑这可能是在浪费时间，就算要在这类事上花精力，也该是继续写《精灵宝钻》。但多少个夜晚，他总会被拉回这个有趣的小故事中，至少这故事能让男孩们觉得有趣。他坐在书桌前，给蘸水笔（他不那么喜欢墨水笔）换上新的斜尖笔头，旋开墨水瓶，拿出一张旧试卷，试卷背面[16]还写着一名应试者研究《马尔登之战》[17]的文章。托尔金写道："睁开眼睛的时候，比尔博怀疑自己到底有没有睁开眼睛，因为眼前跟闭着眼睛一样漆黑。他的近旁没有任何人。啊！他心中的惶恐可想而知！……”[18]

现在我们离开吧，别打扰他啦。他还要伏案写作直到1点半或2点，甚至更晚。[19]只有钢笔尖的划擦声打破着这片宁静，他的周围，诺斯穆尔路已进入梦乡。

第二章　相片观察

这些就是托尔金生活的几个外在要素：家庭日常、教学、备课、写信、偶尔与朋友晚上聚会。同时有学院晚宴和吃煤人碰面的晚上其实很少，而我们的幻想一天把这些以及英语系会议等偶发事件一并网罗进来，只是为了方便描绘他的各种活动。真正的日常一天无聊得多。 166

或者读者可能觉得这些事情**都很**无聊，任何有趣的闪光点都无法弥补，这些有限生活方式中的琐碎小事，任何圈外人都不会感兴趣。读者会说，像点燃火炉、骑车上课、在学院大厅里感到不受欢迎之类的事情，都无涉那个写《精灵宝钻》《霍比特人》《魔戒》的人，都无助于解释他思想的本质，无助于解释他的想象力如何回应周遭的影响。托尔金自己肯定会同意，这是他最坚定的观点之一，即观察一个作家的生平，看不出多少他创作构思的方式。可能吧，但在我们万般绝望地放弃前，或许可以把观察他想象一天的目光再凑近点，凑近观察，或者至少大胆猜测他个

167 性中比较明显的那些方面。就算我们还无法知道他**为什么**写那些书，至少对这位作者多了些了解。

也许可以从为数众多的相片开始，托尔金拍过和收藏的数量都不少。一开始我们一无所获，中年托尔金的照片没什么信息量，面对相机的是一个体形清瘦、中等身高的普通中产英格兰人，他颇为英俊，脸庞瘦长，能说的也就这些了。必须承认，锐利的眼神暗示着他鲜活的灵魂，但也仅此而已——或者特别的还有他的衣服，特别**普通**。

无疑，客观条件决定了他的穿衣风格，本就收入微薄，刨去维持一个大家庭的必要花销，根本没什么钱留给他大手大脚。后来他有了钱，就开始沉溺于穿彩色背心。但中年的穿衣选择也体现他不爱纨绔主义[1]，和C. S. 刘易斯一样，他们都不能忍受热衷于穿着的行为，他们将其视为缺乏男性气概而感到厌恶。刘易斯走得更极端，买衣服随便，穿搭也随便，托尔金作为两个人里更挑剔的那个，至少会熨平自己的裤子。根本上两个人对外表的态度是一致的，和很多他们的同代人也是一致的，都偏好朴素而有男性气概的衣着，这可能是对过分纨绔主义以及“唯美主义者”[2]背后同性恋倾向的抗拒。这些“唯美主义者”穿衣打扮务求精致，行为举止暧昧敏感，在奥斯卡·王尔德的时代就给牛津留下了第一道烙印，后继者又在1920年代和1930年代早期绵延不绝。
168 托尔金和他大部分朋友都不这样，所以他们对花呢外套、法兰绒裤子、普通领带、适合乡村道路的耐穿棕色皮鞋、暗色雨衣和帽子以及短发有着近乎夸张的偏好。托尔金的衣品也反映了一部分他积极的价值观，他热爱任何适度、实用、朴素和颇具英格兰风味的事物。但除此以外，通过他的服装，看不透他细致复杂的内在本质。

从他的照片还能发现什么呢？大部分照片里有一样太过明显的东西，我们常忽略：背景总是一如既往地寻常普通。某张照片，他坐在自己的花园中喝茶；另一张，站在阳光下，背对房屋一角；另一张，在海滩景区和孩子们挖沙子。我们开始认识到，他住的地方，甚至他游玩的地方，都那么因循守旧。

真相的确如此。他北牛津的住房，里里外外都和他数百个邻居几乎一般无二，甚至比很多邻居更不张扬。他假日里带家人去的是寻常的地点，人到中年创造力最旺盛之时，也从未离开英伦诸岛旅行。当然有些是客观条件导致的，他有出去玩的想法，只是没出去玩的资本。比如，他本来是愿意像E. V. 戈登一样去冰岛玩的。后来他有更多的钱，更少的家庭负担，也的确出国了几回，但旅游在他生活里的分量从来都很小，仅仅因为他不需要陌
生的景色文化激发自己的想象力。而他对自己家附近很多熟悉珍 169
爱的地方都提不起兴趣，就更让人讶异了。确实在开车的那几年中（从1932年到“二战”爆发），他喜欢探索牛津郡的村落，尤其东部的那些，但他并不是个远足爱好者。越野徒步是朋友刘易斯生活中的重要部分，他自己就跟着刘易斯参加过一两次。[3]他知道威尔士的崇山峻岭，但极少去游览。他热爱大海，但仅有的几次长途造访，还是那种英格兰家庭假日去普通景点的老一套。我们再次可以用家庭责任的压力来解释，但它依然无法给出全部答案。我们逐渐形成一个概念，他并不怎么在意自己在哪里活动。

在不同意义上，这个概念既对也错。他当然不会对周遭事物漠不关心，因为他对毁坏自然景观的行为深恶痛绝。下文摘自他的日记，是1933年他开车带家人探访伯明翰亲戚，重回萨尔霍磨坊的童年旧地后，留下的痛苦描述：

“开过霍尔格林时，我感到一阵刺痛——那里的大片郊区变得了无生趣，布满车轨，我甚至迷路了。最终来到我童年深爱的小巷，经过我们小屋的门口，它如今漂泊在一片新建红砖房的汪洋之中。老磨坊[4]还在，开车上坡还能看到亨特太太的店凸出在路边。但在如今围起来的池塘之外，蓝铃花巷和磨坊巷的交会路口，已然成为要躲避汽车、看着红灯的危险之地。白食人魔的房子（这是孩子们爱去的地方）成了加油站，它和十字路口之
170 间的榆树以及肖特大街的大部分都不见了。那些珍爱的童年风景还未曾经受如此剧烈和极端可怕变迁的人啊，我是多么嫉妒他们。”

牛津郡乡下也经历了战时机场建设和道路“整修”工程带来的伤害，他对此同样非常敏感。[5]后来这种强烈的观念成为执念，当他看到新建道路占用田野一角时，吼道：“英格兰最后一块农田就这么没了！”至此，他坚持英国已经没有一处未遭破坏的树林或山坡，即使有也拒绝去看，因为害怕发现它已经被垃圾玷污。与之相悖的是，他选择住在几乎全然人造的环境中，牛津城郊，还有后来的伯恩茅斯，都像他在萨尔霍看到的红砖荒野一样“了无生趣”。我们又如何能调和这些截然不同的视角？

答案依然来自他的客观条件。他住的地方其实都不是自己选的，只是出于各种原因到了那里。可能吧，但为什么这次他

就不发自内心大声抗议了呢？有时他会的，或对一小群好友倾诉，或写进日记里。但大部分时间他**不会**，可能因为他相信我们活在一个堕落[6]的世界中。若世界未曾堕落，人类没有原罪，他将拥有这样的记忆：生活在萨尔霍这样的天堂，和妈妈度过一个风平浪静的童年。但世间的邪恶将妈妈从他身边夺走（因为他最后相信母亲是死于她家人的残忍和忽视），现在萨尔霍本身都被肆意摧毁了。这样一个世界，不可能有完美和真正的快乐，所以你穿什么吃什么（假设就是家常食物）还重要吗？更别说你住 171
在哪里还重要吗？它们都是暂时的不完美，虽然不完美，不过转瞬即逝。在这个意义上，他对生活完全抱着基督教式的禁欲苦修态度。

他对外在明显的漠不关心还有另一种解释。人到中年，他不再需要各种经历刺激他的想象力，毋宁说，他想象力需要的刺激，在早年的颠沛流离中已经经受过了，现在想象力能在沉积的记忆中滋养自己。下文是他在描述《魔戒》的创作时，自己对这一历程给出的解释：

“我并不是通过观察树上的叶子，或是植物学、土壤学的手段来创作这样的故事的，它就像黑暗中的一颗种子，在我脑海‘堆积的落叶’里生发成长：那些我看过的想过的读过的，它们被遗忘已久，早已坠入思绪深处，却都是我‘堆积的落叶’。无疑还要进行一番遴选，就像园丁那样施上我自己的肥料。而我‘堆积的落叶’显然大部分是我的语言研究。”

植物必须分解很长时间，才能充分降解，肥沃土壤。而托尔金说的是，滋养他想象力种子的正是他的**早年**经历，它们早已分解够久，他不需要，也不会去寻找更多的经历了。

通过翻阅老相片，我们似乎找到了一点他的信息，所以值得探寻下去。我们观察过他的外表和环境，再来探讨他的另一个外
172 在特征：声音和说话方式。年轻时起，他就以说话又快又含糊而出名，这几乎是恶名。其实这点很容易被夸大，让人轻易就能画一张教授含糊自语的讽刺画。事实与此颇为不同。他的确说话快而含混，不过一旦习惯，就不难理解说的大部分内容。不如说，不是我们的耳朵，而是我们的才智听不懂他。他如此快速地从一个想法跳到另一个，又如此拐弯抹角，似乎假定听的人有同样多的知识，学问没到这种程度的人听着听着就跟不上了。相比说话太快，说话太聪明并不是个更好的借口，其实指责托尔金高估听众的才智才恰如其分。或者我们可以说他就是在和自己对话，就是在说自己的想法，而不是真的要交流，所以他并不费心讲得清晰明了。他晚年确实常常如此，那时身边缺少饱学之人陪伴，于是他开始不习惯交流，更倾向于自言自语。不过即便那些日子里，如果有人能与他来一番有含金量的唇枪舌剑，他会热切聆听、积极回应。

他从不是个自私的人，也不是个对他人充耳不闻的人。他一直侧耳倾听，始终关注他人的喜乐忧伤。所以尽管腼腆，他还是很能交到朋友。他会在火车上和中欧难民攀谈，在最喜欢的饭店里和服务生聊天，在旅馆里和勤杂工对话，身处这样的陪伴他总是那么高兴。他记录了1953年的火车之旅，他那时刚从格拉斯
173 哥讲授《高文爵士》回来："从马瑟韦尔到伍尔弗汉普顿，一路上我和一个苏格兰人母亲、一个小姑娘同行，我看到她们站在拥挤

车厢的走廊里，把她们救了出来。我和检票员说很高兴有她们的陪伴，所以能否让她们免费坐‘头等车厢’。我得到的奖励在我们分别之前（当时我吃午饭去了），小女孩说了句‘我喜欢这个人，但他说的我一个字儿都听不懂’。我只能无力地声辩，后面那句话我听多了，前面这句还算新鲜。”

后来的年岁里，他交到的朋友，有他经常叫车的出租车司机，在他伯恩茅斯小屋周围的巡警，他最后的日子里照顾他的学院校工夫妇。这些友情里没有任何纡尊降贵的成分，只是他喜欢有人陪伴，而这些是离他最近的人。他其实很在意阶级差别，而愿意与这些人结交，正是因为他确信自己的地位足够稳固，无需以自己的才智或社交自负来弥补。他认为这世界上无论高低，每个人都属于，也必须属于某个特定“阶层”。某种意义上，这意味着他是个老派的保守主义者，但另一种意义上，也让他高度同情自己的身边人，因为他们对自己的社会地位并无自信，觉得必须证明自己，有必要还会贬低别人，这么做太过冷酷。用现在的话说，托尔金就是个“右翼”，以自己的君主和国家为荣，并不相信人民的统治。不过他反对民主，只是因为相信他的身边人最终并不能从中受益。他曾写道：“我不是个‘民主派’，‘谦卑’和平等本是我们内心的神圣法则，但它们正逐渐变得机械化、形式化，于是神圣法则受到戕害，我们不再是一样的渺小和卑微，而 174
是一样的伟大和骄傲。这时如果一些‘奥克’拿到权力之戒，就会诱导这样的我们逐步走上奴役之路。”[7]说到传统封建社会的品德，有次他在论及尊重尊长时谈道：“向乡绅脱帽致敬或许对乡绅不利，但对你有益。”[8]

我们还能观察什么？此前幻想的一天是以去圣阿洛伊修斯教堂做弥撒开始的，或许能告诉我们些什么。他的宗教信仰如此重要，任何对他生活近距离的仔细观察都无法忽略。他全身心地投入基督教尤其是天主教会之中，这并不是说他总是践行信仰来慰藉自己：他遵循着一套严苛的行为模式，尤其是领圣餐前做告解的时候，如果无法亲自告解（这事经常发生），他会放弃领圣餐，郁郁不可终日。他晚年的另一不快是弥撒用语的本地化，礼拜时要用英语而非他从小熟知热爱的拉丁语，这对他伤害颇深。但即使退休后，在黑丁顿全然现代的教堂里用英语做弥撒，有时还被儿童合唱团的歌声和婴儿的哭闹惹恼，他领圣餐时，还是会感到精神上的高度愉悦，其他任何事都无法带来这种满足感。[9]他的信仰是其人格中最深邃、最强烈的要素。

他对天主教的敬奉可以单纯归因于其内心，也可以说与他
175 对母亲的爱紧紧相连，母亲让他成了天主教徒，他也相信母亲因为天主教信仰而死。其实我们纵观其一生及其作品，可以看到他对母亲的眷恋是背后决定性的动机。她的死让他消沉悲观，甚或让他情绪大起大落。一朝丧母，再没什么安全可言，他的天性乐观被深深的不确定感扯平了。可能最终，他就不是个温和中庸之人：他满腔热爱，他热衷求知，他深恶痛绝，他怒不可遏，他自我怀疑，他满怀内疚，他纵情大笑，这些情绪在他脑海里彼此分明、充沛饱满，某种情绪释放时，没有其他情绪调和其间。他就是这样有激烈反差的人，情绪低落时深感一切无望，无论对自己还是对这个世界。这总是驱使他将这种感受付诸笔端，他的日记里总是只展现天性中悲伤的那一面。但五分钟后来了朋友做伴，

他就瞬间忘却阴郁，开始大开玩笑。

他这种感性的人，不会变得愤世嫉俗，托尔金也从不玩世不恭，因为他太关爱万事万物，不可能超然物外。他不可能不带感情地提出观点，也不可能对感兴趣的话题置身事外。这有时会让他产生奇怪的态度，比如他的恐法症（这点几乎无法解释）不仅让他恼火所谓的法国饮食对英格兰的恶毒影响，还恼火诺曼征服本身，好像这事就发生在他生活的年代似的。他热衷于完善自己所有的书面作品，他无法平静地放下家庭变故带来的冲击，这些都是他情绪力量的体现。说到底，他还是关切太深了。

如果他是个高傲的人，这种强烈的情绪或许会让别人难以接受，但他其实很谦逊。这并不代表他对自己的才华一无所知，他 176
非常清楚地知道自己能做什么，也对自己做学者和作家的能力很有自信。但他并不特别重视这些（所以后来他的名声让他很是困扰），也必然不会自满于这些个人品质。他恰恰悲观地自视为一个脆弱的人，这也是他陷入消极低潮的另一个原因。但他的谦逊还带来另一个影响：极强的喜剧感，这源于对自我形象的认知，不过是又一个软弱的人类罢了。

他会取笑任何人，但取笑最多的还是自己，这种没轻没重的举止，经常让他看起来像个胡闹的校园男孩。某个1930年代的新年派对上，他披上冰岛的羊皮毯，把脸涂白，模仿一只北极熊，或者穿戴得像盎格鲁-撒克逊战士，拿着斧子一路追赶吓坏的邻居。年纪大了以后，他还喜欢在一堆找零里混入自己的假牙，付给粗枝大叶的店主。他曾写道："我有种简单的幽默感，即便欣赏我的评论家也会对此哭笑不得。"[10]

这是个奇怪复杂的人，我们企图研究他的个性，却没取得多少成果。不过正如C. S. 刘易斯对小说里某个角色说的："我碰巧相信你无法研究人类，你只能试着去了解他们，这完全是两码事。"[11]

第三章 “他已身在语言之中”

如果你主要是对“作为《魔戒》作者的托尔金”有兴趣，那 177
你可能会被讨论“作为学者和老师的托尔金”的章节吓到，这种讨论方式听起来确实很无聊。所以我必须先说一句，这**并不**无聊。不存在两个托尔金，一个是学者一个是作家，他们是同一个人。这两个侧面有所重叠，所以彼此难辨。又或者根本没有两个侧面，只是同一头脑、同一想象力的不同表达。如果我们想了解他身为作家写出的作品，那最好花点时间考察一下他的学术研究。

首先要明白他为什么喜欢语言。从他童年的描述中，我们知道了不少。他看到煤车上的威尔士名字，看到古希腊语“耀眼的外表”，看到偶得的书中哥特语单词的奇形怪状，看到《卡勒瓦拉》中的芬兰语，都会兴奋不已，显示他对词汇的声音形状有着超乎寻常的敏感。[1]语言之于托尔金，就像音乐之于很多人，其实词汇对他的吸引，完全是动之以情。

但他为什么选择专修早期英语呢？喜欢奇怪词语的人，可能
178 更容易关注外国语言。答案也许还是来自他感到兴奋的能力。我们已经知道他对芬兰语、威尔士语、哥特语的情绪反应，我们也必须理解，他刚认识到大量盎格鲁-撒克逊时代，即中世纪早期英格兰的诗歌散文，都是用他母亲祖先所说的方言写下来的时候，也感受到同样的兴奋之情。换言之这种语言是遥远的，但对他而言也是极其个人的。

我们已经知道，他深深地眷恋西米德兰兹，正因为这片土地与他母亲有千丝万缕的联系。她的家族来自小镇伊夫舍姆，他相信这个西米德兰兹小镇和环绕它的伍斯特郡是萨菲尔德家族的故乡，大家世世代代定居于此。他自己也在萨尔霍这个西米德兰兹的小村庄度过了童年的大部分时光。他对这片英格兰乡村因而生出强烈的眷恋之情，对这里的语言也是如此。

他曾对W. H. 奥登写道："我在血统上就是个西米德兰兹人，当我第一眼看到早期西米德兰兹的中古英语时，就将其视为一门已知的语言了。"[2]**一门已知的语言**：似乎他早已熟稔。有人或许将其视为荒唐夸张而嗤之以鼻，因为他怎么可能"认出"一门750年前的语言？但他确信无疑，自己从萨菲尔德远祖所说的语言中，继承了些许先祖的记忆。一旦有这个念头，他就顺理成章地深入学起这门语言，将其作为自己学术生涯的中心。

这并不意味着他只学了西米德兰兹一带的早期英语。他已经熟练掌握盎格鲁-撒克逊语、中古英语的各种方言，还大量阅读
179 古冰岛语的著作（如我们所见）。而且1919年至1920年间，当他在牛津词典项目任职时，就熟悉了大量其他早期的日耳曼语言。

1920年在利兹大学任教时，他已掌握了相当广泛的语言知识。

他在利兹大学和后来的牛津大学都是个好老师。他在讲堂中发挥不算最好，因为说话太快、吐字不清，学生们必须集中精神才能听明白。[3]他也不善于最清晰明了地表达自己的意思，不善于以通俗易懂的方式把自己掌握的知识讲解给学生，好让他们完全理解自己在说什么。但他总能教得生动活泼，显示他有多重视这些课程。

每个他教过的学生都会记得这个最著名的例子，即《贝奥武甫》系列讲座的第一堂开场。他默默进入讲堂，听众们在他的凝视下安静下来，突然他用洪亮的嗓音慷慨陈词，以原汁原味的盎格鲁-撒克逊语诵读开篇诗行，大吼一声："听！"（这首以及其他几首古英语诗歌的第一个单词）[4]，一些学生听成了"静！"[5]这与其说是背诵，不如说是表演，是在模仿蜜酒大厅中一个盎格鲁-撒克逊游吟诗人。一代代学生对此印象深刻，因为他们从此意识到《贝奥武甫》不只是必读的应试文本，而是戏剧诗歌中一篇震撼人心的力作。作家J. I. M. 斯图尔特也曾是其中一名学生，他说："他能把讲堂变成蜜酒大厅，他成了游吟诗人，我们成了宴饮聆听的客人。"另一位听众是W. H. 奥登，多年后他给托尔金写信："我想我一直都没有告诉您，听您背诵《贝奥武甫》对我这个本科生来说是多么难忘的经历。那正是甘道夫之声。"[6] 180

托尔金作为老师如此有感染力，因为他不但是语文学家，还是作家和诗人，不仅研究词汇，还将它们编成诗歌。如孩童时代就开始做的，他能在词汇本身的读音中发现诗韵，而对语言是如何使用的，他也有作为诗人的理解。这层意思，也曾出现在《泰晤士报》上他的讣告中（无疑是C. S. 刘易斯在托尔金去世前很久写的），[7]这段令人难忘的话提到他“独特的洞察力，能即刻看透诗歌中的语言和语言中的诗歌”。这意味着他不仅能告诉学生这单词是什么意思，还能让他们知道作者**为什么**选择这种特殊的表达方式，它又是如何融入一组意象中的。他由此鼓励学习早期文本的学生，不仅要将其作为一门发展中语言的样本，还要作为一篇值得认真欣赏和评论的文学著作。

即便只是介绍语言的技术性问题，托尔金这个老师也能讲得栩栩如生。刘易斯在为托尔金所写的讣告中表示，这是因为托尔金长期关注自己的语言，他不只是语言的学习者，还是创造者。“可能看起来很怪，但无疑（他语言创造）资料库的丰富与具体无可比拟，也让他后来卓立于其他所有语文学家之上。他已身在语言之中。”

“卓立于其他所有语文学家之上”像是言过其实，但千真万确。比较语文学兴起于19世纪的德国，虽然研究人员兢兢业业、
181 务求严谨，其文字却无聊透顶。托尔金的导师约瑟夫·赖特就曾在德国接受学术训练，他的著作虽然对语言这门科学的贡献无可估量，但丝毫没体现他精力充沛的个性。虽然托尔金爱戴这位旧日恩师，但写下这段话时，可能就是在某种程度上想到了他：“一位戴眼镜的语文学家，在德国受过培训的英国人，在那里他失去了文学的灵魂。”[8]

托尔金从未失去自己的文学灵魂。他的语文学著作一直反映出他思想的丰沛，即使是研究对象最错综复杂之处，他也能描摹得妙笔生花，还能窥一斑而见全豹。没什么比他研究《隐修女指

南》[9]的论文（发表于1929年）更能展示这一点了。对这本很可能源于西米德兰兹地区的中世纪隐士指南，他做了精彩入微的研究，揭示该文本的两份手稿（一份在剑桥大学，一份在牛津大学的博德利图书馆）所用的不只是未经打磨的方言，而是一种文学语言，其文学传统延续不断，一直可以追溯到诺曼征服之前。他用生动的语句阐述了这个结论——我们要理解，他在这里真的是将其所爱的西米德兰兹方言作为整体来探讨的：

“这并非所谓很久前被赶到‘高地’的语言，它无意重新与高雅者相较相争，也并非出自对卑下者的悯恤顾惜。这恰是一门从未堕入‘卑下’的语言，正如世积乱离之际，仍恪守绅士古拙之道，纵然只是区区乡绅而已。它古有传承、粗通文墨，也生生不息，用语鲜活——它根植于英格兰的某处土壤。”

他所有的论文和讲座都有这样的特征，无论学术研究多么深奥难解，他都能如此表现出强烈的意象。从这方面看，他几乎创立了语文学的新流派，此前从未有人赋予研究这么多人性色彩，或者有人会说是感情色彩。这种研究方式也影响了很多他最具才能的学生，他们此后将成为杰出的语文学家。 182

同时必须说一句，他非常勤奋。他作品的特点或许如上述提到的那般恢宏壮阔、力透纸背，但这并不仅是断语，而是他夜以继日、见微知著做研究的成果。即便以比较语文学惯常的严苛标准来衡量，托尔金的研究也毫不逊色。说他精益求精从不算过誉，他还具备侦查出某些模式和关系的天资，这样的严谨态度更显弥足珍贵。“侦查”是个好字眼，因为说他是语言界的夏洛克·福尔摩斯并非妄言，提供一系列看似毫无关联的事实，他就能从中推理出某些重要事件的真相。他也在更简单的层面上证明了自己的“侦查”能力，就是和学生讨论一个单词或词组时，他能旁征博引其他语言中相关的形式和表达。类似地在闲谈中，他乐于出人意料地评论一些名称，比如他评论说，“沃”（Waugh）这个名字历史上其实是“威尔士”（Wales）的单数形式。

但这些可能都像是描绘一个象牙塔里的学者。他**做了**些什么？实际一点说，做一名牛津的盎格鲁–撒克逊学教授意味着什么？最简单的回答是，意味着要忙一大堆工作。学院章程要求托尔金一年至少完成36次讲座或授课，但他认为数量太少，不够
183 讲完一个科目，第二年被选为教授以后，他就完成了136次讲座和授课，这是因为很少有其他人能开办盎格鲁–撒克逊语和中古英语的讲座。后来他设法拉来另一名语文学家查尔斯·雷恩做助手（雷恩尽管模样令人望而生畏，工作却非常出色），才能给自己安排一个稍微轻松些的授课计划。不过整个1930年代，他每年讲座授课的数量都至少是规定的两倍，比他大部分同事承担的要多得多。

讲座和相应的备课占用了他大量时间。其实如此沉重的教学任务有时已超出他有效工作的极限，偶尔他也会因为没时间准备而取消一堂课。牛津大学幸灾乐祸地抓住这个过失，给他安上一个备课不当的名号，而真相是他实在备课过当了。他还全身心投入研究之中，非把自己搞得疲于应付不可，经常深究旁枝末节而跑岔了道，从来难以完成主体部分的论述。

他还必须指导研究生，在大学里主考[10]，以及到处“额外兼

差”，去其他大学做外聘主考官，这是因为他必须多赚些钱来抚养四个孩子。在1920年代、1930年代，他频繁去英国很多大学做主考官，花无数个小时批改考卷。“二战”后，减少到只是给爱尔兰的几所学校定期主考，游览爱尔兰风光，旅途中结交不少 184
朋友，这事很对他的脾胃。[11]而批改中学证书考卷（那时为英国中学设立的考试）[12]就不那么有趣了，甚至是个相当遭罪的苦差事，战前他每年接活只是为赚外快。他本可以拿出更多时间研究或写作，但考虑到要挣钱养家，只能在夏天花大量时间来完成这个烦人的任务。

行政事务也占用了他大量注意力。我们必须理解，不像其他很多大学，牛津教授并不会因其职位就在系里而掌握实权。他对学院导师们并无管辖权，后者组成系职工的多数，受其学院任命，并不对他负责。所以如果他想启动政策的重要调整，就必须去说服这些导师，而不能采取什么专断的举措。1925年回到牛津后，托尔金的确希望做出一些重要改变：他想改革英语语言文学的最终荣誉学科[13]。

“一战”以来，语言和文学的学科分隔正不断变大，英语系的每个派系（真的是派系，私人和学术上都彼此敌视）都很乐意插手其他派系的教学大纲。“语言派”（Lang.）要确保“文学派”（Lit.）的学生日夜辛劳学习英语语文学分支的晦涩内容，而“文学派”坚持“语言派”的学生必须在专修盎格鲁–撒克逊语和中古英语之外，夜以继日学习弥尔顿和莎士比亚的著作。托尔金确信这一现象必须得到纠正。他更感遗憾的是，语言课程过于强调学习语文学理论，而不去建议学生广泛阅读早期和中世纪文学著 185

作，而他正是熟读文学著作，才牢牢确立了对语文学的热爱。他认为上述状况必须改变，还建议教学大纲中应该给予古冰岛语更突出的地位[14]，当初他正是基于同样的缘由，才会创建吃煤人俱乐部。

托尔金的提议必须全系同意才能通过，而一开始反对者众多，最初投票反对他的甚至包括当时还没建立私交的C. S. 刘易斯。不过一个个学期过去，刘易斯等很多人转向托尔金的阵营，给予积极支持。到1931年，他已经设法收到对自己大部分提议的普遍赞同票（他在日记里写“超出我最极端的希望”）。修订版教学大纲投入使用，牛津英语系“语言派”和“文学派”史上第一次建立起真正的**友好关系**。

和其他大学一样，牛津的教授除了负责教学和行政，还要用很多时间进行原创性研究。这方面托尔金的同侪对他寄予厚望，因为他为赛瑟姆的书所做的词汇表、他与E. V. 戈登合作编辑的《高文爵士与绿骑士》、他研究《隐修女指南》手稿的文章，都证明他对西米德兰兹早期中古英语的掌握无与伦比，被寄望在此领域继续推出重磅力作。他自己也求之不得：他向早期英语文献协会承诺将根据剑桥手稿编撰一版《隐修女指南》，也围绕早期中世纪英语的这一分支进行了相当多的研究，这门语言他如此深爱，它“仍恪守绅士古拙之道，纵然只是区区乡绅而已”。然而
186 这个版本延宕多年仍未完成，而大部分研究工作从未付印。

一个原因是没时间。他已经选择将主要的工作时间投入牛津的教学，这本身就导致他做不了多少原创性研究。用以维生赚钱的考卷批改进一步挤占他的时间。除开这些，他的完美主义也是

个重要因素。

托尔金写任何东西，无论是语文学研究还是写故事，都务求完美。因为他对工作倾注了大量热情，不允许自己有丝毫懈怠。除非经过修改、重审和打磨，不然不能付印。这方面他与C. S. 刘易斯正好相反，后者写完手稿就直发出版社，几乎不再看第二眼。刘易斯很清楚这点差别，因而如此描述托尔金："他自我批评的标准很高，只要有一丝丝出版的可能，就足以让他改个不停，在此过程中很多新想法又不断涌现，所以当他的朋友希望看到他旧作的最终版时，实际拿到的是他新作的第一份草稿。"

这就是托尔金只让自己的一小部分著作进入印刷阶段的主要原因。但他在1930年代投印的著作，对学术界贡献卓著。对任何希望了解14世纪英语的地域变体的人，他研究乔叟《管家的故事》所用方言的论文都是必读之作（他在1931年语文学协会会议上读了这篇论文，但直到1934年才出版，随附一份托尔金式的致歉，表示作者认为修改完善得还不够）。1936年11月25日他向英国国家学术院宣读演讲《贝奥武甫：怪物与批评家》，次 187
年正式出版。在这首伟大的西盎格鲁-撒克逊诗歌的批评史上，这是一篇里程碑式的杰作。

托尔金在演讲中说，《贝奥武甫》**是**一首诗歌，而不像其他评论家经常形容的，只是杂乱文学传统的结集，也不只是用作学术研究的文本。他用典型的充满想象力的措辞，描绘此前的批评家是如何探讨《贝奥武甫》诗作的："一个人继承了一块地，上面堆积着很多古老的石头，它们原先是某个古老大厅的一部分。他住的房屋本身就是用那些古老石头建造的，和他祖辈住的房屋相距不远。他用剩下的一些石头建造了一座塔。但他的朋友前来，立刻察觉到（都不用劳烦去爬阶梯）这些石头原先属于一座更古老的建筑。他们只是为了一窥隐藏其中的雕刻和铭文，或为了发现这人的远祖从哪找来建筑材料，就费力把塔推倒。有些觉得地下藏着煤矿，要把它挖出来，甚至忘了石头本身。他们都说：'这塔再有趣不过了。' 但塔倒下后又说：'这里面怎么一团糟！' 甚至这人的后代，本该思考先辈来这儿做过些什么，也在私下抱怨：'他真是个怪人！想想吧，他用这些古老石头，居然造了一座荒谬的塔！为什么不直接重建老房子呢？他丝毫不懂孰轻孰重。' 但从那座塔顶，那人当年可以眺望大海。"[15]

在演讲中，托尔金为重建那座塔积极辩护。他宣称虽然《贝奥武甫》是在讲述怪兽和龙的故事，但并不会减少诗篇的英雄色
188 彩一分一毫。"龙并不是无用的幻想，"他告诉听众，"即便今日（不管那些批评家），你还是能发现那些不曾无视悲剧传奇和历史的人，那些亲耳听闻、亲眼见到英雄事迹的人，那些为巨龙深深着迷的人。"[16]

托尔金在说这些时，并不是个语文学家，甚至不是个文学批评家，而主要是个讲故事的人。刘易斯评价他的语文学："他已身在语言之中"，所以我们或许可以这么评价，他谈及《贝奥武甫》的龙时，是在以《精灵宝钻》作者的身份说话，那时也是在以《霍比特人》作者的身份说话。他已深入龙穴之中。

讲座文稿首次出版后，很多《贝奥武甫》的读者对托尔金探讨诗作结构的观点表示了异议。但即便是他以前的导师肯尼思·赛瑟姆，作为托尔金式解读最严厉的批评者，也承认讲座

“观察入微、词句优雅”，让其在这一领域卓尔不群。

1930年代托尔金仅出版了两篇重要的语文学作品：《贝奥武甫》的演讲和《管家的故事》论文。他计划中还有其他不少项目：除了研究《隐修女指南》的著作，还想编辑整理盎格鲁-撒克逊语诗歌《出埃及记》。这项任务其实将近完成，但他始终不满意，也就一直没写完。[17]他还计划继续与E. V. 戈登合作出书，尤其是《珍珠》(自然是他们合作的《高文》的姐妹篇)和盎格鲁-撒克逊语挽歌《漫游者》和《航海者》[18]。但戈登和托尔金在地理上相隔很远。利兹大学曾委任戈登接过托尔金的教授职位，1931年戈登在曼彻斯特大学获得讲席，虽然两人频繁见面通信，但相比他们此前共处一地，现在合作起来难多了。[19]戈登在这三个项目上做了大量工作，托尔金承担着顾问而非合著者的角色， 189
但到1938年，任何著作都没到付印阶段。这年夏天，戈登因为胆结石手术住院，手术看似很成功，但他的健康状况突然急转直下，最后死于此前未察觉的肾脏疾病，享年42岁。

戈登死后，托尔金失去了一位密友，也失去了一位理想的职业伙伴，而如今他显然**需要**一个合作者，逼着他交出稿子送去印刷。[†]随后，他认识了另一位语文学家，事后证明也是个很好的工作伙伴。她叫西蒙娜·达尔代讷，是一名来自比利时的研究生，1930年代早期攻读牛津的文学士学位时，在托尔金门下研究中古英语。[20]托尔金为她的《圣朱利安的生平与受难》版本[21]贡献

---

† 托尔金想完成他的《珍珠》版本，但发现自己无能为力(此时他沉浸在《魔戒》写作中)。最终艾达·戈登修改完成了这一版本并交付出版。她是E. V. 戈登的遗孀，自己也是一名专业语文学家。——原注

良多，原著是一部中世纪的宗教著作，使用的方言和《隐修女指南》一致。矛盾的是，达尔代讷的《朱利安》里托尔金对早期中古英语的观点，比此前自己署名著作里的还要多。达尔代讷后来成为列日大学的教授，他们计划合作编纂一版《凯特琳》，原著是同一丛稿中的西部中古英语著作。[22]但“二战”袭来，两人很长时间无法交流，直到1945年后，他们只是围绕这一手稿发表了一些短文。1951年托尔金去比利时参加语文学会议，本可以和
190 达尔代讷继续合作，但她悲哀地发现这已不可能，他脑子里只有他的故事。[23]

尽管他未能在专业领域出版更多著作是件憾事，但他已经产生了巨大的影响力，无论哪里研究英语语文学的人，都会引述他的理论和推论（不管有没有给出原始出处）。

我们也不该忘记他为《珍珠》《高文爵士与绿骑士》《奥菲欧爵士》所做的翻译。《珍珠》的翻译始于1920年代他在利兹大学的时候，这首诗韵律和语言结构复杂，他被这项颇具挑战性的任务吸引。1926年他已翻译完成，但此后没做付印的准备，直到1940年代才由巴兹尔·布莱克维尔提议出版，这还是为补上他在牛津布莱克维尔书店欠下的高额赊账。书送去排版了，但出版社迟迟等不来托尔金的序言，最终只能放弃。《高文》的翻译可能开始于1930或1940年代，1953年及时完成，赶上了将其改成剧本在BBC公开广播。托尔金自己录了一段简短介绍和长一点的总结谈话。继《魔戒》大获成功后，他的出版社艾伦与昂温决定将《高文》和《珍珠》译文合为一卷出版。虑及于此，托尔金对两个译本做了大量修改。大家又在等他的序言，他发现非常难写，

不知道要向非专业读者解释些什么，而这本书就是面向他们的。计划再次流产，直到他死后这两个译本才出版，外加同时期创作的第三首诗《奥菲欧爵士》的现代英语译本（这首诗是托尔金早 191
先为牛津战时学员课程备课时翻译的），最终克里斯托弗·托尔金搜集他父亲论文的相关材料缀合出一篇序言。

实际上，这些翻译是托尔金最后一批出版的语文学著作，尽管没加注评，却都是他六十年来精心研究诗歌的结晶。他把原文很多艰深晦涩的段落，变成颇有根据、富有启发的译文。最重要的，他将这些诗歌带到读不懂中古英语的读者面前。鉴于他相信语言学家的主要职能是翻译文学著作，而文学著作的主要职能是给人带来快乐，这些书给他的工作画上了恰如其分的句点。

第四章　挚友杰克

192 1925年托尔金重回牛津时，他已失去了生命中重要的一部分，它失落在索姆河战役之中、T. C. B. S. 破裂之时。此后的日子里，他再也没享受过能让他如此倾注热情和才智的友谊。他本来还期待和T. C. B. S. 的另一位幸存者克里斯托弗·怀斯曼再续友情，但对方已成为卫理公会公立学校[†]的校长，俗务缠身，他们后来真的见面后，发现彼此的共同点已经很少了。

1926年5月11日，托尔金在默顿学院参加英语系的一个会议。一堆熟面孔中，有个新人颇为引人注目。他27岁，身材魁伟高大，衣服松松垮垮，刚被选为莫德林学院的院士兼英语语言文学导师。这人就是克莱夫·斯泰普尔斯·刘易斯，朋友称呼他“杰克”。

† 即陶顿女王学院，托尔金的外公约翰·萨菲尔德是这所学校最早的一批小学生之一。——原注

193

一开始，两人小心打量了对方。托尔金知道刘易斯虽然是中世纪专家，却属于“文学派”阵营，是个潜在的对手。而刘易斯在日记里写托尔金是个“圆滑、脸色苍白、说话流利的小个子家伙”，还有“他看上去不坏，就是有点欠抽”。但刘易斯很快就深深喜欢上了这个人，这人脸庞修长、眼神锐利，喜欢高谈大笑，畅饮啤酒。托尔金也渐渐喜欢上了刘易斯的敏锐头脑和慷慨胸怀——后者的胸怀几乎和他不像样的法兰绒裤子一样宽广。等到1927年5月，托尔金引介刘易斯加入吃煤人俱乐部，一起阅读冰岛《萨迦》，一段长久又复杂的友情就此开始。

如果想知道托尔金和刘易斯给对方的生活带来什么，可以看刘易斯《四种爱》中论述友情的文章，说的都是同伴两人发现有共同的深刻见解时，是如何成为朋友的，他们如何不嫉妒对方有其他伙伴，而是积极寻求扩大朋友圈，男人又如何必须拥有这种友情，而一群朋友最大的快乐为什么是一天疲惫的远足后，到达小酒馆。“这真可谓黄金聚会，”刘易斯写道，“当我们穿上拖鞋，伸展双腿舒服地烤着火，美酒伸手可及，大家海阔天空地闲聊，任由思想驰骋于宇宙内外，彼此之间没有任何要求或责任，都是自由之人、平等之身，仿佛一小时前刚刚相识，同时为多年酝酿的浓厚情爱环绕时，这是生活——自然的生活——赐予我们的最好礼物。”†

这说的就是他和托尔金的友爱。他们经年累月互相陪伴，一

† C. S. 刘易斯《四种爱》，丰塔纳出版社，1963年版，第68页。——原注。上述引文摘自《四种爱》，C. S. 刘易斯著，汪咏梅译，华东师范大学出版社，2013年版，个别字词有改动。以下引用《四种爱》的段落均源于这个版本。——译注

起徒步旅行，周四晚和其他朋友在刘易斯的房间聚会。这是种时代精神，你可以在G. K. 切斯特顿的文章中领会到相同的男性陪伴之意。[1]这也是当时很多男人共同的感受，虽然他们都不自知。古代文明中有这样的先例，而当时触手可及的例子是“一战”造
194 成的，众多好友死去，幸存者觉得必须彼此紧紧相依。这种友谊引人注目，也完全自然和顺理成章；虽然排斥了女性，却并非同性恋（刘易斯驳斥了这种暗示，报之以理所当然的嘲讽）。而这是托尔金生活中的巨大谜团，我们若想分析一番，只会一无所获，但我们如果也有这样的友情，就会确知个中三昧，而且我们即便在这里一无所获，也能在《魔戒》中找到些蛛丝马迹。

这段友谊是如何开始的？可能始于他们对“北方文化”的共同洞见。刘易斯自年少时起就对北欧神话深深迷恋，当他发现托尔金和自己一样，都喜欢《埃达》的神秘莫测、伏尔松传奇的错综复杂，两人显然有很多可以聊。他们开始在莫德林学院刘易斯的房间里定期见面，有时谈论阿斯加德的神祇和巨人，谈论英语系的钩心斗角，谈着谈着就坐到深夜。他们还互相评论对方的诗歌。托尔金把自己的长诗“贝伦与露西恩的叙事诗”打字稿借给刘易斯，对方读后写信给他：“我可以坦陈，我已经很久很久不曾度过这样一个愉快的夜晚了，而且绝非因为读的是朋友的作品而有所偏心——就算我是在书店里发现了它，不知道作者是谁，读过以后也会喜欢的。”[2]他向托尔金提出细致的意见，戏谑地写成一篇伪考据文章，即引用“彭珀尼克尔”“皮博迪”“希克”这几位虚构学者的研究成果，他们暗示托尔金诗歌中有几行写得差，是因为手稿里的抄写错误，不可能是原作的问题。托尔金被逗乐

了，但只采纳刘易斯的少数修订意见；[3]另一方面，他重写几乎 195
每个刘易斯评论过的段落，修订范围之大，使修订版的“贝伦与露西恩的叙事诗”事实上几乎成了新作。刘易斯很快发现他朋友的这一特点。“他对批评只有两种反应，”刘易斯说，“要不从头重写，要不视而不见。”[4]

到了1929年年底[5]，刘易斯已转而支持托尔金改革英语系的计划，他们私下谋划讨论了这事。刘易斯给托尔金的信中神秘兮兮地说："别介意我提醒你，每棵树后都藏着奥克，它们掩饰了自己的真容。”他们共同发起的运动颇有策略，得益于刘易斯在系教务会中的支持，1931年托尔金的改革教学大纲被成功采纳。

《惊悦》中，刘易斯描述他和托尔金的友谊“意味着我的两大偏见被打破。我刚踏上社会，就被（含蓄）警告，永远不要相信一个教皇党人[6]，我刚进入英语系，就被（直接）警告，永远不要相信一个语文学家。托尔金两者都是”。[7]他的第二大偏见被打破后不久，这段友谊就涉足了第一大偏见的领域。

刘易斯是贝尔法斯特一名律师的儿子，作为阿尔斯特的新教徒被抚养长大。青少年时期，他宣称信奉不可知论，或者不如说，他发现自己在异教神话而非基督教中找到了无上快乐。然而现在他已非坚定的不可知论者。1920年代中叶，他在英语系荣誉等级考试中被评为第一等以后（此前在古典系被评为双一等），操着导师这个有一顿没一顿的营生时，达到自己所称的“新观
念”阶段，[8]相信基督教“神话”传达的真相和大部分人能理解的 196
一样多。1926年他进一步得出结论，其实他对自己所谓“喜悦”来源的追寻，就是对上帝的追寻。显然他马上就要做出选择，到

底是接受还是拒绝上帝。这个节骨眼上，他和托尔金成了朋友。

他发现托尔金尽管是个虔诚的基督徒，却也是才思敏捷、热衷智识之人。他们认识的早期，托尔金会待在刘易斯位于莫德林学院新大楼的房间里，懒躺在大客厅中间某个普通的扶手椅上，当他在烟斗冒出来的一片烟雾缭绕中下太笼统的断语时，刘易斯就用他的硬拳抓着烟斗斗钵，在一片烟云后面抬起眉头，踱来踱去，说话或是聆听，突然大手一挥喊道："讲明白[9]，托托！讲明白！"刘易斯争辩过，但他越来越倾向于承认，在信仰这件事上托尔金是对的。1929年夏天，他信奉起有神论，有了对上帝的朴素信仰，但还不是真正的基督徒。

他和托尔金的讨论一般会在周一早上进行，他们聊一两个小时，然后去附近的东门酒馆喝一杯。但1931年9月19日星期六这天，他们是在晚上碰头的。刘易斯邀请托尔金在莫德林学院一起吃晚饭，还带来另一位客人雨果·戴森，托尔金1919年在埃克塞特学院时就与他相识。戴森现在是雷丁大学的英语文学讲师，经常来牛津串门。他是基督徒，是个猫一般狡黠的人。饭后，刘易斯、托尔金和戴森出去透透气。这是个大风呼啸的夜晚，他们却沿着阿狄森小道悠然漫步，讨论着神话的目的。刘易斯虽然已信仰上帝，却无法理解基督教中基督的作用，以及他被钉死在十
197 字架上、随后又复活背后的意义。如同他后来在给友人信件中所说，他宣称自己必须理解这些事情背后的目的，"除了他是一个**榜样**以外，另一个人（不管他是谁）两千年前的生与死，是如何能在此时此地帮助到我们的。"[10]

夜色渐深，托尔金和戴森说，刘易斯这里提出的询问是毫

无必要的。当刘易斯在异教神话中看到牺牲的概念时，他感佩不已，事实上自从读过北欧神明巴德尔的故事后，死亡与复活的神这个想法经常触动他的想象。[11]但他们说，他却想从《福音书》里得到更多的东西，想要一个比神话更深远的意义。他既然对神话中的牺牲表现出相对无条件的欣赏，难道就不能把这种欣赏移情到《福音书》的真实故事中吗？

但是，刘易斯说，**虽然神话是透过银笛吹出的，但它们到底只是谎言**。[†]

不，托尔金说，**它们不是谎言**。

托尔金指着莫德林学院鹿园里那些枝条在狂风中弯折扭曲的大树，由此开辟了讨论的新思路。

你把这棵植物称为"树"，他说，没怎么考虑这个词的含义，但是有人给它"树"这个称谓之前，它就不是"树"。你将天空中的天体称为"星星"，说这不过是个球体，沿着精确的轨道运行罢了，但这只是**你**看待它的方式。你命名、描绘这些事物，只是针对它们发明了你自己的一套术语。正如说话就是关于对象和概念的发明，神话也是关于真实的发明。

托尔金继续说道：我们由上帝创造，而神话自然由我们编织而成，虽然包含谬误，却折射出真理之光的一些片段，因为永恒的真理来自上帝。其实也只有通过创造神话，只有成为"次创造者"去创造故事，人类才能追求到他所知道的堕落前的完美状 198

† 这段对话内容基于托尔金的诗歌《神话创造》，他又称之为《恨神话的人》和《爱神话的人致恨神话的人》。有份手稿上记着"献给C. S. 刘易斯"。——原注。爱神话的人即托尔金自己，恨神话的人即刘易斯。——译注

态。我们的神话可能让人误入歧途，但不管道路多么曲折，它们终能指引我们走向真理的港湾。而追求物质至上的“进步”只能导向一片巨大的深渊，以及邪恶权力的铁王冠。

托尔金通过解释这一套神话内在**真理**的信念，已经点出自己作家哲学的核心要义，点出了《精灵宝钻》背后的信条。

戴森用自己的方式肯定了一遍托尔金的论述，刘易斯听后问道，你的意思是，基督的故事只是个包含真理的神话，对我们起的作用和其他神话一样，而不是**实际发生**的神话？既然那样，他说，我开始懂了。[12]

最后他们不得不进屋避开狂风，在刘易斯的房间里聊到凌晨3点，然后托尔金回家了。目送他走上高街后，刘易斯和戴森在新大楼的回廊里走来走去，继续聊到天空现出了鱼肚白。

十二天后，刘易斯给朋友亚瑟·格里夫斯写信说：“我刚经过信奉上帝的阶段，进而开始笃信基督和基督教，改天再解释吧。这与我和戴森以及托尔金的彻夜长谈有莫大关系。”

与此同时，还在考试院监考的托尔金，正撰写一首长诗记录他对刘易斯说的话，他称之为《神话创造》。托尔金在日记里写：
199 “和刘易斯的友谊弥补了我很多东西，除了一直带来快乐和慰藉，与这样一个诚实、勇敢、聪慧的人交往对我大有裨益。他是学者、诗人、哲学家，而至少经过一段漫长的天路旅程后，他成了上帝的仰慕者。”

刘易斯和托尔金继续频繁见面，托尔金向刘易斯朗读“精灵宝钻”的段落，刘易斯催促他再接再厉把书写完。托尔金后来谈及于此："我欠刘易斯一笔无法偿还的债，它并非一般意义上的'个人影响'，而是对我纯粹的鼓励鞭策。很长时间以来，他是我唯一的听众。只有从他那里，我才知道我的'东西'并不只是私人爱好。"[13]

刘易斯归信了基督教，标志着他和托尔金的友谊进入新阶段。1930年代早期以来，这两人就不只是围着对方打转，而是身处朋友群中。《四种爱》里，刘易斯说："友爱远不能仅限于两个人，两个人的友爱也绝非完美。"他暗示一个团体每加入一个朋友，就带出其他人的一些特别个性。[14]托尔金已经在T. C. B. S. 中经历过这些。而托尔金自青少年时代就感受到的"结社"冲动，不仅是如今这群朋友走到一起的纽带，也从根本上体现了当年T. C. B. S. 的创立准则。现在这个团体被称为"墨象社"。

这个俱乐部大概创建于"吃煤人"们不再聚会之时（1930年代早期[15]），后者实现了它的宗旨，以《老埃达》收尾，读完了所有主要的冰岛《萨迦》。"墨象社"最初是一个文学俱乐部的名字，它是大约1931年由一个叫唐耶·里恩的大学学院学生创办的，大家聚在一起诵读和评论未发表的作品，刘易斯和托尔金也参与其中。里恩离开牛津后，俱乐部延续下来，毋宁说是这个名 200
字半开玩笑地转给了一个小圈子，圈子的核心人物是刘易斯，一群朋友时不时定期相聚。[16]

墨象社如今已载入文学史册，有大量相关著作，其中不少都把它写得太过正式。他们无非就是几个朋友，清一色男性基督徒，大部分对文学有兴趣。很多人都被认为某个时期成为过墨象社的"会员"，事实是根本没有这样的会员机制。不同阶段中有些人定期出席，其他人只是偶尔出现。刘易斯是不变的核心，没有他任何聚会都是不可想象的。墨象社到底是什么，一份人员名单给不出多少概念。[17]不过考虑到名单并非无关紧要，那除了刘易斯和托尔金（他几乎雷打不动都会出席），“二战”结束前参加的有沃伦·刘易斯少校（刘易斯的哥哥，被称为“沃尼”），R. E. 哈佛（一名牛津医生，负责照料刘易斯和托尔金两家人的健康），刘易斯的老朋友欧文·巴菲尔德[18]（虽然作为一名伦敦律师，他很少参加聚会）以及雨果·戴森。[19]

这个俱乐部完全来去自由，并非同一拨人一周接着一周出现在聚会上，缺席也无须致歉。不过的确有些不变的因素。这个组织，或者说其各式各样的成员，工作日早上在酒吧会面，通常是周二的老鹰与小孩酒吧（昵称为“小鸟与小儿”），但是战争期间啤酒供应减少，酒吧里挤满军人，他们聚在这里的时间更加不定期。周四晚9点后，他们在莫德林学院刘易斯的大客厅里会
201 面。[20]泡上茶，点上烟斗，然后刘易斯低吼一声：“那么，没人给我们读点什么吗？”有人就会拿出手稿开始朗读，或诗歌，或故事，或某个章节。随后进行点评，有时是赞誉，有时是痛批，因为这不是个相互吹捧的俱乐部。[21]也许还有人读东西，但很快大家就开始跑题闲聊，有时争论得很激烈，结束的时间通常很晚。

到1930年代末，墨象社都是托尔金生活的重要部分，他在聚会上的贡献就是朗读尚未出版的手稿《霍比特人》。1939年“二战”爆发时，这群朋友又招来一个新人，他就是查尔斯·威廉斯，在牛津大学出版社的伦敦办公室工作，和同事们都已转移到牛津。威廉斯年过半百，是个小说家、诗人、神学家和批评家，

他的思想和文章已小有名气、颇受重视，尽管读者群还比较小。尤其是他的“精神惊悚小说”（如他们所称呼的），写的是普通环境中的超自然和神秘事件，收获了一小群热情的拥趸。刘易斯对威廉斯知晓并仰慕已久，但托尔金只见过他一两回，现在对他生出一种复杂的态度。

威廉斯极富与生俱来的魅力，他面容古怪（刘易斯形容他的脸一半天使、一半猴子），穿着非常不牛津的蓝色西装，一根香烟叼在嘴边，胳膊下夹着一捆包在《时代与潮流》杂志中的校样。二十年后托尔金回忆：“我们互相喜欢，很爱交谈，大部分是开玩笑。”不过又加了句，“我们在更深或更高层面的话题上，没什么好聊的。”[22]这可能是因为威廉斯喜欢托尔金向大家朗读的 202
《魔戒》章节，而托尔金不喜欢威廉斯的著作，或者说是他读过的那部分著作。他宣称这些书读起来“全都有点陌生，有些很讨厌，极少数很荒谬”。[23]也有可能，他对威廉斯或威廉斯在墨象社中地位的疑虑，并非全然出自才智上的原因。《四种爱》里，刘易斯相信并宣扬，真正的朋友不会因其他人加入而心生嫉妒。但这里刘易斯在讨论他自己，而非托尔金。显然托尔金这一边产生了些许嫉妒愤恨的情绪，这事出有因，因为不知不觉中，刘易斯热情的焦点已经从他转移到了威廉斯身上。[24]“刘易斯很容易受外界影响，”托尔金很久后写道。他还说自己相信，威廉斯开始对刘易斯施加“主导性的影响”[25]，刘易斯的第三本小说《黑暗之劫》首当其冲。

所以威廉斯来到牛津，标志着托尔金和刘易斯友谊第三阶段的开始，托尔金这一头冷淡了些许，而刘易斯很可能还未察觉。

有一件更微妙的事情，让托尔金的态度更转凉薄，即刘易斯作为基督教护教者声誉日隆。在朋友对基督教的归信中，托尔金扮演着如此重要的角色，他经常遗憾刘易斯未能成为像他一样的天主教徒，而是加入了当地的圣公会，重拾儿时的宗教活动。托尔金极其厌恶圣公会，有时会恨及圣公会的建筑，说虽然欣赏它们的美丽，却也痛心地认为它们偏离了天主教的正轨，让欣赏打了折扣。当刘易斯以《天路归程》为名，出版了一本讲述自己归信故
203 事的寓言散文，托尔金认为这个题目颇为讽刺。“刘易斯的确走上了归程，”他说，“他没从一扇新门重入基督教，而选了旧的那扇。至少某种意义上，他再次接受基督教之时，也是他重启或重认少时深植的偏见之日。他又成了北爱尔兰新教徒。”

1940年代中期，刘易斯因为他的基督教著作《痛苦的奥秘》和《魔鬼家书》而广受关注。（“太多关注了，”托尔金说，“就他的或我们的口味而言。”）托尔金观察到自己的朋友在这方面声名日增，可能觉得这就像小学生迅速赶上他的老师，获得了有失公允的名望。他曾形容刘易斯是“大众神学家”，这个称谓并非全然奉承表扬。

不过即便1940年代早期这些想法都在托尔金的脑子里，它们也只是深藏表面之下。他对刘易斯依然有着几乎无限的仰慕，或许仍偶尔希望朋友有朝一日会成为天主教徒。墨象社也继续给他带来很多快乐和鼓舞。他模仿《贝奥武甫》开头几行用古英语写道，“听哪，谁不知墨象社当年的智慧，智者们如何促膝畅聊！”[26]“他们讨论问题，他们娴熟陈述学识和诗歌技巧，他们热切沉思。这才是真正的快乐！”

第五章　诺斯穆尔路

“这时候，女人在做些什么？我不知道。身为男人，我从未 204
窥探过善德女神[1]的秘密。”刘易斯在《四种爱》里论述男性友谊史时如是说。女性被排斥在外：这是把生活重心放在男性同伴、放在墨象社等团体上的必然结果。[2]

伊迪丝·托尔金只在女生寄宿学校受过有限的教育，这所学校音乐教得不错，其他学科却水准平平。她在伯明翰的出租公寓住过几年，在切尔滕纳姆一个没有知识分子的中产家庭里住了段日子，然后和她没怎么受教育的中年表姨詹妮同住很长时间。她没什么机会继续接受教育、提升才学。不仅如此，她还失去了大量独立自主的机会。她本可以走上钢琴教师之路，甚至有可能成为钢琴演奏家，但这些愿景就这么飘然而逝。首先因为她没有急切的谋生需求，还因为她嫁给了罗纳德·托尔金。那个年代在正常情况下，是不会要求一个中产太太婚后还自谋生路的，这等于说她的丈夫赚不到足够的钱。所以尽管她弹钢琴弹到晚年，罗纳

205 德也爱听，这还是沦为了一项爱好。他并不鼓励她参与任何智识活动，或是因为他觉得她作为妻子和母亲，没必要多此一举，或是因为恋爱中他对她的态度（比如他最爱称她为“小可爱”）与他的智识活动毫无关系，他在她面前展现的个性和他男性朋友看到的完全不同。他喜欢在好友之中表现得阳刚无比，又希望家里主要是个女人的世界。[3]

除此之外，伊迪丝本可以成为他大学生涯的贤内助，不少牛津教师的太太做到了这点。约瑟夫·赖特夫人莉齐之类少数的幸运儿，自己也是丈夫研究领域的专家，可以搭一把手。[4]还有一些太太虽然像伊迪丝一样没有大学学位，但她们精于安排家事，将家里打造成丈夫朋友们的社交中心，以此深入涉足他们的生活。

不幸的是，这些在伊迪丝身上都行不通。她生性腼腆，年少时就社交有限，1918年来到牛津生活时，面前的一切让她望而却步。她、罗纳德和孩子（还有表姨詹妮，此时仍与他们同住，他们搬去利兹后她才离开）住在城镇小巷的普通房屋中。对不了解牛津的伊迪丝来说，这所大学就像固若金汤的要塞，又像宏伟建筑的方阵，看上去地位挺高、穿着长袍的男人在此来来往往，罗纳德每天也在此消失，前去工作。这所大学也会屈尊移驾，踏入她的门槛，那是一群举止有礼但笨拙的年轻男人，罗纳德的这些
206 朋友不知道如何与女性攀谈，她也不知道要跟他们说什么，因为他们的世界毫无交集。更糟的是，来访者可能是教师的太太们，比如埃克塞特学院院长法内尔可怕的太太，她的出现会把罗纳德也吓个一跳。这些女人让伊迪丝更加确信，这所大学实在高不可

攀。她们来自令人敬畏的学院宿舍或带塔楼的北牛津大宅，俯就约翰宝宝的儿童床边轻哼，离开时在大厅的托盘里留下名片（一**张**写着自己的名字，**两张**写着她们丈夫的名字[5]），暗示托尔金夫人不久后务必**回访**，但伊迪丝紧张到无法履约。真去了她们的大宅子里，该对她们说什么呢？这些仪态高贵的太太们，聊的都是教授的女儿们，带贵族头衔的表亲们，其他牛津的女主人们，这些她都闻所未闻，又该怎么搭上话呢？罗纳德很担心，他知道如果他妻子没有遵循严格的牛津礼节，将显得失礼。他劝她至少回访一下莉齐·赖特，她尽管富有学识，却像丈夫一样率直随性、通情达理，完全不像多数教师的太太。但即便如此，罗纳德也不得不亲自带她到赖特家门前，按下门铃后赶紧逃到拐角处。所有其他的名片都吃了灰，她也从未回访，大家逐渐知道托尔金太太**不会拜访**她们，必须默默把她划到定期举行晚宴和家庭沙龙[6]的圈子之外。

然后托尔金一家搬到利兹，伊迪丝发现这里的生活完全不同。人们住在普通的房子里，没有递名片这档子破事。圣马可巷
几幢楼外住着另一个大学教授的太太，经常来串门。而且伊迪丝 207
开始见到一群罗纳德的学生，他们前来接受指导或喝茶，很多学生她都非常喜爱，他们后来也成为这家人的朋友，经常来拜访，和她保持多年联系。[7]她还喜欢参加大学的非正式舞会。甚至孩子们（约翰，迈克尔，在利兹的最后时期克里斯托弗也出生了）都没被遗忘，因为大学会组织精彩的圣诞聚会，校长扮成圣诞老人出现在现场。[8]后来，托尔金设法买到达恩利路上一幢更大的房子，远离城市的烟尘。他们雇了女佣和照看孩子的保姆。总体

来说伊迪丝非常快乐。

但突然，他们要搬回牛津。伊迪丝还在利兹时，罗纳德没带她去看过房，就买了他们在诺斯穆尔路上的第一幢房子，她觉得这房子太小。年长的男孩们用了利兹一家摄影师工作室的公用木梳，感染皮肤癣，整个治疗过程漫长又昂贵。当他们基本康复后，去牛津龙小学读书，一开始置身于其他男孩的吵闹混乱之中，他们并不快乐。然后伊迪丝再次怀孕，直到1929年生下普莉西拉、1930年搬到隔壁更大的房子之后，她才感觉安定下来。

即便那时，家庭生活也还是无法与利兹时相比。伊迪丝感觉被罗纳德忽略了。按实际时间来算，他待在家里的时间其实很长：大量的教学在家里，一周最多出去一到两晚。但真正重要的是他的感情归宿。他对她恩爱有加、悉心呵护，对她的健康关怀
208 备至（她对他也是），做家务也是劲头十足。但她看到他的另一面，他只有与男性同好做伴才变得容光焕发，更具体地说，她注意到他对杰克·刘易斯的挚爱，对此耿耿于怀。

刘易斯来诺斯穆尔路的情形是这样的：孩子们喜欢他，因为他不会居高临下跟他们说话，他给的E. 内斯比特的书籍[9]孩子们也很爱看。但在伊迪丝面前他害羞又笨拙，[10]因此伊迪丝无法理解罗纳德有他陪伴在侧时的快乐，心生些许嫉妒。麻烦不止于此。她只知道自己小时候那种最有限的家庭生活方式，没有现成的范例来指导自己如何操持家务，所以她用专断命令来掩饰心中的犹豫也就不奇怪了。她要求每顿饭必须准点送上，孩子们吃得必须一点不剩，用人们干活必须无可挑剔。归根到底，她非常孤独，当罗纳德不在家或在书房工作的时候，她只有用人和孩子们

陪在身边。那些年里牛津的社群开始变得不那么古板僵硬，但她对其没什么信任。她在其他教师家庭中交的朋友很少，查尔斯·雷恩的太太阿格尼丝是个别例外。伊迪丝的头痛也很厉害，会因此卧床一天以上。

罗纳德很快就看出来，伊迪丝在牛津并不愉快，而且尤其讨厌他的男性友人。事实上他认为自己对男性友谊的需求无法与婚姻生活完全兼容，而伊迪丝的不快不过是堕落世界中一个不幸的事实。他也觉得男人有权寻求男性间的娱乐消遣，有必要的话他会坚持到底不让步。他曾给一个思量婚姻的儿子写信："有很多事
情就算会惹麻烦，但对男人来说还是合乎情理的。别对妻子或恋 209
人撒谎！或者不要再干了，但如果确有必要，那就据理力争。这种事经常发生：诸如一杯啤酒、一根烟斗、没写的信、其他朋友，等等。如果另一方的主张实在不可理喻（它们有时在最亲密的恋人或最挚爱的夫妻之间发生），那就正大光明地拒绝或'反抗'，也比找借口强得多。"

伊迪丝对天主教的态度也是个问题。婚前罗纳德劝她脱离圣公会改宗天主教，她那时颇为怨怼。后来的年岁里她几乎放弃去做弥撒了。婚后第二个十年她的反天主教情绪愈发强烈，1925年全家回到牛津时，她对罗纳德带孩子去教堂表现出愤恨之意。这些情绪源于罗纳德刻板地频繁做告解，几乎像个中世纪的人，[11] 伊迪丝也一直讨厌向司铎坦白罪过。他无法用理性的方式和她讨论她的感受，也当然无法像和刘易斯讨论神学那样说得清晰明白。他对天主教的皈依，在伊迪丝面前只表现出情绪化的一面，对此她很难理解。她对去教堂这事的怒火日积月累，偶尔大发雷

霆，但最终在1940年的一场大爆发后，她和罗纳德真正达成了和解。她表达了她的感受，甚至说想重拾宗教仪式。虽然结果她并没有重新定期去教堂，但余生中不再表现出对天主教的厌恶，还乐于参加教会事务，所以即便在天主教徒朋友看来，她去教堂也算够勤快的了。[12]

210 某种程度上，罗纳德和伊迪丝在诺斯穆尔路上的生活各自独立，睡在不同的卧室，有着不同的作息。他工作到很晚，因为白天没时间，而且她上床休息之后，他才能不受打扰地伏案工作。白天他没法长时间干活，因为她时而叫他做点家务，时而又说有个朋友来了，让他过来一起喝茶。这些频繁的打扰，无外乎是伊迪丝在呼唤关爱和关注，非常合情合理。虽然他耐心地忍受下来，却也经常为此恼怒。

不过，若你认为她被完全排除在他的工作之外，那就错了。早年在大海伍德的时候，他毫无保留地和她分享自己的作品，而这些年已经大不如前。这时起，他不再鼓励她参与他的工作，她也只给他誊写了《失落的故事》的头几页。而当他在写《霍比特人》和《魔戒》的时候，她依然分享了全家对这两本书的兴趣，虽然她不太了解其中的细节，对作品也没多少深刻理解，但他的这部分生活依然向她敞开大门。其实，她还是《尼葛的叶子》和《大伍屯的铁匠》这两本书的第一个读者，而她的赞许也一直让他备感温暖，深受鼓舞。

他和伊迪丝有很多共同的好友。其中有些是因为学术上的联系而认识的，比如洛斯弗里丝·默里（她是牛津词典首任编辑詹姆斯·默里爵士的女儿）和她的侄子罗伯特·默里，有些是以前

的学生和同事，比如西蒙娜·达尔代讷、伊莱恩·格里菲思、斯
特拉·米尔斯和玛丽·萨卢。[13]这些都是他们家的朋友，对伊迪丝
和托尔金的生活同等重要，本身也是他们之间的纽带。她和罗纳
德并不会和同样的人聊同样的事，随着他们逐渐变老，在这方面 211
更是各行其道。同样的访客，罗纳德和他聊英格兰地名，浑然不
知伊迪丝同时正在与访客聊对方孙辈得麻疹的事情。[14]但这是常
客们的必修课。

这些好友以及与罗纳德、伊迪丝来往多年的人，都不怀疑他
们夫妻之间的深情厚意，这在很多小事中可见一斑：他们如何关
心对方的健康到无以复加，他们如何精心挑选、包装对方的生日
礼物。而往大里说，罗纳德退休后，如何在晚年甘愿做出牺牲，
陪伊迪丝在伯恩茅斯度过大部分时间，只因为他觉得她值得这
些，而伊迪丝聊起他作家的盛名时，又如何满是骄傲。

他们一大主要的快乐来源，就是对家庭共同的爱，这可能是
他们婚姻中最强劲的纽带，将他们终身维系在一起。他们乐于讨
论、琢磨孩子以及后来孙辈生活的每个细节，当迈克尔作为“二
战”的不列颠战役中一名防空炮兵，因保卫飞机场的事迹荣获乔
治奖章时，他们由衷自豪；当约翰在“二战”后不久就成为天主
教会的司铎，他们同样无比骄傲。托尔金是个体贴入微、善解人
意的父亲，即便孩子都已长大成人，他也不会羞于在公共场合亲
吻他们，他给孩子的温暖和爱意永远如一。[15]

我们多年后看来，觉得诺斯穆尔路的生活寡淡无味、波澜
不惊，但必须认识到，这并非那家子当时的感受，他们觉得生活 212

中充满波澜。1932年有一幕令人难忘，当时托尔金买了他第一辆车，一款莫里斯考利车，昵称是它车牌号的头两个字母“Jo”(“乔”)。学会开车后，他载着全家去往弟弟希拉里在伊夫舍姆的果园。一路上“乔”横灾不断，轮胎被扎了两下，在奇平诺顿附近撞掉了一段清水石墙，结果接下来几个月伊迪丝都拒绝再坐车出行。这并非蛮不讲理，因为托尔金实在是凭胆子而非技术在开车。他为了开到小路上，横冲直撞地穿过牛津一条繁忙的主路，无视所有的车辆，大喊：“**冲向它们，让它们散开！**”[16]它们的确散开了。后来另一辆莫里斯车取代“乔”，一直用到“二战”开始，那时汽油开始限量配给，养车变得不再划算。与此同时，托尔金意识到内燃机和新建道路对环境风貌的破坏，“二战”后就不再买车或开车了。[17]

孩子们的记忆里还有什么呢？他们还记得某年夏天，为扩大菜地，花了好长时间挖开诺斯穆尔路20号旧网球场的沥青地面。负责监工的父亲对园艺热情高涨（像母亲一样），却把大部分实际工作丢给约翰，包括栽培蔬菜、修剪树枝，而自己更喜欢专心打理草坪和玫瑰，清除每一株杂草。[18]住在诺斯穆尔路22号的早些年里，陆陆续续有些冰岛的互惠女生过来住，她们会讲述食人妖的民间故事。[19]托尔金一家会去剧院，他们的爸爸看起来总
213 是热衷于此，虽然他宣称并不认同戏剧这种形式。他们会骑车去圣阿洛伊修斯教堂，或伍德斯托克路上的圣格里高利教堂或附近的加尔默罗女修道院做早间弥撒。他们厨房后煤库里的酒桶定期漏酒，（妈妈说）这让他们的房子闻起来像个啤酒厂。七八月的下午，他们在彻韦尔河（托尔金家离河很近）上泛舟，坐在当季

租用的家庭平底船里，一路漂过公园，直到莫德林桥，更好的选择是撑船逆流而上前往沃特伊顿和艾斯莉普，他们能在那里的岸边铺开野餐垫吃茶点，步行穿过田野前往伍德伊顿，[20]一路上寻找蝴蝶，然后回到河边。迈克尔正躲在老柳树缝里，[21]父亲似乎有讲不完的树木和植物的知识。夏天他们去海边的莱姆里吉斯度假，年迈的弗朗西斯神父从伯明翰过来加入她们。就像25年前让罗纳德和希拉里感到窘迫一样，他大声喧闹的作风同样让孩子们感到窘迫。1932年他们和查尔斯·雷恩夫妇及其女儿去康沃尔的拉莫纳海湾度假，在那里，雷恩和托尔金戴着巴拿马草帽、叼着烟斗比赛游泳。托尔金后来记录这个假日："那里有个好奇的当地人，一个总要和我交换八卦、一起预测天气之类的老人。我跟孩子们打趣，叫他'老头儿甘姆吉'（Gaffer Gamgee），这名字后来成为家里的传统，我们用它来称呼他这类老人。我主要基于押头韵的考虑，选取甘姆吉这个名字，但这不是我的发明。其实我小时候在伯明翰时，就知道这是'脱脂棉'的意思。"[22]后来他们去西德茅斯度假，那里的山上有徒步道，海边有神奇的潮水潭，他们父亲在那里已开始着手写作《魔戒》。秋日下午，他们 214
开车去沃明霍尔、布里尔、奥特穆尔河畔查尔顿[23]这些牛津东面的乡村，或向西进入伯克郡，爬上阿芬顿的白马山丘[24]去看古代的韦兰德铁匠长冢[25]。他们记得牛津的风光，记得那里的乡村，也记得父亲告诉他们的那些故事。

第六章　讲故事的人

215 故事的讲述始于利兹期间。[1]那时大儿子约翰总是难以入睡，当他还目不交睫的时候，父亲过来坐在床边，给他讲一个红发男孩“胡萝卜”的故事，男孩爬进一个布谷鸟钟，由此衍生出一系列不寻常的冒险历程。

托尔金由此发现了自己创造《精灵宝钻》繁杂故事的想象力，也能用来创作比较简单的故事。他的幽默感如孩子般亲切烂漫，随着孩子们长大，这一点变得相当明显：他和他们玩吵闹的游戏，也给迈克尔讲故事，那时迈克尔常为做噩梦而困扰。住在诺斯穆尔路的早些年里，托尔金讲过一系列故事，说的是桀骜不驯的恶棍“比尔·糊墙”[2]，他高大粗笨，总能从各种麻烦里全身而退。他的名字来自牛津某扇门上的一句告示：“**贴广告的将被起诉**。”还有个正直的人一直在追捕比尔·糊墙，他的名字“前路少校”也有类似的来源。

不像“比尔·糊墙”，其他有些故事最终落笔成文。[3]1925年夏天全家在法利度假时，托尔金为约翰和迈克尔创作了一个完整的故事。迈克尔的玩具狗遗失在海滩上，父亲为安慰他，讲了个小狗“罗弗”的冒险故事，它惹恼了巫师，被变成玩具，又被 216
一个小男孩遗忘在了海滩上。但这只是个开始，一个叫普萨马托斯·普萨马蒂德斯[4]的沙法师发现了它，给予它重新动起来的力量，派它前往月亮，它在那里历经奇遇，最特别的是遇见了白龙[5]。托尔金写下这个故事，取名为《罗弗兰登》。多年后他试探性地把这份稿子交给他的出版社，作为《霍比特人》可能的后继者之一，但那时出版社觉得并不适合，托尔金也就没再提供这份稿件了。[6]

孩子们对《罗弗兰登》的热情鼓舞了托尔金，他要写出更多故事来让孩子高兴。很多故事有个“虎头”，却没个结尾。事实上，有些故事在开了几句话的头后就毫无进展。比如提摩太·蒂图斯的故事，他是个非常矮小的人，被朋友称为“傻子蒂姆”。比如汤姆·邦巴迪尔的故事，也在迅速烂尾作品的行列中。故事设定在“国王邦赫迪格的年代”，而汤姆显然是故事的主角：“汤姆·邦巴迪尔是王国最年长的居民之一，但他精神矍铄、精力充沛，穿靴子后有四英尺高、三英尺宽，戴着一顶高高的帽子、上面插了根蓝羽毛，他的外套是蓝的，靴子是黄的。”[7]

这个故事只写到这里，但在托尔金家，汤姆·邦巴迪尔是个知名人物，因为他的原型是迈克尔的关节木偶。这玩偶的帽子上附有羽毛，看起来华丽美观，但约翰不喜欢它，某天把它塞进了马桶。汤姆被救出来，成为父亲一首诗里的主角。这首名叫《汤姆·邦巴迪尔历险记》的诗发表于1934年的《牛津杂志》，讲的

217 是汤姆遇到“金莓，即河婆的女儿”，被陷在“柳树老头”树干的缝隙里（托尔金说，这个点子可能来自亚瑟·拉克姆画的树），还遇见狗獾一家子，以及来自史前古墓的鬼魂“古冢尸妖”，这种古墓类似于牛津附近伯克郡丘陵发现的那些。这首诗像是某个长篇的梗概，1937年讨论《霍比特人》可能的续篇时，托尔金向出版社提议，他可以将这首诗扩展成一个更宏大的故事，解释说设计汤姆·邦巴迪尔这个角色，是要让他代表“正在消逝的牛津和伯克郡乡间精神”。[8]出版社没采纳这个主意，但汤姆和他的冒险融入了《魔戒》之中。

1932年托尔金买了车，后来开车时又事故连连，这促使他写出另一篇儿童故事《幸福先生》。[9]故事的主角是个住在高高瘦瘦房子里的高高瘦瘦的人，他用五先令购买了一辆亮黄色的汽车，有了些不一般的遭遇，以及撞了好几次车。托尔金用墨水和彩色铅笔绘制丰富的插图，又用漂亮的手写体配上文字，装订成一本小册子。《幸福先生》借鉴了一些比阿特丽斯·波特的讽刺幽默，也借鉴了爱德华·利尔[10]的画风，但托尔金的风格相比后者少了些荒诞，多了些精致。和《罗弗兰登》《汤姆·邦巴迪尔历险记》一样，1937年托尔金也把这个稿子拿给出版社看了，对方表现出极大的热忱，将其视为《霍比特人》真正的续集到来前的权宜娱乐之作，而非《霍比特人》续集本身，并且做好了出版的初步安排。不过印刷这些彩色图片非常花
218 钱，出版社询问托尔金能否以更简单的风格重画一遍。他同意了，却腾不出时间，《幸福先生》的手稿只能存在抽屉里，[11]直到很多年后，和他已出版故事的手稿一起卖给了美国的马凯特

大学。†

《幸福先生》的插画如此精彩纷呈，事实上整个故事就是围绕图片展开的，这说明托尔金对待画画有多认真。[12]他从未彻底放弃这个童年的爱好，本科期间他用水彩、彩色墨水或铅笔为自己的几篇诗歌配了插图。他发展出来的风格，让人联想到他对日本版画的喜爱，[13]不过他处理线条和色彩也有自己的方式。“一战”和他的工作一度妨碍他继续创作，但1925年左右他又开始定期作画，首批成果之一就是一系列《罗弗兰登》的插图。后来1927年、1928年在莱姆里吉斯度假期间，他画了一些《精灵宝钻》中的场景，显示他能让自创传奇故事的风景清晰地跃然纸上，有几幅画作，莱姆本地的景色很好地融入他的故事中，极具神秘色彩。[14]

此时他俨然是一位富有才华的艺术家，虽然画人物的水平不如画风景。他最擅长画自己喜爱的树木，像亚瑟·拉克姆（他很喜欢这位画家的作品）一样，能让树木盘错的根系、枝条看起来 219
仿佛诡异地运动着，与此同时又很符合自然界的事实。

† 《幸福先生》并不是唯一一部托尔金受汽车启发写出来的作品，他写的《博瓦狄翁残篇》（可能写于1960年代早期）是一篇寓言，说的是奶牛牧场的恶魔（意指纳菲尔德勋爵和他在考利镇的汽车工厂）制造的动者堵塞了街道，让居民窒息，造成了大爆炸，最终毁灭了牛津（博瓦狄翁）。——原注。另外，这些名称都是英语名称按语源译为拉丁语：博瓦狄翁Bovadium即牛津Oxford“公牛+津”；奶牛牧场Vaccipratum即考利镇Cowley“奶牛+牧场”；动者motores是英语motor“发动机，汽车”的词源。基尔比说，《博瓦狄翁残篇》充满创造力，但基于两点不宜出版：一是拉丁语使用过度，二是读者可能更会关注其趣味性，而非背后严肃的讽刺意味。而托尔金给雷纳的某封信中，提到他“现在并不想出版（就算有过这念头）《博瓦狄翁残篇》等作品，也不想让其中任何一个成为我真正的作品”。——译注

每年12月，孩子们都会收到一封圣诞老爸的来信，这件事其实是托尔金讲故事和插画才华很好的结合点。1920年，约翰3岁了，全家准备搬到利兹去，托尔金用颤抖的手写体给儿子写了个短笺、签名“你亲爱的圣诞老爸”（Yr. loving Fr. Chr.）。此后他每个圣诞都写一封类似的信。“圣诞老爸的书信”从这个简单的开始拓展开来，纳入许多其他角色，比如圣诞老爸的室友是北极熊，园丁是雪人，秘书是名叫伊尔贝瑞丝的精灵，还有雪精灵、小矮人，他的房子下面还有众多山洞，里面住着一大群烦人的哥布林。托尔金通常在每个圣诞的最后一刻，写出近期北极发生的一系列事情，颤抖的手写体来自圣诞老爸，如尼文一样的大写字母来自北极熊，流畅的字迹来自伊尔贝瑞丝。然后加上图画，在信封上写地址（标记特殊说明，比如“小矮人运输，加急特快！”），画出并剪下一张非常逼真的北极邮票。最后就是寄信，有很多种方法。最简单的就是放在壁炉里面，仿佛它是从烟囱里掉下来的一样，还要在大早上弄出奇怪的声响，在地毯上留下沾雪的脚印，暗示圣诞老爸亲自拜访过了。后来当地的邮递员也成了同伙，亲自送来这些信件，所以孩子们怎么会不相信呢？事实上他们一直坚信不疑，一直到一个个将近青春期，才偶然发现或
220 推断出父亲才是这些信件真正的作者。即便那样，他们也对弟弟妹妹守口如瓶，不去破坏他们的幻想。[15]

托尔金不仅用自己的故事取悦孩子们，还把他们的儿童书架塞得满满当当。其中不少书是托尔金自己的童年最爱，比如乔治·麦克唐纳的“柯蒂”故事，安德鲁·朗的童话作品集。不过里面也加入了一些近期的儿童文学，其中就有E. A. 怀克–史密斯

的小说《斯纳格人的奇妙世界》，出版于1927年。托尔金注意到儿子们被斯纳格人逗得乐不可支，这是“只比一般的桌子高那么一点儿，但肩膀宽阔、力气也很大的族群”。

托尔金自己时间有限，只愿意读为数不多的小说，总体上他更喜欢轻松的当代小说。他喜欢约翰·巴肯的故事[16]，也读过一些辛克莱·刘易斯的著作，他显然知道《巴比特》这本1922年出版的小说，书里描绘一个中年美国商人井井有条的生活逐步脱离了正轨。

奇怪的材料放进了文学的炖埚，《斯纳格人的世界》和《巴比特》都在《霍比特人》的创作中发挥了一点作用。托尔金给W. H. 奥登写信说，前者“可能是下意识的灵感来源之一！但是仅就霍比特人而言，别的再也没有了”，他也对一位采访者说，“霍比特”（hobbit）这个词“可能与辛克莱·刘易斯的《巴比特》（Babbitt）有关系，肯定不是有些人认为的来自‘兔子’（rabbit）[17]。巴比特像霍比特人一样带着中产阶级的装模作样，他的生活范围也同样有限。”

托尔金在1930年代写的另一个故事，就没这么神秘的源头了，这故事可能是为逗孩子们，但主要是为娱乐自己。[18]它就是《哈莫农夫贾尔斯》，这个农夫生活的“小王国”就是牛津郡和白金汉郡。故事明显是由沃明霍尔（意即“爬虫大厅”或“龙厅”）地名的引申含义发展而来的，这是个牛津以东几英里的乡村。[19]故事的第一版比最终出版的短了很多，文风朴实，其幽默感来自发生的事件而非叙事风格。托尔金也将其作为《霍比特人》可能的后继者交给了出版社，和其他候选者一样，出版社觉得它非常出彩，但不是他们那时想要的。 221

几个月后的1938年早期，托尔金要给伍斯特学院的大学生社团读一篇探讨仙境奇谭的论文，但论文还没写，随着日子临近，托尔金决定改读《农夫贾尔斯》。他重新思量了这个故事，做了些修缮，经过重写故事变得更长，还带有些世故的幽默感。[20]几天后他在伍斯特学院读了这故事。“结果很让我吃惊，”他后来写道，“听众看起来并不觉得无聊，事实上他们笑得都直不起腰了。”《霍比特人》续集似乎会难产好一段时间，意识到这点，他把修订后的《农夫贾尔斯》交给出版社，对方颇有兴趣地接受了，但战争延迟了出版进程，托尔金也对最初选的那个插画家不太满意。这本书直到1949年才出版，一位年轻的艺术家波琳·戴安娜·贝恩斯画了插图。她的仿中世纪风格让托尔金大感高兴，评价说：“它们不仅仅是插图，而是（与文字内容）并存的主题。”[21]贝恩斯在《农夫贾尔斯》上大获成功，于是C. S. 刘易斯也选她给自己的《纳尼亚传奇》故事画插图。后来她还给托尔尔
222 金的诗歌选集，以及《大伍屯的铁匠》画插图，未来的年岁里她和她的丈夫将成为托尔金一家的朋友。[22]

《农夫贾尔斯》刚出版时并没有吸引多少注意，直到《魔戒》一炮打响，抬高托尔金其他作品的销量，才进入大众视野。托尔金曾考虑写一部它的续集，草拟了一些情节的细节，故事里出场的是贾尔斯的儿子乔治·沃明和一个叫苏特的小听差，让巨龙克吕索菲拉克斯[23]重新出现，和前作设定在同一片乡村之中。但直到1945年才结束的“二战”给托尔金深爱的牛津郡风光留下了伤疤，托尔金给出版社写信：“（我为《农夫贾尔斯》的）续集设计了情节，但没正式动笔写，也不打算继续了。小王国已经失去

了灵魂，森林和平原已成为飞机场和炸弹试验场。”[24]

虽然这些1920、1930年代写给孩子的短篇有时会触及他心灵深处，但它们确实只是智力游戏。[25]他真正投入精力的还是主题更宏大的作品，无论诗歌还是散文。

他继续撰写长诗“贝伦与露西恩的叙事诗”以及讲述图林和恶龙的头韵体诗歌，1926年他把这两篇和其他诗歌寄给R. W. 雷诺兹，征求他的意见，后者曾在爱德华国王学校教他英语文学。雷诺兹称赞了托尔金寄来的较短的诗篇，但对那些主要的神话诗歌反应冷淡。[26]托尔金并未却步，同时刘易斯对贝伦与露西恩的诗作颇为赞许，他受此鼓舞，继续写作。不过，虽然图林的诗篇写到超过两千行，“叙事诗”超过四千行，两者均未完成。[27]当他写完《魔戒》，开始着手修改《精灵宝钻》，似乎已经放弃了将 223
这两篇诗歌纳入他的神话体系出版的念头。尽管如此，两者在他的传说发展中都非常重要，尤其是“叙事诗”，这是贝伦与露西恩的故事最完整的版本。

这些诗歌对托尔金发展自己的写作技巧也很重要。“叙事诗”开头诗节的押韵双行体偶尔毫无顿挫、陈腐老套。但随着托尔金对韵律的掌握更驾轻就熟，他的诗歌也变得更沉着自信，出现了很多金句佳篇。图林诗歌所用的头韵体是盎格鲁-撒克逊古诗的现代版，托尔金在此表现出高超的技巧。如下段落，描绘图林在精灵王国多瑞亚斯度过的童年和青年时代：

诸多学识了然于胸，智慧珍藏心中，

Much lore he learned, and loved wisdom,
命运却总如影随形，每每难遂他心；
but fortune followed him in few desires;
偏生违愿弄巧成拙，频频铸成过错；
oft wrong and awry what he wrought turnéd;
丧失心中毕生挚爱，所欲也已不再；
what he loved he lost, what he longed for he won not;
期与挚友相交莫逆，却是饱经磨砺，
and full friendship he found not easily,
欲得真爱更是万难，因他愁容难展。
nor was lightly loved for his looks were sad.
谁言不曾愁肠百转，赏心乐事难全
He was gloomy-hearted, and glad seldom
决绝离乡悲戚横生，焦灼韶华青春。
for the sundering sorrow that seared his youth.
踏足成年门槛之上，他被寄予厚望
On manhood's threshold he was mighty holden
武能挥剑驰骋沙场，文能低吟浅唱
in the wielding of weapons; and in weaving song
只道游吟诗人重现，怎奈悲音难断。
he had a minstrel's mastery; but mirth was not in it.

托尔金改造了这种古老诗体，让它更现代化、更适用于自己的目的，在此过程中他也练就了非同寻常的能力。可惜他写的

（起码是出版的）头韵体诗歌很少，这比押尾韵的现代诗更适合 224
他表达自己的想象。

1930年代他还写过其他一些长诗，但它们并非都与他的神话直接相关。其中，《领主与夫人之歌》（“Aotrou and Itroun”，布列塔尼语的“领主”和“夫人”）是受到布列塔尼的凯尔特传说启发而创作的，最早的手稿创作于1930年9月。歌谣讲的是一个膝下无子的领主，有个女巫或者说“科里根”（布列塔尼语中泛指仙子）给了他一瓶魔药，在催情作用下，夫人为他生了双胞胎。但女巫前来索取回报，要领主娶她为妻，他的拒绝造成了一系列悲剧。《领主与夫人之歌》多年后由托尔金的朋友格温·琼斯（他也是语文学家）发表在《威尔士评论》上。这是一首头韵体诗歌，也包含了一套尾韵结构。[28]

这时期另一首重要的诗歌《亚瑟王的陨落》，压头韵不压尾韵，是托尔金的想象唯一一次进犯亚瑟王神话的疆界，后者他从孩童起就爱读，但又觉得“太过铺张、虚假，内容不一致又单调重复”。亚瑟王的神话故事讲述基督教太过直白，托尔金对此也不太满意。[29]他自己的亚瑟王诗歌并没有提及圣杯，但有对亚瑟王之死[30]的个人演绎，即国王和高文在“撒克逊之地”投入战斗，莫德雷德叛变的消息传来，两者都被召回故土。这首诗从未完成，而E. V. 戈登、R. W. 钱伯斯（伦敦大学英语教授）读后都颇为认可，后者认为这首诗是“了不起的杰作，真正的英雄诗篇，更不用说它另一方面的价值——展示了如何将《贝奥武甫》的韵律运用到现代英语之中”。还有一点也很有趣，这是托尔金
为数不多的直接描写性欲的作品之一，即莫德雷德对吉娜薇（这 225

是托尔金拼写她名字的方式）永不餍足的欲望：

他的床榻空空荡荡，他的欲壑终难填上
His bed was barren; there black phantoms
又起野蛮暴怒之火，阴暗幽灵由此诞生
of desire unsated and savage fury
总为烦忧萦绕脑海，直到阴冷拂晓到来。
in his brain had brooded till bleak morning.

但托尔金笔下的吉娜薇，并非大部分亚瑟王故事的作者钟爱的那种悲剧女主角，她被描绘成：

冷酷的女人，
lady ruthless,
仙女一般美丽，心中邪恶无比，
fair as fay-woman and fell-minded,
大地之上行走，带给男人不幸。
in the world walking for the woe of men.

1930年代中期他就将《亚瑟王的陨落》束之高阁，但1955年他又表示自己还是想完成的[31]，不过终究没有写完。

有一两次，他想抛开神话、传奇、幻想作品，给成人写一部现代背景的普通短篇故事。结果平淡无奇，表明只有借助神话传奇，他的想象力才能发挥最大潜能。而他确实把更多注意力放在《精灵宝钻》上，对体系中的主要故事做了大量修改和重写，决定放弃最初那个听故事的水手“埃里欧尔”[32]，改名为“艾尔夫威奈”或“精灵之友”。他花很多时间（可能比他花在实际写故事上的时间都多）发明精灵语和字母，现在发明了一套新的字母，起初称为“昆雅字母”，后来称为“费艾诺字母”[33]，1926年后就用这套字母写日记。他还频繁把精力用在他传说故事中的地理设定和其他细枝末节上。

直到1930年代后期，与《精灵宝钻》相关的所有作品形成 226
了一大批手稿，很多都以精美的手写体写就。不过托尔金还没做什么出版的打算，事实上很少有人知道它的存在。在托尔金家人之外，C. S. 刘易斯是唯一的知情者，而在家里，最忠实的听众是他第三个儿子克里斯托弗。托尔金在日记里写道，这个男孩已经长成“一个冒失、急躁、倔强、自律、顽皮的人，至少对我来说他身上有些非常可爱的地方，尤其是他很像我这点”。1930年代早期的很多个夜晚，克里斯托弗蜷缩在书房火炉旁取暖，一动不动听他父亲讲述（即兴地讲，而不是朗读）精灵与黑暗势力的战争，讲述贝伦与露西恩如何历经艰险、深入魔苟斯在铁囚牢的老巢。它们不仅是故事：在父亲的讲述中，这些传说变得栩栩如生，一个阴森的世界浮现眼前，恶心的奥克和邪恶的死灵法师把守着道路，可怕的红眼恶狼将贝伦的精灵同伴一个个撕成碎片。[34]但这也是精灵宝钻、这三颗伟大的精灵宝石所在的世界，它们的光芒瑰丽雄奇、充满力量。这个世界中，这场冒险终能排除万难，走向最后的胜利。

托尔金对第三个儿子的感情，可能是他开始写一本新书的原因之一。而C. S. 刘易斯对他写新书的助力更是直截了当。托尔金记录："刘易斯有天说：'托托，我们真正喜欢的这类故事太少了，我想我们必须自己试着写一点。'我们决定由他来试着写'空间旅行'，我写'时间旅行'。"他们还决定这两个故事都要走向发现神话的结局。[35]

227 刘易斯的故事就是《沉寂的星球》，是他"兰塞姆"三部曲的第一部。† 托尔金为这项挑战交出的答卷是《失落之路》，讲述一对父子时间旅行者，在回到努门诺尔王国的旅途中，发现了《精灵宝钻》的神话。

托尔金的努门诺尔传说，说的是人类因为帮助精灵对战魔

---

† 刘易斯在写作这本书及其续篇的同时，也在墨象社读了。托尔金几乎全身心地赞许头两本书（但他并不完全欣赏刘易斯发明的名字），部分是因为他的支持，《沉寂的星球》在被两家出版社退稿后，终于被鲍利海出版社接受并在1938年出版了。他喜欢第二部《皮尔兰德拉星》更甚于第一部，但刘易斯开始在墨象社朗读《黑暗之劫》时，托尔金记道："我恐怕这一部太过肤浅了"，他对这本书有更多了解后，并未改变他的观点，视其为受到查尔斯·威廉斯的亚瑟王—拜占庭神话影响而被糟践了的作品。托尔金认识到刘易斯可能多少是以他为样板，写出了故事里的语文学家主角兰塞姆。1944年他写信给儿子克里斯托弗："作为语文学家，他可能有部分我的特质，刘易斯在他身上安插了一些我的观点和想法。"——原注。《沉寂的星球》等"空间三部曲"中构想了一套语言体系"古太阳系语"，主角兰塞姆（托尔金）是解读这套语言的关键人物，故事最后刘易斯指出，这套书的起源是他和兰塞姆（托尔金）都担心一些永恒的危险，可能是指宗教信仰的失落。另外，托尔金当年是向艾伦与昂温出版社力荐《沉寂的星球》的。他在1938年2月18日给斯坦利·昂温写信，力主这本书的价值，说它在墨象社朗读后，被认为是一个激动人心的系列作品，大家高度认可。3月4日他针对某读稿人的负面评价，继续主张这是部成功的作品，只是适合更有才学的读者。《托尔金书信集》，书信24、26号。后来斯坦利对托尔金说，五个读稿人中只有一个认为这本小说会成功，于是转交鲍利海出版社，斯坦利·昂温当时是该出版社的主席和总经理。——译注

苟斯，被赠予努门诺尔这个在西方的大岛。这故事很可能创作于《失落之路》以前，大约在1920年代晚期或1930年代早期。故事的起源之一即他的“亚特兰提斯情结”，这是儿童时代就困扰他的噩梦，“可怕的梦境中，巨浪或是从平静的大海涌现，或是滔天卷起，侵入绿色的内陆，躲无可躲”。[36]努门诺尔的居民被索隆[37]（魔苟斯的副手，贝伦与露西恩的长诗中出现过）欺骗，打破神圣的戒条，航向西方的禁忌之地，巨大的暴风雨来临，巨浪摧毁了努门诺尔，整个岛屿陷入深渊之中。亚特兰提斯沉没了。 228

努门诺尔的故事结合了柏拉图的亚特兰提斯传说，以及《精灵宝钻》的想象特质。最终，托尔金讲述随着努门诺尔的陆沉，世界的形状如何发生了改变，西方之地“被从世界的范围中永远地移除”。这个世界本身弯折起来，而对于能找到的人来说，前往古老西方之地的笔直航道依然存在。这就是新故事的名字“失落之路”的由来。[38]

《失落之路》本身（而不是它所引出的努门诺尔传说）很明显是一种理想化了的自传。[39]它的主角是一对父子，父亲阿尔波因（“艾尔夫威奈”的伦巴第语形式）是一位历史学教授，他发明了几种语言，或不如说他是被动地“收到”了一些词语，它们似乎是被遗忘的古代语言的碎片，很多词语与努门诺尔的沦亡有关。这个故事写到阿尔波因和儿子穿越时间，出发前往努门诺尔时戛然而止，并未完成。[40]托尔金本想描写父子关系，读来却实在有些倒胃口，而且值得注意的是，阿尔波因和他的父亲（在故事开头出现过）并没有为妻子所牵绊，他们都在年轻时成了鳏夫。这个故事很可能在墨象社里读过，刘易斯也肯定听过努门诺尔的传说，因为他在《黑暗之劫》中有所提及，将努门诺尔错拼成“努民诺尔”。（他还从托尔金那里借用了其他元素，他的主角兰塞姆的名字是“埃尔温”，即“艾尔夫威奈”的另一个版本；他的《皮尔兰德拉星》中亚当和夏娃的名字是“托尔和提尼缀尔”，托尔金认为这“肯定是在回应”《刚多林的陷落》里的图奥和伊缀尔。）[41]

229 故事中的时间旅行者到达努门诺尔后，《失落之路》就搁笔了。（托尔金说：“源于我的拖沓和犹豫。”[42]）但1945年底，托尔金又重新使用时间旅行的主题来介绍努门诺尔传奇，开始写《摹想社档案》。[43]这部作品将墨象社本身（没做多少掩饰）纳入设定，[44]这一次，故事说的是两位牛津教师，作为标题中这个非正式文学社团的成员，出发开始时间之旅。但像它的前作《失落之路》一样，他写了个故事的开头就停下了，对真正的时间旅行过程只有一些粗略的描述。《摹想社档案》捕捉到墨象社的很多神髓，虽然托尔金很少试着去描绘他的朋友。故事的一部分的确曾付印过，这是一首描绘中世纪的圣布伦丹出航的诗歌，托尔金改编了这个传说，融入自己的神话之中，以《伊姆兰》（盖尔语“航海”）为题发表在1955年的《时代与潮流》杂志上。单看这首诗可能有些空洞，像在悲戚地回忆一则前景乐观却从未完成的故事。[45]

所以，在1920年代和1930年代期间，托尔金的想象力走上了两条截然不同、全无交集的轨道。一条轨道是纯粹的娱乐之作，往往是专门为了娱乐他的孩子。另一条轨道主题更宏大，有时与亚瑟王或凯尔特传说有关，但一般与他自己的传奇相关。同时，他除了在《牛津杂志》上发表了几篇诗歌外，并没有出版任何东西。托尔金的同事读过这些诗歌，认为他在用龙穴、名为汤姆·邦巴迪尔之类的有趣小人自娱自乐，他们觉得这是个没什么坏处的消遣，但有点幼稚。

在这里少了些东西，这些东西能联结起他想象力的两面，催 230
生一篇故事，里面既有英雄故事和神话传说，又能迎合大众的想象。他当然还没意识到这一缺失，甚至这一片缺失的拼图突然安放就位之时，他也没觉得有什么特别重大的意义。

这发生在夏日里的某天，他正坐在诺斯穆尔路书房的窗边，辛苦地批改着中学证书考卷。多年后他回忆："有一名考生仁慈地整页考卷都开了天窗（对阅卷人来说真是善莫大焉），我在上面写道：'**在地底的洞府中住着一个霍比特人**'[46]。名字总能在我脑海里产生一个故事，最终我想我最好弄清霍比特人是什么样的。但那只是个开始。"

第五部

1925—1949年（下）：第三纪元

第一章　走近巴金斯先生

缺失的那枚拼图，其实一直就在那里，即他个性中属于母亲 233
萨菲尔德的那一面。

从大学时代起，托尔金就强烈感受到，自己真正的故乡是英格兰西米德兰兹的乡村，这决定了他学术研究的本质。出于同样的动机，他研究过《贝奥武甫》《高文爵士与绿骑士》《隐修女指南》，现在又开始创造一个角色，一个代表西米德兰兹所有他热爱特质的角色：比尔博·巴金斯先生，一个霍比特人。

表面上看，我们能为这个创造找到几个明确的原型：斯纳格人、巴比特这个名字，以及在托尔金自己的故事里，也早有了四英尺高的汤姆·邦巴迪尔和娇小的提摩太·蒂图斯这两个角色。[1] 但这些，远不如托尔金个人因素透露的信息多。在《霍比特人》里，比尔博·巴金斯精力充沛的母亲贝拉多娜·图克，是老图克三个出类拔萃的女儿之一。比尔博的祖上巴金斯一脉，是个受人尊敬又可靠的家族。比尔博人到中年，爱家常菜，衣着简朴，却又爱色彩鲜亮的衣服，不爱冒险，而一旦冒险开始，他个性中那些奇妙的部分就苏醒了。约翰·罗纳德·鲁埃尔·托尔金，他母亲梅贝尔同样是老约翰·萨菲尔德（约翰活到近一百岁）三个杰出的女儿之一，同样积极进取。托尔金家族同样可靠又受人尊敬。托尔金也人到中年，容易消沉，爱家常菜，衣着简朴，但财力允
234 许的话，也喜欢穿彩色背心。而他有些不寻常的特质，在创作神话时已有所显现，现在更让他着手创作《霍比特人》这个新的故事。

托尔金本人对作家和作品的相似有充分的认识。“我就是个霍比特人，”他曾写道，“除了身高以外。我爱花园、爱树木、爱没有机械化耕作的农田；我抽烟斗，喜欢可口的家常饭菜（没放过冰箱的），但讨厌法国料理；即使严肃沉闷的日子里，我也不羞于穿带装饰的正装背心；我热爱吃蘑菇（野外的）；我有种简单的幽默感，即便欣赏我的评论家也会对此哭笑不得；只要有机会我就晚睡晚起；我不怎么旅行。”[2]似乎是为了强调个人经历，托尔金拿来伍斯特郡当地人对他姨妈简的农场的称呼，把这个霍比特人的房子命名为“袋底洞”。伍斯特郡是萨菲尔德家族的故乡，是他弟弟希拉里当时务农的地方，也正是西米德兰兹一带，他心里霍比特人的家园——夏尔[3]的所在。托尔金写道：“那个郡的每个角落（无论优美还是肮脏）都是我心中无可言喻的‘家乡’，世界其他任何地方都比不上。”但具体到霍比屯，它的磨坊，它的河流，其原型萨尔霍却来自沃里克郡，而非伍斯特郡，[4]虽然现在被伯明翰遍布红砖高墙的城郊遮掩住，相似之处仍清晰可辨。托尔金童年初谙世事的时候，就在那里度过了四年的

时光。

霍比特人的设定不只源于托尔金的个人经历。他曾对一位采访者说："霍比特人就是英国乡村的民众，霍比特人身材矮小，是要体现英国乡下人普遍想象力有限，但不缺少勇气和潜在的力量。"[5]换个说法，霍比特人象征着那些想象力有限却充满勇气的人，他们往往能突破万难生存下来（正如托尔金在"一战"战壕中见识到的）。"我总是难以忘却，"托尔金曾说，"我们能存活下来，有赖于那些不起眼的小人物，他们以百折不挠的勇气，对抗强大的命运。" 235

起码从时间上，不能说"霍比特人"就是那个"缺失的拼图"，让托尔金两方面想象力能在1920年代和1930年代交汇融合。因为托尔金可能在这一时期初期，就开始撰写《霍比特人》了。更准确地说，直到《霍比特人》完成付梓，甚至直到他开始写续篇，托尔金才认识到霍比特人的重要性，意识到他们即将在他的神话中扮演重要角色。一开始，《霍比特人》只是他的另一篇娱乐之作罢了，而且差点像其他很多故事一样，没完成就被束之高阁。

尽管我们清楚知道托尔金为何要创作这个故事，我们却几乎无法确定他是从何时开始的。从他的手稿无法判断写作日期，托尔金自己也想不起这本书的准确开端。某次他解释说："我不确定，但我认为第一章'不速之客'也许是在1935年之前匆忙写就的，但肯定晚于1930年，那时我刚搬到诺斯穆尔路20号。"另一次他写道："我在一张空白考卷上涂了一句话'在地底的洞府中住着一个霍比特人'。我当时和现在都不知道为何会写下这样一句话。很长时间里我并没有拿这句话怎么样，有好几年，我除了画下瑟罗尔的地图，什么也没干。但这句话到1930 年代初就衍生出了一部《霍比特人》。”[6]在他的回忆中，最初的灵感和落笔书写的故事主体之间存在着一段间隔。《霍比特人》第一章的原稿
236 有一页保存至今，上面托尔金涂写的笔记证明了这点："《霍比特人》第一份草稿仅存的一页，故事的内容不超出第一章。”[7]1937年图书出版后没多久，克里斯托弗·托尔金在给圣诞老爸的信中，记录了这本书的缘起："书是爸爸老早以前写的，还在晚茶后的冬季‘读书会’上读给约翰、迈克尔和我听过；[8]但是那时候最后几章还很粗糙，而且没有打出来；他大概是一年前才写完的。”同一年，在给出版社的信中，托尔金说："我大儿子听这故事时13岁，其他几个年纪太小，暂时还不感兴趣。”[9]

这些陈述指向以下结论，这本书的写作起始于1930年或1931年（这时大儿子约翰13岁），在1932年晚些时候呈交给C. S. 刘易斯前，肯定已有一份完整的打字稿（只少了最后几章）。[10]然而约翰、迈克尔并不认为这是事实的全貌，他们清晰记得，早在1930年之前，他们还住在诺斯穆尔路22号的时候，托尔金就在书房里告诉了他们故事的一些情节。[11]他们不确定那时听到的一定就是**已经成文**的故事。他们认为，也有可能托尔金当时讲的是一些即兴小故事，后来糅进了《霍比特人》正文。

《霍比特人》手稿表明，故事的主体部分事实上是在相对较短的时间内写就的，因为墨水、纸张和书写笔迹始终一致，页码顺序连贯，几乎没有划分章节。手稿还表明，托尔金写作时流畅无碍，因为涂改修订相对很少。[12]最开始，恶龙的名字叫“普里

夫坦”，“甘道夫”这个名字给了矮人首领，巫师则被称为“布拉多辛”[13]。恶龙的名字很快改成“斯毛格”（Smaug），这个词来源于日耳曼语动词smugan，即“挤过山洞”。托尔金说这是个“低级的语文学笑话”[14]。不过“布拉多辛”这个名字保留了一段时间，直到草稿已经推进许多后，托尔金才把矮人首领改名为“梭林·橡木盾”，把巫师称为“甘道夫”[15]（和所有矮人名字一样，都取自冰岛史诗《老埃达》[16]）。“甘道夫”这名字恰如其分，因为在冰岛语中，这正是“法师精灵”乃至后来“巫师”的意思。 237

刚开始时，这故事只是个人的消遣。那时托尔金肯定无意将比尔博·巴金斯舒适的世俗世界，以任何方式和《精灵宝钻》宏大的神话世界联系起来。然而，中洲神话的元素逐步悄然出现。因为矮人（dwarves，小说里如此拼写）在他早期作品中占有一席之地，他们势必充当了这一关联。而且第一章中巫师提到“死灵法师”，这又和贝伦与露西恩的传说联系了起来。很快我们就发现，比尔博·巴金斯和他同伴们的旅程覆盖中洲世界的一隅，而《精灵宝钻》记录了这个世界的早期历史。用托尔金自己的话来说，这就是“巴金斯先生闯入的那个世界”。[17]如果说以事件发生时间来看，《霍比特人》显然远在《精灵宝钻》之后，那么，既然后者记录了第一和第二纪元的中洲历史，看来前者就是属于第三纪元的故事了。

“创作这样的故事，”托尔金说，来自种子“在我脑海‘堆积的落叶’里生发成长”。[18]我们仍可以辨识一些“落叶”的形状：1911年的阿尔卑斯之行、乔治·麦克唐纳“柯蒂”系列里的哥布林，[19]以及《贝奥武甫》中从沉睡巨龙眼皮底下偷走金杯的一

238 幕，[20]但这些都不是托尔金所说的“落叶”象征的关键。只是在落叶中翻找，探寻当初有哪些死去的植物堆积起来，是了解不到多少情况的。更好的方法，是观察这些落叶如何滋养着新生成长中的植物。《霍比特人》里，托尔金脑海中“堆积的落叶”滋养众多，这是很少有其他儿童文学著作能够比拟的。

就算拉进了他的神话体系，托尔金也不允许这个故事变得过于严肃，甚至带着成人口吻，因为这是个儿童故事，必须符合他的初衷：娱乐自己的，或许还有别人的孩子。初稿中，他时刻谨记这条初衷，结果有时处理得过于刻意，为青少年读者加上大量“旁白”，诸如“现在你对接下来的故事有了足够的了解”“正如我们将在结尾看到的那样”此类的评论。他后来删了这些内容的大部分，但一些还是保留到正式出版。他变得反感这些内容，感到后悔，甚至觉得居高临下给孩子讲故事是个巨大的错误。“别管这些年轻人了！”他曾写道，“我还没那么喜欢‘孩子’，不管是现代还是其他意义上的‘孩子’，我绝对无意向他们妥协，哪怕妥协一小半也不行。无论如何这就是个错误，对不聪明的人做解释毫无用处，对聪明人施加压力只有坏处。”[21]但当他动笔写《霍比特人》时，还是受到谬见的影响，他称之为“当代对‘仙境奇谭’和儿童的谬见”，并在不久后明确做出决定将其抛弃。[22]

故事写得很顺利，直至临近结尾前，斯毛格即将死去的段落。[23]托尔金在这里迟疑了，开始用简略的笔记来构思情节。他将来写《魔戒》时经常这么做，写《霍比特人》却很少为
239 之。[24]这些笔记表明比尔博·巴金斯或许会潜入龙穴、杀死恶龙。

"比尔博用他神奇的小刀猛刺,"他写着,"巨龙挣扎。摧毁墙壁和通道入口。"[25]但这个构思很不符合霍比特人的个性,处理斯毛格的死也不够庄重。最终出版的版本里,他否决了这个想法,改让射手巴德杀死巨龙。在描述完巨龙之死后不久,托尔金放弃了整个故事。[26]

更准确地说,他没留下更多文字记录。[27]他已经为孩子们即兴讲完了故事的结局。但正如克里斯托弗所说,"结尾几章完成得很粗糙,还没形成打字稿"。事实上这几章根本没写进手稿。托尔金为几近完成的故事制作了一份打字稿,印满了哈蒙德打字机打出来的清晰小字,歌谣用斜体标出,配以地图(可能已经有了一些插图),偶尔拿给至交好友看。[28]但它绝大部分时候在托尔金书房里待着,没有写完,而且看来会一直如此了。孩子们渐渐长大,不再提出要举行"冬季读书会",我们看不到还有什么必要去写完霍比特人的故事。

伊莱恩·格里菲思作为托尔金在牛津大学指导过的学生、托尔金一家的好友,是少数能看到这份打字稿的人之一。在托尔金推荐下,她被伦敦的乔治·艾伦与昂温出版社聘用,负责修改克拉克·霍尔的《贝奥武甫》译本,这本书是很多大学生的"秘密资料"。1936年某天(托尔金放弃《霍比特人》一段时间后),出版社职员苏珊·达格诺尔来牛津看望伊莱恩,商讨《贝奥武甫》 240
译本的计划。她和伊莱恩曾同时就读于牛津英语系,和她非常熟悉。从后者那里,她了解到托尔金教授写过一个未完成却很精彩的儿童故事。伊莱恩·格里菲思建议她去诺斯穆尔路试着借出这份打字稿。她去了，见到托尔金，要到了稿子。拿回伦敦阅读后，苏珊认为这个故事绝对值得艾伦与昂温出版社的青眼。但故事在巨龙之死后戛然而止。她将稿子还给托尔金，恳请他写完，越快越好，这样就能在第二年考虑出版了。

托尔金重新开工。1936年8月10日，他写道："《霍比特人》基本完成，出版社求之若渴。"他让儿子迈克尔帮忙打字，迈克尔被学校玻璃割破右手，只能用左手助力。[29]书稿在10月第一周终于大功告成，取名为"霍比特人：去而复返"，送往大英博物馆旁的艾伦与昂温出版社总部。

斯坦利·昂温作为出版社主席，相信儿童是童书最好的评审员。所以他把《霍比特人》交给自己10岁的儿子雷纳，后者读后写了如下的读书报告：

> 比尔博·巴金斯是个住在霍比特洞府里的霍比特人，从不爱冒险，最后巫师甘道夫和他的矮人说服了他。他度过了一段激动的时光，与半兽人和座狼战斗。最后他们到了孤山，守护它的巨龙斯毛格被杀，与半兽人大战一场后，他回
> 241 家了——成了阔佬！这本书不用插图，有地图就行了。它很好看，应该足以吸引所有五岁到九岁的小孩。[30]

雷纳的报告为他赚到一先令，出版社也终于同意出版。

无论雷纳如何评判，出版社还是认为《霍比特人》需要插图。托尔金对自己的艺术才华很谦虚，按照出版社的建议，他提交了自己为故事所画的插图，并且评价说："似乎对我来说，这些

插图仅仅证明作者不会画画。”[31]但出版社并不同意，他们欣然采用了八幅黑白插图。[32]

虽然托尔金对图书的出版流程有所了解，他还是很惊讶接下来几个月有这么多困难和失望。后来终其一生，出版商、排字工的小算盘和偶尔的不胜任，都让他开了眼界。他重画《霍比特人》地图，因为初稿用了太多颜色。而且他本打算将全境地图[33]作为环衬，将瑟罗尔的地图插在第一章的文字中，这些计划也流产了。出版社决定，两幅地图都应该印在环衬页上。他有个“隐形文字”的计划，即手持瑟罗尔地图对着光源时，地图上的文字会显现，最终也只能放弃。[34]托尔金还必须花大量时间来审校样，虽然这完全是他自己的错。当1937年2月校样送到诺斯穆尔路时，他决定对一些段落做大幅修改，因为此前他没有像往常那样彻底检查全文，就把手稿送出去了。如今他对一些段落不满意了，尤其不喜欢很多对青少年读者居高临下的“旁白”。他还看 242
到对地貌的描述有很多前后矛盾之处，虽然只有最敏锐最专注的读者才能发现这些细节，但完美主义者托尔金绝不会放过。几天时间，他就在校样上写满了修改文字。[35]出于对排字工的特别照顾，他确保自己的修改和原文占用相同的面积。不过这是白费时间，排字工还是决定从头重排他修改的内容全文。

1937年9月21日《霍比特人》正式出版。托尔金有些紧张牛津这方面的反应，尤其他当时申请了利弗休姆基金会的研究基金。[36]他评论说：“我发现很难让人相信，《霍比特人》并不是1936年到1937年我‘研究’的主要成果。”[37]他无须担心，牛津一开始几乎就没注意这事。

出版后没多久，一名评论家在《泰晤士报》的专栏中，对这本书大加赞美："这本书大人都能反复阅读，所有喜欢这类童书的人注意了，一颗新星正冉冉升起。老练的人能看到书中的角色几乎就是从神话中来的。"[1]这个"老练的人"就是C. S. 刘易斯，作为《泰晤士报文学增刊》的常驻评论员，成功将他朋友新书出版的消息在母刊《泰晤士报》上广而告之。自然，他也在《增刊》上发表了热情洋溢的书评。[2]其他很多评论家也给出了同样积极的反应，虽然也有人乐于指出，只因为《霍比特人》和《爱丽丝漫游仙境》都是牛津教师的作品，出版社新书"简介"就把两者相提并论，有些不恰当。还有些负面意见，比如《少年书
243 架》上有人评论（这评论有些令人费解）："我没看到真实冒险中那种勇往直前的自由。"

《霍比特人》第一印圣诞前就卖完了。第二印紧急上架，包含托尔金所绘五幅彩色插图中的四幅。[38]很显然托尔金此前从未将其交给艾伦与昂温出版社，直到他把这些图给《霍比特人》的美国出版社霍顿·米夫林送印，要艾伦与昂温出版社经手，他们才发现这批插图的存在。几个月后美国版问世，收到的评价也多为赞许，还被《纽约先驱论坛报》评为当季最佳儿童书籍。[39]斯坦利·昂温意识到他有了一本儿童畅销书。他给托尔金写信："明年会有大批公众叫嚣着要从你这里得知更多霍比特人的消息！"

第二章 “新《霍比特人》”

《霍比特人》出版几周后，托尔金去伦敦和斯坦利·昂温共进午餐，讨论这本书可能的续篇。他眼前的这个出版商个头矮小、双眼明亮、留着胡须，“我认为他除了不抽烟以外，像极了我笔下的矮人”。昂温当然不抽烟，也不喝酒，因为他来自一个严格的不从国教家庭[1]。他们都觉得对方不同寻常。昂温了解到托尔金在写一部大型神话作品，名叫“精灵宝钻”，虽然托尔金承认这本书并不适合作为比尔博·巴金斯冒险的续作，但现在还是想出版。托尔金说他还写过诸如《幸福先生》《哈莫农夫贾尔斯》和《罗弗兰登》之类给孩子的短篇，以及一部未完成的小说《失落之路》。昂温让托尔金把这些手稿都送到他在博物馆街的办公室去。 244

出版社收到并阅读了这些稿件。儿童故事都很好读，但没有一个是和霍比特人有关的，而斯坦利·昂温相信喜欢《霍比特人》的读者就想要更多的霍比特故事。至于《失落之路》，显然不适合青少年读者。[2]但《精灵宝钻》带出一个更复杂的问题。

这个长篇大作的手稿，或者不如说是一捆草稿，没整理好就
245 寄到了出版社，[3]只有长诗“贝伦与露西恩的叙事诗”还算清晰连贯。出版社的审读人收到这首诗，读后对其评价不高，事实上他的报告对诗歌的押韵双行体评价颇为尖刻。虽然他也补上一句，说这首诗的散文版本引人入胜，托尔金可能是拿它补全内容本不完整的诗歌。“这段故事从此以惊人的节奏铺展开来，”审读人向斯坦利·昂温继续热情地报告（尽管夸赞的措辞有些荒唐），“语句简洁庄重，画面感很强，撇开那些扎眼的凯尔特名字不提，总体还是能吸引读者的兴趣。故事里的美癫狂又耀眼，这样的凯尔特艺术，会让所有盎格鲁-撒克逊人目眩神迷。”[4]

没有证据显示此时艾伦与昂温出版社的人读过《精灵宝钻》的其他任何部分，不过1937年12月15日，斯坦利还是给托尔金写信说：

> 《精灵宝钻》包含大量精彩的材料。其实，与其说这是一本书，不如说要写一本《霍比特人》这样的新书时，这就是可资探索的富矿。我想这多少也是你的看法吧？我们急需另一本能延续《霍比特人》成功的书，但是唉！你的这些手稿（诗歌和《精灵宝钻》本身）都不符合条件。我仍然希望你能受到启发，写出另一部讲述霍比特人的小说。

这封信中，斯坦利·昂温还附上审读人看过《精灵宝钻》部分内容后，所写的有点误导性却热情洋溢的评价。

1937年12月16日，托尔金回复说：

我最大的快乐是知道《精灵宝钻》没有被轻蔑地拒绝。 246
很可笑，自从我拿出这份敝帚自珍的私藏之作，就感到惶恐不安、怅然若失。如果你也觉得它是一通胡扯，那我真感觉彻底垮了。但我现在坚信有朝一日能够，或担得起让《精灵宝钻》出版问世！你审读人的评论让我乐不可支。我很抱歉这些名字扎了他的眼，我自忖它们还是不错的（对此我自信是个很好的评判者），对故事氛围的营造也是不可或缺的。我按照两套彼此相关的语言模式发明了这些名字，它们合乎逻辑、协调一致，所以实现了其他名字创造者（比如斯威夫特和邓萨尼勋爵！）从未企及的真实感。更不用说它们不是凯尔特语！这也不是凯尔特故事。

看来我挑选给您的东西都不符合要求，但我想知道，它们中是否有任何一种，对在我之外的其他人有些价值。我想显然除此以外，必须要有个《霍比特人》的续篇或同类作品，我答应您会对此给予考虑与关注。不过如果我跟您说，我脑子里这会儿想的是构建结构复杂又有连贯性的神话（还有两门语言），而心里装的则是精灵宝钻，我相信您一定会对我表示理解的。因此天知道将来会发生什么。巴金斯先生开始的时候是一个充满喜剧色彩的人物，置身于一群传统的、反复无常的格林童话式的矮人中，后来却被拉到这个世界的边缘——因此即便是可怕的索隆也越过这边缘向里窥探。霍比特人还有什么可做的呢？他们可以很好笑，但他

> 们的可笑之处是土里土气的，除非把他们投入一个更原始狂野的背景中去。不过对我来说，真正有趣的是霍比特人时代前，发生在奥克和龙身上的故事。可能需要开一条新的故事线（尽管还是很雷同）？[5]

247 斯坦利很可能没怎么理解这封信的内容，不过无论如何托尔金已经自说自话地开始计划了，因为仅三天后的1937年12月19日，他就写信给艾伦与昂温的编辑人员查尔斯·弗思："我已经写好了霍比特人新故事的第一章——'盼望已久的宴会'。"[6]

新故事的开头和此前的霍比特人故事很像。霍比屯的比尔博·巴金斯先生举办他的生日宴会，向宾客发表一番演讲后，快速戴上一枚魔法戒指（《霍比特人》中讲述了他获得戒指的经过），消失了。这份初稿中给出的消失原因，是比尔博"花光了所有的钱财珠宝"，[7]离开去寻找更多由巨龙占据的黄金。初版第一章到这里戛然而止，并未完成。[8]

至此，托尔金还没考虑清楚新故事将发展成什么样。《霍比特人》的结尾中，他说比尔博"还是一辈子都活得快快乐乐，还是特别长的一辈子"。所以这个霍比特人如何能开展名副其实的新冒险，又不与此冲突呢？是否他还没挖掘完比尔博这个角色的可能性？[9]他决定引入一个新的霍比特人，比尔博的儿子，以他孩子的考拉熊玩具"宾果一家"给他命名。[10]所以他划掉了初稿里的"比尔博"，在上面写"宾果"。[11]后来他有了另一个想法，在备忘录上写（他创作这个新故事经常会这么做）："**让戒指的回**

归成为动机。”

毕竟，那枚戒指是联系前作的纽带，也是前作为数不多的几个未充分展开的元素之一。此前比尔博在迷雾山脉地底，从黏糊糊的咕噜那里意外拿到了戒指。它能够让佩戴者隐形的魔力在《霍比特人》中用得淋漓尽致，但它也许还有其他特性。托尔金 248
又记上几笔：“那枚戒指：从哪来？死灵法师？它用于良善的目的还不怎么危险，但必须要有相应的惩罚。你或者失去它，或者失去**自我**。”然后他重写开头一章，称这位男主角为“宾果·博尔杰-巴金斯”，让他成为比尔博的外甥而不是儿子。[12]他完成了打字稿，1938年2月初寄给艾伦与昂温出版社。他问斯坦利的儿子雷纳，那个给《霍比特人》写第一份读书报告的孩子，是否愿意对此发表意见。

2月11日，斯坦利·昂温写信说，雷纳已经读过了，读得很开心，他告诉托尔金：“继续写下去。”

托尔金大受鼓舞，但回复说：“我发现写开头章节太过容易，此时故事还没展开。我原来写《霍比特人》过于挥霍（当时我从未想过它会有续集），如今在那个世界里很难发现点新东西。”然而他重回案头，写了第二章“三人为伴”[13]，讲的是宾果和他的表亲奥多、弗罗多[14]在星空下穿过乡野，出发去旅行。

“故事有失控的倾向，”几周后托尔金给他的出版社写道，“有了意料之外的转折。”他指的是邪恶“黑骑手”的出现，明显是来搜寻霍比特人的，这一幕出乎他的意料。[15]其实故事还将出现好几个意外转折，这是第一个。托尔金没意识到，经常也没预见到，他让故事偏离了《霍比特人》的欢快风格，变得更黑暗更宏大，与《精灵宝钻》更加呼应。

第三章写完了，没取标题，但本质上和最终出版的“蘑菇
249 捷径”是同一章。托尔金把写完和重写的全打出来，再次寄给雷纳征求意见，对方再次表示赞同，尽管提到“霍比特对话太多了”。[16]他还问这书会叫什么名字。

到底叫什么呢？更重要的是，托尔金还没想清楚这书写的是什么，他也没多少时间去考虑这件事。除了要关注的日常事务：讲座、考试、行政、研究，还额外多了个烦恼，他儿子克里斯托弗最近刚和哥哥们一样，去伯克郡的一所天主教寄宿学校上学，就被诊断出不明原因的心脏病，得在家卧床几个月。他父亲不舍昼夜地照顾他，好几周都不再考虑新故事的事情。他在第三章末尾记了一笔：“死灵法师计划进攻夏尔，宾果为此要做些什么，他们必须找到咕噜，找到他在哪里得到的戒指，因为大敌正在寻找人类的三枚戒指[17]。”这个构思一开始看着很有发展潜力，但并未立竿见影。1938年7月24日他致信艾伦与昂温出版社的查尔斯·弗思：“《霍比特人》的续集还停在上次中断的地方，我已经失去兴致，不知道该怎么处理了。”

此后不久，传来E. V. 戈登在医院逝世的消息，这一打击更让新故事搁置下来。大约正是此时，托尔金开始将思路集中到戒指这个核心物品上，写了一些宾果和精灵吉尔多的对话，解释它的本质。精灵说，这是死灵法师打造的诸多戒指中的一个，**他**似
250 乎正在寻找它。精灵还解释，其他戒指已经让黑骑手或者说“戒灵”永远隐形了。现在思绪终于开始涌流，托尔金写了一段宾果和巫师甘道夫的对话，[18]他们决定必须跨越数百英里，将这枚戒

指带到黑暗之地魔多，投入“一处大地的裂缝”，那里燃烧着烈火。这足以支撑故事继续发展，让霍比特人来到汤姆·邦巴迪尔的家。写完这段故事后，1938年8月31日托尔金给艾伦与昂温出版社写信说这本书“一路奔流，完全失去了控制。我已经大致写到第七章，继续前往无法预见的目的地”。然后他带家人出发去西德茅斯度假，克里斯托弗如今身体大为好转，也加入其中。

他在那里继续大幅推进故事。霍比特人来到“布理”的乡村客栈，那里他们遇到一个怪人，于是文本中又出现一个意外转折。早期创作的几份手稿中，托尔金描绘这人是“一个长相古怪的棕脸霍比特人”，称他为“快步佬”。后来他将被重塑为人类英雄的形象，一个重掌权柄的王者，本书第三部也将以此得名，但此刻对他的身份，托尔金知道的并不比那些霍比特人多。他继续写，让宾果来到幽谷。大约此时，托尔金在一张白纸上涂写：“霍比特人太多了。[19]宾果·博尔杰-巴金斯这名字也不好。把宾果改成弗罗多。”但又在下面写道：“不——我太习惯于宾果这个名字。”此外，还有个问题尚未明确——为什么这枚戒指对每个人都这么重要？突然一个想法浮现出来，他写道：“比尔博的戒指是**唯一的统御之戒**，魔多已收回其他戒指，但这一枚遗失了。”[20]

这枚统御之戒将控制众戒，是魔多的黑暗魔君索隆的力量来 251
源，也是他施展力量的工具。霍比特人必须带走它、摧毁它，不然整个世界会堕入索隆的掌控之中。如今一切就位，故事从《霍比特人》的“少年读物”层面，跃升到宏大英雄传奇的领域。[21]它甚至有了名字：下一次托尔金给艾伦与昂温出版社写信时，把它称为“魔戒”。[22]

这些都必将发生，托尔金并不真心想再写《霍比特人》这样的故事，他想继续其神话的严肃创作，这也是他现在能做的。新的故事紧紧依附于《精灵宝钻》，它将会和后者一样，主旨庄严，文风高雅。当然，霍比特人还是霍比特人，还是那些双脚毛茸茸的小家伙，有着巴金斯、甘姆吉（托尔金家里流传的“老头儿甘姆吉”笑话，导致书里出现了同名人物，更重要的是，引发托尔金创造出他的儿子“山姆”，他将在故事中扮演重要角色[23]）这样有趣的名字。某种意义上，霍比特人只是由前作而来的意外收获，但如今托尔金第一次认识到霍比特人在中洲世界的重要性。这个新故事主题宏大，核心却着眼于那些小人物的无畏勇气，故事的主旨却要在夏尔的客栈花园中才能找到，这些代表英格兰这片土地上托尔金挚爱的一切。

既然故事的全部本质已显露无遗，托尔金就不用再像以前那样频繁地重写开头或重新考虑内容了。从西德茅斯度假回来，托
252 尔金在1938年秋花费了大量时间继续写作，所以当年年底，后来成为卷二的部分已写了很多。[24]他通常在夜里工作，这是他的习惯，以诺斯穆尔路书房里特殊的火炉取暖，文字用蘸水笔写在旧考卷的背面——所以很多《魔戒》的草稿是点缀在遗忘已久的学生论文之中的。[25]每章最初的形式都是潦草的草稿，经常字迹难辨，然后他用工整的字体改写一遍，最后用哈蒙德打字机打一份打字稿。唯一有待做出的重大改变是主角的名字，1939年夏天他曾短暂地考虑改掉迄今所写的一切，将比尔博作为主角从头来

过（可能是为遵循两本书中的男主角理应是同一人的原则），此后他又回到使用“宾果”这个角色的初衷，但故事已经有了严肃的主旨，“宾果”这个名字变得非常不合时宜，他挪用原先一个小角色的名字“弗罗多”，此后就一直叫“弗罗多”了。

大约托尔金决定给这本书取名为“魔戒”的同时，张伯伦与希特勒签署了《慕尼黑协定》。托尔金和当时其他很多人一样，相比苏联并不怎么怀疑德国的意图。他表示对“任何包含苏联的阵营都感到厌恶”，还加上一句，“我认为相比希特勒，最终苏联可能更要为当下的重大危机和转向负最终责任。”但这并不意味着将魔多这个《魔戒》中的邪恶渊薮设定在东方，是为了隐喻当代的国际政治。托尔金坚称，这“只是为了叙述上和地理安排上的必要”。另外他仔细区分寓言和适用的定义：“我打心底不喜 253
欢任何形式的寓言故事，自从我足够成熟与敏感，能察觉它的存在时便是如此。我相对偏爱历史，不管历史是真实还是虚构，它对不同读者的想法和经验有不同的适用性。我认为，很多人混淆了‘适用性’和‘寓言’二者，前者让读者自由领会，而后者由作者刻意掌控。”[26]C. S. 刘易斯评论《魔戒》说：“这些内容并没有被设计来反映真实世界中的任何特定情况。与之相反，世界上真实发生的事件，正越来越符合他书中自发创造的样板，这很可怕。”[27]

1939年头几个月，托尔金希望能继续写书，却要应付无穷无尽的干扰，其中一件，他答应3月初要在圣安德鲁斯大学举办的安德鲁·朗纪念讲座上发表演讲。他选择童话（仙境奇谭）这个话题，这本是一年前答应要给伍斯特学院的学生协会讲的。这话题很符合当时的场合，因为它既与朗本人极为相关，也是托尔金写新故事时自己在深思的问题。很明显，《霍比特人》是写给孩子的，《精灵宝钻》是给大人的，但他察觉《魔戒》没那么容易归类。1938年10月他写信给斯坦利·昂温，说“这本书正在忘记‘孩子’，变得比《霍比特人》更可怕”。又说，“这本书可能非常不适合（孩子阅读）。”但他强烈感受到童话（仙境奇谭）并不只是针对孩子的，他决定在演讲中着重证明这个信念。

很多年前他为C. S. 刘易斯写过一首诗《神话创造》，已然触及这个关键问题，他决定在演讲中引用：

254 人类的心中并非充满谎言，
上帝的智慧会在脑海浮现，
仍然仰赖于祂。虽然早已疏远，
人类未曾全然失落或全然改变。
他可能失去恩典，但未失去冠冕，
还依然保有彰显尊贵的破旧衣衫：
人类是次创造者，也是折射之光
是透过了他，才从一道白色光芒
分出万千色彩，融汇出生动形象
通过思想流转，从现在直到永远
世界所有缝隙之中，我们装填
半兽人和精灵，超越黑暗光明，
我们锐意营建，诸神及其宫殿，
播下巨龙种子——这是我们的职权

（不论是否误用）。此权并未腐坏：
遵循被造之法，人类着手创建。[28]

以往我们常说“自愿搁置怀疑”[29]，“人类是次创造者”某种意义上是其全新的表达形式，也是托尔金此次演讲的中心论点。

“真相是，”他写道，“一个写故事的人也是个成功的‘次创造者’。他创造了一个次生世界，读者的思想可以进入其中。置身其中，作者的讲述就是‘真实的’，就是那个世界的法则。可以这么说，当你进入这个世界后，自然就深信不疑，而一旦不再相信，咒语就被打破，这种魔力、毋宁说是艺术就失效了，你将再次出来，回到原初世界，从外面回望那个小小的失败的次生世界。”

演讲中他抛出了很多看法，可能对一个已经非常完整有力的论证来说看法太多了。演讲的最后，他以强有力的论述断言，次生世界的“次创造”是人类最高级的工作，一如他在撰写《魔戒》时所做的。他还希望这个故事，以及相关的整个神话体系在 255
某种意义上都会被认为是“真实的”。“每个作家都在创造次生世界，”他宣称，“希望通过某些方法成为一个真正的创造者，或者希望自己在描绘一幅真实的画卷：他认为这个次生世界的特质（尽管不是所有细节）是源于真实世界的，或能融入真实世界。”事实上，他甚至说如他现在这样写故事，是一种特殊的基督教事业。“基督徒，”他说，“可能会察觉，他所有的天赋能力都服务于一个目的，一个救赎的目的。这笔救赎的回报如此丰厚，他或许有充分理由认定，奇幻作品的创作其实参与揭示或丰富了上帝造物的千姿百态。”

1939年3月8日（这年份被错记成1938年、1940年，不一而足），他在圣安德鲁斯大学做了这次演讲。然后他带着全新的热情回来继续写《魔戒》，他已在演讲中解释过写这本书的目的。最初是因为出版社的激励，只想写《霍比特人》的“续篇”，但现在，尤其在演讲中提出了如此高远的目标，这枚魔戒对他已经像那些宝钻一样重要。显而易见《魔戒》不再是《霍比特人》，而是《精灵宝钻》的续篇。《精灵宝钻》的各个方面都在新故事中发挥作用：神话本身，提供了历史设定和纵深感；精灵语言，他已经兢兢业业、追根究底发明了25年以上，甚至包括费艾诺字母，1929年到1933年他的日记都以此记录，现在又用其在故事里书写精灵文。不过面对朋友，他依然谦虚地把这个故事称为“新《霍比特人》”或“《霍比特人》续篇”。

256 他逐章为墨象社的朋友读这个“新《霍比特人》”故事，受到热烈欢迎，尽管不是每个人听了故事后都会喜欢这种已经开始主导著作的“高雅文风”。[30]托尔金逐步推进，从开头几章相对通俗的口吻，转向更古雅、更庄严的风格。他清楚这点，甚至有意为之。正如写作《魔戒》的意图反映在他在圣安德鲁斯大学的演讲中，文风问题也有同期的书面记录，就在他为《贝奥武甫》克拉克·霍尔译本的修订版撰写的序言中。当时背景是伊莱恩·格里菲思觉得无力完成修订，托尔金自己也抽不出时间，他把这任务交给同事查尔斯·雷恩，那时后者在伦敦大学任教。雷恩快速完成了任务，但艾伦与昂温出版社等了很多个月，才说服托尔金理顺思路，完成他答应写的序言。这份序言长篇讨论了翻译原则，尤其是主张处理英雄事迹时，更适合用“高雅文风”。[31]无论是否有意，他其实是在探讨《魔戒》，那时（1940年初）他已经写到后来卷二的一半部分。

序言中，托尔金为高雅文风积极辩护。“当我们不用‘**打**’（hitting，whacking）而改用‘击’（striking, smiting），不用‘**说**’（talk, chat）而改用‘言’（speech, discourse），不用‘**有教养、谈吐不凡的贵族**’（well-bred, brilliant, or polite noblemen，让人想起报纸谄媚权贵的专栏和里维埃拉海滩的胖男人）而改用古早的‘勇武可敬、谦谦君子’时（worthy, brave and courteous men），我们马上会明智地意识到自己以前的言语多么轻浮不堪。”自此以后，他越来越多地在《魔戒》中实践这种对文体的认知。随着故事的舞台和主旨越来越宏大，他不可避免地采用了《精灵宝钻》的风格。然而托尔金没修改头几章那种轻快得多的文风，他自己二十五年后重读这本书，也注意到了这点：“第一部和其余部分真的很不一样。” 257

1939年9月“二战”爆发，这没有对托尔金的生活立即产生什么重大影响，不过在此期间，男孩们离开了家，家庭生活变了，虽然这无可避免，却也让他黯然神伤。大儿子约翰原本在他父亲的母校埃克塞特学院攻读英语，开战时在罗马接受天主教司铎职位的培训，后来和同学一起撤到了兰开夏。迈克尔在牛津三一学院又学了一年，后来成为一名高射炮兵。克里斯托弗大病痊愈，短暂回校学习，后来像哥哥一样去三一学院就读。只有年纪最小的普莉西拉还待在家里。诺斯穆尔路的生活规律被几件事打破了：用人变得稀缺，有时家里会住进疏散人员和寄宿房客，花园里养了母鸡来增加鸡蛋供应，托尔金作为空袭警报员要轮班值守，睡在作为当地指挥所的潮湿狭小的棚舍里。不过，牛津没有遭到德军空袭，而一些教师要为陆军部或其他政府部门工作，托尔金不在其中。[32]

随着战争持续，大学的角色也大为改变。大量学员在正式担起军官职责前，被派往牛津接受“短期课程”学习。托尔金为
258 英语系的海军学员设计出一份教学大纲，调整了他的很多讲座内容，以适应不怎么专业的听众。但总体上他的生活一如战前，而他对英国与德国之间敌意的延续感到悲痛，这既有意识形态的也有个人的原因。“这个国家的人们”，1941年他写道，“可能还没意识到我们的德国敌人，他们忠顺、爱国的美德（这些的确是美德）总体上是比我们多的。在这场战争中，那个讨厌的矮个蠢材阿道夫·希特勒无比卑劣地毁坏、败坏、滥用高贵的北方精神，我私底下痛恨得五内俱焚。北方精神对欧洲卓有贡献，我一直深深热爱，试图展现它的正道之光。”[33]

托尔金多年后回忆，他在1940年后期写到魔戒同盟一行在墨瑞亚发现巴林的坟墓，随后搁置了差不多一年。[34]如果这是真的（其他证据也证明大约此时写作中断），这就是数次拖稿中的第一个，而没有一个可归咎于任何外部原因。

写作重启后，托尔金设想再写几章应该就完成了，他勾勒出结局的梗概，然后开始写两个霍比特人和树须相遇的草稿。[35]托尔金对树木的热爱和崇敬在树须这个生物上得到了最终体现。他对内维尔·科格希尔说，后来终于写到这一章时，他让树须模仿C. S. 刘易斯低沉的嗓音，发出“呼姆，呼噜姆”这样的声音。

艾伦与昂温出版社原来希望《霍比特人》出版后没几年，新
的故事就可以出版。希望落空了。而1942年伦敦大轰炸中，出版 259
社库房里的库存被烧毁，原来的《霍比特人》也因此绝版。[36]但
斯坦利·昂温还是对“新《霍比特人》”的进展抱有兴趣，1942
年12月他收到托尔金的来信：“书快写完了，我期望这个假期有
点自由时间，以便明年早点完成。我写到了第三十一章，至少还
有六章（都已写好大纲）。”

然而第三十一章（“一地狼藉”一章的最初序号[37]）只是后来卷三的最后一章，离全部写完还有三十一章而不是六章。托尔金试图在接下来几个月里解决这个故事，又写了一点。但到1943年夏天，他必须承认自己“完全卡壳”了。[38]

写作困难的原因之一是他的完美主义。他不仅要写一本庞
杂的巨著，还要确保每个细节都完满地纳入总体框架之中，地
理、时间线、命名都必须完全前后一致。地理方面他已经得到儿
子的帮助，刚动笔时托尔金自己画过些粗略的地图草稿，而现在
克里斯托弗围绕故事所涉内容，帮他画了一张细致的地形图。他
曾说：“要写一个复杂的故事，你必须有一张地图作为依据，否则
你休想在写完之后根据故事画出一张地图来。”[39]不过仅有地图是
不够的，他无数次计算时间和距离，画出详细图表，理清故事里
的事件，表里列出事件发生在哪天、星期几、哪几个小时，有时
甚至还有风向和月相。[40]他这么做，是像往常一样坚持完美，也
是纯粹在享受“次创造”的快乐，但最重要的是想给出绝对有说 260
服力的图景。很久后他说：“我只是想让人们进入故事之中，把它

（某种意义上）当成真实的历史。”

给人物起名字也占用了他很多精力，这对他来说理所当然，因为设计名字所用的自创语言，不仅是他创设神话的主要动力，还是他倾尽才智的核心成果。如今，精灵的昆雅语和辛达语变得比二十五年前他开始写《精灵宝钻》时更加复杂，它们再次在起名字中扮演关键角色，还用于写作精灵语诗歌和歌谣。故事中至少还需要发明其他几种语言的雏形，[41]所有这些都要花时间和精力。不仅如此，他写到了一个节点，此时已分成几条独立的故事线，每条故事线都错综复杂。当他相信只要两三章就能让弗罗多和山姆·甘姆吉到达魔多时，还没想好要如何解决刚铎和洛汗同时发生的系列事件带来的复杂问题。他用近六年时间写出这么多，又该如何挤出时间精力写完它，更不用说还要写完改好《精灵宝钻》，他依然不能无视这故事正嗷嗷待哺。他51岁了，疲惫不堪，生怕最终一事无成。他在语文学研究上已经有了几乎拖个没底的名声，他经常为此难过，有时也觉得好笑。而想到自己的神话可能永远无法完成，他觉得害怕又窒息。

大约这阵子的某天，住在诺斯穆尔路对面的阿格纽女士找上门，告诉他自己很担心路上的一棵大杨树。她说这树挡住了她花
261 园的阳光，担忧一阵大风就会把树吹倒在自己房子上。托尔金觉得这简直荒谬绝伦。“能把这棵树连根拔起、砸向她房子的风，”他说，“早就不需要树的帮忙，把她和她的房子捣毁了。”但尽管他现在试图将其保留下来，树已经被砍得残破不堪，而托尔金开始考虑起保护树木的问题。归根到底，他“为自己内心的树感到焦虑”，也就是他的神话，这两者似乎颇有相似之处。

某个早上他醒来后，脑海里浮现了一个小故事，于是速记下来。[42]这故事说的是一个叫尼葛的画家，像托尔金一样“拘泥”于细节[43]：他曾花很长时间只画一片树叶，试图把握它的形状、光泽，以及叶缘露珠的光亮。但他还是想画一棵大树的。有一幅画面特别让他不安：起初是风中的一片树叶，然后成为一棵树，树开始生长，伸展出无数的枝条，蔓生出最奇妙的根系。陌生的小鸟飞来，栖息在枝条末端，让人无法忽略。然后在树的周边及其背后，在树叶、树枝的空隙之间，一片乡野风光正徐徐展开。

这个他称为《尼葛的叶子》的故事中，托尔金说出了自己最怕发生在他神话之树上的事情，害怕他像尼葛一样，早在完成创作前（如果真有可能在这个世界完成的话）就被强行带走。因为尼葛发现，他的树是在另一个更光明的地方完成的，而且认识到这是一棵真正的树，是上帝造物的真实组成部分。

这个故事很多个月以后才出版，但它切实疏解了托尔金的部分恐惧，让他重回《魔戒》的写作之中。不过最立竿见影的推动来自C. S. 刘易斯。[44]

1944年初，托尔金已经很多个月没碰《魔戒》，他写道：“我 262
的大脑似乎没有任何精力和创造力了。”但刘易斯注意到发生了什么，鼓励托尔金再接再厉，完成这个故事。“我需要一些压力，”托尔金说，“我会有所回应的。”[45] 4月初他重拾笔头，开始写最终成为卷四的内容。这一卷中弗罗多和山姆·甘姆吉穿过沼泽前往魔多，想在那里把魔戒投入末日裂隙，毁了这枚戒指。

克里斯托弗·托尔金此刻应征进入皇家空军，被派往南非接受飞行员训练，他父亲为此深表遗憾，因为托尔金觉得空战既不道德又很危险。托尔金已经给克里斯托弗写过几封长信，他现在开始在信中详细记录写书的进展，还记录了他在白马酒吧[46]（那个时期他们最爱去这酒吧）向刘易斯兄弟、查尔斯·威廉斯朗读《魔戒》的过程。这里摘录了信件的一部分：

> 1944年4月5日星期三：我已经认真着手去完成我的书，熬夜熬到很晚，要重读和研究很多内容，重新全力投入是件痛苦棘手的事情。费尽心血，才完成几页，不过现在，弗罗多、山姆已经在悬崖上遇到了咕噜。
>
> 4月8日星期六：花费白天晚上的部分时间，要干完这一章。咕噜归来后表现得还不错。今晚是个明月高挂的美好夜晚，已经大约凌晨2点，我正在洒满银辉的温暖花园中，希望我们两人可以一起走走。然后我睡觉去了。
>
> 4月13日星期四：每个小时我都在想你，没有你在我
> 263 感到孤独。我当然有朋友，但很少能看到他们。昨天我和C. S. 刘易斯、查尔斯·威廉斯在一起将近两小时。我读了最新的一章，收到了赞许。我已经开始写下一章了。如果有可能，我会多打几份寄给你。现在我要花点时间回去写弗罗多和咕噜了。
>
> 4月14日星期五：我设法写了一两个小时，弗罗多已经接近魔多的大门。下午除了草。新学期下周开始，威尔士语

大学考卷的样张已经到了。我还在争分夺秒写《魔戒》。

4月18日星期二：我希望明早能见到C. S. 刘易斯和查尔斯·威廉斯，向他们读下一章，内容是穿过死亡沼泽，接近魔多大门，这些我基本上已经写完。新学期差不多已经开始：我指导了萨卢小姐一小时。整个下午都浪费在疏通水管（终于不再溢水）和清洗鸡窝上。它们下蛋很慷慨（昨天又下了九个）。叶子都冒了出来：榅桲的灰白叶子，小苹果树的灰绿叶子，山楂树的翠绿叶子，就连懒散的杨树也吐出了花穗。

4月23日星期日：周三早上我为刘易斯和威廉斯读了第二章“沼泽秘径”，他们表示赞赏。我现在基本完成了第三章：“阴影之地的大门”。这故事掌控着我，原本打算写一章的，后来写了三章！为此我已经漏做太多事，我现在陷了进去，必须抽离心思去处理考卷样张和讲座。

4月25日星期二：讲座讲得很差，和刘易斯兄弟、威廉 264
斯（在白马酒吧）待了半小时，修剪了三片草坪，给约翰写信，为《魔戒》一些不听话的段落费劲。此刻我想知道将近满月时，每晚月亮出来会比前一天晚多久，还有怎么炖一只兔子！

5月4日星期四：一个新角色出现在舞台上，我肯定自己没有刻意创造这个人，我甚至不想要他出现，尽管我喜欢他，但他就这么走进了伊希利恩的森林：他就是法拉米尔，波洛米尔的弟弟，他讲述了很多刚铎和洛汗的历史，推迟了“故事大结局”的到来。如果他像这样一直说下去，我就不得不把这些挪到附录里去了。我已经在附录里放了一些有趣的材料，诸如霍比特人的烟草业、西部地区的语言之类的。[47]

5月14日星期日：我昨天写了很多文字，但出现了两个拦路虎：必须整理好我的书房（现在乱成一团，这通常说明我正忙于文学和语文学），开始干正事，必须处理月相的麻烦问题，就是我发现自从弗罗多逃走，到现在来到米那斯魔古尔，这段时期重要日子的月亮完全不现实，在一个地方升起的同时，却在另一个地方落下了，重写一点点以前的章节就耗费我一下午的时间！[48]

5月21日星期日：我利用这冷飕飕灰蒙蒙的一周来写小说（尽管下了点雨，草皮没怎么长），但陷入了一片泥沼。因为时间、动机等等都已改变，此前我写的草稿、成稿都没
265 什么用了。不过最终花了好大力气，推掉其他事情，我已经写到，或几乎写到弗罗多在魔多边境的高山隘口被抓了。现在我必须回去写其他人，加快把事件都推向最后的冲突。我打算给一个骇人的蛛形生物起名**希洛布**（Shelob），你觉得这名字好吗？当然这只是由“雌性”（She）和“蜘蛛”（lob）组成的词，但组合在一起，听起来很恶心。

5月31日星期三：周一以来我就没怎么认真写过东西，直到今天中午都在焦头烂额地准备学科考卷。[49]下午2点把我的手稿交给出版社，今天是截稿日。昨天：做讲座，拿鱼回来的路上自行车爆胎，必须步行往返市中心。既然找不到修车的，我只能浪费一下午，满是油污地自己努力去修。最终我取下轮胎，补上内胎的一个破洞，又补好了外胎的裂缝，把它们装好。啊！胜利了！[50]

（上周四晚上的）墨象社聚会很开心。雨果也出席了，满脸疲惫，但相当聒噪。当晚主要的娱乐是沃尼·刘易斯探讨路易十四时代著作的一章（我认为写得很好）和C. S. 刘易斯的《谁回了家》，后者是描绘地狱的书，我觉得不如叫‘雨果的家’[†]。我直到后半夜才回家，剩余的时间除了忙里忙外干家务，就是我在必须停下来准备考试的事情前，勉力想让《魔戒》推进到一个适当的节点，即弗罗多在魔多的隘口被奥克抓走。写作一个通宵后，我做到了，周一早上给 266
C. S. 刘易斯读最后两章（‘希洛布的巢穴’和‘山姆怀斯大人的选择’），他报之以前所未有的热烈夸赞，真的被最后一章打动到落泪，所以似乎要继续下去。

《魔戒》的卷四打出来寄给了身处南非的克里斯托弗。到这时候，他已经被这种狂热爆发式的写作搞得精疲力尽。“当我不

† 《谁回了家》最终以《天渊之别》为名出版了。——原注。这本书中文译本名为“梦幻巴士”，而其英文原名（Who Goes Home）和下文“雨果的家”（Hugo’s Home）读音相似，托尔金玩了个谐音梗。——译注

再疲倦以后，”他告诉克里斯托弗，“我要继续写我的故事。”但时间过去，他一无所出。8月他写道：“对《魔戒》，我已经完全灵感枯竭。”到年底，他除了起草一份剩余情节的大纲外一事无成。[51]多年前他开始写时间旅行的故事《失落之路》，现在他通过重写完善这个未完作品来自我调剂。他和刘易斯聊过一个主意，他们合作完成一本讲述语言本质、功能和起源的书，不过两人的计划都没完成。一段时间后刘易斯提到这本未完成的语言之书，形容托尔金是个“伟大却又拖沓、不讲章法的人”。[52]“拖沓”的评价并不完全公正，但“不讲章法”倒往往是对的。

1945年托尔金在《魔戒》上几乎没有进展。5月9日欧洲战场的战争结束，第二天查尔斯·威廉斯病倒，在牛津的医院接受手术，但5月15日还是去世了。尽管威廉斯和托尔金的思想层次不同，但两人还是很好的朋友。失去威廉斯让人感到苦涩，喻示着和平并不能消弭所有的烦恼，这一点托尔金知道得太清楚了。
267 “二战”期间他对克里斯托弗说：“我们试图用魔戒征服索隆”，现在他写道：“战争并没有结束（而这场结束，或部分结束的战争，其实我们多数人都输了）。但陷入消极情绪当然也是错的，因为战争总会带来失败，战争也总会继续存在。同时一蹶不振也没有任何好处。”

1945年秋，他成为默顿学院英语语言和文学教授及院士，这个机构的氛围相比彭布罗克学院“颇为不拘小节，让他感到愉快”。[53]几个月后大卫·尼克尔·史密斯退休，任命谁来接任默顿学院英语文学教席成了个问题。托尔金是选举人之一，他写道：“这理应是C. S. 刘易斯，或可能是大卫·塞西尔勋爵，但结果谁知道呢。”结果这两人都没中选，教席给了F. P. 威尔逊，后者也接受了。虽然托尔金在选举中对刘易斯的支持毋庸置疑[54]，但此后两个朋友间的隔阂变得更深，或者更准确地说，是托尔金这一头逐渐冷却下来，背后原因无法确知。刘易斯自己很可能一开始没注意到，但察觉之后，他心烦意乱、郁郁寡欢。托尔金继续参加墨象社的聚会，他的儿子克里斯托弗也来了（战后他重回三一学院就读）。克里斯托弗第一次受邀出席，是因为刘易斯宣称他读得比他爸好，所以请他来朗读《魔戒》，后来他靠自己的努力成为墨象社的一员。不过尽管托尔金还定期在周二上午前去“小鸟与小儿”，在周四晚上现身莫德林学院的宿舍，他和刘易斯已经不再像以前那样亲密。

刘易斯有时严厉批评《魔戒》中的一些细节，特别是不喜 268
欢诗歌（值得注意的是头韵体除外），这可能加速了他们友情的衰退。刘易斯的批评让托尔金颇为受伤，而后者一般都置之不理。所以刘易斯后来评价他说：“没人能影响托尔金，你还不如试着去影响怪兽潘达斯奈基。”[55]托尔金的逐渐冷淡，还可能源于他不喜欢刘易斯的儿童故事《纳尼亚传奇》。1949年刘易斯开始向托尔金朗读其中的第一本《狮子、女巫和魔衣柜》，对方却报之以轻蔑鄙夷。“真不能这样写！”托尔金告诉罗杰·兰斯林·格林，“我的意思是，这像是在说‘女神和她们的习俗，农牧神的恋爱生活’！”[56]无论如何刘易斯还是写完了，这本书及其后续陆续出版，广为流传、大受欢迎的程度不亚于《霍比特人》。然而托尔金内心无法转变他最初的判断。“真是可悲的事情，”1964年他写道，“我无法与《纳尼亚传奇》和C. S. 刘易斯的那部分作品产生共鸣，他也无法对我的很多作品产生共鸣。”[57]无疑他认为刘易斯借用了自己书里的一些想法和故事。正如他不满刘易斯从皈依者变成一个广受欢迎的神学家，他也反感这个昔日聆听中洲故事的朋友和评论者，已经离开扶手椅走向书桌，抓起笔“试着自己写作”了。不仅如此，刘易斯的儿童书籍几乎都突如其来地匆忙写就，数量又颇为可观，肯定也惹恼了他。[58]七本《纳尼亚传奇》故事是仅在七年内就写完出版的，还不到《魔戒》孕育时间的一半。这是两位朋友间嵌着的另一个楔子，1954年后，刘易斯被
269 选为剑桥大学的中世纪与文艺复兴文学教授（一个新设的教席），大部分时间必须远离牛津，他和托尔金的见面机会变得极少。[59]

随着“二战”结束，《霍比特人》终于重印，《哈莫农夫贾尔斯》的出版也已准备就绪。1946年夏天，托尔金告诉艾伦与昂温出版社，他已经尽全力去完成《魔戒》，还是失败了，事实是他从1944年春末以来几乎碰都没碰。他说：“我真的希望能在秋天前完成。”接下来几周他确实重拾纸笔。年底他告诉出版社“已经在写最后几章”，[60]但随后他就要搬家了。

对现在他家里这点人来说，诺斯穆尔路的房子太大，平日维护的花费也太贵。所以托尔金申租默顿学院的房子，等有空位后，办好手续租下了靠近牛津市中心马诺路的一幢房。1947年3月，他、伊迪丝、克里斯托弗和普莉西拉搬了进去。约翰现在成为米德兰兹的一位司铎，迈克尔已经结婚有了个小男孩，成了一名老师。

搬进去几乎没多久，托尔金就意识到房子挤得难以忍受。马诺路3号是一幢丑陋的砖房，非常小，他没有像样的书房，只有

阁楼上的“单间”。默顿学院答应一旦可以提供更好的房子，托尔金一家就能搬进去，但他们暂时还得蜗居在这里。

托尔金出版商的儿子雷纳·昂温，那个小时候写过读书报告确保《霍比特人》出版的人，现在已经是牛津的学生，正式认识了托尔金。1947年夏天，托尔金认为《魔戒》已几近完成，于是把大部分故事制作成一份打字稿交给雷纳。雷纳读完后向在艾伦 270
与昂温出版社的父亲汇报，这是本“怪异的书”，不过也是一个“精彩而扣人心弦的故事”。[61]他评论说其中黑暗与光明的斗争让他想到寓言：“说实话我不知道指望谁来看这本书：孩子们看不懂一些内容，而成年人不觉得读这本书有失体面的话，他们肯定会喜欢上它的。”父亲的出版社毫无疑问应该出版这本书，但他建议分成几部出版，还说就这一方面看，弗罗多的戒指和尼伯龙根的颇为相似。[62]

斯坦利·昂温给托尔金看了这些评论。托尔金一直恼火有人拿他的《魔戒》和《尼伯龙根之歌》还有瓦格纳歌剧做对比，他曾说：“这两枚戒指都是圆的，共同点仅此而已。”[63]他也当然不乐于听到寓言的暗示，回复说：“别让雷纳想到‘寓言’，我认为任何值得讲的故事都有‘寓意’，但和寓言不是一回事。甚至黑暗光明的争斗（他这么称呼的，不是我）对我而言也不过是历史的某个阶段，可能是体现历史运行模式的一个案例，而不是模式本身。这些角色虽然有共性的部分，但都是独立的个体，不然他们就根本不算鲜活的形象，他们永远不会表现得像提线木偶一样。”不过他总体上很高兴雷纳喜欢这本书，总结说：“关键是按照构想完成故事，然后留给读者去评判吧。”

然而直至此时他还没写完。他改了又改，磨了又磨，修订此前的章节，这件事费时已久，同事们开始认为他已经无心语文学研究。然而他迟迟无法写到大结局。

271 1947年夏天，他起草了《霍比特人》的修改稿，就咕噜对魔戒的态度给出更令人满意的解释，或不如说是与续篇更契合的解释。他寄给斯坦利·昂温，征求对此的看法。斯坦利·昂温误以为这是要纳入《霍比特人》下一印的内容，没再商量就直接交给编印部门。许久之后，托尔金收到新印次的单页校样，看到新修的章节后大感震惊。[64]

接下来几个月，《魔戒》终于要写完了。[65]托尔金回忆，当写到科瑁兰原野上，人们将霍比特人视为英雄，欢迎他归来时，他“真的落泪了”。[66]很久前他就决定，全书结尾要写主角们跨海西渡，如今描绘他们离开灰港扬帆远航的时候，这份庞大的手稿即将完结。即将完结，还不是彻底完结。“我喜欢把松散的支线收束起来，”[67]托尔金曾说，他要确保这个伟大故事的结局清晰明确。所以他写了段尾声，即山姆·甘姆吉告诉他的孩子们，那些没有西渡的主角身上发生了什么事，以山姆听到“中洲海岸边大海的轻叹低语之声”结束。[68]

这**就是**结局了。但托尔金不得不反复修改，直到他对整体文本完全满意，耗费了好几个月的时间。他曾谈及这本书：“我不认为还有多少我没推敲过的句子。”[69]他把打字机平放在阁楼床上（因为他的书桌上没地方放）、用两根手指打字（因为他从没学会

272 十指打字），打了一份清稿。到1949年秋，一切都完成了。

托尔金把打字稿借给C. S. 刘易斯，对方读后回复说：

我亲爱的托托：

真的，让我们赞美霍比特人[70]！我饮尽这杯美酒，满足了长久以来的渴望。故事正式开始，就迈着壮美而可怕的台阶拾级而上（还好描绘了绿色溪谷，没有它这旅途真的很煎熬），就我所知这在整个叙事艺术领域几乎举世无匹。我认为有两个非常突出的优点：一个是纯粹的次创造。诸如邦巴迪尔、古冢尸妖、精灵、恩特等等，催生它们的文化矿藏仿佛取之不尽、用之不竭。另一个是故事的结构，此外还有**庄严的基调**。传奇小说都面临"逃避现实"的指责，但你前所未有地克服了这点。[71]要说这个故事走上歧途，那个歧途正与他们的指责相反：书中所有对胜利的期待都迟迟未能兑现，无情地让主角们一步步陷入绝境，让人痛苦难当。而且无论你是否有意为之，善灾[72]后长长的**尾声**在提醒我们，胜利如冲突一样短暂，正如拜伦所说，"圣贤之言固然有理，却不及欢乐的宣教那么有力"[73]，留给读者的最后印象是一抹深重的感伤之情。

当然这不是故事的全部。有很多段落，我本希望你能换种写法或全部删除。如果这封信里没有我的否定批评，那是因为大多数你都听过也拒绝过了（相比你在至少某个场合里的反应，**拒绝**这个词可能太温和了！）。即便我的异议都是恰当的（这当然不可能），我想我发现的错误也只能有碍和有损我的赞美一点点：故事的精彩绝伦当得起我的所有夸赞。"一首诗如整体出色，我不会挑剔少数几处瑕疵。"[74]

273 祝贺你。你花费这么多年的时间，终非一场虚妄。

你的

杰克·刘易斯

托尔金自己并不认为这本书完美无缺。但他对斯坦利·昂温说：“它以我的心血写成，无论浓淡，如此而已；我写不出另一部了。”

第六部

1949—1966年：大获成功

第一章　关上大门

写《魔戒》花了十二年，大功告成之时，托尔金自己已将近 277
60岁。

如今他当然希望看到这部鸿篇巨制早日付印。但他不确定是否还要由艾伦与昂温出版社来出版，尽管写作期间他就与他们讨论过这本书，他们也给予他鼓励，对手稿表示赞许。因为他相信自己现在找到了一个人，能将《魔戒》与《精灵宝钻》一并出版。

多年来，他越发对1937年艾伦与昂温出版社拒绝出版《精灵宝钻》心存愤恨，虽然事实上他们并未真正将其拒之门外，斯坦利·昂温只不过说它不适合作为《霍比特人》的续篇。托尔金开始相信，他们会“一而再、再而三地拒绝”。真是遗憾，因为他渴望出版《精灵宝钻》。你可以说《魔戒》自成一体，是个独立的故事，但因为它与此前创作的神话有若即若离的联系，如果两本书能一起出版，那就再好不过。但最重要的是，他希望为

《精灵宝钻》找到读者，而一起出版，这似乎是最理想的，也可能是唯一的机会了。所以当来自柯林斯出版社的米尔顿·沃德曼表示对出版两本书感兴趣时，托尔金非常想抛弃艾伦与昂温出版社，转而与他合作。

278 沃德曼是天主教徒，他是由杰维斯·马修引荐给托尔金的（马修是个学者，一个多明我会司铎，经常出席墨象社的聚会）。当沃德曼得知托尔金那部非常成功的《霍比特人》，其长篇续作已完成的时候，表达了自己的兴趣。1949年晚期，托尔金寄给他一大堆手稿。但这些不是《魔戒》，是那部更早的未完成的神话作品《精灵宝钻》。后者的写作开始于1917年，当时的名字是“失落的传说”。早前《魔戒》的写作临近尾声时，他又埋头写起《精灵宝钻》，因此送交沃德曼阅读时，虽然尚未完稿，但已梳理得颇为有序。沃德曼似乎从未读过这样的作品：这是个用古雅词汇写就的奇怪故事，讲述精灵、邪恶势力和英雄事迹，有一部分已形成打字稿，但很多还是书写优美的手稿。沃德曼告诉托尔金，他认为这部作品非同凡响，决定要出版它——如果托尔金能写完。托尔金大喜过望。沃德曼过了第一关：他（暂时）接受了《精灵宝钻》。托尔金邀请他前来牛津，他后来带着前者给他的《魔戒》手稿，边度假边读起来。

1950年1月初他基本看完，再次告诉托尔金自己很欣赏这部著作。“这是真正的创造。”他写道，虽然又补了一句，说这本书的长度颇让他发愁。但他还是非常希望柯林斯出版社能将其付梓，事实上他们对此占有优势。包括艾伦与昂温出版社在内，多数出版社在战后极度缺少纸张，而柯林斯不仅是出版社，还是生产日记本的文具商，有自己的印刷厂，所以他们的纸张限额相比其他出版社高出不少。至于出版托尔金长篇神话故事的商业可行性，公司老板威廉·柯林斯已经告诉沃德曼，他乐于出版《霍比 279
特人》作者的任何小说。其实柯林斯出版社真正想要的是《霍比特人》这棵摇钱树。而托尔金不满于《霍比特人》在战后首次重印时，基于经济原因取消了彩色插页。他告诉沃德曼，如果能从艾伦与昂温出版社买下《霍比特人》的版权，按照他的本意再次出版，自己将乐见其成。他还觉得艾伦与昂温出版社对《哈莫农夫贾尔斯》宣传不够，[1]因此与后者有了龃龉，相信柯林斯出版社是销售他书籍的更好选择。所以看起来，托尔金与柯林斯出版社建立合作似乎已是水到渠成。

然而，沃德曼还希望扫清一个障碍。“我猜，”他给托尔金写信说，“你对艾伦与昂温出版社应该没有道义或法律上的承诺吧。”托尔金回复：“我相信自己并没有**法律**义务。《霍比特人》的合同中有个条款，就我下一本书，规定出版社有权在完稿后两个月内考虑是否出版。这个条款已经得到满足，因为（第一）斯坦利·昂温后续拒绝了《精灵宝钻》，（第二）斯坦利·昂温最终接受并出版了《农夫贾尔斯》。但我和斯坦利·昂温，尤其是他二儿子雷纳私交不错。[2]如果所有这些构成**道德**义务，那我就承担着这项义务。不过，如果能找到一种友好的处理方式，我肯定要试着让自己解脱出来，至少让《精灵宝钻》和相关作品解脱出来，不要让艾伦与昂温出版社再拖它们的后腿。”

事实上，托尔金已经陷于一种惯性思维，认为艾伦与昂温出版社即便不是敌人，至少也不是个可靠的盟友，而柯林斯出版社似乎代表一切他想要的。但事实将证明，现实情况要复杂得多。

1950年2月，托尔金致信艾伦与昂温出版社，告知《魔戒》
280 已经写完了。但他并不真想挑起他们的兴趣。“我的作品脱离了我的控制，”他告诉他们，“我创造了一个怪物，一个极其漫长、复杂，相当苦涩、非常可怕的冒险故事，很不适合孩子们阅读（如果适合任何人阅读的话）。它并不是《霍比特人》的续集，而是《精灵宝钻》的续集。你可能会觉得我既可笑又无聊，但我希望同时出版《精灵宝钻》和《魔戒》，这是我心中所愿，否则我就顺其自然。我不考虑接受任何大幅度的重写或缩减。不过若你拒绝了如此万本无利的提议，我不会有任何不平，也不会对此大感惊讶。”[3]几乎像做脚注一样，他补充说两本书加在一起，已经达到（他估计）超过一百万词的巨大体量。

斯坦利·昂温的回信中，承认这两本书的体量是个问题，但询问他们能否将其拆分为“某种程度上自成一体的三到四册”，托尔金回答不，他们不能，唯一自然的划分方式就是《魔戒》和《精灵宝钻》各成一册。他甚至进而故意不想让昂温再有什么兴趣。“我的朋友尚且不是每个人都能坚持读到最后，”他写道，“我现在怀疑除他们之外，是否还有很多人愿意啃下如此的长篇巨著。如果你考虑拒绝，我并不会感到任何不平。”[4]（他对沃德曼写道：“我深切期望他能放手不顾，不再索要我的手稿。”）[5]

但斯坦利·昂温爵士（“二战”后不久他就受到册封）没那么容易偃旗息鼓。他写信给正在哈佛大学念书的儿子雷纳，寻求后者的意见。雷纳回答：“《魔戒》特立独行，是一本非常伟大的书籍，值得印刷出版。我阅读时，从不觉得缺少《精灵宝钻》有什么影响。[6]尽管他声称无法接受任何大幅修改之类，但这当然是编辑该考虑的事情，编辑会将《精灵宝钻》中**真正**相关的材料纳入《魔戒》，而不给本已身材臃肿的后者贴膘增重，甚或可以的话，再给它减减肥。托尔金不想自己操刀，但与他意见相投，他又愿意信赖的人（他的某个儿子？）可以担起这项任务。如果这还行不通，我建议出版《魔戒》这本重要的书，放弃《精灵宝钻》（放弃前要来稿子再看一遍）。”[7]斯坦利·昂温很不明智地把这封信的副本寄给了托尔金。 281

托尔金大发雷霆。1950年4月他致信昂温，说雷纳的信件证实了他最坏的猜测。“也就是说，你们可能愿意出版《魔戒》，但仅此一本，不想要任何额外之物。你们显然不想要《精灵宝钻》，甚至都不愿意认真重新考虑。不管怎样，拒绝就是拒绝，你们先前的拒绝如今依然有效。你们打算虚晃一枪后‘放弃’《精灵宝钻》，与此同时接受编辑过的《魔戒》，这个问题实际上并不成立。我从来没有打定主意由你们或其他人来出版《魔戒》，考虑到你们提出的条件，现在更不可能交给你们，我以前肯定已经把这一点说得很清楚了。我要求你就我的提议做出决定，行还是不行，不要再谈什么幻想中的可能性。”[8]

4月17日斯坦利回复：“看到你觉得有必要对我下个最后通牒，尤其是围绕这么一份我从未见其最终全貌的手稿，我的歉意实在很难用语言来表达。如果你要我马上回答‘行’还是‘不行’，我的回答是‘不行’，但如果给我点时间，让我看一眼打字稿，答案也可能是‘行’。我深感歉疚，但暂时必须这样。”

托尔金达到了他的目的。现在他可以自由无碍地和柯林斯出

版社开展合作。与此同时，他又搬了家：默顿学院给了他霍利
282 韦尔街99号，一幢很有特点的老房子，里面房间不少。1950年早春，他、伊迪丝和普莉西拉离开马诺路（这离新家才几百码），搬到此处。普莉西拉如今是玛格丽特夫人学堂的大学生，而克里斯托弗现在是英语系的兼职导师，正在攻读文学士学位，不再住在家里。

米尔顿·沃德曼确信，他的公司将出版托尔金的书稿。他安排托尔金来拜访柯林斯的伦敦办公室，与威廉·柯林斯会面，与编印部门讨论他的书。似乎一切已经就绪，就等着签署协议、将《魔戒》付印，将来《精灵宝钻》完成后也将如此操作，虽然要走到出版《精灵宝钻》这一步，托尔金还有很多工作要做。只有一件事需要敲定：1950年5月，沃德曼来到牛津，告诉托尔金《魔戒》"急需删减"，后者大为失望。他告诉沃德曼，自己"已经努力删减多次"，而一旦有时间，他会再试试。而沃德曼这边也感到惊讶，他了解到托尔金估计《精灵宝钻》完成后，篇幅几乎将和《魔戒》一样长，而他读过的手稿远不到这个长度。

托尔金的估计其实谬以千里。计划出版的《精灵宝钻》的总篇幅大约12.5万词，可能更少，但肯定不及《魔戒》大约50万词的篇幅。[9]但托尔金认为《精灵宝钻》与《魔戒》一般重要，
283 也相信最终两者篇幅将旗鼓相当。而他将《精灵宝钻》的其他几章交给沃德曼，对其将如何融入故事又不做解释，这么做在这个节骨眼上于事无补。沃德曼有点困惑，他说："这些东西把我搞糊涂了。"总之，本该清晰简单的沟通，开始让人摸不着头脑。

此时沃德曼离开前往意大利，他一年里大部分时间都待在那

里，只有春秋时节才来伦敦。他的缺席毫无裨益。威廉·柯林斯对托尔金的书知之甚少，此前把整件事都丢给沃德曼处理，后来沃德曼生了病，他秋季的伦敦行推迟了下去。结局就是直到1950年末，《魔戒》写完一年了，还是没能出版。这些事点点滴滴传到斯坦利·昂温那里，[10]他去信说自己仍然期望“有幸来出版这本书”。但托尔金没那么容易被艾伦与昂温出版社拉拢回来，他的回复不失友善，却并未提及《魔戒》这本书。

托尔金的大部分时间都被牛津的学术和行政事务占据，外加去比利时处理语文学事务，去爱尔兰当主考官，很快又一年过去，出版上依然一事无成。1951年后期，他给米尔顿·沃德曼写了一封大约万字的长信，概述整个神话体系的结构，希望借此说服沃德曼这两本书是互为依存、不可分割的。[11]但直到1952年3月，他还是未能和柯林斯出版社签出版合同，《精灵宝钻》也还是没到可以拿来出版的程度。威廉·柯林斯身在南非，沃德曼在意大利，而纸价飞涨。托尔金（作为出版延迟的责任人之一）给 284
柯林斯写信说自己的时间被浪费了。他们必须即刻出版《魔戒》，不然他会把手稿寄给艾伦与昂温出版社。结局必然是后者，因为和斯坦利·昂温一样，威廉·柯林斯也不喜欢最后通牒。他从南非回来，读过托尔金的信，在1952年4月18日回复说：“我恐怕这本书的超长篇幅吓到了我们，以目前的纸价，这意味着一笔非常大的启动资金。”他告诉托尔金最好还是把手稿寄回艾伦与昂温出版社。[12]

但后者还会接纳他吗？

1952年6月22日，托尔金写信给雷纳·昂温（他已经回到英格兰，在父亲的出版社工作）：“至于《魔戒》和《精灵宝钻》，它们还是老样子，前者写完了，后者还是没写完（也没有修改），二者都在蒙尘。我已经改变了看法。有总比没有好！虽然在我看来全部内容都是一体的，而《魔戒》作为整体的一部分要好得多（也适合得多），但我还是很乐意考虑出版这套内容的任何一个部分。岁月变得越来越珍贵了。出版《魔戒》怎么样？还有什么能做的吗？还可以把我亲自关上的大门再打开吗？”[13]

第二章　放手一搏

雷纳·昂温无需被问第二次。他建议托尔金应该立即通过挂号件把手稿寄到艾伦与昂温出版社。但托尔金只有一份经过修订的完整打字稿，他不想将其托付给邮局，而要亲手送交，这要几周后才能做到。8月里他在爱尔兰度假，[1]同月还拜访了C. S. 刘易斯的朋友乔治·塞耶，后者在马尔文学院教书，经常来探望墨象社众人。当托尔金与塞耶在伍斯特郡的时候，托尔金随身带来《魔戒》打字稿，朗读和演唱《霍比特人》《魔戒》的片段，主人塞耶把这些录了下来。托尔金听完录音，"非常讶异它们作为朗诵记录的表现力，以及我作为叙述者的表现力（如果我可以这么说的话）"。多年过去，这些录音带在托尔金过世后以密纹唱片的形式出版。[2] 285

托尔金还未曾近距离接触过磁带录音机。[3]他假装非常信不过塞耶的机器，对着话筒用哥特语读出主祷文，以驱除可能潜伏其中的恶魔。[4]但是在马尔文学院录完几场后，这台设备给他留下

极为深刻的印象，他要了一台在家里使用，继续给他的作品录制
286 磁带来自娱自乐。[5]多年前他写过一出让人印象深刻的“广播剧”，题为《贝奥赫特海尔姆之子贝奥赫特诺斯归乡记》，它其实是盎格鲁–撒克逊诗歌《马尔登之战》[6]的“续篇”，讲述幻想中的一幕场景，即大战之后，君主贝奥赫特诺斯的两名仆从摸着黑，从战场上找回他们主人的尸体。这首诗以盎格鲁–撒克逊头韵体诗歌的现代版写就，标志着英雄时代的逝去，年轻爱幻想的托尔赫特海尔姆代表了这个时代的特质，而讲求实际的老农提德瓦尔特却与之相悖。《贝奥赫特诺斯归乡记》完成于1945年，但直到1953年才在期刊《论述与研究》上发表。从未有人在舞台上表演过它，[7]但它发表后一年，就在BBC第三档节目上播放了。[8]这期广播节目着实惹恼了托尔金，它忽略了诗作的头韵体韵律，读得像五步抑扬格。他在自家书房里录制一版，不仅扮演两位主角，还巧妙地即兴制造了一些声效，这就让他满意多了。[9]虽然纯属自娱之举，这一录音却很好展现了托尔金不可忽视的表演天分。“二战”前的1938年和1939年，托尔金曾参与内维尔·科格希尔和约翰·梅斯菲尔德[10]在牛津组织的“夏日消遣”，扮演了乔叟，早在那时他就展露了天分。在这些场合，他凭记忆在第一年背诵《女尼的教士的故事》，第二年背诵《管家的故事》。[11]他并不热衷于戏剧这种艺术形式，对其以人类为中心这点心存芥蒂，因为如此题材就受到了限制。[12]但他并不会顺带讨厌诗歌的戏剧化演绎，甚至可能就把自己的《贝奥赫特诺斯》视为这类演绎之一。

287 1952年9月19日，雷纳·昂温来牛津取走《魔戒》的打字稿。

他的父亲斯坦利·昂温爵士当时在日本，轮到雷纳自己采取行动。五年前他就基本读过一遍，至今记忆犹新，所以决定不为重读这一大堆打字稿耽误时间，立即开始估算出版成本，因为他考虑要把书价控制在普通买书人（同时，还要特别考虑到流通图书馆[13]）能接受的范围内。在艾伦与昂温出版社总部的一番计算和讨论后，看起来最好的做法是把全书分为三本，每本卖21先令（只有一点薄利）。这仍然是一大笔钱，甚至比一本小说通常的最高定价还要高一点，但已经是最佳方案。雷纳发了封电报给父亲，询问他们是否可以出版这本书，承认这是“放手一搏”，还提醒这个项目可能让出版社损失最多一千英镑。不过结论是，在他看来这是天才之作。斯坦利爵士电复他，告知可以出版。

1952年11月10日，雷纳·昂温致信托尔金，告诉他出版社想以利润分成的方式出版《魔戒》。这意味着托尔金不会像通常情况那样，收到以百分比计算的版税收入，实际上他将收到“一半利润”，也就是说在图书销售额填平成本之前，他不会有收入，但此后会和出版社平分产生的任何利润。这种做法一度很常见，但此时其他出版社已经很少使用，而斯坦利·昂温爵士依然喜欢用在所有盈利前景有限的图书上。这有助于控制这类图书的价格，因为成本中不需要算上作者的版税。另一方面，如果图书销量好得出人意料，作者的收益会比签版税协议来得多。《魔戒》如此厚重又不同寻常，它既不是儿童读物，又不是成人小说，不会吸引任何一类“购买人群”，所以艾伦与昂温出版社预计它的销量不会超过几千套。 288

这本书终于能够出版，这消息在托尔金的朋友中传开了。

C. S. 刘易斯写信致贺，评价说："我想这本书一拖再拖的孕育期已经消耗了你的一点生命力，成书之日，你将变得更为成熟老到，也将重获自由。"[14]就在此时此刻，托尔金心中却唯独没有自由的感觉。他想在图书送交排印前，再读一遍打字稿，熨平任何遗留的龃龉之处（幸运的是，雷纳·昂温没像米尔顿·沃德曼曾建议的那样，让他做出删减）。给这本书写附录也颇为棘手，他思考这件事有段时间，附录中将包含不宜加入正文叙述却与故事有关的信息。鉴于至今这些附录仍只是粗糙的草稿和零散的记录，他可以想见要花很多时间才能将其组织起来。他还在发愁，是否有必要在书里附一张清晰准确的地图，因为他已经对地形和叙述做出大量改动，使得当前的地图（很多年前由克里斯托弗绘制）变得不再精确、不再适宜。除此以外，他手头的学术任务多年来已经堆积如山，再也无法视而不见。而且他又决定要搬家了。

1950年以来，托尔金一家所住的霍利韦尔街房子虽然颇具特
289 色，但整日里和大半个夜里往来呼啸的车辆，已经让那里的日子几乎难以忍受。"这幢迷人的房子，"托尔金写道，"已经无法居住：在这儿没法睡觉，没法工作，噪声吓人又磨人，烟尘把人熏了个透。这就是现代生活。魔多就在我们当中。"[15]他和伊迪丝如今自己居住，普莉西拉离开牛津，去布里斯托工作，而伊迪丝被风湿和关节炎折磨得一瘸一拐，房子里一级级的楼梯让她叫苦不迭。到1953年春，托尔金看上了黑丁顿的一幢房子。那里位于牛津东郊，安静宜居。于是他买了下来，3月和伊迪丝搬了进去。

即便搬家带来一通忙乱，托尔金还是在4月中旬完成了未来《魔戒》第一部的最终修订，寄给艾伦与昂温出版社开始排版。

很快他又发去第二部的文稿。他已经与雷纳·昂温讨论过给三部各取一个书名，昂温认为这比一个整体书名搭配各部序号的办法好一点。虽然这本书是一个连续的故事，而非三部曲（托尔金一直在强调这点），但看起来最好的方法是一部部陆续出版，每部取个不同的书名，这样就能收到三批，而不只是一批评论，可能还可以遮掩一下这书的巨大体量。这种划分从未让托尔金完全称心如意，他坚持要让《魔戒》成为全书的总标题。但在他和雷纳反复商量之后，最终同意三部各定名为《魔戒同盟》《双塔殊途》和《王者归来》，虽然托尔金更希望给第三部取名《魔戒大战》，觉得这个书名相比之下没怎么透露故事情节。[16]

托尔金现在面临的图书"编印"问题，与他在《霍比特人》中遇到的如出一辙。他非常在乎这部私心珍爱的书稿，希望出版后的样子尽如其意，但出版社为控制成本，再一次修改了他的很多设计。其中，有出现在魔戒上的"火焰文字"，本想用红色印刷，但被认为成本过高。[17]而要复刻托尔金制作的"马扎布尔之书"摹本（故事中是在墨瑞亚矿坑发现的一本烧灼破损的书籍），必须用网点法彩印，也花费不小。这深深挫伤了托尔金，因为他花去很多时间制作这份摹本，用如尼文和精灵文复写出来，精心制作破损痕迹，烧焦页边，用材料涂抹纸面，看上去像干掉的血迹。所有这些现在都付之东流。[†] 他第一眼看到校样时怒不可遏， 290

† 1977年的《托尔金日历》最终翻印了那几页"马扎布尔之书"。——原注。此后，1979年出版的《托尔金绘图集》也收录了，附有克里斯托弗·托尔金的注释和释读。2004年推出的五十周年纪念版是首个收录了"马扎布尔之书"图稿的英文版《魔戒》。——译注

发现排字工更改了他的几处拼写，将dwarves改成dwarfs（矮人们），elvish改成elfish（精灵的），further改成farther（更远地），以及（托尔金所谓“最糟糕的”）elven改成elfin（精灵的）。排字工遭到责难，他们辩解自己只是遵从字典的拼写。类似对托尔金拼写的“改正”也出现在1961年，即海鹦图书出版《霍比特人》的平装版，那一次成书送到书店后才发现错误，让托尔金苦不堪言。画一张地图是另一桩让人担心又还没做的事情，或者不如说是画一些地图，因为现在想来有必要再补一张夏尔的地图。“我被难住了，”1953年10月托尔金写道，“事实上是被吓住了。它们必需又急需，但我就是完成不了。”[18]最后他把任务交给曾替他
291 绘制过地图的克里斯托弗，后者竭尽全力将父亲层层交叠、反复修改又经常自相矛盾的粗糙草图解读出来，从中制作出一张一目了然、文字整洁的全图，以及一张较小的夏尔详图。

出版社计划在1954年夏天推出《魔戒》第一部，短暂间歇后，再陆续出版剩下的两部。印量并不算高：第一部3500本，其他两部稍少一点，因为出版社估计这本书的读者群体应该不会很大，这点印量完全足够。[19]至于宣传推广，雷纳·昂温想到要在护封上写推荐语，就感到惶恐不安，因为这本书是如此不合常规。所以他和他父亲寻求了三位作家的帮助，他们可能将美言两句：内奥米·米奇森，她是《霍比特人》的忠实拥趸，理查德·休斯，他很早前就称赞过《霍比特人》，还有C. S. 刘易斯。[20]这三位的评价都文笔流畅、赞不绝口，米奇森夫人将《魔戒》与科幻小说、马洛礼的小说做对比，刘易斯将其与阿里奥斯托的著作相提并论。[21]（“我并不知道阿里奥斯托，”托尔金曾说，“如

果我知道，我会讨厌他的。”)[22]

第一部的出版日期即将来到。自托尔金开始写这本书以来，已经过了十六年以上。“我对出版心存畏惧，”托尔金对朋友罗伯特·默里神父说，“因为我不可能对评论置若罔闻，我的心暴露在了枪林弹雨之中。”[23]

第三章　名还是利

292 “这本书如同一道划过晴空的闪电。要说这本书将英雄浪漫传奇，尤其是它锋芒毕露的绚丽雄辩特质突然带回世间，在这个反对浪漫主义到近乎病态的年代里，这么说是不够的。对于生活在这个奇怪时代的我们，回归浪漫传奇（以及它完全抚慰了我们）无疑非常重要。但置身于浪漫传奇的历史之中（这段历史可上溯到《奥德赛》甚至更远），这本书不是一种回归，而是一种超越或革新：去征服新的疆界。”[3]这篇对《魔戒同盟》(《魔戒》第一部）的评论发表在1954年8月14日的《时代与潮流》上，此时图书出版才没几天。它的作者是C. S. 刘易斯。

刘易斯又是帮出版社写“推荐语”，又是写书评，付出的或许有点多了，但他想竭尽全力帮助托尔金。虽然他在把“推荐语”稿件寄给雷纳·昂温之前，提醒过托尔金：“即便他和你都同意我的文字，使用前请三思：我是个极度，可能也越来越遭人厌恶的人，我的名字也许对你弊大于利。”一语成谶。因为1954年

8月，不止一篇评论文章展现了对刘易斯个人的极度憎恶，用了（或者说浪费了）大量版面来嘲弄刘易斯的“托尔金–阿里奥斯托”之比。埃德温·缪尔在《观察家报》上写道：“没有作品当得起简介中狂轰滥炸一样的赞美，除非它是一篇伟大的杰作。”虽然缪尔承认自己喜欢这本书，但也说很失望“这本书缺少这类题材所需要的人性差异和深度。托尔金先生描绘了一场正邪大战，地球上的生灵命悬于此。但他的正义一方永远正义，邪恶角色始终邪恶，在他的世界中既邪恶又悲情的恶魔无处容身”。（缪尔先生明显忘了咕噜，他既邪恶又悲情，差点就能得到救赎。）一些评价挑剔托尔金的文章风格，其中彼得·格林在《每日电讯报》上写道，它“偏离拉斐尔前派的轨道，走向了《男孩杂志》[1]的风格”。而J. W. 兰伯特在《星期日泰晤士杂志》上说，故事有两个奇怪的特点：“没有任何宗教精神，实际上也没有女性。”（两者都不是完全的持正之词，但都在后来的批评文章中屡有出现。）然而在所有这些苛评中，很多还是抱有热情的，即便那些嘲弄者中，也有一些转为嘉许。格林在《每日电讯报》的文章中承认，这本书“引人入胜到不忍释卷”，而兰伯特也说：“这是带着说教的异想胡言吗？不，它以其叙事和具象的能力横扫向前，出乎其类、拔乎其萃。”可能最高明的评论来自《牛津时报》上的某位评论家，他说：“极度讲求实际的人不会拨冗去读，而还有想象力火苗的人会发现完全被带进故事里，投身于这场曲折的冒险之中，还会感到遗憾，只剩两本书就读完了。”

这些评价足以拉高销量。第一部3500本的印量显然无法满足市场需求，出版后六周就安排了重印。托尔金自己写道：“至

294 于评价，它们比起我害怕的情况要好得多。”[2] 7月，他前往都柏林接受爱尔兰国立大学授予的名誉文学博士学位，10月又出国去列日大学接受另一项名誉学位，这些及其他邀约耽搁了他给《魔戒》写附录。排字工已经排好第三部的文字，托尔金如今决定从中删去描绘山姆及其家人的有点感伤的尾声。[3]但附录迟迟未完成，他又觉得需要制作一幅刚铎与魔多的放大版地图，外加他在第一部前言中承诺要写的名词索引，所以第三部依然无法付印。

第二部《双塔殊途》于11月中旬出版，对此的评论基调与第一部类似。因为故事在弗罗多被囚于奇立斯乌苟之塔后就中断了，《魔戒》的拥趸们现在对第三部翘首以盼，正如《伦敦新闻画报》上一位评论家说的“这悬念太折磨人”。与此同时，艾伦与昂温出版社设定送交附录的截止日期已过，但他们没收到任何相关手稿。“非常抱歉，”托尔金写道，“我已经拼尽所能。”稍后他的确给出版社寄去了一些材料，但只是一部分，而非全部。

在美国，10月霍顿·米夫林出版社出版了《魔戒同盟》，不久后又出版了《双塔殊途》。美国评论家对头两部总体比较谨慎，但W. H. 奥登在《纽约时报》上发表了热情洋溢的文章（“在过去五年里，我读过的所有小说中，数这本给我带来的快乐最多。”）[4]，帮助扩大了销量，第二年美国市场卖出了大量《魔戒》。

295 直到第二部出版两个月后的1955年1月，托尔金仍未完成急需的附录。他发现制作名词索引耗时太长，已经彻底放弃了。摆脱了这个包袱，他在1、2月期间写出更多材料，但发现这项任务难得让人恼火。他一度计划写一本完整的“别册”，叙述他的神话中各种族的历史与语言细节，他已经积攒了大量这方面的笔记。但现在一切都要压缩，因为出版社只能给他在书末留一点空间。不过他已经收到不少读者来信，他们几乎将这本书视为历史记录，想知道关于很多主题的更多信息，他受此鼓舞，继续勉力前行。看到读者这样对待他的故事，他格外高兴，因为这正是他想要的那种回应。他还评论说："我还不是很确定，这种把整件事当成一种大型游戏的倾向是否真的好——这对我肯定不好，我发现这种诱惑太过致命。"尽管如此，当知道自己如此勤勉准备的关于夏尔历法、刚铎统治者、费艾诺的腾格瓦字母的材料，会被很多人如饥似渴阅读的时候，他还是深受鼓舞。

直到3月，附录依旧没完成，艾伦与昂温出版社总部收到一些措辞强硬的信件，抱怨第三部怎么还不现身。出版社很清楚这本书引发的兴趣已经超越一般小说。雷纳·昂温恳求托尔金把活干完，但直到5月20日排字工才收到附录的最终稿件。克里斯托弗24小时昼夜不停地工作，终于完成最后一幅地图，几周前就 296
寄了过来。所以现在理应不会再有延迟，但延迟还是出现了。首先如尼文的图表印错了，托尔金必须修正，[5]然后排字工也提出了一些问题，转交托尔金回答，而后者此时已经去意大利度假了。

旅途中他与普莉西拉一起坐船、坐火车，[6]同时伊迪丝与三位朋友坐上了地中海游轮。他在日记中记录自己感觉"来到基督教世界的心脏：一名来自边境和边远省份的流亡者回了家，或至少是他先祖们的家"。[7]在威尼斯的水道中，他发现自己"几乎远离了内燃机带来的该死的病害，全世界都因此病入膏肓"。后来他又写："威尼斯的迷人似乎难以置信，如同精灵世界，对我就像一个梦境——魔影再临前，刚铎古老的城池坐落其中，佩拉基尔的努门诺尔船只往来穿梭。”他和普莉西拉一路游玩到阿西西，在那里收到排字工的问询，不过要等回到牛津、拿到他的笔记，他才能处理这事。所以到10月20日，《双塔殊途》几乎出版一年以后，《王者归来》才摆进书店。最后一页有个说明，为缺少原先答应的索引做了道歉。

既然三部图书均已就位，评论家就可以对《魔戒》做出整体评定了。C. S. 刘易斯在《时代与潮流》上又唱了赞歌：“这书太有独创性、太过丰富，第一次阅读难以盖棺论定。不过我们立刻知道它影响到了我们，我们读后再也不同以往。”[4]一个新的声音加入赞歌合唱团，伯纳德·莱文在《真相》杂志上写道，他相信这将成为“我们以及所有时代中最杰出的文学作品之一。它在这个多事之秋带给人慰藉，再次让人确信，谦恭的人才是地球未
297 来的主人”。但还有些对其文风的批评。约翰·梅特卡夫在《星期日泰晤士杂志》上写道：“托尔金先生走得太远，大踏步迈向了《酿酒圣经》[8]这样的风格，套上了倒装句的花环，包上了古语的外壳。”埃德温·缪尔在《观察家报》题为“一个男孩的世界”的评论中重弹攻击性的老调。“令人震惊的是，”他写道，“所有的成年主角其实都只是些男孩。霍比特人或者说半身人，是普通的男孩。尺寸齐全的人类角色算是读到了五年级。但他们中几乎没人对妇女有任何了解，只是有所耳闻而已。甚至精灵、矮人、恩特也免不了都是不会长大的男孩。”[9]

“去他的埃德温·缪尔，还有他那套长不大的理论，”托尔金嗤之以鼻，“他已经长大，理应知道更多东西。如果他有文学硕士学位，我该提名他做诗歌教授——这将是个漂亮的回击。”[10]

至此，评论意见已经两极分化，这本书收获了它的卫士和敌人，W. H. 奥登说："似乎没人抱有温和的看法。要么像我一样，视其为这个类型中的杰作，要么无法忍受它。"这种待遇将贯穿托尔金余生：被一派捧到天上，被另一派踩在脚下。总体上托尔金自己并不怎么在乎这些，其实他还乐在其中。他对此写道：

《魔戒》呀《魔戒》
就属于这些：
爱的人捧在胸怀，
不爱的光喝倒彩！

准确说来，牛津大学没喝倒彩，它太过彬彬有礼，不会这么做。但正如托尔金指出的，同事们对他说："现在我们算是知道这些年你都在干什么了！终于明白为什么你'答应'的，诸如编辑这本书、述评那本书、撰写语法和词汇表之类，最后都一事无成。你自己寻过开心，现在该做点**正事**了。"这些要求的第一个成果，是他在1955年10月21日，以《英语和威尔士语》为题，做了拖欠很多个月的一场讲座（位列"英语中的凯尔特元素"系列讲座[11]之中），这正好是《王者归来》出版的后一天。考察两种语言的关系是个漫长难解的过程，不过托尔金打算（如他解释的）将其仅仅作为系列讲座的序幕。托尔金以自传式的评价，回顾自己对这些语言产生兴趣的历史，里面当然包含了很多有价值的信息。讲座一开始，托尔金为自己的拖延道歉，还说绊住他的诸多任务中，有一项"姗姗来迟的大'工程'，如果可以这么说 298

的话。工程中包含了（用我觉得最自然的方式来表达的）许多我个人研究凯尔特相关事物的心得”。

显然，艾伦与昂温出版社现在不会为《魔戒》损失一千英镑了。图书销量的增幅即便算不上引人注目，也算得上稳步上升。这本书被改编成广播剧，又进行了一波宣传。这势必没得到托尔金的青睐，因为他对戏剧总体上持保留态度，对“改编”他的故事更是强烈反对，相信这一过程会把故事简化到只剩角色乃至支离破碎的地步。不过电台广播有助于图书推广。1956年早期，托尔金按照“拿一半利润”的协议，从艾伦与昂温出版社收到第一
299 笔款项，一张超过3500英镑的支票。这比他的大学年薪要高出很多。虽然他喜不自胜，但也认识到个人所得税将会是个棘手问题。1956年的销量甚至更高，一年后他收到的支票金额又大为增加。有了这笔意外收入，他后悔当初答应按牛津的惯例做到67岁，应该选择65岁就退休。他对纳税的担心很快被证实，所以1957年，一所美国中西部的天主教机构马凯特大学主动提出要购买他已出版重要小说的手稿时，他欣然同意。对方支付了1250英镑（当时相当于五千美元），1958年春天，《霍比特人》《魔戒》《哈莫农夫贾尔斯》以及尚未出版的《幸福先生》的原稿跨过大西洋被送了过去。

《魔戒》带给托尔金的不只是财富，还有雪片般的爱好者来信。其中有一位真正的“山姆·甘姆吉”，他没读过《魔戒》，但听到自己的名字出现在故事里。托尔金乐坏了，向他解释自己是如何想到这个名字的，还送给甘姆吉先生全三部的签名版。后来他说：“有阵子我害怕收到署名‘史密戈·咕噜’（S. Gollum）的

来信，这要应付起来就麻烦多了。”

艾伦与昂温出版社已经开始谈下版权，将《魔戒》译成外文。第一个成果是1956年出版的荷兰语译本，此前译者第一次尝试翻译故事中一系列复杂的名词，结果遭到托尔金的严厉批评，最终的版本算是让他满意。而三年后的瑞典语译本让他更不 300
称心，他不仅不认可当前的大部分译文（他掌握了足够的瑞典语知识）[12]，还对译者安插的前言气愤不已，称前言是“五页无礼的废话”。前言中，译者将《魔戒》解读为当代世界政治的寓言，提到托尔金是向“一大群孙辈”讲故事，还描绘了托尔金现在位于牛津郊外黑丁顿的住所（在称为“黑丁顿丘”的小山坡上），说黑丁顿那极为普通的景致是“一片茂盛果园的风光……后面坐落着古冢岗，或者说黑丁顿丘”。托尔金极力抗议之后，瑞典出版方在后来的版本中撤下了这篇前言。

后来的日子里，《魔戒》拥有了所有欧洲主要语言及其他很多语言的译本，所以托尔金收到了很多出国旅行和参加盛宴的邀请。他只赴过一次约，即1958年春前往荷兰，这次远征成为一场大捷。他无疑受到热烈欢迎，阿姆斯特丹大学的皮特·哈廷教授作为他多年的朋友，在托尔金到达时就来见他，迎接圣驾般为他接风洗尘。其间的主要活动是一家鹿特丹书店组织的“霍比特晚宴”[13]，托尔金用英语做了一场生动的演讲，间或穿插一些荷兰语和精灵语。他发言的一部分模仿《魔戒》开头巴金斯在生日宴上的讲话，结语中托尔金回忆说：“自从我热切地要为第三纪元我们可敬的霍比特先祖撰写史书以来，已整整过了二十个年头。我环顾四方，没看见索隆，倒是看到了不少萨茹曼的孝子贤孙。 301

我们霍比特人没有魔法武器来对付他们，不过霍比特女士们先生们，请允许我为你们祝酒：敬霍比特人！祝他们活过那些萨茹曼，看见森林中春天再度绽放。”[14]

如今，《魔戒》明显成了国际上的“抢手货”。斯坦利·昂温提醒托尔金，很快会有人前来购买电影改编权，两人商量出一条对策：或者“处理”得尊重原著，或者付一大笔钱。斯坦利爵士说这就是“名还是利”（cash or kudos）的选择。1957年末，拍摄电影的第一波序幕拉开，有三名美国商人联系上托尔金，向他展示了他们所提议的《魔戒》动画电影的相关图稿。他们是福里斯特·J. 阿克曼先生、莫顿·格雷迪·齐默尔曼先生和阿尔·布洛达克斯先生，[15]他们还给了他一份电影的剧情梗概或者说“故事情节”。托尔金读后，发现它并不怎么尊重原著。很多名字从头到尾都拼错了（波洛米尔［Boromir］变成了“波里莫尔”［Borimor］），故事里所有的徒步情节都省掉了，魔戒同盟一行坐在大鹰背上飞来飞去，精灵的干粮**兰巴斯**被形容成“压缩食品”。他们求“名”看来前景黯淡，又得不到多少“利”，协商就此终止。但这暗示了一些未来将会发生的事情。与此同时托尔金卖书获得的进账居高不下。他说，“最近有人嘲讽，说《魔戒》就是文学界的‘暴发户’，我担心这种说法不无道理。”[16]

《霍比特人》和《魔戒》的销量稳步攀升，但直到1965年前
302 这种增长模式都没太大变化。1965年初有消息传来，有家似乎百无禁忌的美国出版社打算不经授权发行一版《魔戒》平装本，几乎可以肯定他们不会付给托尔金版税。鉴于当时美国版权制度的

混乱状态，出版社无疑自以为可以安然无恙地浑水摸鱼。[17]他还意识到，这个版本很可能将大卖特卖，对《魔戒》兴趣十足的美国学生尤其会趋之若鹜。唯一能够力挽狂澜的办法，就是让托尔金授权的美国出版社霍顿·米夫林尽快推出自己的平装本，他们也正打算和巴兰坦图书合作出版。但为了登记新版版权，必须做大量文字改动，这样才能在技术上视为“新版”。雷纳·昂温赶来牛津向托尔金解释一切，请他迅速对《魔戒》做出修改，以及修改《霍比特人》，这样后者的版权也可以得到保护。托尔金答应了，雷纳心满意足地回到伦敦。

通常来说，一听到“修改”这个词，托尔金马上就会开始干活，但这次他暂时没动笔。他已经是个拖稿老手，稿子要得急的时候也屡屡爽约，现在他在继续打磨新故事《大伍屯的铁匠》（他刚写完），在翻译《高文》，还在为精灵语诗歌《加拉德瑞尔的挽歌》做注释，作曲家唐纳德·斯旺想将其改编为歌曲，编入一套托尔金作品的组曲之中。[18]直到6月他才完成所有这些任务，此时，托尔金和其他人所称的美国“盗版”《魔戒》已经发行了。[19]

这家出版社名叫艾斯书局，当有人质疑时，他们宣称自己并 303
无违法之处，尽管他们印制平装本完全未经托尔金或其授权出版社批准，也没付给作者一分钱版税。其实艾斯书局的《魔戒》制作得颇为用心，所以75美分买一本还是很划算的。排版时出了一些错，但总体上排字工准确翻印了托尔金的文本。说来可笑，他们还同时收录了前言中对人名索引的承诺和附录里对没能做到的致歉。艾斯书局以出版科幻小说闻名，在官方平装本发行前，显然很多人会去买他们的版本。托尔金被催着完成修改（他们想当然地以为他过去六个月都在为此勤勉工作），越快越好。

所以托尔金开工了，不过他没管急需修改的《魔戒》，先去改没那么急的《霍比特人》。他耗时良久去找自己以前做过的修改笔记，[20]但是没找到，却发现了《新的阴影》的打字稿。这是他很早以前写的《魔戒》续篇，但写了几页就丢在一边。《新的阴影》说的是邪恶重临中洲大地的故事。[21]他读了又读，想了又想，熬夜到凌晨4点。当第二天终于着手处理《霍比特人》时，发现很多内容“写得很差”，必须克制住自己，不去把全书重写一遍。修改《霍比特人》着实花了些时间，而当他最终来处理《魔戒》的时候，夏天已过去一大半。他做出不少改动，修正书
304 里剩余的错误，还检查了一遍已经给他准备好了的索引。[22]直到8月，他才将修改后的文本寄去美国。

与此同时，发行授权平装本的巴兰坦图书认为不能再等。他们至少要将一种托尔金作品送进书店，所以不等托尔金修改（他们打算把修改放在下一版里），就直接出版《霍比特人》原文，还给他寄去一本，封面上的图画让他大吃一惊。艾斯书局尽管从道德层面来讲是“盗版”，但他们请的封面插画师对故事有所了解。而巴兰坦的封面图片怎么看都和《霍比特人》毫无关系，因为图画中就是个小山包、两头鸸鹋，还有一棵结着球果奇形怪状的树[23]。托尔金发飙了：“这和故事有什么关系？这是什么地方？为什么是鸸鹋？前景里挂着粉色灯泡的是什么玩意儿？”他们回复，插画师没空读这本书，挂着粉色灯泡的东西“代表一棵圣诞树”。托尔金只能回答：“我觉得自己被关进了疯人院。”[24]

1965年晚期，美国的“授权”平装《魔戒》以三卷本的形式出版，使用了托尔金修订的文本。第一部封面上同样印着鸸鹋和圣诞树，虽然后来这幅图被撤下，换上托尔金自己的一幅画作。还有两幅他的画分别用在第二、三部的封面上。[25]每本书上都印着一段托尔金的口信：“本书经过我的准许，是与我合作出版的独家平装版本。读者若对在世作者持有敬意，请认准购买这个版本，不要购买别的版本。”

但这并未立刻达到预期成效。巴兰坦版比艾斯版每一部都
贵了20美分（因为它付了版税），而美国的学生读者们一开始并 305
未青睐前者。显然还必须做些什么。奇怪的是，如今开始的运动中，托尔金本人扮演了至关重要又卓有成效的角色。说奇怪，是因为他并非商人，而且讽刺的是，也因为他近年来这种毫无商业效率的习惯，现在反倒成了一大优势。他已经惯于把本该用在写作出版上的时间，大段大段“浪费”在给爱好者写数不清的回信中。但这的确意味着他已在为数众多的热情来信者中，建立起一个铁杆支持者群体（尤其在美国）。而现在他们一想到可以捍卫他，就会心花怒放。他主动在给所有美国读者的回信中加上一个提醒，通知他们艾斯的版本是未经授权的，并请求他们告诉自己的朋友。这一招立竿见影、收效卓著。美国读者不仅开始拒绝购买艾斯的版本，还经常强制要求书店将其从货架上撤下来。新近成立的爱好者俱乐部“美国托尔金学社”如今也加入了战斗。当年年底，艾斯版《魔戒》的销量开始急转直下。而一个颇具影响力的组织“美国科幻作家协会”拿过接力棒，对艾斯施加巨大压力，致使后者写信给托尔金，答应为每一本已出售的《魔戒》支

付版税，并且表示库存清空以后，将不再重印。所以协议就此签署，这场“中洲之战”（一名记者所起的绰号）画上了句号。

但最重要的结果还在后头。这场纷争吸引了诸多舆论关注，于是当下托尔金和这本书的名号在美国远近皆知。1965年艾斯版
306 《魔戒》大约售出了十万册，但“授权”平装本很快后来居上，迅速达到一百万册。艾斯书局无心插柳，却帮了托尔金一把，[26]多年来他的书定位为“体面”的精装本，处于一种不上不下的境地，如今摇身一变跃居大众畅销书榜首，一场“校园崇拜”已然开始。

托尔金的著作显然有很多吸引美国学生的地方。它强调保护自然景观，反对工业社会造成的破坏，与日益兴起的生态运动不谋而合，《魔戒》顺理成章地被视为时代的宣言。但正如刘易斯很早以前就认识到的，这部著作的主要魅力，在于其不加掩饰地回归了英雄浪漫传奇的传统。较为严厉的评论家可能会称之为逃避主义，更严厉的还可能会把这本书和嗑迷幻药（当时在一些学生圈子里颇为流行）所造成的恶劣影响相比较。然而不论原因为何，对成百上千的美国年轻人来说，这个弗罗多带着戒指远行的故事超越此前所有的畅销书，成了必读之书。1966年末，一份报纸报道：“在耶鲁大学，《魔戒》三部曲比威廉·戈尔丁的《蝇王》巅峰期卖得还快。[27]在哈佛大学，它正在超过塞林格的《麦田里的守望者》。”印有“弗罗多万岁”“支持甘道夫做总统”“来到中洲”这种标语的衣领徽章开始出现。托尔金学社的分支机构雨后春笋般在西海岸和纽约州涌现，最终发展成“神话创造学社”，这个学社还致力于研究C. S. 刘易斯和查尔斯·威廉斯的作品。爱

好者俱乐部的成员举办“霍比特人野餐”，他们吃蘑菇，喝苹果酒，打扮成故事里的角色。最终，托尔金的著作在美国学术圈内获得尊崇，出现了诸如“关于J. R. R. 托尔金的《魔戒》中对立冲突与反讽的参数分析”[28]之类的毕业论文，对托尔金作品的学术批评开始在校园书店里上架。一个总统的女儿、一名宇航员和一个电影明星致信托尔金，[29]表达了对他作品的热情。美国的围墙上可以看到这样的街头涂鸦："J. R. R. 托尔金让人上霍比特瘾。"[30] 307

这股热潮从美国延烧到其他国家。西贡的庆典上，有位越南舞蹈家的盾牌上画着索隆的裸眼。北婆罗洲成立了“弗罗多协会”。[31]大约同时，英国人对托尔金的书兴趣骤增，这是因为孩提时代初次阅读这些书的读者，如今已近成人，会与朋友交流他们的热忱，同时是对美国掀起的托尔金崇拜的回应。托尔金著作在英国的销量节节高升，有人组织起一个托尔金学社，开始在伦敦和国内其他地方聚会。[32]沃里克大学的学生将环绕他们校园的“环路”（Ring Road）改名为“托尔金路”。一份名为《甘道夫的花园》的“迷幻杂志”正式发行，宣称自己的目标是“让美丽的人们走到一起”，它的第一期解释，“甘道夫作为当代的神话英雄，正被快速吸纳进这个年轻世界的精神之中”。

至于托尔金自己，他在给同事诺曼·戴维斯的信中，把自己作品的广受欢迎称为“对我自己的糟糕崇拜”。有名记者问他是否乐见美国年轻人对他的热情，他回复："是艺术打动了他们，他们对此却一无所知，还沉醉于此。很多美国年轻人步入我故事的方式，与我的并不相同。"[33]

308 图书销量继续增长，虽然无法给出准确数字，到1968年末，《魔戒》在全世界大概卖了三百万册，被翻译成多种语言。[†]

越来越多的新闻记者开始找上门来，虽然托尔金原则上不喜欢被采访，但他生来礼貌，做不到闭门谢客，就选了还算顺眼的几个，坚持一对一与他们交流。各路访客为与他图书相关的事纷至沓来，虽然他不想受打扰，通常还是会答应见他们。总体上，他刚开始见这些人时会喜欢上他们，但不久就觉得他们烦人，最后可能念及于此，他设了个闹钟，来访者到后没几分钟就会响铃，以此暗示自己有其他事情要处理，将客人送出门外。

喜欢他书籍的美国人，开始踏上觐见他的朝圣之旅。美国托尔金学社的创立者之一迪克·普洛茨，为一份爱好者杂志前来采访他。来自伊利诺伊的克莱德·S. 基尔比教授到访后，表示对《精灵宝钻》颇感兴趣，而托尔金作品的爱好者如今正焦急等待这本书。托尔金给他看了一些《精灵宝钻》的手稿，对他的欣赏之辞感到高兴。[34]另一位来自美国中西部的学者威廉·雷迪来见托尔金，他后来出版了一本关于托尔金的书，后者发现这本书“充满污蔑、令人不快”，此后他对待来访的人就更加小心了。
309 1968年早期，BBC拍了一部关于他的片子《托尔金在牛津》，他在镜头面前表现得非常自然，看起来有点享受这个过程。[35]但总的来说，他还是不觉得这类事情有什么乐趣。他给一名读者写信说：“我在活着的时候成了一个崇拜对象，我担心这并不是件全然

---

† 完整的译本列表参考附录三。——原注。实际情况是，自1970年代以来，又有了许多新译本问世，而各国早期也存在盗版、未经授权等情况，卡彭特给出的这份列表有一定局限性，仅供读者参考。——译注

让人高兴的事。然而我不太会因此自我膨胀。我当然感到自己非常渺小，非常不够格。但即便是非常谦虚的偶像，他的鼻子在芬芳的供香前，也难保不会瘙痒难耐。”[36]

第七部

1957—1973年：最后岁月

第一章　黑丁顿

名声让他困惑，这并非他心之所向，也非他理所应当。当 313
然应该让他的读者喜欢他的故事，但为什么他们会对他本人大惊小怪？他们的确惊到了他。他有一堆爱好者来信要回复，很多读者还不只是寄信，他们随信附上各种礼物：画作、雕像、酒杯[1]、打扮成书中人物拍的照片、磁带录音、食物、酒类、烟草和挂毯。托尔金一家当前居住的桑菲尔德路76号，书籍纸张已经汗牛充栋，现在礼物又积案盈箱。托尔金没日没夜地写感谢信，当艾伦与昂温出版社伸出援手，帮他答复爱好者来信时，他感激地接受了。但由于私人地址受到关注，而电话号码能从牛津号码簿里找到，他又陷入了另一种烦恼。来访者开始不请自来，要求他在书上签名或给他们钱。通常他们还算友好，偶尔也有疯狂或威胁人的。电话会在半夜响起：另一头是个陌生的美国人，希望亲自和托尔金对话，完全没意识到时差这回事。[2]最恶劣的是，人们开始隔着窗户拍他家的照片，这不应该是一个有秩序的世界里会发生的事情，这是骚乱中的夏尔。[3]

314 随着托尔金日渐老迈，他的很多特征，包括说话急促、咬字不清、爱加说明，都愈加凸显。他在很多方面依然故我，诸如不喜欢法式餐饮，发展到了荒诞夸张的地步。他曾描写刘易斯的偏见，也可以用在年老的自己身上："他有不少偏见，有些根深蒂固，原因就是无知。但就算告诉他相关信息，他也会拒之门外。"同时，他与抱持这么多偏见的刘易斯又截然不同，或者准确来说不能用"偏见"这个词来描述，因为这个词意味着那些观念在指导他的行动，而真相是他越发古怪的信念极少与行为相关。这与其说是偏见，不如说是一种习惯（这种习惯在牛津并不鲜见），习惯对知之甚少的事情妄下断语。

他发现年老在一些方面让人深深地沮丧，在另一些方面却显示他最好的那些特质。他意识到自己体力衰退，感到悲哀，在1965年写道："我觉得很难去工作——感觉自己已是风烛残年。"这偶尔让他突然陷入绝望，他的人生已是忧郁常在，后来的日子里更是容易致郁，而退休、离开大学的感受，足以让他天性中的这一面显露无遗。但他性格里的另一面依旧积极向上，诸如能保持高昂的情绪、维持良好的社交，要说与以前有什么区别，那就是它们也日渐突出，平衡了越来越多的阴郁。暮年的迫近并没有给他的外在带来不好的影响，瘦削的长脸棱角被磨圆，生出皱纹。他现在三天两头穿彩色背心，背心下富态难掩，朋友也注意
315 到他正在明显变老。当然年华逝去，他越来越乐于有人陪伴在身边，而他闪亮的眼神、热情的谈吐、突然的大笑、友善的态度，

以及在餐桌边和酒吧里出手阔绰，都让他成为同伴中最令人愉悦的那个人。

“他是非常‘合群’的人，”C. S. 刘易斯在托尔金的讣告中这么写，“在亲密朋友的小圈子中，无论话题的基调是波希米亚式的、聚焦文学的，还是基督教的，他总是聊得最棒的那个。”而1959年夏天从默顿学院的教职上退休后，他却几乎主动与这些密友断了联系，远离了这些他最爱的社群（他的家人除外），于是他心中怏怏不乐。在后来的日子里，他仍然见过刘易斯几面，[4]偶尔去逛逛“小鸟与小儿”，去拜访黑丁顿另一头刘易斯的家“窑屋”。刘易斯与乔伊·戴维曼结了婚，这段婚姻从1957年持续到1960年她去世。要不是托尔金对这桩婚姻感到困惑甚至愤慨，他和刘易斯的旧交本可以延续下去。托尔金会有这样的感受，一来因为她是和第一任丈夫离婚后与刘易斯结婚的，[5]二来刘易斯指望朋友们能对他的新婚妻子示好（在1930年代，单身汉刘易斯总是无视朋友们都已拖家带口），这点也让托尔金愤恨在心。但这些还不是全部缘由。托尔金仿佛感到被这场婚姻背叛了，忌恨这个女人在他和刘易斯的友情中横插一脚——就像伊迪丝曾忌恨刘易斯在她的婚姻中插足一样。讽刺的是，伊迪丝却成了乔伊·戴维曼的朋友。[6]

1950年代中期，托尔金不再与刘易斯定期见面，这标志着他翻过人生中“良友为伴”的一章，这一章从T. C. B. S. 开始，以墨象社结束[7]。自此以后，他本质上成了个独居的人，大部分时间待在家里。他这么做确有必要，因为他极度关心伊迪丝的健康和幸福，而她一年比一年行走不便，消化系统方面也时有问题， 316

他感到有责任尽可能地陪在她身边。而某种程度上，他的这一人生转变也意味着主动离开生活、工作、交流四十年的社群，因为牛津自己都在转变，他的世代正让位于另一类人，后者不怎么按老一套来漫谈和社交，当然基督徒也更少了。

托尔金的最后一个夏季学期结束时，他面对挤满默顿学院礼堂的听众，做了自己的告别演说。他提到一些正在牛津发生的变化，对现在越来越重视研究生项目的趋势语带讥讽，形容为“从真正的求知与热情退化到‘计划经济’，如此多的研究时间被塞进近似标准化的‘肠衣’里，生产出来的‘香肠’大小和形状都按我们自己小小的菜谱来核准”。不过他的结语并未讨论学术问题，而是引用了自己的精灵语骊歌《加拉德瑞尔的挽歌》。[8]最终在为大学服务四十年之后，他期望把全部时间用在创作自己的神话上，尤其是完成《精灵宝钻》，艾伦与昂温出版社如今非常想出版这本书，他们为此已等候多年。

桑菲尔德路的家并非享受退休生活的最佳居所。托尔金在那
317 里生活了六年，意识到其出行不便之处。但他还预料不到，不再每天去学院之后，住在这里将会给自己带来多大的孤独感。桑菲尔德路的房子距离牛津市中心两英里，到最近的公交车站都有段距离，也超出了伊迪丝能轻松走到的范围。所以去牛津或去黑丁顿的商店都要雇出租车，朋友们也不再像他住在市中心时造访得这么频繁了。至于家人，克里斯托弗和妻子费丝经常会登门。费丝作为雕塑家，为她公公制作了一尊雕像，英语系在托尔金退休时送给了他，后来托尔金花钱将其铸成铜像，放在了英语系图书

馆。不过，克里斯托弗现在是个讲师，还将成为新学院的院士，正忙于自己的工作。约翰如今在斯塔福德郡有自己负责的教区，而迈克尔在米德兰兹教书，难得有空带着全家（一个儿子和两个女儿）回来看看。普莉西拉现下回到牛津，成了一名缓刑监督官，经常探望双亲，但她住在牛津的更远处，也有自己的一摊子事。

当下，托尔金与学术生活的联系仅限于阿利斯泰尔·坎贝尔的偶然来访，后者是盎格鲁-撒克逊语学者，接替查尔斯·雷恩成了教授。他还会与以前的学生诺曼·戴维斯共进午餐，后者已是新的默顿英语语言和文学教授。戴维斯夫妇很快意识到这些餐叙是托尔金夫妇生活中的重要一环，让他们从桑菲尔德路日常家务的束缚中解脱出来。曾经大约每个礼拜，戴维斯一家都带他们
去时兴的乡间饭店——但托尔金夫妇的兴趣不会保持很久，因为 318
菜肴欠佳、花销太大，或者他们前往饭店时驶过某条新路，而这条路破坏了沿途的景致。在饭店他们会喝一轮酒（伊迪丝发现一大杯白兰地有助于消化），随后是丰盛的午餐与美酒。用餐时莉娜·戴维斯与伊迪丝聊天，她非常喜欢对方，任由两位男士谈自己的话题。但除了这个和一些家庭活动，托尔金的社交生活所剩无几。

1963年埃克塞特学院选他为名誉院士，默顿学院随后也授予他荣休院士的称号。但即使他在两所学院都深受欢迎，也经常收到它们的邀请，却很少出席学院的晚宴，即便出席也吃得很少，因为他非常不信任厨房的手艺。除非普莉西拉或某位朋友晚上能陪着伊迪丝，他也不会在外用餐。伊迪丝的幸福总是他关心的头等大事。

他退休后不久，家庭事务立马就占据了大部分的时间。他必须搬出学院房间里所有的书，给它们在家里找个安置之处，既然桑菲尔德路家中楼上的书房兼卧室已经塞得满满当当，他决定将车库（里面是空的，因为已经没车了）改造成图书室兼办公室。搬书花了好几个月，腰疼也加重了，他如今为此叫苦连连。但最终一切都安排停当，他开始修改和完成《精灵宝钻》的主业。

作为一个习惯大改特改的人，他果然决定将整部作品推倒重来，并着手开始这项大工程。兼职秘书伊丽莎白·拉姆斯登从旁协助，她与两位后继者内奥米·科利尔、菲莉丝·詹金森一样，
319 都成了托尔金与伊迪丝的朋友。但他刚一动工，就被送来的他所编辑的《隐修女指南》校样打断了，后者因排字工罢工被耽搁过一阵子。他不情不愿地放下自己的神话，转而修订这份222页、带着详细脚注的中古英语材料。[9]《隐修女指南》一朝脱手，他又回到自己所谓“真正的工作”之中，但又觉得在继续写作《精灵宝钻》前，必须完成他《高文》和《珍珠》译文的修改，以及应出版社要求，写好相应的引言。这些工作还没能完成，他又要应付另一件艾伦与昂温出版社交办的差事，即修改《论仙境奇谭》的讲稿，他们希望能将其与《尼葛的叶子》一起重印。就是这样连续不停的中断，打断了他工作的头绪，推迟了《精灵宝钻》的完成，让他越来越灰心。

单是回复信件也占用了很多时间。大量读者给他写信，有表扬，有批评，还有的询问更多故事相关的信息。每封信托尔金都严肃以待，尤其是来自小孩和老人的信。有时他会给回信打两到三份草稿，然后都不满意，或是难以措辞，所以一份都没寄出

去。有时候他写完信不小心遗失，用几个小时在车库（或者说书房兼卧室）里翻箱倒柜，直到最后找到。这场搜寻或许会发现其他遗忘的东西，比如一封没回复过的信，或一个没完成的故事，他会抛下原本要做的事，坐下来阅读（或重写）发现的东西。就这样，日子一晃过去了。

读者想要以他书中的地名或角色名，给自己的房子、宠物甚至孩子取名，他总乐于满足他们的要求，其实他视之为恰如 320
其分，他们**理应**询问他。[10]有人未经他同意，就将一艘水翼船取名为“捷影”（甘道夫骑的马），他颇为恼火，而那些写信询问取名的人，经常收到意料之外的回报。一个饲养泽西乳牛的养牛户问，能否将他的牲口命名为“幽谷”，托尔金的回信大意是“公牛”的精灵语词是“mundo”，并提议了一堆可以由它派生出的名字，好给每头牛起名。[11]（寄出这封信后，托尔金坐下来研究，他为什么会用“mundo”这个词来指称“公牛”，他此前从未考虑过这点。）诸如此类的事情越来越占据他的时间，留给《精灵宝钻》的就很少了。

就算这样，他还是继续投身其中。他如果能管好自己，有条不紊地工作，或许可以准备好一份文稿，送交出版，但他把很多时间都用在玩纸牌接龙上，经常玩到深夜。这是他多年的爱好，自己发明了许多玩法，也很高兴教给其他玩家。他看上去在浪费时间玩纸牌，其实也做了很多思考，但还是经常懊恼以这种方式消磨光阴。他隔三岔五在旧报纸背面画非常复杂的花纹，同时做填字游戏，以此打发时光。这些花纹当然地走进他的故事，成了精灵的纹章，被设计成努门诺尔地毯纹饰，被画成拥有昆雅

语或辛达语名字的奇异植物。[12]一开始他很喜欢这些，后来又为自己的拖拖拉拉感到羞愧，试图重新开始工作。然后电话响起，
321 或者伊迪丝叫他去买东西或陪朋友喝茶，今天的工作又做不下去了。[13]

工作完成不多，自己多少难辞其咎，这让他备感压力，反而更不可能完成大量工作，而这种单调有限的生活方式也每每让他感到难过。“一天天都无所事事，”他写道，“我无法集中精力做任何事。在这种监禁中，我觉得日子如此**无聊**。”

缺少男性陪伴，他觉得格外孤独。墨象社里他的老友和医生R. E. 哈佛住在近处（也是个天主教徒），周日做弥撒时经常坐在他身边。[14]从教堂出来后他们一路聊天回家，这是托尔金一周中很重要的一部分，却时常激起他的怀旧情绪。

1963年11月22日，刘易斯去世了，享年64岁。几天后，托尔金给女儿普莉西拉写信：“迄今为止我的感受和大部分这个年纪的人一样——像一棵老树正在一片片失去它所有的树叶。但这次的感受，是我的树根挨了一斧子。”[15]

他拒绝了为刘易斯写讣告的请求，[16]也谢绝了为他的纪念文集写文章的邀请。但他用很多时间去沉思刘易斯最后的作品：《飞鸿22帖：刘易斯论祷告》。[17]

刘易斯死后不久，他开始写日记，他已经很多年没写过了。这给了他用另一套自创字母的理由，他称之为“新英语字母”，解释说这是一种改进，即意在改进他所谓“为竞相获得那个叫萧伯纳的荒唐男人的钱，而由一群人创设的可笑字母”[18]。这里面

用了一些常规的字母（虽然音值不同），一些国际音标的字符，322
一些他的费艾诺字母的符号，他用这套字母在日记中写一些私事。像他所有的日记一样，这本日记记录悲伤多过欢笑，所提供的桑菲尔德路生活图景是失之偏颇的，却显示他沉入了多么深邃的阴郁之中，尽管为时不长。“生活灰暗又沮丧，”某个阴郁时刻他写道，“我什么都完不成，一会儿忙到腻烦，一会儿闲到无聊（闭门不出的时候），一会儿焦虑不安，一会儿分心拖延。我到底要做些什么？就这样困在旅馆、养老院或老年俱乐部，没书看，没人接触，没人聊天吗？上帝救救我！”

托尔金还是偶尔能将这种格外的重压转化为积极成效的。正如害怕完不成《魔戒》的绝望情绪，催生出《尼葛的叶子》，对未来的焦虑，对年近迟暮的日益增长的悲伤，也让他写出了《大伍屯的铁匠》这个故事。

故事的缘起颇不寻常。一家美国出版社请他为乔治·麦克唐纳《金钥匙》的新版写序言。他通常会拒绝这类邀请，但这次没什么明显的原因，他同意了，1965年1月末开始投入工作，此时他的情绪正处于特别低落的时期。他发现麦克唐纳的书远不如回忆中的那么合乎自己口味，评价它“写得很差，语无伦次，尽管有少数令人难忘的段落，总体而言还是很拙劣”。[19]（其实托尔金完全不像C. S. 刘易斯对麦克唐纳那样热情投入，他喜欢《柯蒂》系列，但觉得麦克唐纳那些道德寓言的内容给他的很多作品减了分。）不过就算对故事本身有此反应，非同寻常的事再次发生，他还是勉力去完成任务，就像非要证明自己还能干成点事一
样。他向这个版本的目标群体、那些年轻读者解释“仙境”这个 323

词的含义[20]，写道：

> **仙境**具有强大的力量，即使那些水平不高的作家也难逃它的控制。他可能会选取更古老传说中的一些片段，或依稀记得的事情，来编织自己的传说。而这些传说太过强有力，他无法糟践其内容或减损其魅力。有些人是在他的愚蠢故事中第一次读到这些传说的，对仙境惊鸿一瞥，继续去看更精彩的故事。这一过程能用一个小故事概括：从前有个厨师，他想给儿童聚会做蛋糕，主要的念头就是它必须很甜……

托尔金本想只写几段，但下笔不停，直到他搁笔，意识到它有了自己的生命，应该独立成篇。第一稿里他称其为“大蛋糕”，后来很快改名叫“大伍屯的铁匠”。而麦克唐纳作品的序言从未完成。[21]

《铁匠》有两点不同寻常：托尔金是在打字机上创作的，他通常不会这么做；同时它与托尔金自己密切相关，甚至是他有意为之。[22]他称其为“一个老人的故事，充满对失去的预示”。[23]他还在别处说道，它的“文字中带着深情，这份情感可追溯到‘退休’中逝去的东西，以及年衰岁暮的经历”。故事中的铁匠还是个村里的孩子时，曾吞下一枚有魔力的星星，有了前往仙境的通行证。托尔金像他一样，在自己幻想的神秘国度中漫游很久，如今感到临近终点，知道不久就要交出自己的星星，也就是他的想象力。这也的确是他创作的最后一个故事。

写完没多久，托尔金拿给雷纳·昂温看，后者看了很喜欢，但感觉需要搭上其他故事，才能构成足够分量的一本书。不过，艾伦与昂温出版社最后决定将这故事单独发行，加上波琳·贝恩斯的插画，1967年在英国和美国正式出版。《大伍屯的铁匠》评价普遍不错，虽然没有评论家察觉到书里的个人色彩，也没人评论说它包含寓言的要素，和作者的风格颇为不符。托尔金曾论及于此：“仙境中**没有**寓言，作者将其构想为一种真实的客观存在。故事里描绘人物的部分是存在寓言的，在我看来这一点昭然若揭，但还没有读者或评论家指出来。和往常一样，这个故事是没有‘宗教’的，但很明显厨师大人和大礼堂等等是关于乡村教堂和牧师的寓言（带了点讽刺），乡村教堂的功能逐渐退化，并失去了所有‘艺术’的质感，剩下的只有吃吃喝喝——这是它为儿童留下的‘与众不同’的最后一丝痕迹了。”[24]

在此期间，托尔金还完成了其他两本书，准备付梓。他修改了《论仙境奇谭》的讲稿，1964年和《尼葛的叶子》合并到一起，冠以“树与叶”的书名正式出版。[25]1961年，他时年89岁的姨妈简写信问他，“你是否会出版一本以汤姆·邦巴迪尔为核心的小书，书的尺寸要我们这种老太太买得起、适合做圣诞礼物的”，结果就是《汤姆·邦巴迪尔历险记》的问世。除了《邦巴迪尔去划船》是专为此书创作的，以及写作于1956年的《猫》，是托尔金写来逗自己的孙女琼·安妮的，他为本书选用的诗歌多创作于1920年代和1930年代。波琳·贝恩斯再次为这本书绘制插画，出 325
版时间正赶得上博简·尼夫一笑，她在几个月后就逝世了。

如果退休生活有时是“灰暗又沮丧”的，那也有让托尔金高兴起来的事情。他生平第一次有了足够的钱。早在1962年（那时美国的销量增长势头还不是很惊人），他这么描写自己的收入："情况让人惊讶，我希望自己对上帝足够心存感激。就在不久前，我还在想靠我这点微薄的养老金，我们是否还过得下去。但谢天谢地，我不太可能再过上紧巴巴的日子了。"[26]

他的收入中要扣去一大部分税，但总体上他通达地承受了这点，虽然有次在开给税务机构的大额支票上写了句"不准给协和飞机一分钱"。[27]将近生命尽头的时候，他做了财务安排，将大部分财产留给四个孩子。[28]

这笔新得的收入他花得很慷慨，在最后的岁月里匿名给他黑丁顿的教区教堂捐了一大笔钱。他特别乐于满足家庭成员的需要，给一个孩子买了房，给另一个买了车，给了孙子大提琴，为孙女交了学费。但即便他如此富有，精打细算的习惯（这习惯源于多年的收入拮据、开销不菲）没那么容易改掉。他的日记除了记录每天的天气，免不了还要日复一日详细记录甚至最小的一笔笔支出："航空信1先令3便士，吉列剃须刀2先令11便士，邮费7.5便士，齿得丽假牙清洁膏6先令2便士。"他从不随便花钱，他和伊迪丝在家里不装任何小型电器，因为他们一向用不惯，也
326 想不到现在有什么要用到它们的地方。房子里不仅没有电视机，也没有洗衣机和洗碗机。

如今，腰缠万贯这件事的确还是给托尔金带去了很多快乐。他完全照着自己的脾性选做了一些铺张之事，早上在牛津购物后去饭店吃顿精美的午餐，喝点美酒，从霍尔裁缝店买黑色灯芯绒外套和新背心，再给伊迪丝买些新衣服。

他和伊迪丝仍然截然不同，爱好迥异，而即使经历五十年的婚姻，他们仍然不总是对方理想的配偶。他们一如往常，偶尔冲对方发火，也依然深爱着眷恋着对方，而抚育一家子人的重担已经卸下，他们对彼此的眷恋也许更深了。现在他们有了简简单单安坐聊天的闲暇时光，他们时常这么做，尤其在夏天用过晚餐后，坐在桑菲尔德路家中前门廊的长凳上，或在花园他们种的玫瑰丛中，他抽着烟斗，她抽着香烟（她在年老后有了烟瘾）。两人聊的大部分势必是家人，在这个共同话题上他们总有聊不完的话。他们年少时，对家庭这个**概念**知之甚少，此后家庭对他们却总是那么重要。他们极其乐意扮演祖父母的角色，乐于看到孙辈们来访。他们在1966年隆重庆祝金婚，这给他俩带去了巨大的欢乐。值得一提的是其中一场演出，当时他们在默顿学院举行聚会，作曲家唐纳德·斯旺坐在钢琴前，弹奏着他的托尔金套曲《旅途永不绝》，威廉·埃尔温唱着歌——托尔金说："你这名字真是个好兆头！"[29]

桑菲尔德路的家里并不完美，还在逐年走下坡路，因为伊迪 327
丝健康状况每况愈下。尽管关节炎让她行走越发艰难，她还是包揽下做饭的活计，承担大部分家务，参与一部分的园艺。但随着1960年代即将过去，她已近八十大寿，显然干不长了。通常有个钟点工过来做个几小时，但这不是幢小房子，有很多事情要完成。而与此同时，就算能找到合适的住家管家，但若要给其提供方便、可居住的房间，这里又不够大。托尔金尽其所能地帮忙，他的手艺不错，能修好破损的家具和断掉的保险丝，但他自己的关节也越来越僵硬。1968年初，他76岁，伊迪丝79岁，他们决定搬到生活更方便的房子里住。搬家利于他隐藏自己的行踪，避开如今那些多到几乎难以忍受的爱好者来信、礼物、电话和造访。至于该搬到哪里，他和伊迪丝考虑了牛津地区几个可能的选项，但最终定居在了伯恩茅斯。

第二章　伯恩茅斯

即便以英格兰海滨小镇的标准评判，伯恩茅斯都算是个特别 328
不讨喜的地方。这里的城市布局杂乱无章，大部分建筑造于19世纪末和20世纪初，是法国里维埃拉的英格兰劣质版。就像大部分南部的海滨度假区，它吸引了很多老年人前来。他们来到这里的平房、别墅，或长住在陈旧的旅馆中度过自己的晚年。旅馆在冬天欢迎他们前来，但夏天每周的房费剧增。他们沿着伊斯特克利夫和韦斯特克利夫的海岸呼吸新鲜空气，经常光顾公共图书馆、冬景花园、高尔夫球场，在博斯库姆和布兰克森山脊的松柏林间散步，最后离开人世。

而伯恩茅斯自有其用处，它为绰有余裕的老人们提供了舒适的环境，他们还能和差不多年纪和阶层的其他人共度时日。伊迪丝·托尔金非常喜欢这里并非毫无来由，因为在伯恩茅斯，她此生首次结交到很多朋友。

多年前，她开始在小镇西部海边的米拉马旅馆度假，这是个

昂贵却又安逸友好的地方，常客多半是像她这样的人。托尔金退休后，不再前往爱尔兰做主考官，开始陪她在伯恩茅斯一起安享
329 假日。他很快认识到，总体而言她在那儿比在牛津家中开心多了。这丝毫不让人吃惊，因为米拉马的社交环境与她曾经熟悉的氛围（即1910年到1913年间所住的切尔滕纳姆的杰索普家）非常相似：中产阶级上层、生活富裕、没有知识分子，和同类人也很容易产生亲切感。她在米拉马又回到了自己熟知的氛围中，感觉非常轻松自在，自从结婚以来，无论在牛津的日子还是其他时间里，她从没有过这样的感受。的确，旅馆的其他很多房客有身份，有财富，颇为自信。他们本质上都是一类人：观念保守，喜欢聊自己的孩子和孙辈，喜欢谈论共同的朋友，喜欢在客人休息室打发大半天光景，偶尔去海边走走，满足于坐着喝一杯餐后咖啡，睡前在电视房看9点档新闻。伊迪丝也没有任何低人一等的感觉，因为她现在和他们一样家境殷实。至于身份，她现在的地位是国际知名作家的夫人，这扫空了一切不自信的感觉。

从更实际的层面上说，米拉马越来越成为托尔金一家家务问题的理想答案。料理家务的压力对伊迪丝而言太过沉重，而订好常住的房间，安排好惯常的租车司机，载着他们前往伯恩茅斯，这些都如此轻而易举。伊迪丝在米拉马迅速恢复精力，更不用说她还兴致高昂，而托尔金自己也乐得造访伯恩茅斯，只为逃离桑菲尔德路家里的层层约束，逃离完不成工作造成的绝望心境。

他在米拉马不算非常快乐，很难对伊迪丝乐见的那类人提起
330 兴趣。正如C. S. 刘易斯所说，那种人“平日的谈吐几乎都是流水账”。[1]他偶尔能遇见一两个表达清晰的男性来客，但有时还是

会深感身在囚笼，困兽犹斗，有口难言。而就其他方面来说，他很好地融入了伯恩茅斯的假期之中。只要他记得带上所有相关的材料（这并非常事），他在旅馆房间里完成的工作就能像在桑菲尔德路的一样多（或一样少），他也很享受这里的舒适环境和美味佳肴。他和伊迪丝结识了一名当地医生，当他们身体欠佳时，这名医生总是那么可靠友好，愿意提供帮助。住处附近也有座天主教堂。旅馆临近海边，这点他也非常心仪（除了相比他喜欢的惊涛拍岸，这里的海面太过平静）。最重要的是，他看到伊迪丝乐在其中。所以他们继续一次次前往伯恩茅斯，而当托尔金夫妇决定离开桑菲尔德路、寻找另一处房子时，他们决心到米拉马附近找就丝毫不足为奇了。

“他住在一幢丑陋的房子里——我无法向你形容有多难看，还挂着拙劣的图画。”W. H. 奥登在托尔金学社于纽约举办的一次会议上说了这番话，刊载在1966年1月伦敦的报纸上。托尔金读后评论说：“自他唯一一次来访以来过了很多年，而那次他只进了伊迪丝的房间喝了茶，所以他肯定是和其他事情记混了（如果他真的说过这些话）。”这是对无礼之词的冷静回应，托尔金给奥登的信中，一开头表达了小小的不快，然后又恢复了对他的友善语调。

奥登的评价愚蠢而不实。托尔金的房子（奥登提到的那幢），在桑菲尔德路那条平庸而简朴的街道上算不得更丑，伊迪丝在会客厅墙上挂的画，与这一带大部分中产家庭中挂的也没什么区 331
别。但这当然就是奥登想说的。作为一个品位精致的人，他震惊于托尔金的生活方式竟然如此平凡，这幢郊区道路上的房子装修风格又是如此随大流。这一生活方式并不能特别反映托尔金自己的口味，但他也没有特别抗拒——其实他自己甚至都没注意到，他有一些清心寡欲的特质。我们对1968年至1971年末托尔金在伯恩茅斯的生活下任何结论前，把握这点很重要。

他和伊迪丝买了幢平房，从那里坐出租车很快就能到米拉马。不难想象奥登会怎么评价雷克塞德路19号这幢朴素现代的房子。以他的标准来看，这幢房子和黑丁顿的一样“丑陋”。但在托尔金夫妇二人看来，这正是他们想要的。房子有一个设施齐全的厨房，伊迪丝就算行动日渐不便，在这里做饭也很容易。除此之外还有一间客厅、一间餐厅、每人一个卧室，有个专供托尔金作入户书房的房间，他还能将双位车库用作图书室兼工作室，就像在桑菲尔德路所做的那样。这里还有中央供暖（他们此前从未享受过），外面有阳台，晚上能在阳台安坐着抽烟。有一个大大的花园，有广阔空间让他们种玫瑰，甚至种点蔬菜。后院还有个私密小门，通往被称为布兰克森山脊的一片遍布树木的小山谷，再一路通往大海。这里有天主教徒邻居，经常开车带托尔金去教堂。这里有定期前来的钟点工。当亲朋好友前来探望他们需
332 要住宿时，米拉马旅馆就在近旁。他们也定期在那里午餐，当伊迪丝需要休息时，甚至偶尔还在那里过夜。

搬到伯恩茅斯必然会让托尔金做出很多牺牲。他不是很乐意离开牛津，知道自己正切断与外界的联系，只剩下与家人密友的有限接触。就像退休后来到黑丁顿时一样，他又一次对现状感到失望。[2]“我过得很舒服，”搬到伯恩茅斯一年后他给克里斯托弗

写信，“但是啊，但是，我没看见自己的同类，我想念诺曼，我最想你。”

但牺牲并非毫无目的，目的已经实现。伊迪丝在雷克塞德路过得很高兴，就像她在米拉马度假时那样开心，自打她结婚以来，还未有过如此长久的欢乐时光。新房子非常舒适，房间里没有需要攀登的台阶，让她受益匪浅，除此之外她一次次去米拉马，结交了一个个朋友，也带来了恒久的快乐。她不再是害羞、犹豫、时而不安的牛津教授夫人，而又成了自己，那个住在切尔滕纳姆时合群又幽默的布拉特小姐。她又回到了真正所属的环境之中。

而整体上，托尔金的生活也改善了不少。看着言笑晏晏的伊迪丝，托尔金深感心满意足，这也反映到他的心境上。在伯恩茅斯的日子里，他写日记只持续了很短一段时间，不像在桑菲尔德路时他经常意志消沉，在这些日记里阴霾几乎一扫而空。他所谓缺少“自己的同类”，这个缺口被家人朋友的频繁来访补上了。这里几乎没有爱好者的打扰（这里的地址、电话，甚至托尔金正住在南部海岸这个信息本身都隐藏得很成功），意味着可 333
以腾出大量时间忙工作。那名医生的妻子做了一些秘书协助工作，而艾伦与昂温出版社的工作人员乔伊·希尔（她负责经手托尔金的爱好者来信），定期前来处理他的信件事宜。[3]他刚准备搬到伯恩茅斯，就遭遇严重事故，让整个搬家过程更加累人。托尔金在桑菲尔德路家中楼梯上摔了一跤，腿严重摔伤，结果他必须在医院待几周，紧接着的很长一段时间里都要打石膏。而恢复以后，他至少理论上终于能全身心投入《精灵宝钻》的写作之中。

然而托尔金很难抉择到底从哪里入手，某种程度上说，能做的很少。《精灵宝钻》这部作品开头叙述世界的创生，主体部分描绘精灵与主要邪恶势力的斗争。如果可以称之为“故事”，那它本身已经是个完整的故事。要形成一份连贯的文本，托尔金只要决定每一章该用哪个版本就行了，因为从1917年最早的作品，到近几年所写的段落，现在他手头有了很多版本。但要为此做很多决定，他不知道从哪里开始。即便他决定了每章的内容，还得确保全书各部分之间保持一致。多年来的各种改写重写，让故事成了一大团细节组成的乱麻。有的地方改了人名，有的地方没有。地形描述杂乱无章、互相矛盾。最糟的是，手稿本身的数量大幅增加，他都不确定哪个代表自己关于某个章节的最新想法。保险起见，近些年他将每张打字稿复制一份、分开存放。但他一
334 直没有决定哪份才是正本，所以经常会对两份文稿分别做出矛盾的修改。要想拿出一份前后连贯、令人满意的文本，必须先仔细核对手头的每份手稿。想到要完成如此艰巨的任务，他心中充满了沮丧。

除此以外，他也不确定整个作品该以何种形式呈现。他倾向于放弃最初的框架，即以水手听故事的方式引出下文。或许需要换一种类似的方式？如果仅仅将《魔戒》中模糊处理的神话完整呈现出来，是否就足够了？说到《魔戒》，几个重要角色都是在这本书中才首次出场，这让整个事情更为棘手。比如精灵女王加拉德瑞尔以及像树一样的恩特，他们没有出现在原来的《精灵宝钻》里，但现在必须提到。如今他已找到这些问题令人满意的解

决方案。然而他知道必须让《精灵宝钻》和《魔戒》的每个细节都丝丝入扣，不然信件就会纷纷呼啸而来，指出各种龃龉之处。即使面对这些令人却步的技术挑战，他还没放弃重新考虑故事里一些根本性的问题，变更这些部分意味着要彻底从头再写。

1971年夏天，在伯恩茅斯住了三年后，他终于有所进展。虽然跟往常一样，他还是深陷在对细节的思考中，而不是谋划整体。他会想，这个名字要采用什么形式拼写呢？然后他会考虑修改精灵语的部分内容。甚至就算他真的写了些东西，通常也不是修改故事本身，而是处理日渐积攒起来的海量附属材料。材料中 335
很多都是论文，探讨神话中所谓的“技术”问题，比如精灵与人类衰老过程的关联，或中洲动物与植物的死亡。[4]他感到自己宇宙中的每个细节都值得注意，不论这些论文本身是否会出版。次创造已经成了一项消遣，本身足够有意义，和看到作品付印的意愿已经全然无关。

有时他长时间伏案工作，但有时又立马投入纸牌接龙的游戏中，完全不想假装在工作。随后可能前往米拉马旅馆享用可口的午餐和品不尽的美酒，如果他吃完后不想做任何工作了，那为什么还要干活呢？他们等得起他的书，那他也耗得起这点时间！[5]

然而某些日子里，他哀叹白驹过隙，时不我与，他的书还没写完。1971年末，伯恩茅斯的插曲突然播到了尾声。时年82岁的伊迪丝，在11月中旬因胆囊发炎病倒了。她被送往医院，病危数日后，于11月29日星期一早间去世了。[6]

第三章　默顿街

336 伊迪丝的逝世让托尔金深受打击，当他从中缓过神来后，无疑已经没有留在伯恩茅斯的必要了。他显然将回牛津居住，但起先还不确定要做什么安排。随后默顿学院邀请他成为常驻名誉院士，在默顿街的学院楼房中给了他一套房间，一名校工和他的妻子可以在那里照顾他。这是最不寻常的荣誉，也是完美的解决办法。托尔金万分激动地接受了，他先和家人一起住了几周，随后和三个搬运工一起（按照他的作风，已经和他们交上朋友），坐他们的搬家车从伯恩茅斯到牛津，最终在1972年3月初搬进了默顿街21号。

他在默顿街的公寓包含一间大客厅、一间卧室和一个卫生间。校工查理·卡尔作为看护人，和妻子一起住在地下室。卡尔夫妇对托尔金很好，不仅把早饭送到他房间（这是院方安排的一部分），如果他身体不适，或不想在学院吃饭时，他们还会为他做午餐或晚餐。除了在默顿学院吃饭，他还可以去隔壁的东门饭店[1]。自从1930年代他和刘易斯初次在那里用餐以来，这家饭店已大为不同，定价也不再低廉。而他现在是个有钱人，无论什么时候去那里吃饭，他都负担得起。不过他的大部分餐食都是在学 337
院里解决的，因为他有资格吃免费的午餐和晚餐，他在大学教师交谊厅里总是很受欢迎。

总体上1972年和1973年他过得颇为舒心。失去伊迪丝给他带来了莫大的悲恸，现在他事实上已是独身一人。[2]然而他也获得了记忆中从未有过的自由，可以过自己想要的生活。正如伊迪丝定居伯恩茅斯，某种程度上是对她在婚后早年遭遇种种不快的奖赏，他在默顿街的单身生活，似乎也是对他在伯恩茅斯耐心容忍的一种奖励。

毫无疑问他正越发闲散。他频繁前往牛津附近的乡村，探访克里斯托弗和他的第二任妻子贝莉。有他们的小孩亚当和瑞秋陪在身边，他会忘却自己的腰痛，在草地上四处奔跑玩游戏，或者把火柴盒扔到高高的树上，试着用石头把它打下来，逗孩子们开心。他会和普莉西拉以及孙子西蒙去西德茅斯度假。他又去见了T. C. B. S. 的老友克里斯托弗·怀斯曼。他会花几个礼拜和约翰一起待在后者在特伦特河畔斯托克的教区，两人开车去见他弟弟希拉里，希拉里还住在伊夫舍姆自己的果园中。

比起年轻时，现在罗纳德和希拉里两人像得多了。窗外的李树已经老去，希拉里耐心地摘了四十年的李子，现在已然结不出几颗果实。它们理应被砍倒，原地种上新鲜的树苗。但希拉里已经不管这档子事，任由树木伫立在那里。两兄弟边看着电视上的板球赛和网球赛，边喝着威士忌。

338 托尔金人生的这两年，因为被授予各种荣誉而变得快乐。他收到很多邀请，要他去美国的大学，赠予他名誉博士学位，但他觉得自己不能承受长途旅行。国内也有很多荣誉等着他领受。1973年6月他前往爱丁堡大学接受了名誉学位。前一年春天，他前往白金汉宫，女王授予他不列颠帝国司令勋章，令他深受感动。但可能最让他满意的，是1972年6月牛津大学授予的名誉文学博士。[3]他们解释得很清楚，不是为表彰他创作《魔戒》，而是表彰他对语文学做出的贡献。不过在授予学位仪式上，校方发言人、他的老朋友科林·哈迪在祝贺他的演讲中不止一次提到中洲发生的事情，他在结语中说希望“在绿树叶的荫庇下，在永不绝的旅途中，他能在创作《精灵宝钻》和学术研究上再有斩获”。

就《精灵宝钻》而论，数月又匆匆过去，他能拿出来的内容还是很少。托尔金搬离伯恩茅斯后，要重新整理自己的著作和材料，这势必让创作延宕了。而他终于提笔写作时，发现自己再次被技术问题绊住。几年前他已决定，如果他死时《精灵宝钻》尚未完成，克里斯托弗（他当然很熟悉这个作品）应当将其完成并出版。[4]他和克里斯托弗经常讨论这本书，仔细考虑过大量尚未解决的问题，但他们没取得多少进展。

他当然不想死得这么早。他对以前的学生玛丽·萨卢说，自
339 己祖上很多人寿命不短，所以自信还能活很多年。[5]但1972年后期预警迹象出现，他开始有严重的消化不良，拍了X光片也看不出更明确的病因，除了“消化不良”这个诊断本身。他开始节食，被警告不能喝酒。尽管著作有待完成，所谓在默顿街多活很

多年的前景，似乎并不会让他乐享其中。

“我时常感到非常寂寞，”他对年老的表姐玛乔丽·因克尔登写道，“学期结束后（那时大学生都已离开），我孤零零地坐在偌大的房间里，陪伴我的只有远在地下室里的看护人和他的妻子。”[6]

实际上，来访者络绎不绝：家人、旧友，艾伦与昂温出版社的乔伊·希尔会过来处理爱好者信件。他要和雷纳·昂温一起处理一件又一件的事务，和他的律师以及顾问迪克·威廉逊应付很多问题。还有每周日早上，出租车带他去黑丁顿的教堂，再去沃尔弗科特公墓给伊迪丝上坟。但孤独感就是挥之不去。

随着1973年夏天逐渐过去，有些亲近的人发现他比以往更加忧伤，似乎老得更快了。不过他节食成效明显，7月前去剑桥大学参加“同级会”举办的晚宴，这是个牛津—剑桥跨校用餐俱乐部。8月25日，他给宴会的主办人格林·丹尼尔教授写了份迟到的感谢笺：

亲爱的丹尼尔，

7月20日至今已过了很久，但在我陷入其他事情之前，有件我该做的事情，迟做（我希望）总比没做要好：感谢你在圣约翰学院组织的欢乐晚宴，尤其感谢你对我个人的包容和友好。这是个转折点！无论如何我没有不良反应，从此也 340
摆脱了大部分我被迫遵守大约六个月的节食禁忌。

我期待下次“同级会”晚宴，期望到时候你也在现场。

你永远的

罗纳德·托尔金

写信三天后的8月28日星期二，他前往伯恩茅斯，和医生丹尼斯·图尔赫斯特以及他妻子乔斯林住在一起。托尔金和伊迪丝住在伯恩茅斯的时候，就是这对夫妇在照顾他们。

结局旋即到来。周四他参加了图尔赫斯特夫人的生日庆祝活动，觉得身体不适，没吃多少，但喝了点香槟酒。当晚他感到疼痛，次日早上被送往私立医院，诊断出急性出血性胃溃疡。碰巧此时迈克尔在瑞士度假，克里斯托弗在法国，两人都无法及时赶到床榻边，但约翰和普莉西拉能够赶到伯恩茅斯陪他。起初关于他身体状况的报告还算乐观，但周六发展为胸部感染，1973年9月2日周日清晨，他去世了，享年81岁。

后记　一棵大树

按照时兴的观点，墨象社是1930年代和1940年代，周四晚 341
上在莫德林学院聚会的一个男性小团体，是一个作家组成的同质化社团，他们互相施加影响。无论你是否同意这个观点，如果你有机会经过牛津，还是可以瞻仰三个人的坟墓：C. S. 刘易斯、查尔斯·威廉斯和J. R. R. 托尔金，他们是墨象社最负盛名的人物。

来到刘易斯的教区黑丁顿采石场，你会在教堂院落里发现他的坟墓。一块普通的石板标记着坟墓的位置。他和哥哥W. H. 刘易斯少校共用一块墓碑，上面装饰着一个简单的十字架，还写着一句话：**你应该耐心忍受天命的安排**。[1]

威廉斯沉睡在牛津市中心圣十字教堂的荫庇下。他墨象社的同伴雨果·戴森坟墓距此不远，这片墓地安放着很多这一代牛津学人的坟墓。

刘易斯和威廉斯都是圣公会的成员，而如今牛津只有一处安葬天主教徒的地方，即沃尔弗科特公墓，这里有一小块地方留给

了罗马教会的成员。所以如果你要找到托尔金的坟墓，必须远离市中心，走过商店和环路再继续，直至来到高高的铁门前。穿过
342 铁门，经过祈祷室，越过众多其他的墓穴，最终来到一处。这里的很多墓碑上写的都是波兰文，因为这是天主教徒的墓区，埋葬的移民要远多于信仰天主教的英国人。有些墓碑上有死者的上釉照片，铭文非常华丽。所以这群墓碑的左侧，一块康沃尔花岗岩制成的灰色石板反而格外醒目，上面略带古怪的文字也颇为抓人眼球：**伊迪丝·玛丽·托尔金，露西恩，**1889—1971。**约翰·罗纳德·鲁埃尔·托尔金，贝伦，**1892—1973。

这个坟墓坐落的城郊景致，与托尔金喜爱的英格兰乡村非常不同，却与他生前度过大部分时光的人造场所别无二致。所以甚至在人生的终点，这个公墓中的普通坟墓，依然在提醒我们，他所度过的平凡生活，与他用于创造神话的超凡想象之间，存在着何等对比。

这个想象包罗精灵、奥克、霍比特人等中洲万象，它从何而来？这一文学幻想改变了这位无名学者的一生，它源头何在？为什么对全世界千千万万的读者来说，这一幻想如此触动他们的心弦、符合他们的渴望？

托尔金可能觉得这些问题是无解的，肯定无法用这本传记来解释。他不赞成用传记来帮助鉴赏文学作品，也许他是对的。他真正的传记是《霍比特人》《魔戒》和《精灵宝钻》，因为关于他的真相就藏在那些书页中。

但至少他会允许一篇墓志铭的存在。

他去世四天后，牛津黑丁顿一个朴素的现代教堂里举行了他

的追思弥撒，他生前经常来这个教堂。[2]他儿子约翰特别挑选祈祷辞和经文，托尔金的老朋友罗伯特·默里神父和他的教区司铎 343
多兰蒙席协助约翰做了弥撒，现场没有布道，也没有引用他的作品。然而几周后，他的一些美国仰慕者在加利福尼亚举办了一场追悼仪式，向在场众人朗读他的短篇故事《尼葛的叶子》。他也许会认为这并无不妥：

在他面前耸立着一棵大树，他自己的树，如今完成了。你可以将其视为一棵活生生的树，看到它的树叶伸展，树枝生长，随风摇摆。这幅景象尼葛曾如此频繁地感受过、料想过，却也如此频繁地无法捕捉、诉诸笔端。他凝视着这棵树，慢慢地抬起手，张开双臂。

“这真是天赐的礼物！”他说。

附　录

附录一
J. R. R. 托尔金族谱简版

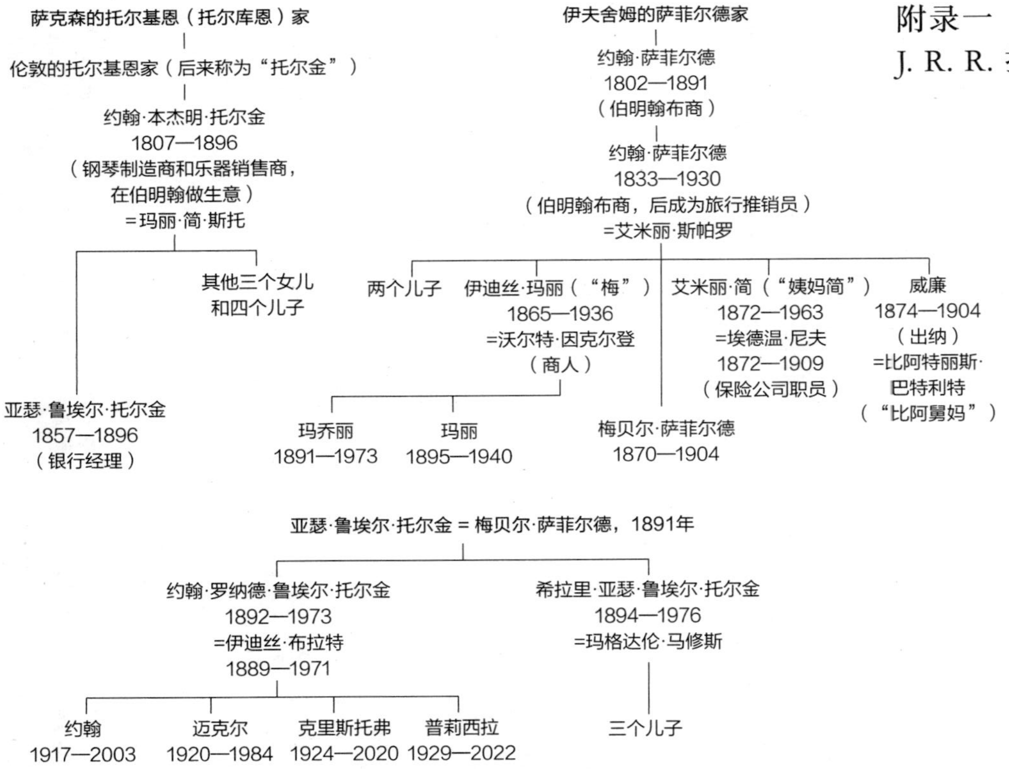

附录二

J. R. R. 托尔金生平大事年表

1892年 **1月3日** 约翰·罗纳德·鲁埃尔·托尔金出生于布隆方丹。

1894年 弟弟希拉里出生。

1895年 **春季** 梅贝尔·托尔金带两个儿子回到英格兰，亚瑟·托尔金留在南非。

1896年 **2月** 亚瑟·托尔金去世。

夏季 梅贝尔·托尔金租下伯明翰的萨尔霍磨坊附近的小屋，她和孩子们在那里住了四年。

1900年 梅贝尔·托尔金皈依天主教会。她和孩子们从萨尔霍搬到伯明翰郊区莫斯利的房子中。罗纳德在爱德华国王学校入学。

1901年 梅贝尔和孩子们从莫斯利搬到金斯希斯。

1902年 梅贝尔和孩子们离开金斯希斯搬到埃奇巴斯顿的奥利弗路。罗纳德和希拉里在圣斐理伯文法学校登记入学。

1903年 孩子们离开圣斐理伯学校。罗纳德获得爱德华国王学校的奖学金，并于秋季入学。

1904年 **当年早期** 梅贝尔·托尔金被发现患有糖尿病，住院几周。

夏季 她和孩子们待在雷德纳尔。

11月 梅贝尔去世，享年34岁。

1905年 孩子们搬进斯特灵路的比阿特丽斯舅妈家。

1908年 孩子们搬进杜奇斯路上福克纳太太的房子。罗纳德与伊迪丝·布拉特相遇。

1909年 **秋季** 弗朗西斯·摩根神父发现了罗纳德与伊迪丝·布拉特的恋

情。罗纳德没能获得牛津的奖学金。

1910年　**1月** 罗纳德和希拉里搬进新住处。罗纳德继续与伊迪丝·布拉特见面，后被禁止与她交往。

3月 伊迪丝离开伯明翰，搬到切尔滕纳姆。

12月 罗纳德获得牛津埃克塞特学院的奖学金。

1911年　“茶社和巴罗社团”成立。

夏季 罗纳德从爱德华国王学校毕业。他游览了瑞士。

秋季 他在牛津的第一个学期开始。

圣诞 他参加了爱德华国王学校的《情敌》表演。

1913年　**1月** 罗纳德21岁生日。他与伊迪丝·布拉特重聚。

2月 他参加了荣誉等级考试，被评为第二等级。

夏季 他开始攻读英语语言文学系的荣誉学位。他与一个墨西哥家庭游览法国。

1914年　**1月** 伊迪丝皈依天主教会。她和罗纳德正式订婚。

夏季 罗纳德游览康沃尔。“一战”爆发。他决定回到牛津，完成学位课程。

1915年　**夏季** 他在最后一场考试中获得一等荣誉学位。他被任命为兰开夏燧发枪手团的军官，随后在贝德福德和斯塔福德郡接受训练。

1916年　**3月22日** 他与伊迪丝结婚。伊迪丝搬到大海伍德。

6月 托尔金登船前往法国。他来到索姆，作为少尉加入兰开夏燧发枪手团第十一营，担任信号员一直到秋季。

11月 他得了“战壕热”，回到英格兰。

1917年　**1月和2月** 在大海伍德康复期间，他开始撰写《失落的传说》，这最终成了《精灵宝钻》。

春季 他被派往约克郡值守，但当年大部分时间都在医院。

11月 大儿子约翰出生。

1918年　托尔金（如今已是中尉）被派往亨伯驻防地和斯塔福德郡。

11月 休战日后，他带全家回到牛津，成为《新英语词典》的工作人员。

1919年 他开始兼职导师的工作。他和伊迪丝搬到阿尔弗雷德街1号。

1920年 他被任命为利兹大学英语系准教授，秋季开始在那里工作。二儿子迈克尔出生。

1921年 伊迪丝带着全家来到利兹与他会合，最终搬进圣马可巷11号。

1922年 E. V. 戈登入职利兹大学。是年他和托尔金开始共同编辑《高文爵士与绿骑士》。

1924年 托尔金成为利兹大学英语语言教授。他在达恩利路买了房。三儿子克里斯托弗出生。

1925年 《高文爵士》的编辑版正式出版。

夏季 托尔金被选为牛津的盎格鲁–撒克逊学罗林森与博斯沃思讲席教授，秋季接受任命。他在诺斯穆尔路买了房，新年初全家回到牛津。

1926年 托尔金结识C. S. 刘易斯。“吃煤人”俱乐部成立。

1929年 女儿普莉西拉出生。

1930年 全家从诺斯穆尔路22号搬到20号。大约此时托尔金开始写《霍比特人》，尚未完成就放弃了。

1936年 他发表演讲《贝奥武甫：怪物与批评家》。艾伦与昂温出版社的苏珊·达格诺尔读了《霍比特人》手稿，在她的建议下托尔金完成了此书，出版社同意出版。

1937年 **秋季**《霍比特人》出版。在斯坦利·昂温提议下，托尔金开始写续篇，即后来的《魔戒》。

1939年 托尔金在圣安德鲁斯大学做题为“论仙境奇谭”的演讲。“二战”爆发时，查尔斯·威廉斯加入了墨象社。

1945年 托尔金被选为默顿英语语言和文学教授。

1947年 托尔金一家搬到马诺路。

1949年 《魔戒》写作完成。《哈莫农夫贾尔斯》出版。

1950年 托尔金将《魔戒》交给柯林斯出版社。全家从马诺路搬到霍利韦尔街。

1952年 《魔戒》手稿被柯林斯出版社退回，托尔金将其交给艾伦与昂温出版社。

1953年 托尔金夫妇搬到牛津郊区黑丁顿的桑菲尔德路。

1954年 《魔戒》前两部出版。

1955年 第三部出版。

1959年 托尔金退休。

1962年 《汤姆·邦巴迪尔历险记》出版。

1964年 《树与叶》出版。

1965年 艾斯书局发行未经授权的美国版《魔戒》。对托尔金的“校园崇拜”兴起。

1967年 《大伍屯的铁匠》出版。

1968年 托尔金夫妇搬到普尔（与伯恩茅斯镇比邻）的雷克塞德路。

1971年 **11月** 伊迪丝·托尔金去世，享年82岁。

1972年 托尔金回到牛津，搬进默顿街的房子。他被授予不列颠帝国司令勋章。牛津大学授予他名誉文学博士学位。

1973年 **8月28日** 他来到伯恩茅斯与朋友同住。他病情发作，9月2日星期日早间在护理室去世，享年81岁。

1977年 克里斯托弗·托尔金编辑的《精灵宝钻》出版。

附录三

J. R. R. 托尔金已发表作品[1]

1911年 **诗歌《东线的战斗》**（The Battle of the Eastern Field），发表于伯明翰：《爱德华国王学校编年》，第26卷，第186期，3月刊，第22—26页。重刊于《瑁珑》，第12期，1978年刊，第24—28页。［托尔金还为《编年》提供稿件，报道了学校辩论协会1910年11月至次年6月的会议，并撰写了1911年6、7月的编辑社评。］

1913年 **诗歌《来自柳树丛生的古老泰晤士河畔》**（From the many-willow'd margin of the immemorial Thames，署名"J"），发表于《斯泰普尔顿杂志》，第4卷，第20期，12月刊，第11页，牛津：布莱克维尔出版社为埃克塞特学院出版。

1915年 **诗歌《哥布林的脚》**（Goblin Feet），发表于《牛津诗刊》，1915年刊，G. D. H. 科尔和T. W. 厄普编辑，牛津：布莱克维尔出版社出版，第64—65页。重刊于《牛津诗刊，1914—1916年合刊》，牛津：布莱克维尔出版社，1917年出版，第120—121页。重刊于《仙子诗歌》，多拉·欧文编辑，伦敦：朗文·格林出版社，1920年出版，第177—178页。还收录于其他几份诗歌选集。

1918年 **《春日收获》的简介**（Introductory note in *A Spring Harvest*，署名"J. R. R. T."），已故的兰开夏燧发枪手团中尉杰弗里·巴赫·史密斯的诗集，伦敦：厄斯金·麦克唐纳出版社，1918年出版。[托尔金和怀斯曼编辑了史密斯的诗集，协助安排其出版。]

1920年 **诗歌《快乐水手》**(The Happy Mariners，署名“J. R. R. T.”)，发表于《斯泰普尔顿杂志》，第5卷，第26期，6月刊，第69—70页，牛津：布莱克维尔为埃克塞特学院出版。

1922年 **《中古英语词典》**(*A Middle English Vocabulary*)，牛津：克拉伦登出版社出版。[按最初计划，这本书是用来和肯尼思·赛瑟姆的《十四世纪诗文集》(1921年出版)配套的，后来作为词汇表被收入后者。它也曾独立成册再版过。]

诗歌《学者的怨歌》(The Clerke's Compleinte)，发表于《格里芬》新系列，第4卷，第3期，12月刊，第95页，署名“佚名”(N. N.)。

1923年 **诗歌《古人的黄金已被符咒镇住》**(Iúmonna Gold Galdre Bewunden)[2]，发表于利兹大学:《格里芬》新系列，第4卷，第4期，1月刊，第130页。

题为“圣母颂”的书评(Review headed ‘Holy Maidenhood’)，发表于伦敦:《泰晤士报文学增刊》，1923年4月26日，第281页。[评论的对象是弗尼瓦尔为早期英语文献协会编辑的《圣母颂》(*Hali Meidenhad*)。未署名，但可以根据托尔金的日记确定他的作者身份。]

诗歌《诸神的城市》(The City of the Gods)，发表于《微观世界》，多萝西·尤娜·拉特克利夫编辑，第8卷，第1期，春季刊，第8页。在利兹非公开发行。

讣告《亨利·布拉德利，1845年12月3日—1923年5月23日》(Obituary: Henry Bradley, 3 Dec., 1845-23 May, 1923，署名J. R. R. T.)，发表于《现代人文学科研究协会通讯》，伦敦：剑桥大学出版社出版，第20期，10月刊，第4—5页。

系列诗歌《快乐水手》(The Eadigan Saelidan: The Happy Mariners)，1920年发表于《斯泰普尔顿杂志》的诗歌修改版，**《月仙为何来太早》**(Why the Man in the Moon Came Down Too Soon)和

《新近发现的撒克逊语谜语两则》（Enigmata Saxonica Nuper Inventa Duo），发表于《北国探险：利兹大学英语协会成员诗选》，第15—20页，利兹：斯旺出版社出版。

诗歌《小猫和五弦琴：一首童谣的阐释，并其暗昧的秘密之开解》（The Cat and the Fiddle: A Nursery-Rhyme Undone and its Scandalous Secret Unlocked），发表于《约克郡诗歌》，第2卷，第19期，10月、11月刊，第1—3页，利兹：斯旺出版社出版。［这是《魔戒》卷一第九章中诗歌[3]的早期版本，亦即《汤姆·邦巴迪尔历险记》中的《月仙睡太晚》（The Man in the Moon Stayed Up Too Late）一诗。］

1924年 **系列诗歌《塔芙洛贝尔一夜》**（An Evening in Tavrobel）、**《孤岛》**（The Lonely Isle）和**《公主妮伊》**（The Princess Ní），发表于《利兹大学诗歌1914—1924》，利兹：斯旺出版社出版，第56—58页。

《语文学：作品概览》章节（Chapter on 'Philology: General Works'），发表于《英语研究年度作品》，第4卷，1923年刊，第20—37页，伦敦：牛津大学出版社出版。

1925年 **《〈中古英语词典学〉小补》**（Some Contributions to *Middle-English Lexicography*），发表于《英语研究评论》，第1卷，第2期，4月刊，第210—215页，伦敦：西奇威克和杰克逊出版社出版。

诗歌《椴叶般轻盈》（Light as Leaf on Lindentree），发表于利兹大学：《格里芬》新系列，第6卷，第6期，6月刊，第217页。［《魔戒》卷一第十一章诗歌的早期版本[4]。］作为"胡林的子女之歌"一部分，重刊于《贝烈瑞安德的歌谣》，第108—110页。

《魔鬼的挽马》（The Devil's Coach-Horses），发表于《英语研究评论》，第1卷，第3期，7月刊，第331—336页，伦敦：西奇威克和杰克逊出版社出版。

《高文爵士与绿骑士》（*Sir Gawain & the Green Knight*），J. R. R.

托尔金和E. V. 戈登编辑，伦敦：克拉伦登出版社出版。重印多次。第二版由诺曼·戴维斯修订，1967年在牛津出版，1968年刊平装本。

1926年 **《语文学：作品概览》章节**，发表于《英语研究年度作品》，第5卷，1924年刊，第26—65页，伦敦：牛津大学出版社出版。

1927年 **诗歌《无名之地》**（The Nameless Land），发表于《现实：诗歌选集》，G. S. 唐可雷德编辑，第24—25页，利兹：斯旺出版社和伦敦：盖伊与汉考克出版社联合出版。

诗歌《超自然史与中世纪格律之冒险，仿〈博物学家〉的狂想》（Adventures in Unnatural History and Medieval Metres, being the Freaks of Fisiologus），署名“博物学家”，发表于《斯泰普尔顿杂志》，第7卷，第40期，第123—127页，牛津：布莱克维尔书店为埃克塞特学院出版。

《语文学：作品概览》的一章，发表于《英语研究年度作品》，第6卷，1925年刊，第32—66页，伦敦：牛津大学出版社出版。

1928年 **《新编哈德斯菲尔德地区方言词汇表》的前言**（Foreword to *A New Glossary of the Dialect of the Huddersfield District*），沃尔特·黑格著，伦敦：牛津大学出版社出版。

1929年 **《〈隐修女指南〉和〈圣母颂〉》**（*Ancrene Wisse* and *Hali Meiðhad*），发表于《英语协会成员的论述与研究》，第14卷，第104—126页，牛津：克拉伦登出版社出版。

1930年 **《牛津英语系》**（*The Oxford English School*），发表于《牛津杂志》，第48卷，第21期，5月刊，第278—280页及第782页，牛津：牛津人出版社出版。[这篇文章提议改革教学大纲。]

1931年 **诗歌《宾波镇的进步》**（Progress in Bimble Town），署名“K. 巴格皮尤兹”[5]，发表于《牛津杂志》，第50卷，第1期，10月刊，第22页，牛津：牛津人出版社出版。

1932年 **附录一：“名字‘诺登斯’”**（Appendix I: The Name Nodens），发表于《格洛斯特郡利德尼公园的史前、罗马时代、后罗马时代遗址发掘报告》，属于伦敦古文物学者协会研究委员会的系列报告，第9期，1932年刊，第132—137页，伦敦：牛津大学出版社出版。

"西耶尔瓦拉地"：第一部分（Sigelwara[6] Land: Part I），发表于《中世纪》，第1期，12月刊，第183—196页，牛津：布莱克维尔出版社出版。

1933年 **诗歌《漫游记》**（Errantry），发表于《牛津杂志》，第52卷，第5期，11月刊，第180页，牛津：牛津人出版社出版。[这是《汤姆·邦巴迪尔历险记》中同名诗歌的早期版本。]

1934年 **诗歌《费瑞尔》**（Firiel），发表于《大事记》，罗汉普顿：圣心修道院发行，第4卷，第30—32页。[《汤姆·邦巴迪尔历险记》中《最后的航船》（The Last Ship）的早期版本。]

诗歌《疯人》（Looney），发表于《牛津杂志》，第52卷，第9期，1月刊，第340页，牛津：牛津人出版社出版。[《汤姆·邦巴迪尔历险记》中《海上钟声》（The Sea-bell）的早期版本。]

诗歌《汤姆·邦巴迪尔历险记》（The Adventures of Tom Bombadil），发表于《牛津杂志》，第52卷，第13期，2月刊，第464—465页，牛津：牛津人出版社出版。[《汤姆·邦巴迪尔历险记》中同名诗歌的早期版本。]

"西耶尔瓦拉地"：第二部分，发表于《中世纪》，第3期（6月刊），第95—111页，牛津：布莱克维尔出版社出版。

《语文学家乔叟：管家的故事》（Chaucer as a Philologist: The Reeve's Tale），发表于《语文学协会学报》，1934年刊，第1—70页，伦敦：大卫·纳特出版社出版。

1936年 **《献给语文学家的歌谣》**（*Songs for the Philologists*），J. R. R. 托尔金、E. V. 戈登及他人创作，伦敦：大学学院英语系内部发行。[起初是以打字稿形式在利兹大学内部流传的一系列幽默诗歌。诗歌未署名，但托尔金是下列诗歌的作者：**《从一到五》**（From One to Five）、**《六便士》**（Syx Mynet）、**《知更鸟》**

（Ruddoc Hana）、**《美丽的精灵女子》**（Ides Ælfscyne）、**《树之花》**（Bagme Bloma）、**《祝你好运》**（Eadig Beo Þu）、**《跨过大洋》**（Ofer Wídne Garsecg）、**《确实如此》**（La'Huru）、**《我坐在长椅上》**（I Sat Upon a Bench）、**《蜜蜂的天性》**（Natura Apis）、**《提靴踢去》**（The Root of the Boot）、**《法国人飞沫四溅》**（Frenchmen Froth）、**《文学派和语言派》**（Lit'and Lang'）。］[7]

1937年 **诗歌《巨龙来访》**（The Dragon's Visit），发表于《牛津杂志》，第55卷，第11期，2月刊，第342页，牛津：牛津人出版社出版。重刊于《冬日童话：第一辑》，1965年出版。

诗歌《敲门：候立著名学者门外有感所作》（Knocking at the Door: Lines induced by sensations when waiting for an answer at the door of an Exalted Academic Person），署名"矛盾修辞"，发表于《牛津杂志》，第55卷，第13期，2月刊，第403页，牛津：牛津人出版社出版。［《喵吻》（*The Mewlips*）的原始版本。］

诗歌《古人的黄金已被符咒镇住》，发表于《牛津杂志》，第55卷，第15期，3月刊，第473页，牛津：牛津人出版社出版。［1923年《格里芬》上同名诗歌的修改版，再次修改后以"宝藏"（The Hoard）为题收录在《汤姆·邦巴迪尔历险记》中。］

《贝奥武甫：怪物与批评家》（Beowulf: The Monsters and the Critics），发表于《英国国家学术院会议论文集》，第22期，1936年刊，第245—295页，伦敦：牛津大学出版社出版。1958年，牛津：牛津大学出版社再版。美国的重刊情况：收录于《〈贝奥武甫〉评论文章选集》，刘易斯·E. 尼科尔森编辑，圣母大学出版社，1963年出版。还收录于《诗人贝奥武甫》，唐纳德·K. 弗莱编辑，新泽西：普伦蒂斯-霍尔出版社，1968年出版。翻译为瑞典语（1975年）和德语（1983年）。

《霍比特人：去而复返》（*The Hobbit: or There and Back Again*），伦敦：乔治·艾伦与昂温出版社出版，1937年、1942年、1946年重印。第二次印刷加入四张彩图。1951年再版，重印多次。

1966年发行第三版，重印多次。1938年由波士顿：霍顿·米夫林出版社发行美国初版，1956年再版，1965年由纽约：巴兰坦图书发行第三版，1966年发行修订版，重印多次。翻译为瑞典语（1947年、1962年）、德语（1957年、1967年）、荷兰语（1960年）、波兰语（1960年）、葡萄牙语（1962年）、巴西葡萄牙语（1976年）、西班牙语（阿根廷，1964年）、日语（1965年、1975年）、丹麦语（1969年、1975年）、法语（1969年）、挪威语（1972年）、捷克语（1973年）、芬兰语（1973年）、意大利语（1973年）、斯洛伐克语（1973年）、保加利亚语（1975年）、罗马尼亚语（1975年）、塞尔维亚-克罗地亚语（1975年）、匈牙利语（1975年）、希伯来语（1976年）、俄语（1976年）、爱沙尼亚语（1977年）、印度尼西亚语（1977年）、希腊语（1977年）、冰岛语（1978年）、西班牙语（1979年、1982年、1983年）。

1938年 **关于《霍比特人》的书信**（Letter about *The Hobbit*），发表于伦敦：《观察家报》，2月20日刊。[这是托尔金对发表在1月16日报纸上书信的回信。] 重刊于《托尔金书信集》，第30—32页。

1940年 **《贝奥武甫与芬内斯堡残简：现代英语散文译本》的前言**（Preface to *Beowulf and the Finnesburg Fragment: A Translation into Modern English Prose*），约翰·R. 克拉克·霍尔著，C. L. 雷恩修订，伦敦：乔治·艾伦与昂温出版社出版，1950年发行新版。翻译为瑞典语（1975年）。

1944年 **《奥菲欧爵士》**（*Sir Orfeo*），牛津的学术文印室印制。未署名，这是托尔金为牛津的战时海军学员课程准备的版本。

1945年 **《尼葛的叶子》**（Leaf by Niggle），发表于《都柏林评论》，第432期，1月刊，第46—61页，伦敦：伯恩斯·奥兹与沃什伯恩出版社出版。这个短篇故事的重印情况见下。翻译为荷兰语（1971年）、瑞典语（1972年）、法语（1974年）、德语（1975年）、日语（1975年）、西班牙语（1981年）、波兰语（1985年）。

关于“考文垂之名”的书信（Letter *The Name Coventry*），发表于《天主教先驱报》，2月23日刊，第2页。[这是给署名“H. D.”、2月9日发表的信件的回信。]

《领主与夫人之歌》（The Lay of Aotrou and Itroun），发表于《威尔士评论》，第4卷，第4期，12月刊，第254—266页，加的夫：彭马克出版社出版。*韦尔琳·弗利格编辑，哈珀柯林斯出版社2016年再版。

1947年 **《〈灵魂守护者〉中的“伊斯伦”一词》**（“IÞÞlen” in Sawles Warde），发表于《英语研究》，第28卷，第6期，12月刊，第168—170页，阿姆斯特丹：斯韦特与蔡特林格出版社出版。[与达尔代讷合作完成。]

《论仙境奇谭》（On Fairy-Stories），发表于《献给查尔斯·威廉斯的文集》，C. S. 刘易斯编辑，第38—89页，伦敦：牛津大学出版社出版。重印情况见下。1996年由密歇根州大急流城：威廉·B. 伊尔德曼斯出版社发行美国初版。翻译为瑞典语（1972年）、日语（1973年）。

1948年 **《博德利手稿第34号：关于校对的再校对》**（MS Bodley 34: A re-collation of a collation），发表于《新语文学研究》，第20卷，1947—1948年刊，第65—72页，乌普萨拉出版。[与达尔代讷合作完成。]

1949年 **《哈莫农夫贾尔斯》**（*Farmer Giles of Ham*），伦敦：乔治·艾伦与昂温出版社出版。重印多次。1976年再版。1983年发行新平装本。1950年波士顿：霍顿·米夫林出版社发行美国初版，1978年再版。翻译为瑞典语（1961年）、波兰语（1962年）、希伯来语（1968年）、德语（1970年、1975年）、荷兰语（1971年）、法语（1974年）、意大利语（1975年）、日语（1975年）、芬兰语（1978年）、冰岛语（1979年）、丹麦语（1980年）、印度尼西亚语（1980年）、挪威语（1980年）、西班牙语（阿根廷，1981年）。

1953年 **《一篇14世纪的浪漫传奇》**（A Fourteenth-Century Romance），发表于伦敦：《广播时代》，12月4日刊。[这是BBC第三档节目播送的《高文爵士与绿骑士》托尔金译本的前言。]

《贝奥赫特海尔姆之子贝奥赫特诺斯归乡记》（The Homecoming of Beorhtnoth, Beorhthelm's Son），发表于《论述与研究》新系列，第6卷，第1—18页，伦敦：约翰·默里出版社出版。后又重印，见下。翻译为意大利语（1976年）、瑞典语（1980年）。

《中古英语词语"奉承者"》（Middle English "Losenger"），发表于《现代语文学论文》，1951年刊，第63—76页，列日大学哲学与文学系图书馆馆藏fasc.129,巴黎：美文出版社发行。

1954年 **《魔戒》第一部：《魔戒同盟》**（*The Fellowship of the Ring: being the first part of The Lord of the Rings*），伦敦：乔治·艾伦与昂温出版社发行。

《魔戒》第二部：《双塔殊途》（*The Two Towers: being the second part of The Lord of the Rings*），伦敦：乔治·艾伦与昂温出版社发行。

1955年 **《魔戒》第三部：《王者归来》**（*The Return of the King: being the third part of The Lord of the Rings*），伦敦：乔治·艾伦与昂温出版社发行。1954年至1966年间，《魔戒同盟》在英国重印14次，《双塔殊途》11次，《王者归来》10次。全三部再版于1966年，重印多次。《魔戒》平装一卷本发行于1968年。1954年由波士顿：霍顿·米夫林出版社发行美国初版第一部，第二、第三部发行于1955年，[8]再版于1967年。纽约的艾斯书局版发行于1965年。纽约：巴兰坦图书版发行于1965年，重印多次。翻译为荷兰语（1956年）、瑞典语（1959年）、波兰语（1960年）、意大利语（1967年）、丹麦语（1968年）、德语（1969年）、法语（1967年）、日语（1972年）、芬兰语（1973年）、挪威语（1973年）、葡萄牙语（巴西，1974年）、西班牙语（阿根廷，1978年）、希伯来语（1979年）、匈牙利语（1981年）、葡萄牙语

（1981年）、塞尔维亚-克罗地亚语（1981年）、俄语（1982年）。

诗歌《伊姆兰》（Imram），发表于伦敦：《时代与潮流》，第36卷，第49期，12月3日刊，第1561页。[在未发表的手稿《摹想社档案》里题为“圣布伦丹之死”（The Death of St Brendan）。]

《隐修女指南》前言（Preface to *The Ancrene Riwle*），由玛丽·萨卢译为现代英语，伦敦：伯恩斯·奥兹与沃什伯恩出版社，1955年出版。

《泰尔的阿波罗尼斯（古英语）》序言（Prefatory note to *The Old English Apollonius of Tyre*），彼得·古尔登编，绪论第3页，伦敦：牛津大学出版社，1958年出版。

1960年 **致《三极》的书信**（Letter to *Triode*），《三极》第18期，5月刊。[评论亚瑟·K.韦尔在上一期发表的文章。]

1962年 **《汤姆·邦巴迪尔历险记及来自红皮书的其他诗歌》**（*The Adventures of Tom Bombadil and other verses from The Red Book*），伦敦：乔治·艾伦与昂温出版社、波士顿：霍顿·米夫林出版社出版。有重印。美国再版于1978年。翻译为瑞典语（1972年）、法语（1972年、1975年）、日语（1975年）、德语（1984年）。

《〈隐修女指南〉的英语文本》（*Ancrene Wisse: English Text of the Ancrene Riwle*），这是根据剑桥基督圣体学院手稿第402号所做的编辑，早期英语文献协会书系第249号。N. R. 克尔写导读，伦敦：牛津大学出版社出版。

1963年 **《英语和威尔士语》**（English and Welsh），收录于《盎格鲁与布立吞：奥唐奈系列讲座》，第1—41页，加的夫：威尔士大学出版社出版。劳伦斯·韦里出版社1963年在美国分销。

1964年 **《树与叶》**（*Tree and Leaf*），伦敦：乔治·艾伦与昂温出版社出版。[对《论仙境奇谭》和《尼葛的叶子》略有修订，合为一册出版。]后有重印。1975年再版。1965年由波士顿：霍顿·米夫林出版社发行美国初版。

1965年 **诗歌《很久很久以前》**（Once Upon a Time）和《巨龙来访》，发表于《冬日童话：第一辑》，卡罗琳·希利尔编辑，第44—45页及第84—87页，伦敦：麦克米伦出版社、纽约：圣马丁出版社出版。重刊于《少年魔法师》，林·卡特编辑，第254—262页，纽约：巴兰坦图书，1969年出版。[第二首诗是1937年《牛津杂志》中同名诗歌的修订版。]

1966年 **《托尔金论托尔金》**（Tolkien on Tolkien），发表于《外交学人》，第18卷，第197期，10月刊，第39页。[简要描述托尔金生平和写作动机，摘自他提供给出版社的陈述。]

参与翻译《耶路撒冷圣经》（*The Jerusalem Bible*），伦敦：达顿·朗文与托德出版社、纽约：道布尔戴出版社出版。[托尔金被列为编辑，但他的唯一贡献是翻译了《约拿书》，出版前他的原稿被多人大幅修改。] *2014年托尔金翻译的《约拿书》发表在《墨象社研究杂志》上。

《托尔金读本》（*The Tolkien Reader*），纽约：巴兰坦图书出版。[《贝奥赫特诺斯归乡记》《论仙境奇谭》《尼葛的叶子》《哈莫农夫贾尔斯》《汤姆·邦巴迪尔历险记》的合订重印版。]

1967年 **《大伍屯的铁匠》**（*Smith of Wootton Major*），伦敦：乔治·艾伦与昂温出版社出版。后有重印。再版于1975年。新平装版发行于1983年。1967年由波士顿：霍顿·米夫林出版社发行美国初版，1978年美国再版。翻译为南非荷兰语（1968年）、荷兰语（1968年）、瑞典语（1972年）、德语（1975年）、日语（1975年）、芬兰语（1983年）、塞尔维亚-克罗地亚语（1984年）、丹麦语（1985年）。

诗歌《致W. H. 奥登》（For W. H. A.），发表于《谢南多厄：华盛顿与李大学评论》，第18卷，第2期，冬季刊，第96—97页。[包括盎格鲁-撒克逊语原文和现代英语译文，这首诗是为庆祝W. H. 奥登60岁生日而作。]

《旅途永不绝：声乐套曲》（*The Road Goes Ever On: A Song*

Cycle)，J. R. R. 托尔金作诗，唐纳德·斯旺谱曲，波士顿：霍顿·米夫林出版社出版。1968年由伦敦：乔治·艾伦与昂温出版社发行英国初版，1969年由纽约：巴兰坦图书再次发行。1978年英国版在伦敦再版，加入《**比尔博最后的歌**》、新的前言和注释。1978年美国版在波士顿再版。

[在首次出版发行的同时，卡德蒙唱片公司发行了编号TC1231的密纹唱片，名为《**中洲的诗与歌**》(*Poems and Songs of Middle Earth*)，记录了威廉·埃尔温演唱的托尔金诗歌（斯旺作曲），斯旺钢琴伴奏，以及托尔金读的自己的一些诗歌。]

1969年 《大伍屯的铁匠》和《哈莫农夫贾尔斯》，波琳·贝恩斯插图，纽约：巴兰坦图书出版。[合订重印版。]

叙述墨象社缘起的书信（Letter describing origins of Inklings），收录于《C. S. 刘易斯作品中人的形象》，威廉·卢瑟·怀特著，第221—222页，纳什维尔和纽约：阿宾顿出版社出版。1970年由霍德与斯托顿出版社在英国重印。书信本身重刊于《托尔金书信集》，第387—388页。

1971年 **《品位直击》的一个段落**（Passage in *Attacks of Taste*），伊夫琳·B. 伯恩和奥托·彭兹勒汇编并编辑，第43页，纽约：哥谭书坊发行。[托尔金讲述了他年轻时的阅读喜好。]

1972年 **书信《此地因树而美》**(Beautiful Place because Trees are Loved)，发表于《每日电讯报》，7月4日刊，第16页。[回应6月28日的编辑社评，介绍了中洲的森林。]重刊于《托尔金书信集》，第419—420页。

《托尔金日历》(*Calendar*)，包含托尔金的画作，巴兰坦图书发行。1973年艾伦与昂温和巴兰坦发行了年历，收录了同样的绘画。1975年、1976年、1977年、1978年艾伦与昂温出版社相继发行了年历，收录了更多托尔金画作。其中几幅画作也曾以海报和明信片的形式发行。年历画作重刊于《托尔金绘图集》，1979年出版。

1974年 **诗歌《比尔博最后的歌》**（Bilbo's Last Song），以海报形式发行，波琳·贝恩斯绘图，伦敦：乔治·艾伦与昂温出版社出版。霍顿·米夫林出版社发行了这首诗歌的海报版，背景是照片。

1975年 **《〈魔戒〉名称指南》**（Guide to the Names in *The Lord of the Rings*），发表于《托尔金指南》，贾里德·洛布德尔编辑，第153—201页，伊利诺伊州拉萨尔：欧本阔特出版社出版。[关于《魔戒》故事中命名原则的注释，最初是为指导翻译而作。]

《〈高文爵士与绿骑士〉〈珍珠〉和〈奥菲欧爵士〉》（*Sir Gawain and the Green Knight, Pearl, and Sir Orfeo*），现代英语译文，克里斯托弗·托尔金编辑并撰写前言，伦敦：乔治·艾伦与昂温出版社、波士顿：霍顿·米夫林出版社出版。新平装版由伦敦：昂温出版社于1979年、纽约：巴兰坦图书于1980年发行。

[1975年，卡德蒙唱片发行编号**TC1477、TC1478**的两款密纹唱片，源自1952年8月乔治·塞耶在马尔文学院录下的托尔金朗读《霍比特人》《魔戒》段落。]

《树与叶》《大伍屯的铁匠》《贝奥赫特诺斯归乡记》合订重印版出版，《哈莫农夫贾尔斯》《汤姆·邦巴迪尔历险记》合订重印版出版，均由伦敦：乔治·艾伦与昂温出版社发行。

书信（Letter），发表于《神话传说》，第3卷，第2期，总第10期，第19页。[即1957年11月17日致赫伯特·斯基罗大夫的书信，包含在格伦·古德奈特的文章中。信中托尔金评论《魔戒》"是关于死亡和对不死渴望"的故事。]部分重刊于《托尔金书信集》，第262页。

1976年 **《圣诞老爸书信集》**（*The Father Christmas Letters*），贝莉·托尔金编辑，伦敦：乔治·艾伦与昂温出版社、波士顿：霍顿·米夫林出版社出版。翻译为西班牙语（1983年）。

1977年 **《精灵宝钻》**（*The Silmarillion*），克里斯托弗·托尔金编辑，伦敦：乔治·艾伦与昂温出版社、波士顿：霍顿·米夫林出版社出版。重印多次。新平装版由伦敦：乔治·艾伦与昂温出版社在1979年发行、纽约：巴兰坦图书在1979年发行。1982年限量版发行。翻译为丹麦语（1978年）、荷兰语（1978年）、法语（1978年）、意大利语（1978年）、德语（1979年）、芬兰语（1979年）、瑞典语（1979年）、日语（1982年）、西班牙语（1984年）、波兰语（1985年）。

[1977年、1978年卡德蒙唱片发行了两款唱片，分别是克里斯托弗·托尔金朗读《精灵宝钻》中的“**贝伦与露西恩**”选段（TC1564）与“**维林诺黑暗降临**”“**诺多族的出奔**”选段（TC1579）。]

《托尔金画作》（*Drawings by Tolkien*），同名展览的展品画册。该展出于1976年12月14日至1977年2月27日，在牛津的阿什莫尔博物馆举办，稍后于1977年3月2日至4月7日，在伦敦的全英图书联盟举办。

1978年 **画作《孤山》**（The Lonely Mountain），重刊于《托尔金剪贴簿》，阿莉达·贝克尔编辑，纽约：格罗塞特与邓拉普出版社出版，第114—115页。

1979年 **《托尔金绘图集》**（*Pictures by J. R. R. Tolkien*），克里斯托弗·托尔金撰写前言和注释，伦敦：乔治·艾伦与昂温出版社、波士顿：霍顿·米夫林出版社出版。[书中所收录的图画先前曾在各种日历和书籍中刊载。]

《牛津大学告别演说，1959年6月5日》（Valedictory Address to the University of Oxford, 5 June 1959），收录于《J. R. R. 托尔金，学者与讲故事的人》，玛丽·萨卢和罗伯特·T. 法雷尔编辑，伊萨卡和伦敦：康奈尔大学出版社出版，第16—32页。

1980年 **《托尔金诗歌与故事集》**（*Poems and Stories*），伦敦：乔治·艾伦与昂温出版社出版。[《汤姆·邦巴迪尔历险记》《贝奥赫特诺斯归乡记》《论仙境奇谭》《尼葛的叶子》《哈莫农夫贾尔斯》《大伍屯的铁匠》合订重印版（附有波琳·贝恩斯的新旧插画）。]

《努门诺尔与中洲之未完的传说》（*Unfinished Tales of Númenor*

and Middle-earth)，克里斯托弗·托尔金编辑，伦敦：乔治·艾伦与昂温出版社、波士顿：霍顿·米夫林出版社出版。1982年发行平装版。翻译为荷兰语（1981年）、意大利语（1981年）、法语（1982年）、瑞典语（1982年）、德语（1983年）。

1981年 **《托尔金书信集》**(*Letters of J. R. R. Tolkien*)，汉弗莱·卡彭特编辑，克里斯托弗·托尔金协助编辑，伦敦：乔治·艾伦与昂温出版社、波士顿：霍顿·米夫林出版社出版。翻译为荷兰语（1982年）。*又翻译为意大利语（1990）、德语（1991）、阿根廷的西班牙语（1993）。2023年出版修订与扩展版《托尔金书信集》。

古英语诗歌《出埃及记》(*The Old English Exodus*)，J. R. R. 托尔金提供的文本、译文和评论，琼·特维尔–彼得编辑，牛津：克拉伦登出版社出版。

1982年 **《幸福先生》**(*Mr Bliss*)，伦敦：乔治·艾伦与昂温出版社、波士顿：霍顿·米夫林出版社出版。[根据托尔金绘图手稿复制。]翻译为德语（1982年）、丹麦语（1983年）、荷兰语（1983年）、芬兰语（1983年）、瑞典语（1983年）。

《芬恩与亨吉斯特：残片与断章》(*Finn and Hengest: The Fragment and the Episode*)，艾伦·布利斯编辑，伦敦：乔治·艾伦与昂温出版社出版。波士顿：霍顿·米夫林出版社，1983年出版。

1983年 **《〈怪物与批评家〉及其他论文》**(*The Monsters and the Critics and Other Essays*)，克里斯托弗·托尔金编辑，伦敦：乔治·艾伦与昂温出版社出版。波士顿：霍顿·米夫林出版社，1984年出版。部分翻译为德语（1984年）。

《失落的传说》上卷（*The Book of Lost Tales, Part I*），克里斯托弗·托尔金编辑，伦敦：乔治·艾伦与昂温出版社出版。波士顿：霍顿·米夫林出版社，1984年出版。1985年发行平装版。翻译为德语（1986年）、瑞典语（1986年）。*[《中洲历史》第一卷]

1984年 **《失落的传说》下卷**（*The Book of Lost Tales, Part II*），克里斯托弗·托尔金编辑，伦敦：乔治·艾伦与昂温出版社；波士顿：霍顿·米夫林出版社出版，1986年发行平装版。*［《中洲历史》第二卷］

1985年 **《贝烈瑞安德的歌谣》**（*The Lays of Beleriand*），克里斯托弗·托尔金编辑，伦敦：乔治·艾伦与昂温出版社、波士顿：霍顿·米夫林出版社出版。*［《中洲历史》第三卷］

1986年 **《中洲的变迁》**（*The Shaping of Middle-earth*），克里斯托弗·托尔金编辑，伦敦：乔治·艾伦与昂温出版社、波士顿：霍顿·米夫林出版社出版。*［《中洲历史》第四卷］

1987年 **《失落之路与其他作品》**（*The Lost Road and Other Writings*），克里斯托弗·托尔金编辑，昂温·海曼出版社出版。*［《中洲历史》第五卷］

1988年 **《魔影归来》**（*The Return of the Shadow*），克里斯托弗·托尔金编辑，昂温·海曼出版社出版。*［《中洲历史》第六卷］

1989年 **《艾森加德的背叛》**（*The Treason of Isengard*），克里斯托弗·托尔金编辑，昂温·海曼出版社出版。*［《中洲历史》第七卷］

1990年 **《魔戒大战》**（*The War of the Ring*），克里斯托弗·托尔金编辑，昂温·海曼出版社出版。*［《中洲历史》第八卷］

1992年 **《索隆的溃败》**（*Sauron Defeated*），克里斯托弗·托尔金编辑，哈珀柯林斯出版社出版。*［《中洲历史》第九卷］

1993年 **《魔苟斯之戒》**（*Morgoth's Ring*），克里斯托弗·托尔金编辑，哈珀柯林斯出版社出版。*［《中洲历史》第十卷］

1994年 **《精灵宝钻争夺战》**（*The War of the Jewels*），克里斯托弗·托尔金编辑，哈珀柯林斯出版社出版。*［《中洲历史》第十一卷］

1996年 **《中洲之民》**（*The Peoples of Middle-earth*），克里斯托弗·托尔金编辑，哈珀柯林斯出版社出版。*［《中洲历史》第十二卷］

1998年 **《罗弗兰登》**（*Roverandom*），克里斯蒂娜·斯卡尔和韦恩·G.哈蒙德编辑，哈珀柯林斯出版社出版。

*2007年 **《胡林的子女》**（*The Children of Húrin*），克里斯托弗·托尔金编辑，哈珀柯林斯出版社出版。

《〈霍比特人〉的历史之一：巴金斯先生》（*The History of The Hobbit, Part 1: Mr. Baggins*），约翰·拉特利夫编辑，哈珀柯林斯出版社出版。

《〈霍比特人〉的历史之二：回到袋底洞》（*The History of The Hobbit, Part 2: Return to Bag-End*），约翰·拉特利夫编辑，哈珀柯林斯出版社出版。[2011年哈珀柯林斯出版社出版了修订一卷本《〈霍比特人〉的历史》。]

*2009年 **《西古尔德与古德露恩的传奇》**（*The Legend of Sigurd and Gudrún*），克里斯托弗·托尔金编辑，哈珀柯林斯出版社出版。

*2013年 **《亚瑟王的陨落》**（*The Fall of Arthur*），克里斯托弗·托尔金编辑，哈珀柯林斯出版社出版。

*2014年 **《贝奥武甫：翻译与评注》**（*Beowulf: A Translation and Commentary*），克里斯托弗·托尔金编辑，哈珀柯林斯出版社出版。

*2015年 **《库勒沃的传说》**（*The Story of Kullervo*），韦尔琳·弗利格编辑，哈珀柯林斯出版社出版。

*2017年 **《贝伦与露西恩》**（*Beren and Lúthien*），克里斯托弗·托尔金编辑，哈珀柯林斯出版社出版。

*2018年 **《刚多林的陷落》**（*The Fall of Gondolin*），克里斯托弗·托尔金编辑，哈珀柯林斯出版社出版。

*2021年 **《中洲的自然和本质》**（*The Nature of Middle-earth*），卡尔·F.霍斯泰特编辑，哈珀柯林斯出版社出版。

*2022年 **《努门诺尔沦亡史》**（*The Fall of Númenor*），布莱恩·西布利编辑，哈珀柯林斯出版社出版。

*2023年 **《马尔登之战，及贝奥赫特诺斯归乡记》**（*The Battle of Maldon with the Homecoming of Beorhtnoth*），彼得·格里包斯卡斯编辑，哈珀柯林斯出版社出版。

附录四

资料来源与致谢

本书中我引用了托尔金的原话，但没有交代相应的出处，如果要一一写出来，势必数量庞大，（我认为）看起来会头昏眼花。既然很多引自未公开材料，想必大家对它们的兴趣也很有限。惯常以省略号表示略去引文中一段话的做法，我也没有使用。因为这些省略号写出来后同样数不胜数，所以（我相信）不会给人启发，反倒让人恼火。我的目的是不要让托尔金所谓“编辑路过的痕迹”[1]干扰读者阅读内容本身。

鉴于本书没有列参考文献，如果我简要说明一下自己的资料来源，应该还是会有些人感兴趣的。对布隆方丹家庭生活的描述来自亚瑟·托尔金寄给英格兰父母的书信，托尔金在萨尔霍和伯明翰的童年生活，来自他在手稿注释、报纸和广播采访中的回忆。在写作本书时，我很幸运能见到他弟弟希拉里·托尔金，他告诉我很多早年往事，给我写了长信。可叹他在1976年早间去世，没能看到本书完稿。托尔金和伊迪丝·布拉特当时的通信记录了杜奇斯路上发生的事（他将娶后者为妻），那时他短暂写过一阵日记，翔实记载了他们被迫分开的经过。重聚后他们继续通信，直到1918年晚期有了稳定的婚姻生活。其间他们写给彼此的几百封信件，提供了托尔金读大学、服兵役的大量信息。“T. C. B. S.”的起源是克里斯托弗·怀斯曼向我讲述的，他的协助、鼓励和友善是我撰写此书时的快乐源泉。“一战”期间托尔金曾写过粗略的日记，记录自己的法国征程，外加J. C. 拉特少将的《兰开夏燧发枪手团史：1914—1918》（奥尔德肖特1949年出版）和约翰·哈里斯的《索姆河》（伦敦1966年出版），让我有可能描绘出他参战经历的详细图景。1919年至1933年间，托尔金用他发明的字母写长篇日记，这是我叙述他这段时期生活的主要信息来源。而描写接下来的年岁，我主要利用了他与家人、朋友、出版社、读者的信件，以及从1964年到生命最后他不定期写作的日记。我也利用了很多他已出版著作中的自传内容，尤其是《论仙境奇谭》和《英语和威尔士语》讲座。

我能获得这些日记、信件和其他材料，离不开托尔金教授的子女的慷慨大度，因此，谨向约翰·托尔金神父、迈克尔·托尔金、克里斯托弗·托尔金和普莉西拉·托尔金致以我最诚挚的谢意。不仅如此，他们每个人还无私地拨冗关心我的工作，和我聊他们父亲的人生，评论我的书稿。整个写作过程中，他们的体贴、鼓励和友爱都那么可靠而如一。

在我撰写著作期间，托尔金教授的遗嘱执行人们同样也竭尽所能给予我帮助，还有乔治·艾伦与昂温出版社的各位朋友，都友好地允许我摘引托尔金已发表和未发表的作品。

很多人对我或安·邦瑟谈到或写下了对托尔金教授的回忆，

邦瑟制作了关于托尔金生平的系列广播节目，慷慨地允许我使用磁带录音。我还要感谢西蒙娜·达尔代讷教授、欧文·巴菲尔德、约翰·布赖森（已故）、内维尔·科格希尔教授、诺曼·戴维斯夫妇、雨果·戴森（已故）、伊莱恩·格里菲思、乔伊·希尔、多明我会杰维斯·马修神父（已故）、耶稣会罗伯特·默里神父、玛丽·萨卢、唐纳德·斯旺、丹尼斯·图尔赫斯特大夫、贝莉·托尔金、雷纳·昂温、米尔顿·沃德曼（已故）和迪克·威廉森，上述诸位有些热心有加，看过并评论了我的书稿。

除了此前提到的，我也想感谢托尔金的其他家人，他们对我关怀备至，为我排忧解难。我还很感激他们借我相片，允许我翻印下来。

其他很多人也向我施以援手，我想在此答谢的还有：C. 塔尔博特·达利桑德罗、乔纳森·安妮利、巴兹尔·布莱克维尔爵士、伯明翰爱德华国王学校的C. H. C. 布朗特和诺曼·克雷格、爱丽娜·戴德雷斯、格林·丹尼尔教授、无玷圣母献主会帕斯卡·迪利恩教长、查尔斯·弗思、格伦·古德奈特和邦尼·古德奈特、朱丽叶·格林道尔、沃尔特·胡珀牧师、盖伊·凯、杰西卡·肯博尔-库克、克莱德·S. 基尔比教授、伯明翰奥拉托利会的R. P. 林奇神父和C. J. G. 温特顿教长、迈克尔·麦克拉根夫妇、A. C. 马费特、大卫·菲利普斯夫妇、奥利弗·萨菲尔德、格雷厄姆·塔亚尔、格温德琳·威廉斯和伯明翰圣斐理伯文法学校的校长。牛津文印中心的布兰达·古道尔在影印方面给予了我大力协助。

我想向C. S. 刘易斯的遗嘱执行人表示衷心的谢意，感谢他们准许我摘录刘易斯致托尔金的信件。W. H. 奥登信件的版权属于W. H. 奥登基金会所有。

在我准备写作期间，我拜访了美国密尔沃基市的马凯特大学，彼处藏有大量托尔金小说的手稿，那里的保罗·格雷特克、耶酥会罗伯特·卡伦神父和拉斐尔·汉密尔顿神父给了我很多帮助。我还要感谢几个英国的图书馆：博德利图书馆、帝国战争博物馆的图书馆，还有伊夫舍姆公共图书馆及其图书馆员基斯·巴伯，以及利兹大学的布劳瑟顿图书馆。

我查阅了大量书籍，它们对我助益匪浅。其中最重要的是C. S. 刘易斯的《惊悦》《四种爱》和他的书信，以及罗杰·兰斯林·格林和沃尔特·胡珀撰写的刘易斯传记。还有赖特夫人的《约瑟夫·赖特的一生》（牛津1932年出版），D. J. 帕尔默的《英语研究的崛起》（牛津1965年出版），理查德·C. 韦斯特的《托尔金评论：书目一览》（肯特州立大学出版社出版），罗伯特·福斯特的《中洲导读大全》（纽约1974年出版）。很多记者和广播员采访过托尔金，我参阅了他们的采访，在此致以感谢，他们是基斯·布雷斯，刊载于1968年5月25日的《伯明翰邮报》；达芙妮·卡斯特尔，刊载于1966年 8月6日的《格拉斯哥先驱报》和1966年8月11日的《基督教科学箴言报》；威廉·凯特，刊载于1966年11月22日的《每日快报》和1972年1月2日的《星期日泰晤士杂志》；唐·查普曼（笔名“安东尼·伍德”），刊载于1968年2月9日的《牛津邮报》；约翰·伊扎德，刊载于1966年8月3日的《牛津邮报》；威廉·福斯特，刊载于1967年3月25日的《苏格兰人报》；德尼斯·格罗，播送于1970年12月16日的BBC广播四台《继续阅读》；菲利普·诺曼，刊载于1967年1月15日的《星期日泰晤士杂志》；夏洛特·普利默和丹尼斯·普利默，刊载于1968年3月22日的《每日电讯杂志》，以及理查德·普洛茨，刊载于1967年1月17日的《十七岁》。

我必须同时感谢我的家人，感谢他们阅读我的书稿，给了颇有价值的建议，以及感谢我的妻子玛丽·普里查德，她除了经常提意见，还做了“解密”1919年至1933年托尔金日记中自创字母的重要工作。

我已经提到过克里斯托弗·托尔金，但我必须再提一句对他的特别致谢。他作为父亲的文学遗产执行人，当时正在处理组织《精灵宝钻》文本付印的庞杂工作。工作过程中，他拨出无数个小时协助我，从根源上提出了极其宝贵的建议，对此书的定稿厥功至伟。[2]不仅如此，他和妻子贝莉、孩子亚当以及瑞秋在几乎八个月的时间里，每周五天在家招待我，那段时间我在他们家参阅了大量文件和手稿。感谢他们如此热情的款待，让我在写作任务中感到愉快惬意。

译者注

作者按

1 托尔金去世第二年，卡彭特制作了一档介绍托尔金生平的广播节目“旅途永不绝”，与他合作的安·邦瑟对托尔金亲朋好友做了大量的采访。这档节目让卡彭特产生了为托尔金写传记的兴趣。他去征求托尔金生前合作的艾伦与昂温出版社同意，对方答复如果托尔金家人同意，他们没意见。卡彭特逐个拜访托尔金子女，说：“我对写传记没多少了解，但对你父亲有点了解，而且我了解牛津，了解他身处的环境。我想你再也找不到有这些优势的人了，很可能还会遇到差劲的传记作者。”于是他获准为托尔金写作传记，并获得了托尔金及其家人所有材料的浏览权利。

另外，据出版社社长雷纳·昂温回忆，关于托尔金个人生平的猜测一直绵延不断，导致他在托尔金去世后不久，就劝说托尔金的家人认识到有必要写一部经授权的传记。“在他的生前这是无法想象的，因为传记显示别人对他的好奇，这会打扰他的生活，他对此强烈反对。他也不相信他的生活和工作有什么关系。但他越对个人事务秘而不宣，就越要承受外人病态的推测。”于是托尔金的女儿普莉西拉推荐了汉弗莱·卡彭特。

2 《托尔金书信集》，书信329号。托尔金曾强烈反对W. H. 奥登等人为自己写传记文章，但私底下为这类传记留了个口子。他曾对克莱德·基尔比说：“我将这类传记视为不成熟而冒失的事情，除非是我亲密的朋友所写，或就某类话题咨询过我（我现在没时间做这些）。我不信它们会修正多少让我厌恶恼怒的评价。我希望至少等我出版《精灵宝钻》后再来写这种书。我经常会被打扰，最不堪其扰的就是想了解‘我’和我的生平了。”（基尔比的记录均来自《托尔金与〈精灵宝钻〉》。）

3 1970年1月1日，托尔金致信儿子迈克尔，表示他想写自己童年和至亲的回忆。《托尔金书信集》，书信325号。

第一部

一次拜访

1 语文学，philology，是语言学linguistics以前的称谓。托尔金对语言的研究属于20世纪以前的传统语文学范畴，更注重文献、语言史、语法。本书中philology一律译为“语文学”。

2 这本书是《大伍屯的铁匠》，将于当年11月9日出版，年底托尔金将此书送给了卡彭特。

3 1967年2月至3月，托尔金花时间修订《魔戒》，为即将出版的一卷本和重印的三卷精装本第二版做准备。他对真知晶石帕蓝提尔做了多处修改，写的一些注释和背景材料后来收入了《未完的传说》。

4 雷纳·昂温也描绘了托尔金的这种“开机枪”语速以及充沛的表达欲。他说：“难的是跟上他的说话思路。他的烟斗总是点着，手指捻着点燃的火柴，空中烟气弥漫。突然，他喃喃地说了个故事，以一阵笑声收尾，看着我，想知道这笑话是否打动我了。然后他手里划了更多火柴，冒出了更多烟气。这真的很有趣，但也要求听众有足够的知识，这颇让我担心。我自己六年前读了《霍比特人》和三章《魔戒》，他似乎认为我记得每个细节和角色，能和他交流中洲三个纪元丰富的背景知识。但我越来越相信听众的兴趣，并不会减弱他对引导爱好者领略自己幻想创造的兴致。他不要求你有足够的知识，或批判性的评价，只要你愿意停下来表示一点小小的怀疑就够了。”（雷纳的记录均来自《乔治·艾伦与昂温出版社：一部回忆录》。）

5 1967年初，卡彭特联系上托尔金，想基于《霍比特人》制作一出给牛津新学院学校孩子看的音乐剧，来征求托尔金的许可。3月末，两人在托尔金家见面，即这次拜访。

6 当年夏天，托尔金在妻子的起居室接待了卡彭特一行。12月中旬托尔金夫妇和女儿普莉西拉前去观赏了卡彭特创作的《霍比特人》音乐剧。托尔金对这场演出很满意，多次笑逐颜开，尤其看到一个小男孩把比尔博演成了“挑剔的中年单身汉”时更是如此，演出后还特别送了他一本《大伍屯的铁匠》。演出中，卡彭特在舞台上的管弦乐队里演奏低音提琴，抬头就能看到托尔金，看见“当台词对话符合《霍比特人》原文时，他笑容灿烂；当略有出入时，他显得不满意”。此后他俩多次会面、通话、通信，成了好友。

第二部　1892—1916年：早年时光

第一章　布隆方丹

1 1891年时南非只是个地理概念，并未形成统一国家，比如开普敦属于英国的开普殖民地（北方还有南贝专纳殖民地），后文提到的布隆方丹属于布尔人的国家奥兰治自由邦，约翰内斯堡属于北方的另一个布尔人国家德兰士瓦。因为淘金热，当时这两个布尔人国家已有大量英国移民。英布战争以后，这些地方才先后归属于英属南非联邦和南非共和国。

2 简是托尔金家族和萨菲尔德家族中，唯一一个在罗纳德之前进入学术圈的人，她是爱德华国王学校最早的女学生之一，1892年（20岁）起就在爱德华国王学校建立的巴斯洛学校教授科学课程，1895年获得伯明翰梅森理学院的大学学位。她对罗纳德影响不小，在他10岁时就教了他几何学，罗纳德后来也说有她这么一个榜样非常荣幸（《托尔金书信集》，书信238号）。

3 约翰·萨菲尔德并未完全破产，据玛吉·彭斯考证，他在当地还有一家钢铁铸造厂，家底依然相对丰厚。

4 开普敦大教堂，即开普敦最有名的圣乔治大教堂。

5 “外侨”，uitlander，奥兰治自由邦、德瓦士兰的特有用词，一般指那里的白人外来劳工。

6 这里说的可能是德兰士瓦议会在1890年颁布的法令，宣布外侨在德瓦士兰住满14年并获得国籍后，可以享受选举权，虽然条件严苛，但给予了外侨一定的公民权利。但这一法令是否同样适用于奥兰治自由邦存疑。事实上，奥兰治自由邦的宪法，允许住满1年、名下登记不少于150镑财产的白人男性，或连续住满3年的白人男性，手写一份遵守国家法律的承诺并得到居住地行政官认可，即可获得该国的居民身份，比德兰士瓦宽松不少。

7 托尔金12岁生日前还有了一个领坚振圣名，即纪念奥拉托利会创始人圣斐理伯·内利，取名菲利普，全名J. R. P. R. T.。

8 这里和本章此前提到的圣公会教堂、本章最后提到的圣公会墓地是一个地方，即布隆方丹的圣安德鲁与圣米歇尔圣公会大教堂。

9 维多利亚时代，英国的中产阶级和贵族都有给男孩穿裙子的风俗，不仅拍照时穿，平时也穿，这里的围裙和下文的白色褶裙、连衣裙上装都是这种风俗的体现，但下层阶级的男孩不穿裙子。

10 托尔金对W. H. 奥登说这番话的重点，是强调自己“没有杀死它们的冲动。我在浴缸里发现它们的时候，经常会把它们救出来”（《托尔金书信集》，书信163号）。他在1961年接受采访时说，自己“不喜欢蜘蛛。这不是生理性的恐惧，而是压根不想跟它们扯上什么关系”。

11 托尔金后来回忆：“我喜欢（南非）的小道、树篱、沙沙作响的树木，以及柔和起伏的深香槟色轮廓线，这些最能撩动我的心扉，也最能让我心满意足。”（《托尔金书信集》，书信78号）但另一方面，托尔金也曾对克莱德·基尔比说，南非干旱荒芜的景象，反而让他非常沉浸于英格兰的花花草草。

12 圣诞节前不久，亚瑟写信给妹妹格蕾丝，夸耀儿子的成就：“罗恩现在几乎什么都能说（如果他愿意），而且开始数数了。一般是2，4，3，10这样……他要‘铅批’（penkils）和纸时毫不难为情。”

13 亚瑟的客户主要是农民，他们的财务状况听天由命，受到蝗灾和旱灾的影响，这两种灾害都有可能毁掉全部收成。

14 据卡雷尔·斯库曼推测，亚瑟得的应该是肠热病。当时布隆方丹的下水道系统很不健全，饮用水源污染严重，1893年以来这样的疫病定期爆发，每月因此死去的人多达30人。

15 1896年2月18日的《自由邦之友》报道了亚瑟过世的详细过程，2月15日早上他出现了腹膜穿孔，然后是腹膜炎，然后身体全面垮了。他大约下午4点过世。

第二章　伯明翰

1 托尔金在1951年3月30日回复美国亲戚弗洛伦斯·托尔金的信件里介绍了托尔金家族来源，“按传统说法，我们家族来自一个萨克森（莱比锡）的小贵族，后来大概是波兰和萨克森王室联合的时候，姓氏传到了波兰，1746年左右遭受普鲁士入侵后，我们的直系祖先逃了出来（虽然家里起码有一位因为抵抗被处决了），和一个幼子一起逃到了英格兰，失去了所有财产。这些移民很快变得非常‘英国化’，放弃了说德语，只保留着对普鲁士的厌恶。”另外，理夏德·德津斯基提出，托尔金祖上并非贵族，而是条顿普鲁士的市长、市民和工匠。先祖克里斯蒂安·托尔金（1706—1791）来自克罗伊茨堡，后移民波兰，他儿子丹尼尔·戈特利布·托尔金（1746—1813）在1770年代带着弟弟约翰·本杰明·托尔金（1752—1819）逃离波兰。这个弟弟就是托尔金的高祖父。至于托尔金记成了萨克森人，他觉得是因为托尔金看到语文学教授约翰尼斯·托尔基恩的著作是出版于莱比锡的。

2 维也纳之围，即奥斯曼帝国第一次进军中欧，以失败告终。

3 普鲁士入侵萨克森，即第二次西里西亚战争的开端，也是七年战争的开端，但直至1867年普鲁士才完全吞并萨克森。

4 《托尔金书信集》，书信44号。

5 骨粉生产只是萨尔霍磨坊偶尔的副业，主要工作依然是研磨谷物。

6 托尔金在1972年初接受威廉·福斯特的采访时提到，他将这两个磨坊工的形象融入了《哈莫农夫贾尔斯》中。

7 《托尔金的世界》指出，他们按当地对黑莓的叫法称它“邦波谷”，该地后来被确认是莫斯利沼泽。

8 维多利亚时期的中产阶级男孩除了穿裙子，还会在孩童时期留长发，而梅贝尔给两个孩子留的头发比其他人更长，所以伯明翰的孩子们会称呼他们“乡下姑娘！”（you're na but a wench），这种古老的词语后来让托尔金非常着迷。

9 桑普森·甘姆吉是伯明翰的外科大夫，他以脱脂棉发明了一种外科用的吸水棉纱。

10 普莉西拉·托尔金曾提到，梅贝尔结婚前做过家庭教师。

11 罗纳德在童年早期，对科学更感兴趣，比如历史学、天文学（后来他还把对天文的兴趣传给了儿女克里斯托弗和普莉西拉）、博物学（尤其植物学和动物学）、古生物学（他喜欢史前生物的图片）、地质学、语法和词源学，但对数学没什么兴趣。他在《品位直击》提供的个人简介中也说，自己在13岁到20岁之间，对“文学”并不感兴趣，早期主要是喜欢科学相关内容，尤其是植物学和天文学，最喜欢的是约翰斯·查尔斯的《田野之花》。

12 《魔戒》卷六的“夏尔平乱”一章中，出现了类似的情形：萨茹曼带着一群恶棍破坏了霍比屯的宁静，“他们把树砍了，就让树倒在那儿不管。”“他们竟把它砍了！”山姆叫道，“他们砍了集会树！”1968年BBC拍的纪录片《托尔金在牛津》中，他说“夏尔平乱”这么写是有意为之，表示自己讨厌这种“恐树症”，即“把树砍倒，放任不管，这么做完全没有必要”。

13 托尔金后来认识到，自己被迷住是因为这故事很像仙境奇谭，其“神奇”之处源于其讽刺内容，即对非理性的模仿，“梦境”不仅用来开启和结束故事，还深植于人物行为和互动中。

14 即《西古尔德的故事》，由威廉·莫里斯的诗体译本《伏尔松萨迦》压缩而来，这个故事也是后来托尔金创作《胡林的子女》的原型之一。

15 来自《论仙境奇谭》。

16 《托尔金书信集》，书信163号。

17 即斯普林希尔学院，后来改名莫斯利文法学校。另外，1897年6月，也就是托尔金一家搬到萨尔霍的次年，人们以街头派对、焰火和彩旗庆祝了维多利亚女王登基六十年的钻石庆典。托尔金自己描述："夏尔……其实大致上就是钻石庆典时期的一个沃里克郡村庄。"（《托尔金书信集》，书信178号）而大部分英国人认为，这场钻石庆典代表着大英帝国威力与尊严的巅峰。

18 《托尔金书信集》，书信163号。这个噩梦融入他的作品中，《魔戒》中法拉米尔在等候前方战况时也提到："这让我想起了努门诺尔……那片沉没的西方之地。黑色的巨浪高涨，吞没了绿地，漫过了山岭，吞噬了一切。无法逃离的黑暗。我常梦到它。"

19 圣公会是英国国教，在亨利八世的宗教改革后诞生，诞生后即与罗马天主教会决裂。但圣公会，尤其是高教会派与天主教在礼仪上差别不大，重要的区别是圣公会不承认罗马教宗的权威，主张因信称义。圣公会与下面提到的循道宗、一位论派、浸礼会都属于基督新教，与罗马天主教分庭抗礼。

20 循道宗，又称卫斯理宗，相信人人都可以得到救赎；而一位论派相信只有上帝这一位神明，否认耶稣的神性。

21 浸礼宗主张只有得救的信徒才能受浸礼，反对英国国教和政府对地方教会的干涉。

22 但玛吉·彭斯在《约翰·罗纳德的校园生活》一文中提出，更可能是因为罗纳德此时年龄太小，当时很少有如此年幼的学生能获得入学机会，即便罗纳德第二次成功考上，他也是那年仅有的三个8岁即入学爱德华国王学校的学生之一。

23 这个叔叔是27岁的劳伦斯·托尔金。

24 即哥特复兴式建筑，尤其流行于1840—1860年间，相比传统的哥特式建筑，多了不少装饰设计。《托尔金的世界》指出，伯明翰当时的这类建筑可能还培养了托尔金偶有表达的对大教堂式建筑的品位喜好。

25 1900年12月以及1901年的秋季学期，年级名单上都记着罗纳德“缺席”。1901年的春季夏季学期，他继续在十一年级学习，到了秋季学期，他进入了八年级。

26 据《托尔金的世界》介绍，卡彭特曾进一步阐述他的观点，说“（托尔金）憎恶伯明翰的工业。我认为，它的确出现在他对魔多那遭到破坏、令人恐惧甚至堪称邪恶的描述中……我认为你可以认出一些工业化、烟雾缭绕的、荒凉的伯明翰，例如，就是你从车站出来和从伯明翰到伍尔弗汉普顿见到的景象”。但不少学者提出不同意见，比如哈蒙德和斯卡尔表示，当时莫斯利的工厂冒烟没那么明显。玛吉·彭斯提出，伯明翰很多地方在托尔金来到前二十年（1880年左右）刚重建过，托尔金住处附近有很多公园、溪流、花园和树木，远非后来的废土景象。约翰·加思认为，托尔金眼中的伯明翰既有重工业和房屋拥挤不堪的一面，也有众多小作坊，以及背后的工匠、艺术家和建筑师群体。

27 托尔金后来发明的“辛达语”，音韵就借鉴了威尔士语，而他在《英语和威尔士语》讲座中，也简要叙述了与威尔士语的接触和对其的喜爱。除此之外，威尔士文学与托尔金的重要联系还有：

（1）托尔金曾部分翻译过威尔士史诗《马比诺吉昂》的第一个故事“德威德王子普伊希”，而其作品《摹想社档案》的主人公之一洛德姆的故乡彭布罗克郡即德威德。

（2）《托尔金与威尔士》认为《西界红皮书》效仿了《马比诺吉昂》的手稿之一《哈尔盖斯特红皮书》。

（3）托尔金在某本书的“ychain”词条旁备注“我1920年听到过这个读法”，证明起码在1920年去威尔士旅游前，他就具备了听译（而不仅仅是阅读）威尔士语的能力。

28 但弗朗西斯·摩根的档案显示，他接受过完整的高中、大学教育，还曾是约翰·纽曼的私人秘书，学识丝毫不少。而弗朗西斯的父母家人也都颇有文化，他的舅婆还出版过几本谜语选集。《“无翼能飞高”》一文指出，其中一首应该是《霍比特人》“黑暗中的谜语”的某个谜语来源，西班牙语原诗如下：

Vuela sin alas（无翼能飞高），/silba sin boca（无嘴爱叨叨），/azota sin manos（无手拳头老），/y tú ni lo ves ni lo tocas（无形摸不到）.

《霍比特人》中诗歌如下：

无嗓却会叫 / 无翼能飞高 / 无牙却会咬 / 无嘴爱叨叨。

29 爱德华国王学校的学制是这样的：共分十三个年级，入学时按学生情况决定其分到哪个年级，然后逐步从序号数字大的年级读到序号数字小的年级（不必逐个就读，可以跳级，每个年级的学习时间也有长有短）。罗纳德第一次入学时被安排在十一年级，第二次入学时上的其实是低年级（Lower Remove），因为八年级以上的三个年级不取编号，分别叫Lower Remove、Upper Remove、Transitus。读完这三个年级其中之一后开始分科，即古典科和现代科，罗纳德选择了古典科，然后进入六年级，因为七年级不包含古典科。

30 来自《英语和威尔士语》。

31 《托尔金书信集》，书信163号。

32 莎士比亚《麦克白》中，女巫预言没有一个妇人生下的人可以伤害麦克白，除非有天勃南森林会冲着他向邓西嫩高山移动。后来预言应验了，正义之师用勃南森林的树枝伪装自己，远看像森林在移动；与暴君麦克白决一死战的迈克特夫恰恰是不足月剖腹出生的。托尔金提到的这句台词出自《麦克白》第四幕女巫的预言段落。托尔金对乔治·塞耶说："（链锯）是我们这个时代最可怕的东西之一"。有时他会想象一场树木对人类施暴者的起义，"想想一个行军中的树林的力量吧，就像勃南森林真的向邓西嫩高山移动了。"他创作的《魔戒》中，树木牧者恩特就真的集体冲向了战场，摧毁了艾森加德的坚固堡垒。而《魔戒》中巫王说"没有人（或可理解为男人）能杀了我"，伊奥温说"我不是男人"并杀了他，也是托尔金不满《麦克白》的创作而做的改编。

事实上托尔金对莎士比亚的态度比较复杂。汤姆·希比指出，《魔戒》卷二"魔戒南去"一章中比尔博的诗歌明显是对莎士比亚《爱的徒劳》末尾诗节的重写，托尔金接受了莎士比亚作为诗人的传承。

33 原文是manure和muck，是粪肥所对应的近代和中古英语词语，直译无法体现这种差别，只能稍加改动。

34 “巴黎裁缝”，代指时髦女装和女帽的裁缝。

35 大概就是这时候，罗纳德买了一本《钱伯斯词源学词典》，后来他在这本书衬页上写道：“这是我对日耳曼语言产生兴趣的开始，引言部分让我第一次了解到了音变理论……”

36 但《他们在静美中安睡》一文指出，简和埃德温·尼夫1905年8月才结婚，此后才住在一起。另外这一时期，罗纳德为母亲画了至少四幅画，描绘了自己在尼夫家的日常生活，其中一幅画取名叫“没有母亲（或妻子），家是什么”，画的是尼夫和罗纳德修补衣物的生动场景，画上写着“给姨妈简”，因为简会去医院探望梅贝尔。

37 17年后的1921年，加拿大外科医生班廷第一次提取了胰岛素，1923年，美国礼来公司发明了大规模的提纯方法，实现了胰岛素的商业化和全面临床应用。

38 伊顿套装，包含外套、裤子和背心的一套礼服。

39 1904年8月8日，罗纳德给弗朗西斯神父写了一封密码信，这封信显示童年的他对语言与写诗的兴趣，以及与弗朗西斯神父的亲密程度。比如他画了森林、写了大写字母S、画了个眼睛，再写了个“500E”，代表“林畔”（WOODSIDE）这个住处（眼睛即“eye=I”，500即罗马字母D），信件结尾还有首打油诗，说这是“报复你自己没来看我”，派了其他人来：

弗朗西斯老司铎/“华丽”舞蹈不嫌多/熬夜直到看日出/又搜肠来又刮肚/原来在想法国步！

第三章　“我的语言”与伊迪丝

1 位于圣彼得教堂。上文提到梅贝尔最后的日子里“去布罗姆斯格罗夫做弥撒”，去的也是这个教堂。

2 按照创始人圣斐理伯的理念，奥拉托利会的成员虽然同在某个社团居住，但不被任何正式誓约所约束，只因为仁爱之心而联结在一起，所以奥拉托利会的平信徒就采取了自给自足的生活方式，不被与财产相关的誓约所约束。

3 “旋转传菜桶”就是个内部螺旋状的大木桶，能把楼下厨房里的菜转到楼上的餐厅里。托尔金兄弟的恶作剧是把菜偷偷换成猫，转到楼上，让饥肠辘辘的神父们看着跳出来的猫干瞪眼。

4 古希腊语中，语文学（philology）这个词，即为“爱”（philo-）和“言说”（logos）两部分组成，后者即逻各斯，也表示言说背后的规律、真理、理性。

5 托尔金非常支持世界语，不仅因为这门语言“对一个团结的欧洲很有必要”，还因为这是人类的终极创造，就像“‘出现了太多好厨子，造成了语言交流的不便，而这门语言弥补了这一缺失’，这是我能给的关于一门完美人造语言的最好描述”（详见《秘密嗜好》）。

6 来自1961年BBC采访。

7 托尔金还曾用“纳法林”写了首诗，原文如下：

O Naffarinos cuta vu navru cangor/luttos ca vuna tieranar/dana maga tier ce vru enca vun' farta/once ya meruta vuna maxt' amamen.

安德鲁·希金斯的翻译如下：

O Naffarinos go (you) in your white ships/play (recite) in your own land/that great land which you will always possess/and deserves your increased love.（哦纳法林人乘上你纯白的舟楫/在你的土地游乐嬉戏/这伟大的国度值得你渐浓的爱意/也会让你世世保有永不止息。）

另外，托尔金与纳法林做对比，还基于法语发明了一门语言“方维吉恩”，设定来自一个叫“方维”的岛屿，可能是想借此研究同样来自一门语言（罗曼语系）的法语和西班牙语是如何演变的。

8 即济慈的诗。恰普曼是英国诗人，他翻译的荷马史诗气魄宏大，济慈不懂古希腊文，读后仿佛发现一个新天地，写了这首著名的十四行诗。其中写道：

我时常听人说起那广袤的疆域——/荷马的领土，在那里他蹙额思考，/但只有恰普曼发了言，慷慨高蹈，/我才吸到了那里的清气馥郁。

摘自《夜莺与古瓮——济慈诗歌精粹》，济慈著，屠岸译，人民文学出版社，2008年版。

9 托尔金经常会把哥特铭文写在书里，有时会把自己的北欧名字和日耳曼姓氏哥特化，写成Ruginwaldus Dwalakōnis，详见《托尔金书信集》，书信272号。Ruginwaldus即Ronald，可音译为鲁金沃尔杜斯，Dwalakōnis（或转写为Dwalakoneis）即Tolkien，可音译为德瓦拉孔内斯。他甚至用哥特语写过论战信件，交给了拉丁语年鉴。

10 《托尔金的双重世界和创造历程》中提到，托尔金有别于其他学者的是，他能创造出符合事实的哥特语词汇，还能推断出一门古代语言在不同时期该如何发音，“这一定是他在奇幻小说中创造人造语言的基础”。

11 这是他在运用“音变”理论，即在保存下来的哥特语基础上，对相关单词进行推测，发现那些消失的单词。类似于地图测绘的三角测量法，利用这种方法，只要确定了相关的几个点和它们的角度，不用爬山就能测出山高。

12 这本小册子即《狐狸乌鸦之书》（1992年的“托尔金：生平与传奇”展览中展示了其中第一页），册子名称源于“动物话”。册子中记满了他自己发明的表意符号“莫诺格拉夫”（托尔金首个自创的完整字母体系，是基于世界语、西班牙语创造的）。其中第一页用世界语写了“莫诺格拉夫”等拼写规则，后面还用世界语写了自己的“动物话”名字“水獭”（世界语LUTRO=动物话OTTER），这个名字后来成了《失落的传说》中主人公最初的名字“奥托”（Ottor），详见“失落传说”一章注释4。

13 1938年1月1日，托尔金在牛津大学博物馆给孩子们做的关于龙的讲座上提到了这段经历。他指出博物学（或者说自然历史）与传说历史存在联系，即正如人类由兔子创造出彼得兔、由马创造出飞马，他也是小时候看到莱姆的恐龙化石，即一个有尖利牙齿的恐龙下颚骨，想象自己遇到了一条被石化的龙，“恐龙蛋年代太古老，无法孵出恐龙，但足以孵出传说”，意指人可能由恐龙化石创造出龙。他还举例说，中国存在龙骨的交易，中国人可能以伞蜥之类的动物为原型，设想出各种独特的龙的形象。讲座上，托尔金还介绍了雷龙、角鼻龙、戟龙、三角龙、禽龙等恐龙以及翼龙、翼手龙，显示他对这些古生物的兴趣和了解。

14 《库洛叔叔》指出，路易实际的工作是船主和负责代办海关事务，这个错误可能因为路易与弗朗西斯·摩根的家族在这一带的酒类贸易有关系。

15 伊迪丝的父亲是阿尔弗雷德·沃里罗，在她2岁时去世。

16 这里说的是1879年至1889年出版的《音乐和音乐家词典》，此后再版五次，直至1980年推出了全新的《新格罗夫音乐和音乐家词典》，这套词典被誉为英语世界最全面的音乐百科全书。

17 原文为Big Ben，但伯明翰显然听不到伦敦大本钟的声音，这里说的应该是伯明翰议会大厦上的大布朗钟，和大本钟很像。

18 来自1913年1月15日托尔金致伊迪丝的信。

19 但某种程度上，托尔金的幽默感多少弥补了他的缺点。《爱德华国王学校编年》杂志提到，托尔金“是个异乎寻常的幽默大师，做了很多精彩的演讲，有时却被前言不搭后语拖了后腿”。

20 辩论在1909年10月8日举行，动议的完整名称是“本议院对好战的妇女参政论者的目标表示同情，对她们的策略表示赞赏”，《爱德华国王学校编年》杂志记录，托尔金的演讲“从动物学的角度论述妇女参政论者，有趣展现了他一语双关的能力（玩文字游戏的水平），一场幽默的演讲”，最终动议被否决了。

妇女参政论者是20世纪早期一个主张妇女投票权的群体，采取了直接行动和公民不服从的策略。托尔金曾近距离观察过妇女参政论者的激进抗议行动，1913年6月4日《每日画报》刊登的照片显示托尔金正在妇女参政论者纵火后的船库废墟旁围观。

21 辩论在1910年11月4日举行，辩题提出者是F. 斯科普斯。托尔金的演讲最后动之以情，回忆起了哈罗德和赫里沃德在黑斯廷斯战役中的阵亡，却也情绪化地用了“蛮族语言”等耸动的词语。动议最终被否决了。

22 古英语音节比较少（一个音节大致可理解为吐一次气发一个音的过程），一般为一个单词一到两个音节，但法语中三音节的单词较多。“蛮族语言”原文为“barbarities”，形容异族说话只会发出“巴巴巴”的语音，体现托尔金对法语的蔑视。1066年的诺曼征服导致原来富有屈折变化的盎格鲁–撒克逊语衰落，取而代之的是更为简化、地域差异更大的中古英语，以及法语词的引入。托尔金一直视为憾事，他曾对学生说：“你看，法语还是一种粗俗的诺曼方言时，英语已经可以在抽象概念中游刃有余了。”

23 辩论在1911年4月4日举行，动议是“莎士比亚的作品是弗朗西斯·培根写的”，动议被否决了。《一个文盲乡下小孩的“丑角”形象》一文认为，托尔金这里对莎士比亚的评判要联系当时背景，即托尔金行将毕业，其他辩论赛选手也有了毕业去处，大家更多的不是为争辩是非曲直，而是为了娱乐听众，所以不宜太过认真看待。

24 他得到的评价如下：一名灵巧型的前卫，拥有速度和突破能力，运球也不错。他有很多出彩的个人表现，尤其能在列阵争球中突出重围，为中后卫做好协助。他的阻挡也很可靠，跟人很紧。（本条及以下涉及托尔金生平的译注大多参考哈蒙德和斯卡尔的《托尔金：参考与导读》。）

25 《托尔金书信集》，书信43号。中世纪浪漫传奇或骑士文学中，骑士总会表现对某位贵妇人的爱慕和忠诚，愿意为了爱情去冒险。

26 1910年1月，弗朗西斯神父为他们找到了新的住处，他们将和托马斯·麦克舍利（威士忌酿酒厂的负责人）夫妇一起住在埃奇巴斯顿的海菲尔德路4号，直至托尔金1911年考入牛津。

27 托尔金生日是1月3日，伊迪丝生日是1月21日，他们去珠宝店的那天是1月20日。

第四章 “茶社和巴罗社团等”

1 托尔金的长信最后附了一首诗歌，可能是《早晨》，写于1910年3月，这是他现存最早的有大致日期的诗歌。

2 男孩俱乐部，指教区里为孤儿或贫穷的男孩提供食物、休息、图书等服务的组织。

3 樱草会，一个在英国推广保守党理念的组织，提倡妇女从属于家庭、做贤妻良母，同时支持男性参与政治。

4 虽然在这里生活很幸福，但伊迪丝也没有忘记托尔金。比如1910年圣诞，她还给托尔金寄了一张未署名的圣诞贺卡。

5 刘易斯在《惊悦》中提到，“血青”即备受追捧的运动员和年级长们，成为“血青”的必要条件是在校资历深厚，体育才能出众。“甜馅饼”是指漂亮、长相秀气的小男生，他是一个或者几个学长的娈童，这些学长常常都是“血青”。所以下文中会提到同性恋这回事。刘易斯在文中流露出对“血青”随意使唤他人的极端厌恶。

6 茶社里的其他人还有西德尼·巴罗克拉夫，R. S. 佩顿和W. H. 佩顿，文森特·特劳特，文森特后来在1912年1月20日因病去世，是他们当时的一大损失和最主要的成员变动。

7 以前去污力强的清洁剂还不普及，而锯末具有较强的吸附力，在地板上撒锯末再打扫就能去除污渍。

8 1911年2月17日，托尔金在文学协会的会议上读了自己研究北欧萨迦的论文，提出《伏尔松萨迦》是最杰出的萨迦史诗，认为它虽然在很多方面不及荷马史诗，但荷马史诗没有一个像它那样的悲剧结尾。

9 汤姆·希比在《托尔金和哲学》中指出，托尔金认为瓦格纳《尼伯龙根的指环》是对《伏尔松萨迦》的拙劣模仿，充斥着错误，而他为了正本清源，写了《西古尔德和古德露恩的传奇》。

10 《贝奥武甫》中袭击鹿厅的怪物，诗人称之为该隐的后代。

11 《托尔金、种族和文化史》提出，巴利《彼得·潘》的主人公通过梦境来到充满精灵的仙境，而孩子长大后就再也看不到仙境，这些元素与托尔金《失落的传说》很像，可能意味着后者中的维林诺、孤岛部分取材于《彼得·潘》。

12 1914年3月4日，托尔金在学院散文俱乐部上读了探讨汤普森的论文，他将汤普森列为最伟大的诗人之一，认为他成功地联结起现实主义和浪漫主义，“从天文地理中描绘了一系列意象，尤其是他描绘了天地之间显而易见的天主教价值”，同时指出阅读汤普森要遵守的戒律：人若要博大精深，须得从纤巧细微处开始；若要聆听万物和谐之音，则必先倾听小提琴和长笛之韵。约翰·加思评价，这听起来像是中洲的先声，既巧妙地融入托尔金的宗教信仰，根植于中世纪浪漫文学和古老神话之中，又充满逼真的生动、确信的细节。另外，托尔金读过汤普森的诗歌《世外仙姝》，其中提到了“路沙尼”这个名字，托尔金将其引入《失落的传说》，作为大不列颠岛的前身、“孤岛”的另一个名字，意为“友谊”，后来又称“蕾希安”。

13 《姐妹之歌》《林间日光》和下文提到的《哥布林的脚》都指出仙子迟早会消逝/衰亡的特点，这一点将为中洲世界的精灵所继承。而这一时期托尔金脑海中的仙子还是娇小、飞翔的形象，和维多利亚末期的仙子形象类似，但后来托尔金对这一形象产生了厌恶。

14 四旬期学期，一种冬季学期的名称，从一月持续到三月，四旬期即复活节前的六周。

15 罗纳德被形容为“一个充满活力的干事，兼顾了自己的工作和演讲，安排会议非常热心，宣传会议也办法很多。他有异乎寻常的幽默感，也做了很多杰出的演讲……他坚定地致力于复兴贝奥武甫式的演说风格”。

16 托尔金在论文中评价道，虽然《萨迦》在很多方面不如《荷马史诗》，总的来说北欧史诗也没有南欧的那种魅力和欢乐，却明显有种不加掩饰的真实性，在此方面更胜一筹。

17 来自《库勒沃的传说》中收录的两篇文章，分别写于1914—1915年和约1920年代初。

18 但在布鲁克斯–史密斯的回忆录中，直到1913年遇到简·尼夫、共同经营凤凰农场前，都丝毫没提到希拉里·托尔金，希拉里可能是后来才来到凤凰农场干农活的。

19 《托尔金书信集》，书信306号。他的瑞士之旅对其后来的小说创作影响深远。托尔金自己多年后对雷诺兹的女儿说，“(我的阿尔卑斯之行)在很多方面和比尔博从幽谷出发的山路旅程很像。”具体来说，比如他前往瑞士的旅途中，可能路过德国的黑森林地带，影响了笔下黑森林的塑造；《霍比特人》里雷雨中的岩石巨人，灵感就来自此次徒步中的遭遇；他评论希尔伯峰就是“我梦中的银齿峰”，后者即甘道夫与炎魔决战的地方；他为《霍比特人》创作的插图中，《幽谷》即劳特布伦嫩的峡谷景色，其他不少插图中的迷雾山脉带有大量阿尔卑斯山的影子。另外，《托尔金的瑞士》认为，因特拉肯的吉斯河瀑布是《魔戒》中“西方之窗”的灵感来源，瀑布周围树木泛出五彩的景象激发托尔金想象出了范贡森林的“涌泉厅”；护戒队在红角峰冰雪中的旅程灵感来自这里的冰川之行。

20 施岱格，直译即“分水岭”，瑞士伯尔尼地区有两个“施岱格”，即格罗斯施岱格（大分水岭）和克莱恩施岱格（小分水岭），前者的山路连接起迈林根和格林德瓦，后者的山路连接起劳特布伦嫩和格林德瓦，托尔金先在后者看到了艾格峰、僧侣峰和少女峰，再从格林德瓦经过前者到达迈林根。

21 1911年布里格一带运行着不少蒸汽火车头牵引的列车，而且只有联通一个个村庄的弯弯绕绕的主路，没有距离更短更走直线的道路。而他们一行下榻的旅馆就在火车站边上，列车吵闹直到半夜，托尔金几乎一夜无眠。另外,托尔金认为这里运行的是像伯明翰一样的有轨电车，实际上布里格只是个小镇和中转站，运行的多是运输各类材料的货运车。

22 原文为德语，bett。

23 《托尔金的世界》提出此处并非阿莱奇冰川，而是位于瓦莱州的阿罗拉冰川，即他们是通过伯托尔隘口翻越了阿罗拉冰川。

24 托尔金一行接下来可能到了菲斯普的农田，到了谢尔、锡永、埃沃莱讷以及旅游胜地阿罗拉，最终来到采尔马特。

25 原文为法语，bourgeoises dames。

26 这个小木屋并不在采尔马特，而位于阿罗拉与采尔马特之间的山谷中，即伯托尔村山峰上的伯托尔小屋，托尔金一行在1911年8月25日下榻该处。

27 但《霍比特人：插图详注本》指出，根据《约瑟夫·马德莱纳尔，1881—1967》这本书的介绍，这幅画作创作于1925年至1930年间，所以不太可能是托尔金所购明信片的原图。又或者，托尔金是在开始写《霍比特人》时才获得这张明信片的，他记错了。

28 对这张明信片，托尔金有一些评价波琳·贝恩斯《中洲地图》的私人备忘，其中有更详细的介绍："……有个更好的参考：甘道夫的形象主要来自我多年前买到的一张明信片——可能是在瑞士买的。它是德国艺术家马德莱纳尔作品系列中的一张，名为《故事和传说中的人物》，可惜我只拿到了一幅名为《山灵》的作品。松下岩石上坐着一个身材矮小阔实的老人，头戴宽边圆帽，身披长披风，与一头白鹿交谈，小鹿蹭着他的手。他的表情幽默而富有同情心，嘴明显在笑，因为他的白胡子没盖到上唇。画面上有一片树林（有松树、杉树和桦树），旁边是条小河，远处能看到岩塔般的群山。一只猫头鹰和四只小鸟在树枝上俯瞰。他戴着绿帽子，披着红斗篷，穿着蓝长袜和便鞋。我改变了帽子和斗篷的颜色，以适应野外流浪的甘道夫。但我毫不怀疑，他在房子里休息时，穿的是浅蓝色的长袜和鞋子。"

29 1911年8月，牛津和剑桥考试委员会提交了一份评价爱德华国王学校学生的报告，其中提到"托尔金相比他人能做出更为敏锐和独立的判断；他的风格更为成熟，但似乎不能很好地驾驭自己的风格，有时会变得几乎不知所云"。

第五章　初到牛津

1 圣礼拜堂，法国巴黎的著名哥特式建筑，下方基座高大，以其收藏的耶稣受难时佩戴的荆冠残片闻名。

2 离开埃克塞特学院后，托尔金依然保持着对它的眷恋。他女儿普莉西拉回忆，一次埃克塞特学院和彭布罗克学院的赛艇活动上，托尔金坐在彭布罗克的观众艇上，却为埃克塞特喊加油。1968年，托尔金在埃克塞特学院与中洲爱好者一起吃过饭。另外按照他的遗愿，他留给了埃克塞特学院300英镑。

3 当年牛津921名新生中有37个天主教徒，引导他入校的学长可能是安东尼·莎士比亚和B. J. 图尔赫斯特。作者特别提一句天主教徒，可能是因为当时的环境，即牛津作为圣公会背景的大学，与天主教存在对立。直到1896年，罗马教廷还禁止天主教徒在圣公会的大学读书。而那些年里，以氛围友好著称的埃克塞特学院比起其他学院，吸引了更多天主教徒学生，这些学生去的并非学院礼拜堂，而是圣阿洛伊修斯教堂。

4 托尔金在埃克塞特学院期间，他的租金从10.10英镑涨到了16.16英镑，家具费用从3.14英镑涨到了5英镑。

5 公学原本是国家、宗教团体等为贫穷学生设立的学校，后来得到上流社会捐款资助，成了贵族学校，最著名的公学就是伊顿公学。

6 但约翰·加思在《托尔金在埃克塞特学院》中指出，放飞自我社成立的宗旨也就是美食、美酒和文学聊天，没有更崇高的了（比如托尔金作为其成员，曾在牛津大学的鲁道夫酒店享用过一顿九道菜品的大餐），聊文学也就是聊一些更轻松的小说，这点和拥有更高文学抱负的T. C. B. S. 明显不同。

7 原文为Town vesus Gown "rags"，Town即牛津的非学生居民，Gown原指学生穿的黑色长袍或正装，代指牛津的学生们，rag是大学俚语，即为了反抗权威和纪律，做出一些吵闹、无序的行为。很多历史悠久的大学中世纪即成立，没有围墙，那时也没有标志性建筑，甚至一开始都是租房子教课，散落在小镇的各个角落里。但随着大学的发展，人数变多，大学的目的越来越鲜明，独立性又越来越强，有了自己的特权，却依然杂处于村镇之中，就容易和镇上的居民发生矛盾甚至暴力械斗。后来的立法缓解了双方冲突，逐渐演变为娱乐活动和仪式。

8 他出席了赖特讲解哥特语法的讲座，讲座介绍了《马可福音》的哥特语译本。

9 原文为Reader。英国学制中，大学教师的等级由高到低依次为教授

（Professor）、Reader、高级讲师（Senior Lecturer）、讲师（Lecturer），而Reader享有类似教授的权利，比如教务委员会的被选举权，显然比高级讲师、讲师，以及相对应美国学制中的副教授（Associate Professor）、助理教授（Assistant Professor）分别高一两个级别。这里参照日语，翻译为“准教授”。

10 斯多葛，一种古希腊的哲学流派，又称廊下学派，其极力鼓吹禁欲主义，后来泛指极尽简朴的生活理念和方式，对痛苦默默忍受。

11 来自《牛津大学告别演说，1959年6月5日》。

12 凯尔特人是大约公元前6世纪以来分布在西班牙到匈牙利一带的一大类民族统称，历史上有很多分支，像威尔士人就是布立吞人的后裔，苏格兰人就是盖尔人的后裔。威尔士语、苏格兰盖尔语、爱尔兰语都是凯尔特人语言的孑遗。

13 “赚到一票”（there's money in it）固然是戏谑的说法，但赖特的确认为学术研究与金钱密不可分。他曾问托尔金：“你把牛津看作什么，小子？”“一所大学，一个学习的地方。”“不，小子，这是个工厂！它制造什么？我来告诉你，它‘制造’学费。记住这一点，你会开始看明白一些事情的。”后来托尔金评价，这话太正确了。《托尔金书信集》，书信250号。

14 来自《英语和威尔士语》。

15 1910年夏天，托尔金造访惠特比大修道院遗址，画了素描，那里对他意义重大，因为最著名的古英语诗人卡德蒙是那里的僧侣。663年，也正是在那里的宗教会议上，诺森布里亚王国决定遵从罗马天主教的统辖。

16 托尔金从著名书法家爱德华·约翰斯顿那里学到了很多书写技法。

17 《情敌》剧情梗概：莉迪亚是对爱情充满幻想的少女，埃卜瑟鲁特队长假冒一名军官，来骗取莉迪亚的芳心。莉迪亚曾向福克兰示爱，但遭到后者的怀疑而伤心落泪。而莉迪亚的监护人马拉普洛夫人是个道德感极强的寡妇，她经常用错词语，是整部戏最主要的笑料来源。甚至后来她的名字变成了一种修辞方法，即马拉普洛现象，指代用错一些语音相近的字词，来制造喜剧效果。

18 这个军营仅向生活在殖民地的宗主国居民开放，托尔金因为出生在奥兰治自由邦，获得了进入的资格。他是在1911年11月28日加入的。

19 1912年夏季学期中，托尔金被警告因为学习懒散，可能会失去他的奖学金。而牛津当时的氛围就是学生普遍懒散，很多学生往往会说自己什么事都没干。

20 《托尔金书信集》，书信163号。他借的图书是C. N. E. 埃利奥特的《芬兰语语法》。

21 但早期昆雅语（比如一份早期昆雅语词典）中，部分词语是基于日耳曼语创造的。

22 这篇论文名叫《论〈卡勒瓦拉〉，或〈英雄国〉》，这里提到的是1914年11月22日托尔金提交的第一版，此后1915年2月他还向散文俱乐部提交了第二版。这段引文的上下文中，托尔金表示《卡勒瓦拉》代表一类未经修饰的神话故事，怪诞离奇，放纵不羁，充满了可怕的鬼怪，正是人类想象力的可贵体现。一直以来欧洲文学的经典化，尤其是古希腊经典的影响（托尔金形容这是在“建造希腊神庙”），删去了大量怪力乱神的内容，反而失去了原始神话最重要的元素，而《卡勒瓦拉》是极为珍贵的神话遗存。这篇论文先后收录在2010年的《托尔金学术》第7期以及2015年出版的《库勒沃的传说》中。

23 据《库勒沃的传说》，这句补充的话并未出现在1914年、1915年的论文草稿里，仅见于1920年代初写的另一版。托尔金要为英格兰写神话的想法，更多是他后来回应19世纪末、20世纪初的“神话—民族主义”运动而产生的。

第六章　久别重聚

1 此时此刻，杰索普叔叔写信警告伊迪丝的监护人，表示托尔金的人品没问题，也知道他是个饱学的绅士，但他的前途很不明朗，什么时候才能有足够的地位来结婚，也令人不敢想象，如果能有份职业就另当别论了。托尔金的子女后来评论这封信件："我们今天读来，真是觉得又好笑又讽刺！"

2 托尔金此时与伊迪丝陷入热恋，他和伊迪丝约定（同时也是为了督促自己），每周末给她寄一份自己用功时间的清单，用功一小时换一个吻。

3 古典学学生通过荣誉等级考试后，会得到一个评级，而毕业前夕通过第二次公开考试后，才能拿到学位。

4 即下文所称的英语语言文学系，在牛津的学制中，均可理解为研究一门专业的"系"，而"系"是独立于学院（托尔金就读的埃克塞特学院即为其中之一）之外的另一套体系。

5 托尔金选择的研究专题主要是冰岛语文学，包括《小埃达》及其中"欺骗居尔非"一篇（这篇由克雷吉指导），以及《伏尔松萨迦》《哈特勒弗雷萨萨迦》《托尔芬努尔·卡尔特尔爱普尼斯萨迦》和《赫拉夫凯尔萨迦》。

6 托尔金后来评价，赛瑟姆的教学中充满了辛辣讽刺、幽默、实践智慧，教导他不仅要阅读原著，还要研究二手文献的书目，"这一点我原来甚至没意识到……我对他无以为报，也从未忘记这点"。《托尔金书信集》，书信318号。

7 原文第一句和《魔戒》中弗罗多差点被希洛布杀死，最危难的时候喊出的话极为相似："最明亮的星埃雅仁迪尔，向你致敬！"

8 这段文字来自《摹想社档案》。

9 相关文献认为，874年，挪威人英格尔夫兹·阿尔纳尔松率众登陆冰岛，是来自北欧的首批冰岛永久定居者。

10 在此期间，他画了两幅沃里克的风景画，其中一幅背面题写道：我们在这儿度过了一个非常愉快的早晨。玛丽［伊迪丝的中间名］，你还记得我们初获自由时，那段甜蜜恩爱的时光吗？后来，托尔金把沃里克写进了自己的神话世界，即《失落的传说》中象征英格兰的岛屿托尔埃瑞西亚，岛中央的城镇科尔提力安原型即沃里克，他在1915年写的诗歌《林中的科尔提力安》，就是献给沃里克的。

11 这个俱乐部有记录的会议只有1914年6月18日的一次，当天名单上签字的很多人也是放飞自我社的成员，暗示了这个俱乐部可能是后者的继承者。

12 托尔金和刘易斯曾评论过，同为浪漫主义，大仲马和莫里斯的作品有何不同，并同意“我们说的浪漫传奇，必须至少有对另一个（幻想）世界的暗示，读者必须能听到精灵吹出的号角声”。

13 但托尔金关于塞缪尔·约翰生评论的笔记，显示了他对《莪相集》的整理者、译者詹姆斯·麦克弗森的研究和兴趣。《托尔金和伪造的年代》一文论证，麦克弗森对苏格兰文化的挖掘、创作的神话，刺激了托尔金撰写《失落的传说》并将其献给英格兰的意愿，《莪相集》中的口头文学传统也被托尔金吸收继承。

14 但这个自我评价可以找到一些反例。比如《托尔金书信集》，书信293号中，他提到自己读了很多，或试着去读很多书，尤其是科幻和奇幻著作，并提及自己喜欢伊萨克·阿西莫夫的科幻作品。托尔金还读过H. G. 威尔斯的《登月第一人》《时间机器》，读过阿瑟·克拉克、雷·布拉德伯里的作品，读过赫伯特的《沙丘》，但很不喜欢这本书。托尔金晚年闲暇时还看侦探小说，专门称赞过阿加莎·克里斯蒂，他读完《伯特伦旅馆》后，还住进其原型布朗酒店体验。

15 《托尔金书信集》，书信226号提到，《魔戒》的部分灵感源于莫里斯《狼族传说》中对匈人、罗马人的描绘。《狼族传说》最大的特色，就是在开篇详细描绘了主角所在的马克一族（日耳曼人）所处的自然环境、建筑风貌、文化特色（比如其吹响号角召来各族加入战斗，与《魔戒》中的洛希尔人颇为相似），但对匈人、罗马人只有简略的侧面描写。

16 康沃尔海岸平静的景象促使托尔金创作了画作《曼威的殿堂》，即塔尼魁提尔山峰。

17 全诗收录在《中洲历史》卷二。这首诗模仿了珀西·雪莱的诗歌《阿列苏莎》开头的韵律（托尔金写作此诗时住在姨妈简的家里，后者书架上即有一本雪莱诗集），托尔金开头的诗句如下：

Earendel sprang up from the Ocean's cup/In the gloom of the mid-world's rim/From the door of Night as a ray of light

雪莱《阿列苏莎》开头的诗句如下：

Arethusa arose/From her couch of snows/In the Acroceraunian mountains/From cloud and from crag

当然托尔金绝不仅仅是模仿，而是把雪莱的诗歌作为一个模板和起点，祛除了古典文学、地中海地理的成分，使之转变成一个北欧神话的古代残篇。

18 埃雅仁德尔在《基督》和托尔金的这首诗作中，都象征着金星，但这个词在古英语中，又有“大海”的含义。汤姆·希比在《通往中洲之路》中指出，埃雅仁德尔这个词在《诗体埃达》中为奥乌兹万德尔，是雷神托尔的同伴，他冻掉了一个脚趾，将其扔上天空变成了星辰；在格林兄弟整理的中古日耳曼语诗歌中，这个词是欧伦德尔，他是在巴勒斯坦遭遇船难的王子，后来穿着耶稣蒙难时的灰袍回到了故土。所以在古英语中，埃雅仁德尔是一颗星，在中世纪日耳曼诗歌中，他带来了圣地的希望。托尔金将这些含义纳入了后来创作的埃雅仁德尔的故事和昆雅语名称中，即他一方面是“大希望之星”，另一方面又是坐着汶基洛特白船的水手。在昆雅语中，埃雅仁迪尔（Earendil）一词意为“爱慕大海的人”。

第七章　大战爆发

1 这首诗写作于1914年9月24日，在姨妈简的凤凰农场（托尔金是在9月下旬拜访凤凰农场的），晚于英国宣战的8月12日。

2 基钦纳，即赫伯特·基钦纳伯爵，因为参与打赢了苏丹的恩图曼战役、第二次布尔战争而成为英国的民族英雄，“一战”初担任陆军大臣。有一张非常著名的征兵海报以他为原型，即他戴着军帽，留着大胡子，指向观看海报的观众，下面写着大大的“你”。

3 托尔金是T. C. B. S. 四人中最后一个入伍的，除了上述原因，还可能因为他囊中羞涩。吉尔森的信中透露：“他最后一个入伍是很必要的，因为他的主要问题就是生计……他一直以来都十分贫穷。”

4 牛津的一学年由三个各八周的学期组成：第一个是米迦勒学期（又称秋季学期），从10月初或月中到12月中，然后休六周圣诞假期。第二个是依拉略学期（又称四旬期学期），从1月中到3月中，然后休六周复活节假期。第三个是圣三一学期（又称夏季学期），从4月末或5月初到6月末，然后休夏季长假；如果是最后一个学年，随后会举行最后的荣誉学位考试。

5 新学期后托尔金有很多不适应的地方，比如当时埃克塞特学院从以往一般有180名大学生，到只剩下75名学生，又比如“一战”爆发后，埃克塞特学院很多建筑被征用了，托尔金寝室前的特尔街都是士兵在行进。他是在阿什莫尔博物馆旁听了纳皮耶的《珍珠》《贝奥武甫》讲座，在泰勒研究所图书馆听了克雷吉的《伏尔松萨迦》讲座。

6 《托尔金书信集》，书信1号。不过该书节录时删除了这段话。

7 他只写了四分之三多一点，结局部分只写了梗概。后来这个故事演变成了他《胡林的子女》中图林的故事，而库勒沃的狗穆思提演变成了《贝伦与露西恩》中的胡安。在这个故事中，他好几次把神的名字改成了“伊露”（Ilu），这个词是受芬兰语“空气”（ilma）的启发而自创的，也是《精灵宝钻》中创世神的名字。此外，经由韦尔琳·弗利格编辑，2010年的《托尔金学术》刊发了《库勒沃的传说》，2015年由哈珀柯林斯出版社出版单行本。

8 拉斐尔前派是1848年兴起的一个艺术团体和一场艺术运动，反对拉斐尔、米开朗琪罗以来他们认为偏机械论的风格主义画家，主张复兴古典的绘画风格，和主张回归神话史诗时代风格的托尔金异曲同工。不仅如此，拉斐尔前派秉持着一种英国社会的思维，对回归简单和谐的生活始终抱有一丝向往，希望逃离过度消费的资本主义逻辑，努力实现一种“大家的艺术”，这与T. C. B. S. 的理念又非常贴合。

9 《托尔金书信集》，书信5号。这封信中，托尔金称呼他们的聚会为“伦敦会议”。

10 《中洲历史》卷四收录了全诗及其演变过程，并指出，这里引用的是

1915年发表的第二版，而非1914年的原版。另外，这首诗后来的演变暗示，托尔金的康沃尔徒步启发他创作出了《刚多林的陷落》中图奥前往海洋、遇见乌欧牟（伊尔米尔）之旅。这首诗经历了反复修改、反复扩充，最终在1917年春改编成了诗歌《伊尔米尔的号角》，又称《乌欧牟，众水之主》，即刚多林陷落后，逃亡中的图奥对儿子埃雅仁德尔所唱的歌谣，部分诗行如下：

乌欧牟来到河畔，空壳拂出声响/他唱起永恒之歌，音符触我心房/黎明我心破碎，芳草远接大海/灰水拍打礁石，海鸟悠游自在。

11 梅瑞狄斯是维多利亚时期的一位诗人和小说家，以小说更为闻名，他喜欢在作品中加入大量谚语和典故，以及很多自己的想法和抽象概念，让不少读者难以理解。亚瑟·西蒙斯在《作为诗人的乔治·梅瑞狄斯》一文中指出，“写作散文时，他要让每个句子闪耀光芒，写作诗歌时，他要让每个诗行都光彩夺目，像刚吃完早饭，就急着戴上她所有珠宝的一位女士。”

12 这首诗叫《如同两棵美好的树》，可能是为了他和伊迪丝重聚的纪念日而创作的，写于1915年1月，原稿见《托尔金：中洲缔造者》，图58。罗伯特·吉尔森曾评价：“（托尔金）是个孤儿，总是过着一种漂泊不定的日子。他在两年前的21岁生日上订婚了，我相信这会是一段终生之恋。可能他最好的诗歌，是描绘他们一起成长经历的那些。”约翰·加思在《罗伯特·奎尔特·吉尔森，T.C.B.S》一文中判断，吉尔森说的诗歌可能是《如同两棵美好的树》或《你和我以及失落嬉游的小屋》。

13 大概就在写作《哥布林的脚》的同期（1915年4月27日至28日），托尔金还写了另一首诗《你和我以及失落嬉游的小屋》，这首诗是献给伊迪丝的情诗，但最终成了《失落的传说》最重要的设定。不久后的4月30日，托尔金又写了《科尔：一座失落与死亡之城》，也是《失落的传说》的早期设定之一。

14 这首诗后来也成了《失落的传说》设定的一部分，即维拉在双生树熄灭后，创造了月亮之船，但将其升上天空前，一个年长的精灵偷偷上了这艘船，后来他在月亮上造了一个小小的白塔，经常爬上去看看天堂，以及下面的世界（有趣的是，托尔金还画了一幅图《月仙》，以这位月仙的视角看我们的世界，图中我们的世界并非平面的阿尔达，而是与现在几乎一样的地球，同样有七大洲和五大洋，同时大西洋、太平洋里也有大片陆地，可能是传说中的亚特兰提斯和利莫里亚大陆）。

15 维多利亚时期文学作品中，哥布林（goblin，又称地精）、仙子（fairy）、精灵（elf）、小矮人（gnome）甚至矮人（dwarf）经常被混为一谈、概念模糊，它们都泛指一类小巧的、在泥土花丛中的带翅膀精灵。《托尔金书信集》，书信31号也提到，这些原意颇不相同，但如今都不怎么做区分。托尔金自己在《哥布林的脚》《失落的传说》等早期作品中也经常不做区分。

16 他具体推荐的是：布朗的《医生的宗教》和《瓮葬》，西德尼的《诗辩》，培根的《随笔集》，布鲁克的《1914和其他诗作》和《乔治诗集》。

17 托尔金在这一阶段的确不知道他的诗歌该如何确定主题。他甚至一度改动自己的埃雅仁德尔的歌谣，把主人公换成了古典文学中的福斯福洛斯，即古希腊神话中掌管金星的神祇。

18《托尔金书信集》，书信4号。

19 这首诗名叫《秋天》，是托尔金第一首用精灵语写的诗歌，后来，保罗·诺兰·海德在1990年的《精灵语通讯》第12期给出了这四句的翻译，克里斯托弗·吉尔森在同年的《埃尔达语言之书》第9期给出了全诗的翻译。这里采用了吉尔森的英译。

20 托尔金为这首诗画了一幅图，画面由双圣树围起，中央是塔尼魁提尔，下面是沙滩。他还曾提起，双圣树“像亚历山大大帝的故事里，在远东（印度）发现的日与月之树”，托尔金提到的是由亚历山大远征记衍生而来的中世纪传奇。

21 这首诗后来各版本都附有前言，解释它描述的是埃雅仁德尔晚年最后一次乘坐白船汶基洛特远航，他越过了塔尼魁提尔和维林诺，把船停靠在世界尽头的沙滩上，又启航游历贝烈盖尔即隔离之海，他被圆月追逐，驰回维林诺，爬上了科尔的高塔（原为城镇，后改）和埃格拉玛的岩峰，回望各个大洋。另外，这也是首批托尔金以自己发明的早期昆雅语词汇创作的诗歌之一，除了“科尔”可能来自哈格德的《她》以外（但在《琨雅语词典》[“琨雅语”即早期昆雅语]中也有koro这个词根），塔尼魁提尔、维林诺、埃格拉玛、汶基洛特均为早期昆雅语词。

22 约翰·加思在《托尔金与世界大战》中指出，这并不代表他不喜欢大部分军官，他大部分时间都和中尉同僚们在一起。

23 “一战”从军经历让托尔金对官僚主义深恶痛绝，他后来对儿子克里斯托弗说：当下军营里的生活，比我（“一战”从军）那时候没多少长进，在“组织”里人类的愚蠢会无限放大！

24 “一战”时，因为战场非常危险、炮火非常密集，所以很多地方无法铺设电话线，只能依靠信号员和发信装置。发信的原理就是信号员位于前线，将了解到的情报，使用发信装置发出莫尔斯电码，另一个士兵在后方用望远镜观察记录。晚上可以使用信号灯，白天阳光充足时，可以使用日光反射器和通信盘，前者通过反射镜的上下摆动发出信号，后者通过盘上百叶窗的开合发出信号。“一战”初期还使用旗语，但传送距离有限，后来就很少用了。像托尔金这样的信号官或信号员往往要独自深入前线，发信号时发出的闪光、声音又很容易吸引敌方火力，所以伤亡率很高。

25 必须说明，托尔金夫妇和弗朗西斯神父的关系一直很好，他俩结婚后，弗朗西斯神父还会从伯明翰到牛津来看托尔金，有时是和伊迪丝一起来的。托尔金夫妇定居诺斯穆尔路后，弗朗西斯神父也会来这里做客，伊迪丝会非常尊敬地问他想吃什么东西。而托尔金编写的《精灵语词典》里，有一条“Faidron o Faithron = Francis”显然是为了纪念弗朗西斯神父。

26 他们是在沃里克的无玷圣母教堂结婚的，随后去克利夫登度蜜月，切达峡谷的洞穴让托尔金记忆深刻，成了《魔戒》中让矮人吉姆利赞叹的晶辉洞的原型。

第八章　同盟破裂

1　原著标题（The Breaking of Fellowship）引用了《魔戒》卷二第十章的标题，即指魔戒同盟在波洛米尔死后，分赴魔多和洛汗两个地方。

2　这位司铎是奥古斯丁·埃默里神父，那时伊迪丝弹钢琴，奥古斯丁拉小提琴，给了无依无靠的伊迪丝巨大的慰藉和愉悦。后来他成了托尔金二儿子迈克尔的教父。

3　4月，托尔金为伊迪丝找到了住处。6月2日，部队长官电告托尔金即将去法国，参加英国远征军，他必须先在6月5日向福克斯通的出航登记员报到，有48小时的准备时间。6月3日晚，托尔金和伊迪丝入住伯明翰的普劳和哈罗宾馆。第二天下午，两人道别。这个宾馆如今也是挂有介绍铭牌的一处托尔金遗迹。

4　“大攻势”是英国民众对索姆河战役的称谓，意指希望借此打开“一战”西线的僵局。整个索姆河战役中，超过一百万人伤亡，它成了最为血腥的一场战役。

5　即1915年春的第二次伊普尔战役，德国和协约国争夺比利时西部重镇伊普尔陷入僵持，德军使用了毒气氯气，造成5000名协约国士兵死亡，这是人类历史上第一次使用化学武器。

6　即凡尔登战役，是1916年2月至12月的一场消耗战，双方共伤亡约70万人，被比喻为“凡尔登绞肉机”，最终法国惨胜。发动索姆河战役的目的之一，即为了打破凡尔登战役的僵局。

7　大约1916年6月6日，托尔金写了一首诗《托尔埃瑞西亚》，后来又称为《孤岛》，标注“献给英格兰”。其中提到“谁带着那悲伤的长啸擦过灰水 / 又驱使我孤独地远行一去不回”“来自内陆高塔，钟声鸣响而不歇：哦孤独闪耀的岛屿，我就此告别！”表达了离开英格兰的伤感之情。

8　士兵中也有托尔金的语文学知己。托尔金回忆，某节无聊的军事课上，大家挤在传来一阵阵羊尿味的肮脏大帐篷里，此时他身边一个士兵小声嘀咕了一句:"没错，我想我该用前缀表示宾格!"托尔金很想跟这名士兵聊聊他自创的语法结构，却羞于开口。

9 "一战"中的英军士兵被评价为"把战争当作日常工作的一部分，既不自视为大英雄，也不害怕作战，只是静静等着最后时刻的来临"。军旅经历让托尔金对汤米（英国兵），尤其是来自农村的朴实士兵，产生了深厚的同情和感情。详见《托尔金书信集》，书信45号。另外，A连的一名勤务兵，托马斯·加斯金，本是曼彻斯特的一名工人，后来死于奥维莱尔战役。他母亲来信询问托尔金自己儿子的下落，写得令人肝肠寸断，托尔金一直珍藏着这封信件。

10 红罂粟或其仿制品后来成了"一战"纪念日上最常用的纪念物，因为它在法国北部分布很广，生命力顽强，是荒芜战场上后来最常见的花朵，象征着大批士兵死去流淌的鲜血。托尔金自己在法国战场上也写过描绘红罂粟的诗歌《罂粟草田》。

11 吉尔森参加的是索姆河战役的最初攻势，那周英军主要是集中火力摧毁德军防御，一周消耗的炮弹就超过了"一战"前11个月制造的数量。但德军防御非常顽强，因为他们建立了有火力、支援等功能的布满迷宫般地洞的战壕体系，配备充足的火枪、弹药。托尔金自己都评价:"我们发现德国人的战壕往往真的非常适合居住……"所以这阶段英军士兵虽然突破了德军第一道防线，但仍伤亡惨重。

12 在战场上，托尔金与伊迪丝仍然保持着密切的书信往来。审查官会对书信进行严格审查，严禁透露营队现在的位置，所以来信都是官方模板，从中看不出寄信人是否还活着。托尔金为了让伊迪丝放心，在信中使用了一种墨点密码，伊迪丝可以由此判断托尔金到了哪里，并在大海伍德家中，于挂在墙上的大地图上标出他所有的行进路线。

13 托尔金在当时日记中说自己在留守的B连中，但根据其他档案，托尔金其实隶属A连，这几天没有随A、C连去战壕，而是与B、D连留守。

14 第一个冲进奥维莱尔的协约国军士兵，在敌人文件堆里发现7月1日英军发动进攻的命令一字不差抄在了本子上。

15 托尔金曾在1962年默顿学院的一次聚餐时回忆"一战"经历，讲的都是些可怕的故事，他记忆中的战争如在昨日，那些德军炮弹飞跃整个战场，在飞扬的土与泥中呼啸而过，一刻不停地带来危险，被击中的人们发出惨叫。战场惨状融入了《魔戒》的写作中，《托尔金书信集》，书信226号提及，死亡沼泽和弗罗多与山姆前往魔栏农的道路部分源于他在法国北部和索姆河战役中的所见所闻。同时，“一战”对托尔金的创作还有两方面影响：一是战争场面。《世纪作家》指出，《霍比特人》中巴德组织大家砍断桥梁、备好弓箭、守住阵地，这不像中世纪浪漫传奇的战斗，更像托尔金在“一战”战壕中经历的作战方式。二是地图绘制。托尔金在战争期间绘制了索姆河附近雷日纳战壕的地图，说明他应该学习过军用信号地图课程。他后来创作中洲地图时使用了显示地形的轮廓图等元素，这种技巧从未出现在中世纪地图中，19世纪才开始运用。

16 7月14日，经过整晚炮轰后，英军正式开始全面进攻，此时德军的防守已是强弩之末，绝大部分英军以极小代价就占领了德军兵营。

17 7月10日英军就形成了对奥维莱尔的包围，7月16日这里的德军投降。

18 后来有人认为托尔金是在战壕中写下中洲神话的第一批故事的，托尔金1967年1月接受《星期日泰晤士杂志》采访时，直斥这就是胡说，因为战壕里最多只能在信封背面胡乱记录几个字，在苍蝇乱飞、污水满地的情况下，根本无法正常写作。他后来自己也回忆，只能在炮火中，写下中洲神话的一些提纲、想法、名字。详见《托尔金书信集》，书信66号。

19 即明登战役，“七年战争”中发生于1759年8月1日的一场会战，由英国—普鲁士—汉诺威联军对阵法军，最后前者获胜，但雷蒙德·爱德华兹提出，萨克森军团在明登战役时是加入法军阵营的，与英国是敌人。

20 8月6日，托尔金第三次去前线，他轮班的5天里所在部队没开展军事行动，只有4人牺牲。这段时间还是危险不断，托尔金负责的信号员有人失踪，有人被子弹击中，有人被信鸽笼挡了一枪，幸免于难。

21 卡彭特对史密斯的信进行了编辑，删了“死亡离我们如此之近”“快点出版你的诗歌”之类的语句。史密斯曾鼓励托尔金把自己零散构想的神话编成体系，致信托尔金："昨晚有个想法让我自己都很震动：你可以创造一个非常浪漫的戏剧，把你向我们介绍的那些'超自然'力量都整合进去，你自己想过这么做吗？"而史密斯对威尔士语的兴趣（为此T. C. B. S. 其他人称呼他"威尔士亲王"），也多少影响到了托尔金，他送给托尔金的威尔士文学著作（包括《马比诺吉昂》）是后者的珍藏。另外，《霍比特人》出版后，托尔金寄了一本给史密斯的母亲。

第三部　1917—1925年：创造神话

第一章　失落传说

1 《失落的传说》本身就是将远古的精灵与英国的历史连接起来的故事。故事的主人公水手埃里欧尔来自古日耳曼地区，可以联想到来自日耳曼的盎格鲁-撒克逊人占据不列颠岛屿的过程；他误入的岛屿托尔埃瑞西亚，是传说中精灵世代居住的极乐净土，也是远古的不列颠岛屿，后来越来越多的人类前来，精灵逐渐离开，梦境之路被封死，这里才成为人类的天下。后来，埃里欧尔的三个儿子分别统治了托尔埃瑞西亚，亨吉斯特统治科尔提力安，即后来的沃里克；霍萨统治塔茹伊松，即后来的牛津；海奥尔兰达统治塔芙洛贝尔，即后来的大海伍德。而塔芙洛贝尔有一处百座烟囱之家，是精灵吉尔法农的住所，据信大海伍德的沙格伯勒礼堂就是其原型。值得注意的是，亨吉斯特和霍萨即传说中5世纪带领盎格鲁-撒克逊人入侵不列颠的主人公。

2 托尔金在《英语和威尔士语》中提出，欧洲西北部在语文学上自成一体，"民族、文化、历史和语言如此联系紧密、互相交织，它们无法各自孤立地发展出语文学体系"。

3 《托尔金书信集》，书信131号。下面"它们犹如'天赐'之物"的引述也来自这封书信。同一封信中托尔金还指出，他"很早以前就为自己所爱国家的贫瘠而痛心：它没有自己的故事（与其语言和土地相连），没有我寻觅的那种高质量故事，我在其他地方的传说中却多有窥见：古希腊语、凯尔特语、罗曼语、日耳曼语、诺斯语、芬兰语（深深影响了我）的故事，但没有英语的，除了那些低劣的通俗读物”。

4 埃里欧尔是古日耳曼的水手，无意间来到精灵居住的岛屿托尔埃瑞西亚，听闻儒米尔等精灵们诉说起一如创世、日月诞生、魔苟斯作乱、刚多林陷落等故事。值得注意的是，他最初的名字是奥托（Ottor），是由埃雅仁德尔的一束光幻化而生的。

5 《托尔金在牛津》的采访中，托尔金详细解释，“中洲”这个词来自“middel-erd”，即整个世界中人类居住的部分，“我们这个世界”。

6 托尔金宇宙中的上帝即一如、伊露维塔，权柄交还上帝即伊露维塔制造的努门诺尔陆沉、阿门洲的隐藏和平面埃尔达变成球体。另外，托尔金曾对克莱德·基尔比提起，一开始的设想，燃烧在世界中心的“秘火”即“圣灵”。又，卡彭特后来在《神秘花园》中评价，托尔金的“维拉”远离主角们的行为之外，只是给故事的格调增加了一丝冷澈的庄严感觉。托尔金的确在写作中有其宗教意图，但体现在不同位面，体现在那些真正打动读者的故事中。譬如《魔戒》，后半部分仿《圣经》式的措辞，暗示托尔金希望将其故事上升到《旧约》的层面。

7 《论仙境奇谭》中论述，成功的幻想作品，其本质特征就是突然瞥见了潜在的真实或真相，这不仅是对世间悲伤的“慰藉”，也是一种满足，是对“这是真的吗?”这个问题的回答。托尔金说，我对这个问题的回答就是：“如果你成功地构建了自己的小世界，在那个世界里，这就是真的。”《尼葛的叶子》中提到，尼葛完成了树的绘画后，看到这棵树活生生出现在自己面前，感叹“这真是天赐的礼物！”（详见“后记”）。“他在说自己的艺术，也在说这个成果，不过他用的完全是这个词的字面意思。”

8 托尔金后来对儿子克里斯托弗说，《精灵宝钻》真正脱胎于脑海，始于1917年得病疗养时，当时他在军队拥挤的小屋中，四周充斥着嘈杂的留声机声音。而一份记录着刚多林七个名字的手稿可追溯到法国战场的营队服役期间。

9 原始手稿里这篇故事的标题为《图奥与刚多林的流亡者》，但托尔金后来一直称它为《刚多林的陷落》。

10 托尔金在《刚多林的陷落》中描绘了一些怪异武器，颇有坦克的影子（“火龙和青铜、钢铁的巨蛇已经包围了城所在的山丘……让那些拥有巨足、能够踩踏的青铜蛇慢慢地爬上铁蛇”），与其“一战”经历关系匪浅。1916年9月末他一直在蒂耶普瓦勒的战场上，尤其9月27日还睡在了防空壕里。而与此同时，一辆昵称“薄荷甜酒”的坦克9月26日左右瘫痪在蒂耶普瓦勒别墅附近，接下来几个月都作为信号站使用，身为信号官的托尔金因此近距离接触到了坦克。托尔金还在索姆河第一次看到了战斗机，它后来驱使他为“魔多特遣飞行大队”涂鸦了一个徽章，显然是对那兹古尔的讽刺。

11 但托尔金终身都非常乐于了解“仙子”的故事，一直把这些作为他构思的灵感源泉。他的学生罗杰·兰斯林·格林回忆，自己当时在写一本与仙子相关的故事（后来以《奇妙的陌生人》为名出版），托尔金一直在坚持读他的草稿，提出意见，手稿上写满了评价和建议。托尔金的干涉影响了格林写毕业论文。托尔金向他道歉：“你的论文要从头再来是我的错，你必须批评我！但我想知道更多仙子的事情！”

12 语言对于精灵至关重要，其另一个名字“昆迪”即“会说话的”意思。精灵在奎维耶能湖畔醒来后，一开始使用的语言即原始昆迪语，后来托尔金在1930年代构思了昆雅语、泰勒瑞语、诺多语、多瑞亚斯语（即后来的辛达语多瑞亚斯方言）、伊尔科尔语、东部方言，这些后来演变成了《中洲历史》卷五里的“语言之树”。

13 根据当地官方记录，托尔金直到在哈罗盖特治疗后，被认为足够好转了，才被派往约克郡。

14 托尔金的官方军事档案并没显示他此时接受了信号训练，但同年7月他在贝德福德郡的一处信号站里。

15 这位修女是慈善修女会的成员玛丽·迈克尔，1920年10月她做了托尔金二儿子迈克尔的教母，1945年11月托尔金可能去约克郡看望了她，1949年3月，托尔金托人给她送去了鲜花，庆祝她做修女六十周年。1951年3月4日，玛丽修女去世。

16 托尔金8月13日左右住进了赫尔的医院，而伊迪丝已在6月1日从霍恩西搬到鲁斯，7月12日搬到威瑟恩西，8月21日以后搬回了切尔滕纳姆，所以不存在“从霍恩西到他的医院”的情节。

17 1917年11月22日左右，托尔金把自己父亲在南非投资矿产的最后一点份额卖了，用来支付伊迪丝生孩子住院的医疗费用。

18 按照卡彭特的叙述，这段舞蹈似乎发生在1918年，伊迪丝生产后不久。但让人怀疑，在英格兰东部海岸的人风中，刚经历艰难生产的伊迪丝如何还能跳舞。《托尔金在东约克郡1917—1918》指出，1918年早期托尔金已经远在艾辛顿，而这段舞蹈应该发生在1917年峨参盛放的5月和6月间。哈蒙德和斯卡尔认为，结合峨参在那几年的花期，伊迪丝的这段舞蹈大概发生在1917年6月，最可能是当月的头十天内。

19 《托尔金书信集》，书信340号。下文“她就是我的露西恩”一段也来自这封书信。鲁斯这个地点进入了以艾尔夫威奈为主角的《失落的传说》中，即孤岛的首府罗斯。

20 《托尔金与世界大战》提出，伊迪丝跳舞的地点在鲁斯西南方的登茨加思，尤其是那里的鲁斯教堂附近，而野芹花即峨参。但托尔金自己在书信中说，那里满是野芹花，或其他白色的伞状小花（《托尔金书信集》，书信165号），他儿子克里斯托弗引述了这句话，并说托尔金往往会从很宽泛的含义上使用“野芹花”这个词，不排除托尔金只是泛指白色伞状小花，并未特指某种花朵。

21 《托尔金书信集》，书信340号。

第二章　暂住牛津

1 皮特曼速记，又称蒂兰速记，是英国国家记者培训理事会采用的一套速记法，1968年由皮特曼速记教师詹姆斯·希尔创造，字母多为简洁的曲线。

2 儒米尔是阿尔达历史上第一位有记载的学者，撰写了《爱努林达列》《阿门洲编年史》等历史著作和《儒米尔语录》等思想汇编，他创造的儒米尔字母启发了费艾诺，让后者发明了使用最广泛的腾格瓦文字。关于儒米尔字母的发展历程，参见2001年《埃尔达语言之书》第13期，第3—89页。

3 奥尼恩斯是牛津大学出版社的顾问和编辑，《牛津英语词典》小组的助理，推动完成了词典的编撰，其间也指导过托尔金的工作。1925年托尔金成为牛津教授后，和奥尼恩斯重新联系上，后者协助托尔金出版《高文爵士与绿骑士》，还成了托尔金建立的吃煤人俱乐部的成员。

4 有一份长条校样显示托尔金曾协助参与词条“stigend”的研究工作，虽然这并非正式受命研究，但鉴于这些词条在1918年12月24日前就送印了，显示托尔金在此之前就参与了词典工作，正式开始研究“w”开头的词条的时间（最早为1919年1月）并非“最初几周”。

5 托尔金喜欢在词条中多说些单词的演变历史，但这种内容刚开始往往都被布拉德利删掉了。另外，不能因此认为托尔金精通十几门语言，他说自己的“语言学知识基本限于发现明显的错误或乱用，用来对细节进行评价”。他比较精通的是古英语、中古英语、古希腊语、拉丁语、哥特语、诺斯语，对法语、德语、意大利语、西班牙语略知一二，芬兰语水平只能“艰难地看一些原文”，对威尔士语、丹麦语、荷兰语、希伯来语、瑞典语、俄语粗通皮毛。

6 在《词典》（原为《新英语词典》，后为《牛津英语词典》）短暂的工作经历，给托尔金和《词典》两者都带去了一定影响。

对托尔金，一是词汇上的影响。1933年他就意外收到了已印刷出版的《词典》，让他大吃一惊。后来这成了他的案头书。托尔金喜欢在小说文章中使用古英语和中古英语，这些词语、词义现代英语不用或很少使用，而《词典》注重保留古英语、中古英语，能给出其最恰当的含义。而托尔金作品中的一些用词方式，可能直接参考了他参与，或间接参与编撰的词条。比如在头韵诗《胡林的子女》中同时使用了“wan”这个词的“脸色苍白”与“黯淡大海”这两种含义。

二是故事情节上的影响。托尔金的小说《哈莫农夫贾尔斯》中，出现了奥克森福德（即牛津）的四名聪慧学者（《文字之戒》认为即詹姆斯·默里、布拉德利、克雷吉、奥尼恩斯四人）被询问“喇叭枪”含义的情节；而他未出版的《摹想社档案》提到N. E. D的第三次补编中，有“doink”（一种象声词）的词条。

《词典》后来受大众文化影响，收录了hobbit（霍比特人）、mathom（马松，霍比特人口中比较鸡肋的东西）等托尔金自创词语，前者的定义完全是由托尔金本人提供的。此外，第二版《词典》提到托尔金名字近200次，有百余个单词引用了托尔金的句子作为例句。

7 其实到1919年3月，托尔金的主要工作就已经完成。3月3日，他负责编纂的部分完工准备付印了。

8 这里的背景，一方面是允许女生接受高等教育。1920年10月7日起牛津正式承认女性可以获得学位，但大部分女生依然只能参加少数女教师、女校长的课程，很多男教师甚至不愿看到女生出现在讲堂中，以至于她们要躲在柱子后偷偷听课。为满足大量的教学需求，女子学院大量雇佣兼职的男教师，通常是年轻贫穷、渴望增加收入的那类。另一方面是19世纪50年代以来私人导师的大量出现。当时进行了考试改革，考试难度的逐步加大，刺激了学院内部改革、教学改革，但学院里教授教学的内容与考试无关，学院院士也多非才学之人，由此学生越来越仰赖于导师的个别教育，产生了私人导师群体。

9 此后他依然与《词典》小组保持密切联系，1923年到1925年参与了相关年刊的编写，他和布拉德利也一直有私人往来。

10 这两人后来成了墨象社的成员以及托尔金的朋友。这次朗读发生在1920年3月10日，托尔金表示，“在过去的一段时间里，一整套发生在我自己想象出来的‘精灵之地’里的事件已经在我脑海中成熟起来，我草草写下了一些篇章。这个故事并不是其中最好的，但它是迄今唯一一篇修订过的，尽管修订得还很不够，它仍是唯一一篇我敢朗读出来的。”根据俱乐部秘书的记录，“托尔金先生的全新神话背景极有启发性，他注定要成为传统的坚定追随者……刚多林民与米尔寇的战斗非常有画面感，也非常惊人。”这个修订过的版本后来收录于《中洲历史》卷二及2018年出版的单行本《刚多林的陷落》。

11 《托尔金书信集》，书信46号。

第三章　北国探险

1 后来约翰和普莉西拉回忆，搬进这里的圣马可排屋后，因为空气污染严重，六个月内窗帘就烂了，还是婴儿的迈克尔只要在外面待一会儿，身上就盖了一层煤灰，托尔金自己一天必须换三次衣领。

2 克里斯托弗·托尔金回忆，1921年3月他父亲就在霍利班克5号租了个带家具房间，春假后全家搬了过去。另外他们全家在8月底就搬进了圣马可巷11号。

3 托尔金曾说，最不合乎人性的工作，就是让一个人成为另一些人的领导。一百万人里面不到一个人能胜任这项工作，然而最不胜任的人却总在寻找机会。但关于乔治·戈登，托尔金盛赞其领导能力，说他"建立的不是区区一个小'系'，而是一个团队，一个不仅有团队精神的团队，决定要将'英语系'置于人文院系之首，还是一个为使命热情所鼓舞的团队"。《托尔金书信集》，书信46号。

4 他此后给在南非服役的儿子克里斯托弗的信件中说："我对你有点小小的嫉妒，或者说我希望此时和你一起在'那里的山丘中'。我对自己的出生地还有些记忆，虽然具象的记忆很少。我总有种奇怪的感觉，会回想起我在非洲的那些事情，它们总会深深触动我。"《托尔金书信集》，书信71号。

5 罗德奖学金创立于1903年，是世界上历史最悠久、最负盛名的国际奖学金项目之一，得奖者被称为"罗德学者"，罗德学者后来很多成了政治家、学者、科学家和医生、作家、企业家和诺贝尔奖得主，取得了卓越的成就。

6 他的学生贝内迪克兹后来提起，他教授《高文爵士与绿骑士》时，经常会说："当托尔金和戈登说这个的时候，我不知道他们在想什么……"这给学生带来了巨大的困扰，不知道该直接记在笔记本上，还是稍待片刻，理解他到底要说什么。而他总说这个版本有错的原因，可能是因为伊斯雷尔·戈兰茨爵士在其1940年版《高文爵士》中指出了托尔金、戈登版本的错误。

7 1935年或1936年，一名利兹大学毕业生曾在伦敦大学学院英语系私下把其中部分诗歌印制成册，但如托尔金评价的，存在很多错误。这些歌谣的文献材料现存于利兹大学，部分诗歌收录在汤姆·希比的《通往中洲之路》中，并给出了现代英语的译文。其中有一首诗《美丽的精灵女子》，讲述一个年轻人被精灵女子诱骗到遥远土地上的故事，和他后来的诗歌《疯人》/《海钟》，以及弗罗多梦到自己西渡维林诺的形式很接近，即都是通过某种手段来到与其熟悉的环境完全不同的异域仙境中。另一首《树之花》是托尔金唯一一首哥特语诗歌。

8 这个俱乐部主要是针对学习古冰岛语的学生，所有创作中，诗歌《跨过大洋》配以《小美人鱼》的曲调，特别受学生欢迎，托尔金甚至设计了一款古英语填字游戏。

9 即《宾波镇的进步》（这段及下面两则注释引用的另一段，均摘自《霍比特人：插图详注本》，托尔金著，道格拉斯·安德森注释，吴刚、黄丽媛译，上海人民出版社，2022年版），其中提到了“揉烂的橘皮，和堆积如山的香蕉皮/皱巴巴的纸，搅动着酒瓶、包装和易拉罐，只待新一天更多垃圾”等肮脏的景象，以及“旅游大巴停在老客栈的大门口/臭烘烘，轰鸣又铿锵”等吵闹的场景。

10 这首诗提到巨龙被杀、“将城镇击碎化为齑粉”，让人联想到《霍比特人》中巨龙斯毛格破坏长湖镇的情景。

11 这首诗中提到咯哩噗住的地方“狭长洞穴通往洞底更深”，它“两只眼珠大又圆”，让人想到这个咯哩噗可能是《霍比特人》中咕噜的原型。

12 “袋底”（Bag End）来自“死胡同”（cul-de-sac）的直译。1911年，姨妈简辞去了她在圣安德鲁斯大学的学监岗位，告别了学术生涯成为“袋底”的农民，直到1931年卖掉“袋底”。简一直关注托尔金的创作，当她知道《霍比特人》出版，写信给托尔金询问：“听起来很激动人心：这是什么？仙子故事？小说？还是其他？我只想立刻就要［享受到阅读它的］乐趣。”

13 托尔金计划书写一篇以埃雅仁德尔为主角的长篇传说，可惜没有正式动笔。《中洲历史》卷二收录了几份相互冲突的写作大纲、零散的笔记和早期诗歌，其中一份大纲指出这个传说将由七部分组成。据克里斯托弗分析，倘若如愿完成，《埃雅仁德尔的传说》可能会相当于整部《失落的传说》已完成部分的一半篇幅。

14 邓萨尼勋爵原名爱德华·约翰·莫尔顿·德拉克斯·普伦基特，“邓萨尼勋爵”是其笔名。他被视为奇幻文学的开山鼻祖之一，代表作《精灵王之女》注重描绘的不是人类的冒险经历，而是精灵的特质和生活，虽然有些光怪陆离，但成功刻画了一个不同于人间的仙境或曰“次生世界”，受到读者欢迎。

15 R. W. 钱伯斯是研究古英语、中古英语、莎士比亚和托马斯·莫尔的权威。托尔金在1921年买了钱伯斯的《〈贝奥武甫〉简介》，1922年左右和钱伯斯成为朋友。《钱伯斯和〈霍比特人〉》一文认为，《霍比特人》中贝奥恩这角色曾有个名字麦德维德，即俄语“吃蜂蜜的”意思，而托尔金应该是从钱伯斯的《简介》中知道这点的，足以证明钱伯斯对他的影响。托尔金还曾把《霍比特人》《亚瑟王的陨落》手稿给钱伯斯征求意见。

16 赛瑟姆和托尔金的语文学理念有所不同，托尔金一直致力于中古英语的标准化，让它们拼写保持一致，主要是方便学生的学习，而赛瑟姆强烈反对这么做。

17 《托尔金的失落乔叟》指出，想在牛津监督托尔金完成克拉伦登版《乔叟诗文选集》是乔治·戈登支持托尔金的主要原因。

第四部　1925—1949年（上）：“在地底的洞府中住着一个霍比特人”

第一章　牛津一天

1 牛津大学的学院院士是指学院中的正式成员，如今多为学院的正式教师，他们在学院中享有特定的权利，依据民主原则对学院进行管理。

而学院是一个个独立的自治团体，有自己的资产。一开始牛津是教会大学，所有学生都要成为国教会的成员，大多数院士都要担任圣职，大学教师相当于一种准牧师工作。19世纪50年代导师协会兴起，建议院士在学院中为教育或个人研究居住15年之后，可以在获得结婚权的同时保留院士身份。1871年，英国议会取消了高级学位的宗教考试，意味着非国教者首次有资格担任学院院士，1874年牛津全面取消院士的单身限制。

2 这是践行对弗朗西斯神父的承诺：让自己的所有孩子都在奥拉托利会学校读书。就凭学校里的精神、智识、情感氛围，他认定这是最适合自己孩子的了。

3 这个模型其实就是托尔金自己买的，或者说是“圣诞老爸的来信”随附的礼物，圣诞老爸送了约翰火车站模型，给了迈克尔火车头模型，给了两人一套轨道模型，此前还给过约翰一套洛特砖块玩具，这是一种可以搭出房屋的积木。另外，他们家当时除了大儿子约翰有自己的房间，其他孩子都住在“游戏房”里，即游戏室和起居室。

4 晚年他还将陪孙辈一起玩火车玩具，说着：“我是托马斯小火车，噗噗噗。”他还让乔治·塞耶加入游戏，扮演火车信号灯。

5 这是1930年代由大西部铁路运营的一条高速铁路线，1923年推出了特快客运机车，又称为“切尔滕纳姆温泉快车”，1931年它加速到约111.4 公里 / 小时，获得了从未被正式采用的著名绰号“切尔滕纳姆飞行器”。1932 年6月6日达到了131.3公里 / 小时，打破了铁路速度的世界纪录。

6 最恶劣的一次，1923年11月末12月初的一天，托尔金家遭了贼，伊迪丝的订婚戒指和最好的外套被偷了，托尔金的书一本没动，后来他们发现，当年秋天雇的女佣是小偷团伙的一分子。

7 但1966年3月2日托尔金在采访中说，自己每天看三份报纸，很关注新闻时事，“我对各地发生了什么非常感兴趣，无论是大学里的、国内的还是世界上的”。可能托尔金的重点在于后半句，即新闻并非不重要，但文学作品相比之下重要得多。

8 1930年代里某天，家里真的着火了，当时他正等着在校长面前做演讲，突然一个穿制服的门房出现，大声冲着他说："你家着火了，你最好回家看看！"还好伊迪丝及时发现了火情，阻止了严重损失的出现。

9 这个女生是伊莱恩·格里菲思，1930年代由托尔金指导研究《隐修女指南》的学生就她一个。1933年托尔金开始指导伊莱恩，1936年她毕业，毕业论文即《〈隐修女指南〉词汇注评》。她也是后来牵线出版《霍比特人》的关键人物。

10 这是托尔金1919年拿到的学位。

11 1930年代末刘易斯已是牛津最优秀的讲座讲师之一，他凭借惊人的记忆、雄辩的风格和洪亮的嗓音（被称为波特酒和葡萄干布丁的声音）吸引了大批听众，最受欢迎的两期讲座是《中世纪研究绪论》《文艺复兴研究绪论》，前者后来编撰成专著《被弃的意象》出版，两期讲座部分内容被选入《中世纪和文艺复兴时期的文学研究》一书。

12 刘易斯说："我们聊英语系的院系政治，有时评论对方的诗歌，其他时间聊神学或'国家现状'，偶尔也会说些营房笑话和俏皮话。"刘易斯称那是自己"一周中最愉悦的一段时光"。

13 牛津大学存在两种教学体系：一种比较古老，是基于各个学院开展各类大型讲座和辩论；另一种即此前提到的教师或者说导师制，由原来学生的保护者"导师"发展而来，即导师带着少数学生进行小班化教学。和我们对"院士"这个词的刻板印象相反，原先学院院士席位都属于与学院建立者有渊源关系的人，或者来自特殊地区或学校的人，通常学术水平很低，由学院选举产生，主要负责学院的行政和资产运作。所以一方面学院院士众多，另一方面只有少数院士担任导师工作。而导师或者说教授，其活动范围主要在"系"里，因为系可以依托公共基金，对小班化的导师制教学进行管理。而1921年后，明确牛津大学任命的每一位教授都要在学院中任职，学院任命的每一位导师要在大学中被任命为讲师，确立了"教授院士"的身份。

14 这里描述可能有误，布赖森这一时期在默顿学院任职。他的讣告提到，"吃煤人"经常在他位于高街的房间里聚会。

15 这个是C. S. 刘易斯给出的解释，他因此坚持这个词要读成“寇拜厄塔”。而这个词的原意是指古代那些拒绝参与狩猎或打仗，宁愿待在屋里，享受炉火温暖的北欧人。另外，刘易斯也很喜欢这个俱乐部，认为它刺激了他的想象力，将他带回“一个北方天空与瓦尔基里音乐编织成的无边梦幻之中”。

16 拉特利夫在《〈霍比特人〉的历史》中指出，除了某页，《霍比特人》的手稿从未写在学生试卷的背面，他怀疑是卡彭特把《霍比特人》和《魔戒》的写作过程搞混了。

17 一首古英语叙事诗，详细描述了991年东撒克逊的贝奥赫特诺斯国王率军抵御维京人入侵的战役，维京人赢得了战役。

18 《霍比特人》第五章“黑暗中的谜语”起始句。但这里引用的并非手稿，而是正式出版的文本。

19 拉特利夫在《〈霍比特人〉的历史》中指出，这种“忙完一天学术工作，写作《霍比特人》到深夜”的设想并没有证据支持，反面的例证倒有不少。比如，托尔金的书信里提供的信息，可以证明他几乎所有的创作都不是学期中匆忙写出来的，而是写于短暂的假期里。克里斯托弗也证实了他父亲的这一写作习惯。但托尔金的确有深夜里专注自己幻想爱好的习惯。二儿子迈克尔回忆，他们住在诺斯穆尔路22号的时候，他半夜里听到父亲研究自己的东西，这是托尔金“获得片刻安宁，真正做些［自己的事］的时候”。迈克尔评价，父亲白天是个生活在现实中的人，全家都上床休息后，他的创造时间才到来。

第二章　相片观察

1 又译为丹迪主义，“丹迪”即注重仪态穿着等外在表现的男人，丹迪主义是一种艺术诉求，被视为现代审美文化的典型代表。现代英国的丹迪主义第一人乔治·布赖恩·布鲁梅尔正是来自牛津的奥里埃尔学院，诗人拜伦也可归为此类，他引入了那种带着蕾丝袖口、蕾丝领的“诗人衬衫”。

2 唯美主义运动是兴起于19世纪晚期艺术和文学领域的一场运动，主要流行于英国，为著名作家奥斯卡·王尔德等人所倡导，其主要观点是艺术至上、“为艺术而艺术”，反对维多利亚时代要以艺术体现道德教化的主流做法。其实托尔金喜爱的威廉·莫里斯，其艺术设计作品也被视为唯美主义运动的源头之一。

3 1937年4月15日，托尔金和刘易斯、欧文·巴菲尔德去匡托克丘陵徒步，发现自己实在不喜欢如此背着沉重的行囊、一天走20英里的旅行，巴菲尔德评价托尔金“身体素质够不上走这么多路”。1947年8月5日托尔金与刘易斯兄弟、乔治·塞耶去马尔文徒步，沃伦·刘易斯评价托尔金“一个问题就是他不会跟上我们的节奏快走；他愿意成天走路，但因为对植物和昆虫感兴趣，走路对他来说只是距离较长的散步，他还称呼我们‘无情的行者’”。C. S. 刘易斯指出托尔金“想说些有趣的事情时，就会偷懒停下来”。乔治·塞耶发现托尔金喜欢“停下来看看树木、花朵、鸟类和昆虫”。

4 关于萨尔霍磨坊，原先的主人泰勒一家1914年卖掉了他们的房产，它1919年后就停止使用，然后逐渐废弃了，变得荒芜破败不堪，不过磨坊工的房屋直到1959年还在住人。后来A. H. 福斯特买下了磨坊，在他去世后于1946年捐赠给了伯明翰市议会。1960年磨坊计划拆除，人们发起提议要保留磨坊，托尔金也参与其中。1969年整修后重新对公众开放，受伯明翰博物馆和艺术画廊管理。某种程度上磨坊得以完好延续至今，也多亏了托尔金本人的创作。如今磨坊一直吸引着托尔金粉丝前来，里面布置了很多与《霍比特人》相关的道具、布景和介绍，也经常会组织孩子们前来游玩，或者举办中洲相关的活动。

5 据寄宿他们家的阿尔滕提丝·索尔皮亚尔特纳尔透提尔回忆：“莫里斯汽车在牛津南边建了家工厂，家里充满噪声。他们认为牛津正被这样的东西摧毁。”

6 作为一个虔诚的罗马天主教徒，托尔金相信人类在宗教意义上的堕落，世上的邪恶与不快由此而来。他曾表示，“我只能指望‘历史’成为一场‘漫长的失败’。”（《托尔金书信集》，书信195号）。韦尔琳·弗利格指出，这种基督徒对堕落的理解，势必导出一个观点：不完美是世界和人类行为的常态，即便存在希望，希望也无法克服这种不完美。所以世界必须被视为一处失败与失望之地，人们生来就要承受烦恼。

7 《托尔金书信集》，书信186号，写于1956年。托尔金在这里及在其他地方表述的政治立场，即尊崇君主权威和宗教信仰，同时积极维护个人自由。他说自己“不是民主派”，意指他反对当代意义上“完全一人一票”的大众民主政治，而非反对民主本身。他提到谦卑和平等是神圣的法则，是更认可在上帝面前人人平等（他在163号信件中引用了《圣母颂》的一句拉丁文，*qui deposuit potentes de sede et exaltavit humiles*，意思是上帝会让强有力的人走下权力宝座，让卑微的人站立起来），所以反对当代民主让所有人都有平等的一票，看似是身份平等了，但很多人对政治缺乏理性、充分的判断，真正影响政治的方式也有限，成了投票的工具，这就是托尔金所谓的“机械化”“形式化”。更可怕的是，这会让人们误以为自己有了决定他人前途乃至生死的权力，变得不再谦卑，而是非常狂妄，这时候只要有个奥克，也就是煽动者振臂一呼，就会造成多数人的暴政，践踏了上帝面前人人平等谦卑的神圣原则，而选民作为乌合之众的一员，实质上成了煽动者的奴隶。

8 来自1965年BBC采访。

9 1960年代初梵蒂冈第二届大公会议后，天主教不再强制用拉丁语做弥撒。托尔金主要反感的是弥撒英语用词的不准确、表达糟糕而不得体。他的孙子西蒙回忆，托尔金会坚持在众人的英语声中，自己用拉丁语做弥撒，而且非常严肃认真。

10 《托尔金书信集》，书信213号。另外，休·布罗根回忆自己小时候，托尔金来他家玩，会表演个“派对把戏”：从大约12级楼梯上一路跌下来，弄出巨大声响，双手双脚四仰八叉，让他全家字面意义上吓得快窒息了。

11 来自《黑暗之劫》。

第三章 “他已身在语言之中”

1 他的学生达尔代讷评价，托尔金属于那类非常稀少的语言学家，如今几近绝迹，他们像格林兄弟那样，能理解和再现“词汇”的光彩，“一开始只是词汇，然后觉得词汇与神明同在，最终词汇即神明本身”。

2 《托尔金书信集》，书信163号。

3 乔治·塞耶、约翰·凯里和埃里克·斯坦利都认为托尔金的讲座水平一般，凯里认为托尔金讲课要么口齿不清，要么难以理解，斯坦利还提到托尔金很少修改讲座内容，他在1950年代教授古英语《出埃及记》的讲座，内容和1920年代、1930年代时候的依然差不多。而德雷克·布鲁尔回忆，托尔金讲课时会纠结于一些文本难题，以至于经常忘了自己在讨论哪一行文字。

4 Hwæt，读音类似“怀特”，与后面的“quiet”（安静）读音相近。这个词是古代日耳曼诗歌源于歌手演唱传统的开场白，包括若干要素，可简化为这样一个程式：听，我（们）知道/歌唱某人某时如何。例如描写耶稣十二门徒事迹的古英语短诗《使徒的命运》，开头即为“**听**！厌倦了流浪，无穷的忧伤，这支**歌我**从远处采来，**唱**光明荣耀的王公［即使徒］们**如何**威震四方。”摘自《贝奥武甫：古英语史诗》，冯象译，三联书店，1992年版，第164页。

5 托尔金也的确有让学生安静下来的意思。有次，他在说完这第一句话后解释，“这让你们吓了一跳！当然，这就是作者的目的——正因如此，游吟诗人才能让那些坐在宴席另一头的听众也放下手里的啤酒或蜜酒，瞬间安静下来。”

6 来自1955年7月28日奥登致托尔金的信。

7 英国有预先给名人写讣告的习惯，刘易斯其实比托尔金早十年去世。

8 出自《英语研究年度作品》，第4卷，1923年刊，第37页。

9 《隐修女指南》是13世纪西米德兰兹地区最长、最有名的一份宗教文献，规定了女修道者的祈祷日课、日常行为。存世主要有两个版本：

一存于剑桥大学基督圣体学院，题为“Ancrene Wisse”，是现存的最早版本；一存于牛津大学博德利图书馆，托尔金研究的主要是前者。又有学者将这份文献称为“Ancrene Riwle”，于是其就有了两个名字，如附录中的已发表作品、索引显示的那样。

10 有次托尔金、刘易斯和E. V. 戈登同时在英语系主考，刘易斯用《贝奥武甫》的头韵体写了另两人主考口试的嘲讽诗，颇能还原托尔金的主考情形：

在讲台那两个人，嘴里吐吐吞吞/高康大巨人声音。戈登和托尔金/怎么会想要几乎，整段整段重复/要按维尔纳定律，咏叹春来秋去/元辅音错还是对，以及变格词尾，/亏我还道听途说，口试如此险恶，/此前倒从没见过。

托尔金评论这首诗："其实，考场里最常听到的是C. S. 刘易斯的声音。"

11 托尔金主要前往的是都柏林、科克、戈尔韦、梅努斯，担任爱尔兰国立大学的主考官。他热爱爱尔兰，还曾对乔治·塞耶形容自己对爱尔兰风光的感受，觉得那里有种“天然的邪恶”，“他能感觉邪恶从那里的土壤、树丛、悬崖和泥炭沼泽中冉冉升起，只有南部爱尔兰的宗教厥功至伟，可以制衡这些邪恶。”

12 中学证书，即1918—1950年间的英国中学学历考试，针对16—17岁学生，成绩优异者可获得大学免试资格；继续留在中学的学生两年后可考取高等中学证书。哈蒙德与斯卡尔认为，托尔金批改的考卷更有可能是后者。

13 即牛津大学本科生通过第一次公开考试后将要面对的后半部分本科学业。这部分课程未来将会以第二次公开考试的形式审核。另外，托尔金、刘易斯等同意改革教学大纲的人组成了社团“洞穴”（以《圣经》中大卫所在的亚杜兰洞命名），这个组织实现最初的改革目标后，就成了个社交和文学社团，内维尔·科格希尔、雨果·戴森、查尔斯·雷恩也是成员之一。

14 托尔金的教学大纲改革，主要是让每个人都能阅读早期英语文学，而专攻早期和中世纪英语的学生不必学习后乔叟的英语文学。他还提出了其他意见，比如必须更有针对性地阅读一些古英语、中古英语、冰岛语的文本，而且必须包含即兴翻译，翻译前不看原文，乔叟的作品应成为研究中世纪学生的必读。

15 汤姆·希比在《世纪作家》中指出，托尔金这里明显在用寓言说明问题。最初的古老石头即《贝奥武甫》作者听到的更早的歌谣，石头大厅即古英语《出埃及记》等《贝奥武甫》同时代诗作，也从更早的口头歌谣取材，石塔即《贝奥武甫》，推倒塔的人即19世纪分析《贝奥武甫》问题的评论家，主人公后代即R. W. 钱伯斯这样的英国评论家，他们觉得《贝奥武甫》作者本应该写关于历史的史诗，而不是关于怪兽和龙的仙境奇谭。另外，这个例子也融入了《魔戒》，即霍比特人描述西面的精灵塔，“从那座塔顶远望，可以看见大海，但没听说过哪个霍比特人曾经爬上塔去。”

16 托尔金在1938年新年关于龙的讲座中，提出龙在传说意义上的确存在，即传说创作者在蜥蜴、蛇、恐龙化石的基础上，加入了人类的仇恨、狡猾和对金子的贪婪，创造出“龙”这个真实可信的形象。他在讲座结尾打趣说，龙在公元800年左右频繁来到人间（这一时期关于龙的传说很多），整个中世纪都数量颇多，直到1700年后消失。如今很难见到龙，因为古墓被差不多挖光，金子变得稀少，或许英格兰银行的金库里还藏着一条巨龙。

17 他留下的手稿最终于1982年出版，详见附录三“托尔金已发表作品”的“1982年”词条。另外，《出埃及记》相关原始手稿的头几页画着“艾尔夫威奈”的形象，这一形象后来融入了《失落的传说》。

18 托尔金在《摹想社档案》中引述了《航海者》，事实上是据此进行了重新创作。而《漫游者》是《魔戒》“金殿之王”一章中“骁骏勇骑今何在”诗歌的主要源头。

19 这一时期戈登会找机会从利兹长途而来，在彭布罗克学院托尔金房间里与他碰头商议。戈登还鼓励托尔金开始他的冰岛语—英语词典工作。

20 大约1932年10月后（她来牛津约八个月后），达尔代讷住进了诺斯穆尔路20号托尔金的家有一年之久，成了他们一家某种意义上的“姨妈”，与托尔金一家关系非常亲密。

21 该著作以“*An Edition of Þe Liflade ant te Passiun of Seinte Iuliene*”之名，1936年由列日大学的语文文学系图书馆发表。

22 《朱利安》《凯特琳》以及《圣母颂》(附录中“已发表作品”提及)、《玛格丽特》、《灵魂守护者》同属13世纪早期英格兰西米德兰兹的一批名为“凯瑟琳丛稿”的宗教文献，收藏于牛津博德利图书馆MS Bodley 34卷宗中，与《隐修女指南》同一时代、同一主题，文字方言的特点也非常相似。

23 达尔代讷因为纳粹入侵比利时，一度与托尔金失去联系，直到1943年圣诞，达尔代讷的信息才由国际红十字会送交托尔金，此后再度失联。1945年3月后，达尔代讷来到牛津，但她和托尔金都身体抱恙，无法继续编撰《凯特琳》，这本书最后在1981年由达尔代讷与其他人合作出版。两人的联系不止于此，1945年后至托尔金去世前，他们偶尔会去比利时或英国探望对方，1954年经达尔代讷推荐，托尔金接受了列日大学的名誉学位，其间他将《王者归来》的长条校样和《魔戒同盟》的护封校样送给了达尔代讷。1975年，达尔代讷在1937年前私下翻译的法语版《哈莫农夫贾尔斯》在比利时出版。

第四章　挚友杰克

1 切斯特顿的不少文章论述过男性之间的友情，“同志情谊问题”中有最直接的论述，即认为男女之间存在友谊，但不存在男人之间的同志情谊；“两块顽铁”中提到，校园中男生之间经常发展出友谊，这种友谊让女生感到恶心。

2 来自1929年12月7日刘易斯致托尔金的信。

3 刘易斯的意见主要是改善诗歌的韵律，增进其想象，这意见收录于《中洲历史》卷三附录。

4 来自1959年5月15日刘易斯致查尔斯·穆尔曼的信。

5 两人交往逐渐深入的一个明确证据，即1929年12月3日，刘易斯给好友亚瑟·格里夫斯写信说："我和盎格鲁–撒克逊学教授托尔金聊天，他和我一起从某个俱乐部回到学院，我们坐下来聊诸神、聊巨人、聊阿斯加德，足足三个小时，我直到周一凌晨2点半都没睡。"但必须指出，刘易斯在1931年后期给亚瑟·格里夫斯的信中也说，托尔金"是我第二等亲密的朋友"。他在同一封信中说，自己第一等亲密的朋友是格里夫斯、欧文·巴菲尔德。

6 某些新教徒对天主教徒的歧视性称呼。而宗教也是托尔金与刘易斯结交早期最主要的分歧所在，两人结识没多久，托尔金聊起自己的天主教信仰，刘易斯回应说："我无法想象还有谁比我们之间［在这一点上］的差异更大了。"但同时，刘易斯对待天主教徒的态度比较开放，他甚至会故意讨论"自杀没什么不对"，挑逗托尔金来回击；他们还会聊"食人族的道德"，托尔金坚持这是不道德的，即便刘易斯举例圣餐礼，托尔金也未动摇立场。

7 摘自《惊悦：C. S. 刘易斯自传》，C. S. 刘易斯著，丁骏译，上海文艺出版社，2016年版。个别字词有修改。

8 在这一阶段，刘易斯因为重新信奉了上帝，就开始质疑原先渴望异教神话的合理性，必须压抑自己的这部分渴望。

9 原文为拉丁文，*distinguo*。

10 来自1931年10月18日刘易斯致亚瑟·格里夫斯的信。

11 原来的神话中，巴德尔每年死去前往冥界，第二年春天返回，令所有生者欢欣，象征着夏天结束、冬天到来、次年春天重返。但《小埃达》中，巴德尔死亡后，紧接着就是诸神的黄昏、世界的毁灭又重生，巴德尔也随之复活，巴德尔转而象征着世间纯洁无瑕时光的失去与再临。

12 托尔金回答了刘易斯多年来思考的问题，即为何唯独基督教是真实的，而其他一切、包括异教神话都是虚假的？由此刘易斯意识到，他不必说异教神话都是全然虚假的，它们是完整真理的回音或先声，它们唯有在基督教信仰之中、透过基督教信仰，才能为人们所认知。基督教将四散在人类文化中有关现实的局部、不完整的洞见，都带到了完满与完全的地步。上述内容引自《C. S. 路易斯：天赋奇才，勉为先知》，麦格拉思著，苏欲晓、傅燕晖译，上海三联书店，2018年版。

13 托尔金还写道：要不是他深感兴趣，一直催促着我写出更多，我的《魔戒》可能永远写不到结局。《托尔金书信集》，书信276号。这封信写于1965年12月12日，当时托尔金和刘易斯早已决裂，而刘易斯刚过世一个月。

14 刘易斯解释，兰姆曾经说过，假定三个朋友（甲、乙、丙）当中，甲去世了，那么，乙不仅失去了甲，还失去了"丙身上甲的成分"；同样，丙也不仅失去了甲，还失去了"乙身上甲的成分"。我的每位朋友身上都有一些东西，只有另外一位朋友才能将其充分地引发出来，我仅凭自己不足以让他展示全貌，需要有其他的光束来呈现他的方方面面。他还举托尔金为例，说既然查尔斯·威廉斯已经去世，我就再也看不到罗纳德对查尔斯所独有的玩笑的反应，我不但没有因为查尔斯的去世，更多地拥有、"独占"罗纳德，反而失去了一部分罗纳德。

15 但欧文·巴菲尔德坚持认为1920年代晚期墨象社已事实上成立，即核心成员（刘易斯、托尔金、巴菲尔德）已经在一起散步、聚会了。

16 托尔金后来提到，刘易斯很可能是里恩的导师，一开始这只是个本科生的俱乐部，大家在里恩的房间里聚会，但本科生参加俱乐部都是三天打鱼两天晒网，很快俱乐部就没人了，只留下刘易斯、托尔金等少数几个。托尔金说，"墨象社"这个名字可能是刘易斯向里恩提议的，而托尔金称呼这是个"俏皮话"，因为它是一种很有趣的巧妙双关语，暗示一群人略知一二、粗通文墨。《托尔金书信集》，书信298号。

17 《伙伴：墨象社的文学生涯》总结墨象社成员的共同点：活跃的知识创造、对神话的热爱、保守的政治观点、对战争的记忆、对牛肉和啤酒的喜好。而墨象社成员大卫·塞西尔认为有一个共同点，即对文学的不同寻常的感觉，喜欢学术，也喜欢幻想小说。

18 巴菲尔德还是个语文学家，他信奉人智学，认为语言、神话和人类对世界的感知三者是紧密联结的，在语言的萌芽阶段，说话的人并不会区分"字面意思"和其背后的"象征意义"，而是以一种"神话学"

的方式整体使用词汇。刘易斯在1928年给巴菲尔德的信中提到，这一论点改变了托尔金的整个观点，使他经常在讲课时因为想起这个概念而停住。托尔金提到，《霍比特人》里唯一一句语文学的评价，只有读了巴菲尔德的著作后才能理解。这句话即第十二章“来自内部的消息”中，提到没什么词可以形容比尔博看到斯毛格及宝物的震撼，“人类的语言本来就是从精灵那里学来的，而精灵的语言跟他们当时所处的世界一样，是绚丽多彩的，人类学来后做了改变，因此表达就越来越贫乏了。”韦尔琳·弗利格认为，巴菲尔德影响托尔金形成了次创造的概念。而巴菲尔德的仙子故事《银号角》也为托尔金一家所喜爱。

19 除此之外，“二战”前参加聚会的还有大卫·塞西尔、杰维斯·马修、约翰·韦恩、查尔斯·雷恩、内维尔·科格希尔、詹姆斯·邓达斯-格兰特、亚当·福克斯，“二战”后加入的有克里斯托弗·托尔金、科林·哈迪、R. B. 麦卡勒姆。他们都是男性基督徒，大多为英语系的牛津学者。墨象社唯一的共同作品是《献给查尔斯·威廉斯的文集》，这也是托尔金的《论仙境奇谭》首次出版。值得注意的是，其中收录了多萝西·塞耶斯的作品，虽然她并非墨象社成员。

20 老鹰与小孩的聚会以谈论新闻为主（有时也聊文学，通常坐在称为“兔子房间”的包间里），并不朗读作品；周四晚的聚会主要是朗读作品。在墨象社聚会上朗读过的比较长的作品有：托尔金的《霍比特人》《魔戒》《摹想社档案》，C. S. 刘易斯的《沉寂的星球》《皮尔兰德拉星》《痛苦的奥秘》《天渊之别》，查尔斯·威廉斯的《万圣夜》，沃伦·刘易斯的《辉煌世纪：路易十四治下的法国生活撷景》。

21 这里的批评氛围和托尔金在《魔戒》出版后所经历的很不一样。托尔金自己评价："在你（刘易斯）的出席和支持下，这里没有争夺话语权、不怀好意的言辞、诽谤、毫无证据的指责。"《托尔金书信集》，书信113号。

22 《托尔金书信集》，书信276号。下面两句引文也来自该信。

23 拉特利夫在《托尔金与威廉斯》一文中指出，卡彭特引用的都是托尔金比较晚期的、对威廉斯批评为主的评价，而托尔金对威廉斯的态度有过比较大的转变，他曾对后者颇为欣赏、相处愉快。

24 威廉斯加入了周一刘易斯与托尔金的惯常喝酒聊天中，而且和刘易斯聊的都是现当代文学，这多少让托尔金有些不快。托尔金曾记录，他们“聊了查尔斯·兰姆，我恐怕自己并不喜欢这个作家”。而另一个层面，乔治·塞耶提到托尔金和刘易斯对友谊的看法不同，托尔金希望成为刘易斯朋友中最亲近的那个，刘易斯希望托尔金只是他好友中的一个，而刘易斯几乎全身心地喜欢威廉斯，让托尔金颇为嫉妒。

25 《托尔金书信集》，书信257号。

26 《贝奥武甫》引子的第一句是：听哪，谁不知丹麦王公当年的荣耀，/首领们如何各逞英豪！

第五章　诺斯穆尔路

1 古罗马主管妇女生育和土地肥沃的女神。

2 但1965年托尔金接受广播采访时自述，他“是一个生活在妻子、女儿和孙辈之中的男人”。拉特利夫在《危险而美丽》中也反驳道，托尔金一直生活在女性社群之中，小时候他由母亲、姨妈简、比阿特丽斯舅妈等带大，成为教授后，他与其指导的很多女学生成为好友，除了本书介绍的那些，还不乏后来的历史小说家玛丽·瑞瑙特、侦探小说家凯瑟琳·法拉尔这样的知名人物。他的很多女学生都对他评价很高，比如他被瑞瑙特和同学称为“亲爱的托尔金”，认为他“不同寻常地格外支持女学生”，让语文学的枯燥学习变得和文学一样生动，与正在牛津圣休学院学习的瑞瑙特的中世纪梦幻世界无缝衔接。但也有个别例外，比如作家佩内洛普·菲兹杰拉德，不喜欢“他的厌女症，曾称呼他‘讨厌的托尔金’”。

3 托尔金的这一表现，主要是受到维多利亚时期男女“两分领域”观念和实践的影响，即“男主外、女主内”，家里家外两个领域尽量互不干涉。

4 赖特太太不仅和丈夫合著了一系列著作，自己也有专著《乡村口语与民歌》出版，以及探讨《贝奥武甫》《高文爵士与绿骑士》的论文发表。她与丈夫亲密无间的合作，还得益于约瑟夫·赖特本人就是妇女教育的积极倡导者，赖特太太所写的他的传记还启发弗吉尼亚·伍尔夫撰写了小说《岁月》。而托尔金本人和赖特太太一直保持着友好关系，在1957年还协助赖特太太执行她丈夫的遗产事务。

5 留下两张写着丈夫名字的名片，因为一张要给男主人，一张要给女主人。这套名片习俗在19世纪和20世纪早期流行于欧美，尤其在维多利亚时代的英国发展到登峰造极，名片的样式和递名片的要求不断复杂化，直到后来被更简洁方便的商务名片取代。

6 这里专指款待朋友的一种方式，即选定某天，女主人在客厅里接待访客，如果此前在递交名片时写了专门的款待主题，尤其是娱乐活动的类型，那就以此为题进行款待，不然大部分情况下，家庭沙龙的款待就只是简单的聊天和茶点。

7 这些学生中有下文提到的斯特拉·米尔斯，她是托尔金首批赠予《霍比特人》的学者之一，直到托尔金去世后依然和普莉西拉保持着联系。另外据托尔金在利兹的学生A. H. 史密斯的太太回忆，托尔金在利兹时会邀请他的学生到他家喝茶，继续讨论上课时没聊完的内容。而伊迪丝很有针对性地并不会端上茶，可能因为她并不赞成托尔金在教学时间外请学生来家里。这也显示伊迪丝在利兹期间更愉快，可能并非因为喜欢这里的学生，而是利兹并非一个大学城镇，她能接触到更多学术圈以外的人。

8 1922年圣诞，约翰和迈克尔参加了利兹大学给员工孩子们举办的聚会，校长扮演圣诞老人，但卡在烟囱里好一阵子，唯一能看到的圣诞礼物是烟囱里垂下来的两条腿，直到后来一堆礼物砸到了地上。

9 内斯比特的儿童小说，诸如三部曲《五个孩子和沙精》《凤凰与魔毯》等作品影响了刘易斯、托尔金那一代人。他小说的中心主题之一，就是幻想与现实两大世界之间有某种联系和桥梁，这一概念不仅影响了刘易斯的《纳尼亚传奇》设定，也是托尔金颇为重视的进入“仙境”

的桥梁概念。

10 刘易斯和托尔金一样，把朋友和家庭分得很开。他不喜欢与朋友公开谈论私密话题，当托尔金试着在他面前诉说自己的家庭烦恼时，刘易斯就会中断话题。而刘易斯在单身时也往往会忽视朋友拖家带口的困难，当“托托”以家庭事务为由不参加墨象社晚间聚会时，刘易斯总会显得不耐烦。

11 托尔金频繁告解，因为他认为这是针对精神软弱和“信仰不坚”的唯一解药。

12 托尔金夫妇因为宗教信仰引发的家庭矛盾绵延很久，“挚友杰克”一章提到，托尔金在日记里写“和刘易斯的友谊弥补了我很多东西”，卡彭特在《墨象社》里指出，这句话的背景是因为伊迪丝反感托尔金的天主教信仰，以及他们童年失去双亲的阴影，他的“婚姻经历了漫长的极端艰难时期”，有孩子后婚姻关系进一步紧张起来，而刘易斯多少让他有所解脱。直到1945年12月15日，沃伦·刘易斯还在日记中记录，托尔金“前所未有地坦率聊了自己的家庭生活，让我认识到自己所抱怨的窑屋里的事情有多么微不足道”。

13 可以看到，这些学生兼好友中，很多都是女性，这并非偶然。普莉西拉提到，自己父亲完全相信女孩应该继续接受高等教育，父亲对她和哥哥们一视同仁，同样满足了她的教育需求，给予她同等的受教育机会。

14 乔治·塞耶回忆，伊迪丝和他主要聊的是孩子们，尤其克里斯托弗、孙辈们，还有托尔金爱打理的花园、工党的偏颇、食物的涨价、牛津商店的每况愈下、某些商品越发难买……有时候会聊音乐。

15 二儿子迈克尔回忆，托尔金有种同时扮演父亲与朋友角色的稀有能力，是唯一能认认真真对待自己幼稚评论和问题的“大人”。托尔金就算被孩子惹恼，也从未失去与孩子平等对话的能力。他会向同事介绍迈克尔是“蒸汽机的大专家”，不带任何居高临下或讽刺的口吻，于是迈克尔决定真要试着去做个出色的专家。

16 沃伦·刘易斯略带夸张地回忆：“当托尔金教授决定放弃开他的‘汽车’时，整个牛津社区都松了口气，他的车让很多人想起《柳林风声》中一刻不停的蟾蜍先生。”

17 《托尔金在牛津》采访中，托尔金说自己“喜欢车，喜欢开车”，他讨厌的是有了太多的车辆，为此要建造大量道路，要摧毁溪流、砍伐树木，比起讨厌车辆，他更讨厌那些建造道路的人。

18 乔治·塞耶回忆，托尔金到自己家，帮他打理花园，“完美地把花朵与草地分拨开、培育好，一丝不苟地除去边上的杂草，把泥土弄得平整和完好，把草剪得齐平”，说明托尔金对园艺也很有研究、务求完美。

19 互惠生，源自法语“互助、互惠”的意思，即让青年寄宿在异国家庭里，体验文化，学习语言，同时做些家务，在托尔金家里就是帮忙照顾孩子。这些互惠生中有1927年《圣诞老爸的来信》中提到的阿乌斯吕赫。还有一位阿尔滕提丝，1999年2月28日冰岛《晨报》刊登了对她的专访，她回忆了1930年到托尔金家借宿的经历，其间她的主要职责是照顾小孩。她说，托尔金之所以会找冰岛女孩来家里寄宿打工，是因为“他想做更多冰岛语练习，同时对方也可以学英语。但我很快发现，我们在一起说的冰岛语并不多。如果我们说夫人听不懂的话，她就会嫉妒”。她还提到，“晚上我给孩子们洗澡，哄他们上床。他们问了我很多与冰岛、食人妖和怪物有关的问题。现在我知道了，教授一直在留意我说的故事，他常常就在一边。他从冰岛传说中汲取了许多灵感。”另外1929年借宿的西赫里苏尔也提到，托尔金会抓住一切机会与她用冰岛语交流，锻炼自己的水平，问一些现代冰岛语语法的问题，而她其实更想多多练习英语。

20 《魔戒》最初的手稿中，霍比特人白兰地鹿家族的大本营就在伍德伊顿。

21 迈克尔后来还被柳树根绊倒落水了，托尔金穿着自己最好的法兰绒裤子跳下水救了他。迈克尔躲在柳树缝里和落水的经历，可能给《汤姆·邦巴迪尔历险记》和《魔戒》中柳树老头的故事提供了灵感。

22 《托尔金书信集》，书信257号。

23 托尔金将这些地名化用到了自己的小说里。布里尔和《魔戒》中的“布理”颇有渊源，沃明霍尔和奥特穆尔则出现在《哈莫农夫贾尔斯》里。

24 汤姆·希比在《通往中洲之路》中指出，洛汗的纹章“一匹白马奔驰在绿色原野上”可能来源于白马山丘上的白马图案。而克里斯托弗·托尔金还记得小时候在白马山丘上坐在父亲身边的情景。克里斯托弗说：“我想，即使在那时，我也能体会到他对那座山的强烈感触——古老的白马岩画，雕刻在构成山骨的白垩上。人们能从中看出风云顶的影子。”

25 汤姆·希比在《世纪作家》中指出，韦兰德铁匠长冢可能是《魔戒》书中古冢岗的原型。即下一章“讲故事的人”中提到的“这种古墓类似于牛津附近伯克郡丘陵发现的那些”。而韦兰德是古诺斯和日耳曼传说中的一个传奇铁匠，曾制作了一副胸甲给贝奥武甫。

第六章 讲故事的人

1 普莉西拉描绘了托尔金给孩子讲故事的情形：“睡前故事，有他自创的，也有重述童话等更早的故事，尤其我们抱病在床的时候，他会为我们朗读自己最爱的书，比如比阿特丽斯·波特的故事——他为我们做了很多这样的事。”迈克尔回忆，托尔金的睡前故事往往不是照着书念，而是讲述，“绝对比读当时的儿童书精彩有趣多了。”

2 比尔·糊墙Bill Stickers，系托尔金把“贴广告的人”（billsticker）这个词拆分而来，下文的前路少校Major Road Ahead，意译即前方是干道。

3 还有另一个篇幅较长的故事《奥格戈》，说的是某个奇特的生物在一片神奇土地上历险。这是1924年托尔金写给大儿子约翰的，留下了一份未完成的打字稿，以及一幅题为《仙境山丘边上的商店》的插图。

4 古希腊语，意译即“沙子，沙之子”。

5 白龙的故事中插了一段题外话，即白龙以前战胜了红龙的历史，这段历史故事取自《不列颠诸王史》和《马比诺吉昂》均有记载的英格兰古代传说。而罗弗还骑在鲸鱼背上，遥遥看见了极西之地精灵故乡的山脉以及精灵的微光，这无疑说的是蒙福之地维林诺和孤岛。另外，《罗弗兰登》与《霍比特人》的讲述时间差不多同期，哈蒙德和斯卡尔认为，诸如罗弗飞过悬崖、遇到蜘蛛、白龙和巫师的桥段，与《霍比特人》中的元素很像。

6 该著作最终于1998年出版单行本，详见附录三“托尔金已发表作品”的“1998年”词条。

7 邦巴迪尔的故事就写了三个段落，故事设定在亚瑟王时代之前的英国，国王名字“邦赫迪格”即威尔士语“贵族”的意思。这个故事片段收录在了2014年的《汤姆·邦巴迪尔历险记及来自红皮书的其他诗歌》扩展版中。

8 托尔金曾在给波琳·贝恩斯的信中说，《邦巴迪尔历险记》中构想的景色，来自南部英格兰，尤其来自牛津郡和伯克郡的南部。

9 迈克尔·托尔金的夫人在给《星期日泰晤士杂志》的信中，对《幸福先生》的写作缘起给出了不同的解释：她说这完全是写给三个孩子的故事，幸福先生开的车来自克里斯托弗最爱的玩具车，陪着幸福先生的三只熊来自三个男孩的三个类似泰迪熊的玩具，迈克尔在1928年的日记（当时是牛津龙小学的暑假作业）里记载了这些。

10 英国风景画家、漫画家，以写打油诗、滑稽故事和画滑稽画出名。

11 1960年代美国有人询问托尔金愿不愿意出版《幸福先生》，托尔金慎重考虑后拒绝了这一提议，认为这本书更适合在他身后出版。雷纳·昂温表示，印刷技术的限制妨碍了这本书的出版。该著作最终于1982年出版，详见附录三“托尔金已发表作品”的“1982年”词条。

12 但托尔金并不主张为自己的长篇小说画插画。1961年与荷兰画家科尔·布洛克的交谈中，他透露自己不希望读者从艺术家的眼中来看自己的作品。布洛克解释，因为图画和文字是完全不同的传递信息的方式，文字可以激发读者的很多想象，构建起自己心中的人物形象和具体场面。托尔金就是这样想象力丰富的人，自己创造的角色就能栩栩如生地出现在眼前。但图画让无尽的想象瞬间坍缩为一个具体的画面，这个画面可能和读者所想完全不同，甚至可能和托尔金心中的设定也完全不同。

13 斯卡尔和哈蒙德认为，当时日本版画很流行，似乎对托尔金自己的艺术没多少影响。但《托尔金的日本风》一文指出，日本版画对包括威廉·莫里斯在内的拉斐尔前派画家影响很大，不排除托尔金会直接间接采用版画的元素。

14 1927年在莱姆里吉斯，他画了《米斯林》《西瑞安河谷》。1928年8月他在莱姆里吉斯画了四幅格劳龙的图，按照木材山绘制的《滚塌山》中，瘦长树木的形象与后来的画作《陶尔-努-浮阴》和《黑森林》非常类似，可能是后两者的灵感来源。

15 这些信件于1976年结集出版。最初的书名为“圣诞老爸书信集”，后来更名为“圣诞老爸的来信”。

16 道格拉斯·安德森在《托尔金之前的传说》中认为，约翰·巴肯的《远方群岛》描绘了主人公祖上世代迷恋大海，这一点和《失落的传说》《失落之路》等托尔金作品中的远航元素很像，可能对托尔金的创作产生了影响。汤姆·希比认为，巴肯的短篇小说《仲冬：古英格兰的某些旅人》影响了托尔金的创作，比如其第一章出现了“半身人”这个词，有些角色很像比尔·蕨尼和汤姆·邦巴迪尔，故事结尾时出现了一支名为“游侠”的志愿军部队。

17 但这样的联想并非空穴来风，《霍比特人》中存在不少比尔博被称为兔子的例子，比如食人妖说比尔博是“可恶的小兔子”，大鹰对他说“你不用怕得像个兔子一样，虽然你看着的确有点像兔子”等等。

18 据大儿子回忆，这故事最初是在野餐后即兴讲述的，那时他们家遇到了一场大雨，在一座桥下躲避。哈蒙德和斯卡尔从写作风格推测，故事的讲述应该发生在托尔金一家搬到牛津后，托尔金创作《霍比特人》前，即1926年至1930年间。

19 这其实是托尔金故意望文生义，据《简明牛津地名词典》，该村名本义是“爬虫隐蔽处”或“威尔马的隐蔽处”。

20 拉特利夫在《树之叶》中提出，修改版《农夫贾尔斯》的幽默感，一是源自其文字游戏，除了解构沃明霍尔等牛津附近的地名，还有给贾尔斯的宝剑、国王起各种名字；二是故事的一些时间点与牛津的学期开始、结束等节点对应；三是它戏仿了《高文爵士与绿骑士》。

21 《托尔金书信集》，书信120号，同一封信下面还写：“我展示给我的朋友们看，他们客气地评价说，相比这些图，我的文字似乎沦为了图片的注解。”（托尔金为了配合贝恩斯的插图，还删去了涉及巨人靴子的段落。）而当刘易斯的出版社坚持要给《狮子、女巫和魔衣柜》配插图时，托尔金就向刘易斯推荐了贝恩斯。其实托尔金、刘易斯一方面对她高度认可、深入合作，另一方面有时又颇有微词。

贝恩斯回忆，托尔金曾非常希望自己能为《魔戒》制作插图，甚至向雷纳表示，只有他自己和贝恩斯有资格画插图。但1968年5月24日的信件中他又提到，觉得贝恩斯并不适合给《魔戒》画插图，因为相比她给托尔金其他作品画的那些，《魔戒》需要的插图应该更庄严、更令人敬畏。另外可能在1969年或1970年末，托尔金写了一份评价贝恩斯所绘中洲地图的私人备忘，其中措辞激烈，批评贝恩斯缺乏对《魔戒》人物和景色的基本认识。

至于刘易斯，他背地里对她画狮子的水平颇有微词，但在《最后一战》获得1956年卡内基文学奖最佳儿童图书后，他告诉贝恩斯这是他与她共同的奖杯。

22 诗歌选集即1962年乔治·艾伦与昂温出版社推出的诗集《汤姆·邦巴迪尔历险记》。贝恩斯和托尔金一家的友谊保持终身，她多次致信或拜访托尔金，贝恩斯后来回忆，1973年托尔金原本打算过来和贝恩斯一家见面，并在她家待一阵子，但因为托尔金去世无法兑现了。

23 古希腊语，意译为守财奴。

24 哈珀柯林斯出版社在1999年推出的《哈莫农夫贾尔斯》五十周年纪念版首次收录了续集的情节概要。

25 原文为法语，jeux d’esprit。

26 “一战”期间，雷诺兹曾读过托尔金的早期诗歌，认为托尔金的“仙子”诗歌，诸如《哥布林的脚》《你和我以及失落嬉游的小屋》是他风格最强烈、最具原创性的作品。1926年雷诺兹读了托尔金的长诗，觉得《蕾希安之歌》太冗长，对《胡林的子女》不予置评。可能因为对熟悉叶芝等人诗歌的雷诺兹来说，这种诗歌比较陌生。约翰·加思在《托尔金与世界大战》中指出，雷诺兹的评价直接影响了托尔金的神话创作，让《神话概要》取代《失落的传说》，成为中洲神话的新基石。

27 两首诗歌均收录在《中洲历史》卷三中。

28 克里斯托弗·托尔金在单行本正文之前的“文本说明”中指出，这首诗从结构上来讲是八音节对句押韵，和《蕾希安之歌》的形式相仿。头韵在诗里只是作为点缀，在某些段落里较为显眼而已。

29 托尔金说的很可能是《马比诺吉昂》中的亚瑟王传说。他曾对斯坦利·昂温说自己对这些凯尔特故事“明显觉得厌恶，主要是觉得它们根子上就不理性。它们色彩斑斓，但就像一块破碎的花窗玻璃，被杂乱无章地重组到了一起，事实上是很‘疯狂’的”。

30 原文为法语，Morte d’Arthur，意指马洛礼的《亚瑟王之死》。

31 《托尔金书信集》，书信165号。这也是托尔金唯一一次提到这部作品的存在。该著作最终于2013年出版，详见附录三“托尔金已发表作品”的“2013年”词条。

32 《中洲历史》卷二指出，埃里欧尔这个名字稍晚还会在1926年最早的“精灵宝钻”正文及1930年左右写就的《维林诺编年史》中再次出现，后者中称为“蕾希安的埃里欧尔，即英格兰/盎格鲁的艾尔夫威奈”。但两个名字的确代表了两种故事设计，后者取代了前者，即原来精灵居住的孤岛是英格兰的原型、埃里欧尔是这里后来的统治者；而艾尔夫威奈则是从英格兰来到孤岛的航海者，只是记录了这里的历史。

33 即《魔戒》附录五第二篇第一节重点介绍的字母。

34 克里斯托弗后来回忆，“那个我至今犹记的故事元素是我想象中狼的眼睛，当它们一只又一只地现身在夙巫黑暗的地牢中”，这是“第一个我真正能忆起其中的某个元素”。

35 《托尔金书信集》，书信294号。这里的背景是，1936年刘易斯读了查尔斯·威廉斯的《狮子之地》和大卫·林赛的《航向大角星》，觉得这两本书中把小说和精神概念结合起来的做法很吸引人。他找不到其他这样的书，于是向托尔金做出了这个提议。拉特利夫在《托尔金的传说故事集》中进一步指出，当时刘易斯和托尔金都人到中年，虽然还有文学抱负，但成果很少，希望能有作品获得成功。

36 《托尔金书信集》，书信257号。

37 索隆，即夙巫，这里的夙巫演变成了后来的死灵法师、索隆。

38 韦尔琳·弗利格在《时间之问》中给出了故事名字的另一种解读，即“失落之路”也表示指引回到过去的时间，当人类与自己的过去失去接触后，“时间”这条路自然就“失落”了。这一解释与卡彭特的解释不矛盾，但更揭示托尔金为何将其视为时间旅行。

39 书中阿尔波因的诸多要素，诸如必须获得奖学金才能去牛津、在不知名大学当过老师、更喜欢古英语等北方语言、沉迷于自己发明语言等等，都与托尔金很相似。克里斯托弗评价：“从很多方面来看，这些章节中勾勒的阿尔波因个人经历，都是以我父亲的个人生涯为模板的，虽然阿尔波因不是孤儿，我父亲也不是鳏夫。”但《时间之问》指出，虽然这些自传成分无法忽视，故事却不限于此，他想探讨的重点并非自传，而是语言、神话等智识部分。

40 随后，托尔金跳过中间部分，直接以“埃兰迪尔在他的花园里散步”开始，写了近两章发生在努门诺尔的故事。但它们同样没有完成。

41 《托尔金书信集》，书信276号。

42 《托尔金书信集》，书信24号。但托尔金也曾表示，自己从未完成《失落之路》，因为他“真正的兴趣”只是写努门诺尔相关的内容。《托尔金书信集》，书信257号。

43 《失落之路》收录于《中洲历史》卷五，《摹想社档案》收录于《中洲历史》卷九。

44 故事原名《健谈的星球》，明显在致敬刘易斯的小说《沉寂的星球》。几个主人公，弗兰克利即刘易斯，譬喻他的坦率；洛德姆即雨果·戴森，譬喻他说话大声嚷嚷；多贝尔即哈佛，多贝尔和古道尔是牛津一家药店的名字。托尔金在其中预想了多少年后人们对墨象社的评价：“杰里米是我们的刘易斯专家，知道他所有的作品，几乎烂熟于心。牛津大学很多人还记得一两年前，他做了一场关于刘易斯和威廉斯的出色讲座。大家对讲座题目哂笑不已，因为刘易斯和他的圈子早就过时了。”

45 《伊姆兰》有一点与中洲神话中的元素非常相似：其中提到一条“古老的道路”，是通往蒙福之地的笔直航道。

46 托尔金写下这句话可能的最早日期是1926年夏天。

第五部 1925—1949年（下）：第三纪元

第一章 走近巴金斯先生

1 托尔金自己也一直很困惑脑海中“霍比特人”这个概念的由来。《牛津英语词典》让他提供“霍比特人”的词条时，他只是模糊觉得是儿时读过的某本书，可能给了他这个点子甚至是名字，此后一直停留在他的潜意识里，直到浮现在脑海，讲给孩子听。他形容这就像儿歌《喵喵猫》一样，长大后记得这名字，但忘了内容。另外，《魔戒》的某个手稿中，布理客栈的老板是提摩太·蒂图斯，后来才改为黄油菊。

2 《托尔金书信集》，书信213号。《托尔金在牛津》采访中他自陈：“我从不是个饕餮食客……但既然英格兰有全欧洲最好的家常食物，总体来说我喜欢英格兰的食物。”他还说自己很喜欢啤酒，说自己不抽烟斗没法写作。

3 夏尔（Shire）就是“郡”的意思。

4 托尔金住在萨尔霍的时候，这里的确隶属于伍斯特郡，1911年才划入属于沃里克郡的伯明翰。

5 与下句引文一样，均出自1965年BBC采访。

6 《托尔金书信集》，书信163号。

7 《〈霍比特人〉的历史》指出，这份现存最早的手稿其实总共保存下来六页。开头几页遗失了，写着“在地底的洞府中住着一个霍比特人”的空白试卷也遗失了。《〈霍比特人〉的历史》将这六页手稿和另一份稍后制作的打字稿一同归类为“第一阶段文本”。

8 有几件小事可以从侧面佐证，克里斯托弗一直影响、介入《霍比特人》的写作：

（1）曾寄宿托尔金家的阿尔滕提丝回忆："我在的时候（1930年），托尔金开始写《霍比特人》，这其实是为克里斯托弗写的故事。"

（2）克里斯托弗在2019年1月19日出席了法国欧比松的"欧比松编织托尔金"的挂毯展览（生前最后一次公开露面），回忆起他小时候，父亲经常画画和写作到很晚。他很担心爸爸，怀疑他是否还活着，下楼去看，发现还在，松了口气，因而哭了出来，一滴大大的眼泪正好滴在爸爸正在画的树上。托尔金没责怪他，而是温柔地用笔刷拂去泪滴，改画树叶掩盖了泪痕。这幅画就是《霍比特人》的插图《幽谷》。

（3）有一次，托尔金给孩子们接着讲《霍比特人》的故事，克里斯托弗突然打断了父亲的讲述："上次你说比尔博家的前门是蓝色的，梭林兜帽上有条金色穗子，可刚才你又说比尔博家前门是绿色的，梭林兜帽的穗子是银色的！"托尔金咕哝道："好小子！"冲到书桌前记录下来。

（4）1937年，克里斯托弗因为心律不齐卧床一年，托尔金任命他为刚出版的《霍比特人》的"小编辑"，挑出一个错误就发两便士的酬劳。克里斯托弗不负所望，罗列出一串错字、印刷错误，托尔金寄给了出版社，希望在重印时改正。

9 《托尔金书信集》，书信15号。

10 1933年2月4日，刘易斯给老友亚瑟·格里夫斯写信，说："从开学以来，我都在读一本托尔金刚写成的儿童故事，非常乐在其中。"《〈霍比特人〉的历史》据此认为，托尔金可能是在1932年的圣诞假期为这本书做了收尾工作，次年1月（假期于1月中旬结束）完成全书后交给刘易斯阅读。关于"肯定已有一份完整的打字稿"，详见后文注释。

11 托尔金的孩子提供了一些证据，不同程度上均指向《霍比特人》创作早于1930年，大约在1929年：

（1）迈克尔在他未出版的回忆录中写道，那时他父亲站在诺斯穆尔路22号自己的书房里，背靠火炉，说他要给孩子们讲一个很长的故事，主角是个双脚毛茸茸的小家伙，"我想我们可以叫他霍比特人"。

（2）据约翰回忆，搬到诺斯穆尔路20号以后，他们就没有家庭“阅读时间”了，当时他已经过了12岁的年纪，可以自己读书了。新书房里有好多书柜，也不再适合举办这种活动。他还提到，搬到新家之前，阅读总是在书房里进行，霍比特人的故事起码读了几个章节。

（3）《托尔金：中洲缔造者》引用了约翰1930年元旦的日记，写着：“下午我们在幼儿室玩耍，喝完下午茶后，爸爸读了《霍比特人》。”

12 《〈霍比特人〉的历史》指出，手稿里存在更换纸张、墨水的现象，托尔金也曾改用不同的笔，导致笔迹发生了变化。

13 有学者根据早期精灵语文本提出，“布拉多辛”这个名字意即“灰衣流浪者”，blador=广袤的土地，thin=灰色。

14 《托尔金书信集》，书信25号。但在一封写于1937年12月14日的书信中，托尔金指出斯毛格这个名字与冰岛语smjúga（也有“挤过山洞”的意思）有关，因为他傻乎乎地用冰岛语取代了故事里本该有的语言。鉴于矮人名字同样源于冰岛语史诗，这个说法更具说服力。

15 写完贝奥恩一章后，托尔金写了一篇大纲，决定把矮人首领甘道夫的名字改为梭林，把巫师布拉多辛的名字改为甘道夫。但托尔金没有当即实施这一计划，又写了几章后才正式修改了两位主角的名字。在精灵王的地窖里，矮人甘道夫钻进木桶，但下一章从木桶里爬出来的是梭林，这个矮人的新名字正式出现。稍后，矮人一行抵达孤山安营扎寨时，巫师的新名字——甘道夫首次出现。

16 即本书曾提到的《埃达》第一篇“女占卜者的预言”，文中出现了甘道夫、瑟罗尔、都林（《埃达》中是个权贵）、芬丁这几个名字。梭林一行十三个矮人（除巴林外）的名字都源自这里。

17 来自1937年12月15日托尔金致亚瑟·兰塞姆的信。

18 这句引文亦见第四部第二章，原本是描述《魔戒》创作过程。

19 卡彭特曾问起托尔金“柯蒂”系列与《霍比特人》的相似之处，尤其都有哥布林这个元素，这立马让托尔金感到难堪，他只承认可能有一点点童年记忆的影响，没有直接的关系。

20 《贝奥武甫》中，一个不知姓名的人顺小道潜入龙穴，在巨龙沉睡时拿走一只镶有珠宝的金杯，毒龙醒来后怒火冲天，喷火焚烧周边的村庄，偷走金杯的人后来成了征讨巨龙队伍的第十三人。《霍比特人》中比尔博作为孤山远征队的第十三人，趁斯毛格还没发现自己，偷走一只金杯，激怒了对方，斯毛格由此焚毁了长湖镇，与这个情节类似。

21 《托尔金书信集》，书信234号。下句引文亦然。

22 《霍比特人》《哈莫农夫贾尔斯》等中短篇的早期版本都有大量旁白，因为这最早是托尔金向孩子们口头讲述的。但他后来在《托尔金在牛津》采访中回忆，自己的孩子提出了严厉批评，指出父亲学了坏榜样，认为父亲将《霍比特人》视为儿童故事是错的。孩子们还讨厌他说“所以现在我告诉了你足够的情节了”之类的话，讨厌任何让人觉得正在与真实的读者对话的旁白，以及以大人的口吻嘲弄他们的话。而托尔金第一次认识到到底发生了什么，因此后来在《论仙境奇谭》中提出，童话（更准确地说是仙境奇谭）并非孩子的专属，是神话传说体系的重要一部分。

23 《〈霍比特人〉的历史》指出，手稿写到矮人们被森林精灵抓住后（后来第九章的开头），也有一处明显的停顿。

24 《〈霍比特人〉的历史》指出，除下文引用的这篇笔记外，托尔金在写作过程中至少还草拟了三份类似的笔记。

25 更多内容如下：……比尔博戴上戒指，潜入巢穴，藏了起来。巨龙在外酣战力竭，最终回洞里睡着了。比尔博用他神奇的小刀猛刺，小刀消失了。他无法使用剑或长矛。巨龙挣扎。摧毁墙壁和通道入口。比尔博坐在金盆里顺着巨龙的血泊逃了出来，最后停在了一个漆黑深邃的洞穴中。他受凉醒转，变得坚毅勇敢。发现了奔流河的源头，坐在金盆里漂流出孤山前门。被长湖镇民的探子们找到。矮人们挖通了隧道，夺回了故园，但金子大多被压毁了，巨龙躯体盘踞其上，他们无法取用这些金子。长湖镇民和森林精灵出现，包围了矮人。尝试封锁前门。比尔博与布拉多辛在长湖镇某处的凄惨会面。布拉多辛斥责围攻者，让矮人们偿付了比尔博。比尔博把部分所得给了长湖镇民和森林精灵（虽然后者可能不值得拥有）。他们护送布拉多辛和比尔博穿过了黑森林。

26 《〈霍比特人〉的历史》认为这里存在两处误解。其一，卡彭特混淆了属于第二阶段的手稿（本段前半部分讨论的都是这篇手稿）和属于稍晚的第三阶段的打字稿。后者确实在描述巨龙之死后告一段落，但前者其实一直写到渡鸦罗阿克给梭林一行人报告斯毛格死讯的情节。其二，第二阶段的手稿在这里结束后，托尔金没有“放弃整个故事”，而是返回故事的开头，制作了一份打字稿，开始了第三阶段的创作，并一路写到故事的结尾。

27 据《〈霍比特人〉的历史》分析，这个阶段创作的文稿（即第三阶段文本）由“几近完成”的打字稿（前一条注释里提到）和讲述末尾章节的手稿组成，涵盖了整个故事。下文克里斯托弗的说法与此呼应。

28 托尔金在书信中提到，在《霍比特人》完成后的三年多时间里，“手稿经常在外面流传”。据《〈霍比特人〉的历史》分析，曾借给至少四人阅读。

29 据《〈霍比特人〉的历史》分析，托尔金交给刘易斯、苏珊·达格诺尔等人阅读的是一份由打字稿、清稿和草稿构成的复杂文本（即第三阶段文本，托尔金称之为“家庭手稿”）。得知有正式出版的希望后，他重新审读了一遍，做了大量修订，将结尾几章的手稿替换为打字稿，然后派迈克尔为全书重新制作了一份打字稿。但这第二份打字稿水准有限，托尔金最终不得不把旧打字稿寄给了出版社。

30 雷纳好几处拼写错误，比如把“lonely”拼成了“lonley”，把“gnawed”拼成了“gawred”，他后来自嘲，“我的报告从拼写和文字风格上说都不算出色，但的确不负所望”。

31 这句话是在评论大约同一时期提交的《幸福先生》里的插图，而非《霍比特人》，详见《托尔金书信集》，书信10号。托尔金向出版社形容自己的《霍比特人》插画说的是“它们不是很好，在技术上可能也不合适”。

32 第一版第一印《霍比特人》实际收录了十幅黑白插图。除了常规的八幅外，还有《小丘：小河对岸霍比屯》（从第二印起改为彩色）和

《黑森林》(从1942年第三印起不再出现)。

33 即《大荒野地图》。

34 托尔金希望把隐形的月光如尼文印在地图的背面，对着光线从正面看，就能看到若隐若现的文字了，当时地图上的说明文字是“瑟罗尔的地图，由比·巴金斯复制，若要看清月亮文字请举起对准亮光”。查尔斯·弗思反对这一想法，认为读者会“直接翻过去，而不会像应该的那样把书页举起来对着光看”，还告诉托尔金他们正在“尝试一种更加精明的方法，让那些符文既在那里又不在那里”(可能就是用灰色来印刷)。两星期后，弗思却发现制版工人误解了意图，必须重做，再后来制版工人和生产部主管同时感冒了，大家只能作罢，最终月光如尼文十分常规地印在了地图正面。

35 除此以外，托尔金还改掉了一些与现实世界联系过于紧密的名词，比如第一章中比尔博说“哪怕是叫我从这里徒步跋涉前往极东的沙漠，去和狂野的妖虫奋战也行”，原来写的是“中国的狂野大虫”；第七章比尔博问贝奥恩是否“就是那种把野兔皮冒充松鼠皮”的人，“松鼠”原文是“北极狐”。

36 他的研究项目从1936年10月开始，到1938年9月结束。这个项目占用了他的大量时间，以至于他迟迟没动笔写《霍比特人》的续集。

37 《托尔金书信集》，书信14号。

38 1974年出版的第三版第八印《霍比特人》首次收录了第五幅彩色插图:《比尔博醒来，眼前一片清晨阳光》。

39 这是《纽约先驱论坛报》配合它的第二次年度儿童节活动颁发的奖项，《霍比特人》得到了报社给当年春天在美国出版的最佳儿童书籍设置的奖金。

第二章 “新《霍比特人》”

1 这个词到19世纪晚期包括了“伯明翰”一章中提到的浸礼会、卫理公会等派别，而昂温家这种严格的做法接近于清教徒。

2 出版社的很多人都对《霍比特人》这种故事以外的题材缺乏兴趣。此前牵线搭桥的苏珊·达格诺尔读了《失落之路》，觉得这一篇出版无望。雷纳·昂温觉得《汤姆·邦巴迪尔历险记》很不错，还觉得绰号“吼牛”的班多布拉斯在绿野之战中骑马向奥克首领高尔夫酋发起冲锋，用棒子把对方脑袋击落后发明高尔夫的故事可能更好。另外，托尔金对《失落之路》还有其他设想，他的某条笔记中写道，《失落之路》关于主人公如何走上笔直航道的一章，“最适宜用作《失落的传说》的引子，即艾尔夫威奈如何航上了笔直航道”。

3 《中洲历史》卷三提到，这“捆”和《精灵宝钻》相关的手稿里，除了《精灵宝钻》故事本体，还包括《爱努林达列》《世界的面貌》及《努门诺尔沦亡史》。托尔金没有说明它们之间的关联，这些混杂的手稿让出版社非常困惑。

4 这名与艾伦与昂温出版社固定合作的审读人名叫爱德华·克兰克肖，他的最终意见是：这些悦耳的诗篇长得没完没了，几乎没交代什么内容，单就这点来看，我认为不值得考虑出版。

5 本章大部分引文都已在《托尔金书信集》发表，分别来自书信19—21、24、26、28、31、33—35、45、47、57、59—63、66、69、70、72、78、101、105、107、109、229、241号，不再一一注出。

6 在这一阶段的写作过程中，托尔金为第一章先后总共创作了四个较为完整的版本。

7 手稿中提到，比尔博把最后50个金币花在了举办宴会上。

8 《中洲历史》卷六提到，这篇手稿其实已经讲完了第一章的故事。

9 大约这一阶段，刘易斯的一句评价对引导新霍比特人故事的走向可能起了一定作用。刘易斯说，霍比特人只有在不那么霍比特的环境中才显得有趣。

10 《中洲历史》卷六引用了这句话，并评论：“我发现这件事难以置信，然而如果不是这样的话，这么巧反倒怪了。如果这就是宾果·巴金斯名字的由来，我只能假设，这个具有恶魔般的特质（兼有宗教偏执狂的专断暴虐，以及用烈性炸药搞破坏的欲望）的宾果酋长（更别提他可怕的妻子）——我和我妹妹到现在还记得他——的形象后来又有所发展。”

11 《中洲历史》卷六指出，被更正的稿子不是初稿，而是第二版文稿。托尔金将文稿末尾几页里的“比尔博”全部更改为“宾果”，并将生日致辞中的“请大家来的第二个目的，是为了庆祝**我的**生日，以及我冒险归来二十周年”修改为“请大家来的第二个目的，是为了庆祝**我们的**生日：我和我尊敬勇敢的父亲”。在修改后的第二版文稿里，发言者（亦即这章故事的主角）变成了比尔博的儿子宾果。稍后创作的第三版文稿延续了“比尔博是宾果的父亲”这一设定，并给出了故事时间线：比尔博在111岁生日前夕和妻子一同离开霍比屯，多年后，宾果在72岁生日时举办了“盼望已久的宴会”。

12 这是第一章的第四版文稿。在这份文稿里，比尔博收养了年轻的表亲宾果·博尔杰，后者改名宾果·博尔杰–巴金斯，并成为比尔博的继承人。

13 本章最初的标题是“三人为伴，四人稍多”（Three’s Company and Four’s More），托尔金后来删去了后半句，定名为“三人为伴”。

14 这里的奥多·图克是最终版里“皮平·图克”这一人物的原型，奥多在本章中的发言后来几乎都被转给皮平。弗罗多·图克这个角色后来消失了，但他的部分性格特征未来在“山姆·甘姆吉”这一人物的身上得到了保留。

15 在早期草稿中，骑马走上前来、止步于霍比特人藏身处附近，并用鼻子嗅闻的人是甘道夫。随后托尔金更改了对这个骑手的描写，将骑着白马的甘道夫替换为“黑骑手”。本章的成型文稿中沿用了这一“意料之外的转折”。

16 托尔金回复，刘易斯也提出了这个意见，但他自己和儿子克里斯托弗都乐在其中。不过他后来的确删去了很多对话。

17 原文是“for 3 are wanted”。这句话含义不明，《中洲历史》也没有提及这段笔记，译者姑且如此翻译。作为参照，托尔金在一份与该笔记大致同时期创作的手稿中提及，黑暗魔君起初赠给人类三枚戒指（后文又提到，在宾果生活的年代，这三枚戒指已被收回）。正文里采用的译文和上述设定存在一定矛盾，但这是译者目前能找到的相对合理的解释。

18 这段对话是最终版里第二章“往昔阴影”的雏形。

19 此时和宾果同行的霍比特人共有三人（奥多、弗罗多和梅里）。在这篇笔记后半部分，托尔金一度打算只让宾果和梅里上路。

20 《中洲历史》卷六指出，卡彭特引用这条笔记时释读有误。手稿里的原文是“比尔博的戒指是**失踪的那一枚**”（the *one missing Ring*），而不是“**唯一的统御之戒**”（the *one ruling Ring*）。这条笔记以一个问句“黑暗魔君为何如此索求这枚戒指”结束，显然此时“统御之戒”的概念尚未出现。后来（具体时间不详），托尔金在末尾这个问句下面画了下划线，写了一个惊叹号，并加了条说明，“背后的原因是，如果他拥有这枚戒指，他就可以看到其余诸戒的所在，进而成为那些持戒人的主人——掌控所有的矮人宝藏、巨龙，并知晓精灵国王和邪恶人类的秘密。”克里斯托弗认为，“统御之戒”的概念在此时首次出现。

21 刘易斯曾给读者写信说，是他转变了《魔戒》的风格，从轻松的氛围转向更为严肃的主旨，“我持续不断地鼓励到了唠叨的地步，深深影响了他，让他写出了如此庄严又如此长篇的故事。”

22 马凯特大学收藏的托尔金文献中有一页大约书写于这一时期的《魔戒》扉页，显示托尔金曾给小说起名“魔法戒指”（The Magic Ring），后来划去，重新命名为“魔戒”（The Lord of the Rings）。扉页上方有条铅笔标记，“普莉西拉和克里斯托弗提议叫‘魔戒’”。

23 在上文提及的以“太多霍比特人了”开头的那篇笔记里，托尔金在手稿边缘空白处用铅笔写下“山姆·甘姆吉”。克里斯托弗·托尔金认为这可能是山姆这个名字的首次出场。

24 这里的描述较为笼统，且有一些错误。实际的写作过程是这样的：托尔金在创作卷一和卷二时几易其稿，《中洲历史》中将它们形象地归纳为若干“阶段”（phase）。第一阶段的创作始于1937年12月，次年初秋写到幽谷宴会，灵感断绝于是放弃。紧接着，托尔金回到第一章重起炉灶，这一阶段的文本涵盖了从开头到汤姆·邦巴迪尔的故事。1938

年10月左右，托尔金从故事的开头重新写起，12月写到幽谷宴会并在此停笔，《中洲历史》卷六称之为第三阶段。卷二此时只是开了个头。

25 托尔金写作《魔戒》时比起《霍比特人》利用了多得多的考卷，是因为“二战”时纸张管制，而美国等地寄来的考卷意外成了他的纸张来源。而许多年后，克里斯托弗整理这些手稿时，某些来源及形制特殊的考卷为手稿的断代提供了重要依据。

26 来自《魔戒》第二版前言。

27 来自《泰晤士报》托尔金讣告。

28 全诗收录于1964年出版的《树与叶》。

29 这是英国浪漫主义诗人柯勒律治在1817年提出的概念，他认为只要作家能够在文学创作中注入一些“人情趣味以及看似真相的假象”，读者就会心甘情愿地搁置怀疑，投入本来难以置信的故事情节之中。所以即使是奇幻、科幻小说等幻想创作，也能吸引大量读者。

30 这一阶段，阅读《魔戒》各章成了墨象社聚会的固定节目，但不少人对此并不感兴趣。约翰·韦恩表示不希望托尔金读他的白日梦让别人遭罪，欧文·巴菲尔德说自己无法进入这个故事，R. E. 哈佛发现自己很难跟上故事的线索。而最反感《魔戒》的是雨果·戴森。克里斯托弗回忆，自己父亲感到痛苦、害臊，无法接受戴森极端吵闹的方式。戴森想要的是娱乐、笑话、俏皮话、痛饮美酒。有时刘易斯不得不出来干涉：“闭嘴，雨果！（一边拍着手）来，托托！”于是托尔金继续读《魔戒》，雨果·戴森瘫在沙发上大吵：“哦上帝，别又是精灵！”另外，刘易斯对《魔戒》抱有巨大热情。他曾在1939年12月某个夜里，摸着灯光管制下的漆黑街道，一路艰难寻找方位来到托尔金家里，只为了讨论托尔金的“新《霍比特人》”。

31 这篇序言发表于1940年，详见附录三“托尔金已发表作品”的“1940年”词条。

32 “二战”爆发前，经牛津和剑桥大学提名，“政府密码学校”（英国三大情报机构之一“政府通信总部”的前身）的负责人阿拉斯泰尔·丹尼斯顿圈定了来自两所大学的约五十位学者，“战事一旦爆发即可来外交部服务”，托尔金名列其中。稍后，托尔金和另外十二人同意前往政府密码学校的总部，先行体验一番。托尔金在1939年3月27日来到伦敦，连续参加了三天培训（培训内容有诺斯语和西班牙语），但最终没有签约加入。

33 这里所谓希特勒败坏北方精神，说的是纳粹德国倡导的“雅利安化”政策、鼓吹的纯洁日耳曼民族，扭曲并败坏了这两个词背后托尔金所热爱的文化传统。1938年德国吕滕和洛宁出版社想出版《霍比特人》，在给托尔金的信件中询问他是否有雅利安血统。这让托尔金大为光火，在随后7月25日的回信备用稿中指出（这里引用的备用稿实际并未寄出，寄出去的比较简略、温和，但在战火中遗失），“雅利安”不过是个词源学术语，而且属于吉卜赛人等纳粹看不起的东方民族。托尔金一直主张各个国家的文化自觉，但强烈反对对优秀文化传统的粗暴干预和扭曲。1914年11月16日，他给怀斯曼写的信中说：“对我来说，宗教、人类的爱、爱国的责任，以及对民族主义的强烈信仰，都是极其重要的……我当然不是个军国主义者……我不再为布尔战争辩护了，我现在越来越成为家园的守卫者……我并不是要为‘德意志高于一切辩护’，但我一定会为挪威人的‘一切为了挪威’辩护。”

34 据《中洲历史》卷七考证，托尔金的回忆有误，巴林之墓这段故事写于1939年后期，而不是1940年后期。这个时期的写作过程是这样的：1939年后半年托尔金捡起先前停笔于幽谷宴会的手稿，将故事续写到魔戒同盟在墨瑞亚发现巴林的坟墓后再次搁笔。在同一时期，他还回头修订了卷一的文稿——克里斯托弗称之为“第四阶段”。

35 1940年夏末托尔金重启写作。他首先修订了卷一的个别段落和卷二第一章，重写了“埃尔隆德的会议”（重写了四版文本），在此后的两年时间里笔耕不辍，一直写到卷三结尾。此外，这不是托尔金第一次勾勒结局的梗概，也不是树须的首次出场。1939年夏天他曾写下一些笔记文稿，其中有一篇记录了他对故事结局的构想，还有一篇描述了弗罗多和同伴失联后在森林里遇到树须的情景，这篇文稿里的树须是个反面角色。

36 《霍比特人》绝版后，托尔金失去了版税收入。他急需用钱，在一封写于1940年的书信里提到，“我陷入了困境”，几年后在另一封书信里写到，“我欠了债”。

37 此时的章节划分和最终版有些出入，托尔金这里指的不是“一地狼藉”，而是“帕蓝提尔”。

38 这时刘易斯发挥了不小的作用。托尔金此时在写萨茹曼落败后，与甘道夫、希奥顿王在艾森加德对质的一段，写得一筹莫展。然后刘易斯说：“你可以做得更好。更好，托尔金，请吧！”托尔金说，成稿比草稿好了很多，“这是少有的几个地方之一，我在此发现刘易斯的细致批评有用而公允”。这一章的修改主要是删去了大量对话，没把帕蓝提尔摔碎，而是保留下来。

39 来自1965年BBC采访。

40 托尔金先后制作了十多版详细度、完善度不一的时间表，《中洲历史》选取了部分内容，最完善的时间表全文发表于2022年的《托尔金研究》第19册增刊，“The Chronology of *The Lord of the Rings*”一文中。

41 除了精灵语，托尔金还构想出了第一纪元人类的贝奥家族和哈多家族使用的塔利斯卡语，第二纪元努门诺尔人使用的阿督耐克语，林中野人德鲁伊甸人使用的德鲁阿丹语，黑蛮地人使用的黑蛮地语，洛汗人使用的洛汗语，矮人使用的库兹都语和手语伊格利什梅克语，恩特使用的恩特语，索隆设计的黑语，奥克使用的奥克语，而广大西部地区通用的西部语源自阿督耐克语，霍比特语是其方言，其书面形式被“翻译”为英语。他为塔利斯卡语等个别语言设计了语法。

42 1942年4月左右托尔金开始写作《尼葛的叶子》，此时他50岁（而非此前说的他已51岁）。

43 尼葛（niggle）原意即拘泥于细节。

44 刘易斯一直在抱怨，说只要托尔金能完成，这将是本世纪的伟大名著之一，“但托托就是完成不了！每次他都给自己留一个月的假期去写作，然后开始读自己写过的内容，看到哪些地方可以改进，又花大半个月时间去修改！”

45 雷纳·昂温提到，托尔金有时甚至很难意识到他的著作还没完成，需要有个人帮助他、鞭策他。他父亲斯坦利·昂温不能让托尔金满意，而编辑弗思忙于各种事务，又很难为托尔金减轻负担。

46 在《魔戒》的早期手稿中，布理的客栈名叫“白马”，正是得名于牛津的这家酒吧。

47 5月12日，托尔金给克里斯托弗发了一封航空信，说：“我没能打出新章节的打字稿寄给你，我正在努力，有机会的话就会打出清稿……我非常爱你，带给你我所有的思念和祈祷。对于你我想知道的太多！‘倘若你又回到生者之地，我们能坐在墙脚下晒着太阳，回顾往事，对过去的悲伤放声大笑，到了那时，你再告诉我吧’（法拉米尔对弗罗多说的）。”《托尔金书信集》，书信68号。

48 托尔金的解决方案是以年历里查到的1944年5月6—15日月出月落时间为基础，再偏移一个固定时间。

49 托尔金此时在为那些在牛津读英语的海军学员准备考卷。

50 原文为拉丁语，*Io! Triumphum!*

51 当年10月他返回安都因河以西的故事，写下了第一章和第三章的开头，但不久就放弃了。托尔金后来曾回忆（见《魔戒》“英国第二版前言”），“（1942年）我写下了卷五第一、三章的开头，阿诺瑞恩烽火四起，希奥顿来到祠边谷。”《中洲历史》卷八指出，托尔金的回忆有误，这两章的开头实际写于1944年10月。

52 来自1950年1月12日刘易斯致佩内洛普修女的信。

53 托尔金曾对彭布罗克学院的兹比格涅夫·佩乌琴斯基私下透露，自己转去默顿学院一方面是厌倦了只讲授盎格鲁-撒克逊语，想拓宽教学范围；另一方面是非常厌烦彭布罗克的社团，觉得它们规模又小，又非常保守，还鱼龙混杂，默顿学院社团则正好相反。

54 可以肯定的是，托尔金自始至终都在支持刘易斯获得默顿学院的教席。默顿学院英语方面就两个教席，而1945年1月30日，托尔金表示他的“野心就是让刘易斯和自己获得默顿学院的这两个教席。我们两个在同一个学院会是一件了不起的事情”（《托尔金书信集》，书信

96号）。但托尔金也意识到，刘易斯已经“激起了牛津一部分人极度的敌意”（《托尔金书信集》，书信149号）。《C. S. 路易斯：天赋奇才、勉为先知》指出，这是因为刘易斯的通俗作品和对高等学位的消极态度，被视为对英语系的潜在不利因素，这也是刘易斯最终落选的主要原因。可能出于同样的原因，1948年刘易斯落选牛津的英国文学戈尔德史密斯讲席，1951年落选牛津的诗歌教授。

55 作家刘易斯·卡罗尔幻想的一只怪兽，出现在他的《爱丽丝镜中奇遇记》和《猎鲨记》中。刘易斯用的是前一本书中的典故，即国王对爱丽丝说："一分钟过得如此之快，你还不如试着让一只潘达斯奈基停下来！”该信是1959年5月15日写给查尔斯·穆尔曼的。C. S. 刘易斯曾提到："托尔金并没有影响我（的创作），我也肯定没影响他的创作……我是个助产士，而非父亲。他和我作品相似，是个性使然，也是基于共同的素材。我们都沉浸于古诺斯神话、乔治·麦克唐纳的儿童故事、荷马史诗、《贝奥武甫》和中世纪浪漫传奇。当然还有，我们都是基督徒。”来自1963年9月23日刘易斯致弗朗西斯·安德森的信。

56 《被放逐的纳尼亚》一文解释，托尔金认为刘易斯在扭曲神话，将一个危险的农牧神简化为儿童故事中的符号。托尔金还认为，《纳尼亚传奇》将不同神话中的神灵聚在一起是个可怕的错误。刘易斯反驳说现实中祂们在我们脑海里快乐地共存着。托尔金回答："不是在我的脑海中，或者起码不是同时共存着。”托尔金说他认为《纳尼亚传奇》“几乎毫无价值”，让刘易斯感到震惊和受伤，因为他很看重朋友的鼓励，尤其托尔金的评价。不过刘易斯还是继续《狮子、女巫和魔衣柜》的写作，对罗杰·兰斯林·格林说，托尔金“非常不喜欢它”，它还有好看之处吗？对方回答，这故事不仅仅是好看。刘易斯大受鼓舞，写完了该书。

57 《托尔金书信集》，书信265号。他在1971年一封书信里提到，“如果你问我是否喜欢《纳尼亚传奇》，答案恐怕是不喜欢。我不喜欢‘寓言’，至少是这类宗教寓言。”事实上托尔金对《纳尼亚传奇》的态度更为复杂。他在1949年评价它们“再差不过了”，1971年却说它们

"受欢迎是理所当然的"，甚至在自己孙女琼·安妮来访时，他送她的书除了安德鲁·朗的彩色童话集、玛丽·诺顿的《借东西的小人》，还有《纳尼亚传奇》。

58 卡彭特似乎一直在暗示托尔金出于嫉妒而疏远了刘易斯，但《阿狄森小道与托尔金、刘易斯》一文认为，更重要的是两人文学理念有巨大差异，托尔金更接近8世纪的理念，且认为奇幻小说的内在逻辑必须一致、认为其不只是儿童的专属；刘易斯更接近19世纪的理念，不强调内在一致性，认为奇幻小说就是写给孩子的。

59 最初刘易斯对离开牛津非常犹豫，不想远离沃伦等家人，正是托尔金积极鼓励他接受教职，他给推荐刘易斯担任剑桥教席的选举人写信，问他们能不能给刘易斯找到剑桥的房间。他与刘易斯长谈，改变了后者的想法。

60 1946年秋天托尔金完成了卷五。

61 雷纳后来回忆，他写这篇报告前只读了卷一，当时他还没拿到剩余章节的文稿。

62 雷纳认为，《魔戒》中光明黑暗的斗争，有时候让人怀疑这个故事是否会成为单纯的寓言。而故事的可怕与紧张超过了《霍比特人》，比如比尔博斗得过食人妖和龙，但黑骑士对这么个平凡的小东西就显得太神出鬼没了。有趣的是，雷纳提出《魔戒》创造了一个"精灵"的世界，就其朴素的吸引力和出人意料的效果而言，只有《西游记》里的"猴子"能与之媲美。另外雷纳会提到《西游记》，是因为1942年艾伦与昂温出版社刚出版了它的译本。

63 汤姆·希比在《通往中洲之路》中指出，托尔金的断语并不准确，它们都有谜语竞猜、留给继承者的破碎武器这样的情节，也有"戒指的主人成了戒指的仆人"这样共同的主题。

64 1950年7月托尔金收到校样。次月他在写给斯坦利·昂温的书信中承认："我现在终于决定接受这些更改及其结果了。时间已够久远，我能相对公允地评价了，似乎修改版的动机和表述本身更好，也肯定会让续集（如果出版的话）看起来更自然。"

65 1948年8、9两个月托尔金完成了卷六。

66 来自1965年BBC采访（《托尔金：手稿的艺术》第59号图片展示了这页被泪水打湿的手稿）。另见《托尔金书信集》，书信131号，他说："西方所有大军一齐向两个卑微的霍比特人（弗罗多和山姆）表示敬意和赞美的场景中，我们抵达了整个浪漫传奇的'善灾'：那是突然的欢乐'转折'，希望的实现，悲剧的反面。这应该成为一个'仙境奇谭'（无论格调高低）的标志，此前经历的一切都得以解决和伸张。写下那段话时，我流泪了。它至今仍让我感动，我不得不相信，这是这类作品的至高时刻。"

67 《托尔金书信集》，书信131号。"我喜欢把松散的支线收束起来，讨厌别人的书里放任不管。正如孩子一样，正如多数好品位的人一样，我喜欢把线索收起来。故事在霍比特人纯朴的夏尔开始，也必须在那里结束，再回到平凡生活和尘世（这是一切东西最终的基石）。最后也是最有说服力的一点，这个悠长**尾声**的功能是展示胜利的**代价**（一贯如此），表明没有任何胜利是一劳永逸的，即使曾震撼了世界。战争仍会继续，只是换了其他方式。"

68 这个结尾不仅呼应了已经西渡的弗罗多等人，也呼应了莱戈拉斯乃至玛格洛尔、图奥、埃雅仁迪尔等对大海的向往。韦尔琳·弗利格在《伟大传说永不绝》中指出，这些都呼应了中洲神话开头的大乐章："据埃尔达说，大地的一切物质当中，应数水中存留了最多爱努大乐章的回声。许多伊露维塔的儿女依然不厌其烦地倾听着大海的声音，却不明白为何聆听。"从这个意义上，这的确是"把松散的支线收束起来"的结尾。

69 来自1966年达芙妮·卡斯特尔的采访。

70 原文为古英语，uton herian holbytlas。来自《魔戒》卷六第四章"科瑁兰原野"中，众人称颂霍比特人歌谣的某个过程稿。

71 托尔金自己对"逃避现实"有更直接的回应。他在《论仙境奇谭》中提出，"如果一个人发现自己在牢里，想逃出去、逃回家，他有什么可被指摘的？或者如果他逃不了，除了讨论狱卒和牢墙，聊点别的又有什么可被指摘的？外面的世界不会因为囚犯无法看到而更不真实。”

72 善灾（eucatastrophe）是托尔金神话中的重要概念，由古希腊语中“好的”（εu-）和“向下转折”（καταστροφή）组成。《论仙境奇谭》中提出，善灾即“好的灾难，突如其来的喜悦‘转机’（注意不是结局，因为任何仙境故事都没有真正的结局）——这种喜悦是仙境奇谭极其擅长产生的东西之一，它本质上既不是‘逃避现实’，也不是‘逃亡’。在仙境故事——或异界——的背景下，它是一种突如其来的奇迹般的恩典：永远不要指望它会再次发生。它并不否认‘恶灾’（dyscatastrophe）的存在，也不否认悲伤和失败的存在——这些逆境是获得拯救时的喜悦所必需的；但它否认全盘的最终失败（在很多证据面前，如果你愿看到），到了成为福音的程度，让人匆匆瞥见一眼‘喜乐’，这喜乐超越人世的藩篱，如悲恸一样深刻”。

73 摘自《唐璜》，拜伦著，查良铮译，人民文学出版社，1993年版，第65节。

74 原文为拉丁语，*Ubi plura nitent in carmine non ego paucis offendi maculis*。译文摘自《贺拉斯诗全集》，贺拉斯著，李永毅译，中国青年出版社，2017年版，《书信集》第二部第三首，即《诗艺》的第351行。

第六部　1949—1966年：大获成功

第一章　关上大门

1 1949年10月20日《哈莫农夫贾尔斯》出版，首印5000册。1950年3月10日托尔金给沃德曼的信中提及：“昂温告诉我《农夫贾尔斯》才卖出2000册，我回复说我没看到有任何宣传。”然而托尔金其实知道《农夫贾尔斯》的出版宣传情况，是在他联系上沃德曼之后。1949年11月12日，他在给豪小姐的信中说，自己的两部巨著已经被接受、即将完成了，说明最晚这时候托尔金已经和沃德曼达成共识；而1950年3月6日昂温才告知他《农夫贾尔斯》的销售情况。

2 《托尔金书信集》，书信123号。他描述斯坦利·昂温时还加注：我仍然不怎么喜欢他，描述雷纳时加注：我非常喜欢他。而雷纳·昂温在托尔金去世后才了解到托尔金与柯林斯出版社往来的全部事实。另外卡彭特摘引这封信件时，省略了（第二条）中“接受并出版了”的字样，容易造成昂温同样拒绝出版《农夫贾尔斯》的误解，翻译中补齐了上述内容。

3 《托尔金书信集》，书信124号。

4 《托尔金书信集》，书信125号。

5 《托尔金书信集》，书信126号（草稿）。

6 但雷纳·昂温后来指出，《精灵宝钻》构成了《魔戒》的历史基础，而《魔戒》中加入了越来越多关于过去事件的解释，拖慢了叙述的节奏。如果《精灵宝钻》能先行出版、让读者读到，那《魔戒》的写作就容易多了。

7 雷纳·昂温解释说，他当时对《精灵宝钻》还一无所知。而托尔金当时没意识到《精灵宝钻》无论如何还不适宜出版。打字稿肯定卷帙浩繁，但各个部分并没有整合到一起，他又总是在修改细节，有些事件事无巨细地反复交代，其他部分却讲得很简略甚至毫无介绍。它无疑是以一种高雅风格写作的，而不像《魔戒》，它的叙述又太过支离破碎。它的特点，很像那种日积月累的原始史料，却很少经过卓有技巧的重新组织、重新讲述。

8 该信并未寄出，托尔金当天又写了一封措辞稍温和的信，即《托尔金书信集》，书信127号。托尔金还在信中说，“雷纳的评论并不是发给我的，我很困惑，我读了颇感不适，奇怪你为什么会把他的评论寄给我，只能说明你同意雷纳的观点，而他的评价是我能得到的最好评价了。”而雷纳事后评论，自己父亲其实是从商业角度考虑不出版《精灵宝钻》的（他在送去雷纳评价的同时，对出版的成本做了计算并告诉了托尔金，指出当今出版一本书成本是战前的三倍），他也意识到雷纳的评价可能会让托尔金反感，但他还是这么做了。另外可以看到，斯坦利一直以来就习惯将相关人士的评论原封不动发给作者，这是他与作者保持坦率沟通的职业习惯。

9 《托尔金书信集》，书信131号（2023年出版的完整版）末尾，托尔金列出了《精灵宝钻》一书要包含的内容：爱努大乐章、第一纪元埃尔达的历史、第二纪元的魔戒、努门诺尔沦亡史。后来克里斯托弗·托尔金就是根据这个清单编纂的。

10 斯坦利·昂温了解到托尔金与柯林斯出版社有矛盾，才意识到有其他出版社介入了，他1950年10月23日写信给托尔金，表示他们仍愿意为他出版《魔戒》，并请求让雷纳一睹《精灵宝钻》的真面目。托尔金在11月13日回复："我前不久把《精灵宝钻》的稿子寄给了别人，可能要等一阵子才能寄回给我。请把我的意思转达给雷纳。"

11 即"失落传说"一章中多次引述的《托尔金书信集》，书信131号。这封信里还提到："我想说的是，我不能在实质上修改这个东西。我已经完成了，它已经'离开了我的头脑'：付出的劳动如此艰巨，它必须基本遵照原样，要么成功，要么就失败。"

12 艾伦与昂温出版社以及柯林斯出版社的这段过节，后来有了个出乎意料的结局，1989年，柯林斯出版社被鲁伯特·默多克的新闻集团收购，重组为哈珀柯林斯出版社，同年又买下了已取代艾伦与昂温出版社的昂温·海曼出版社，获得了托尔金作品的版权。

13 《托尔金书信集》，书信133号。

第二章　放手一搏

1 1951年他和妻女去爱尔兰凯里郡度假，游玩了卡索科布镇和德瑞内镇。托尔金为此画了六幅风景画，部分收录于《托尔金：艺术家与插画家》。画上署的日期是"1952年8月"，因此卡彭特弄错了去爱尔兰的时间。

2 1975年，纽约卡德蒙唱片发行了这次录音的绝大部分成果，详见附录三"托尔金已发表作品"的"1975年"词条。但塞耶评论："唱片公司愚蠢地删掉了主祷文以及各段录音之间的谈话。"

3 1929年，托尔金曾参与录制伦敦灵格风学院策划的“灵格风英语会话教程”，但那次是在录音室里进行的，他可能没有亲身接触到录音机器。

4 塞耶后来回忆：“托尔金听完录制好的主祷文后非常高兴，问我能不能再录几段《魔戒》里的诗歌，他想知道从其他人的角度来听会是什么效果。随着录音的进行，他越来越享受这个过程。诗歌录制结束后，有人提议，‘再来一段《霍比特人》里的猜谜场景’，接下来的半个小时里，他的表演让在座的所有人沉迷其中。随后，我请他录制《魔戒》全书里他自认为最好的故事片段，他选择了‘洛希尔人的驰援’。”

5 第二年夏天，托尔金向学校申请购买一台录音机以辅助教学，学校同意并拨下一笔经费。这台录音机托尔金一直用到退休。

6 E. V. 戈登曾编辑过《马尔登之战》，托尔金看过他的书稿，给出了不少修改建议，戈登说：“托尔金教授以他特有的慷慨方式，在很多文本和语文学问题上为我答疑解惑。”托尔金本人翻译的《马尔登之战》于2023年出版，详见附录三“托尔金已发表作品”的“2023年”词条。

7 1991年8月11日，作为马尔登之战一千年纪念活动的一部分，由一些维京协会和当地表演协会组织，在马尔登当地露天上演了托尔金的这个剧目。

8 BBC广播三台的前身。

9 托尔金在给BBC写信提议相关事宜前，自己就录了一版（他在自家书房里录音时，通过拖动家具来模拟车轮行进的音效），但BBC没有采用托尔金的版本。1992年托尔金遗产基金会和哈珀柯林斯出版社将托尔金的这版录音制成磁带，赠予出席托尔金百年诞辰学术会议的宾客。2023年首次以有声书的形式出版。

10 梅斯菲尔德是桂冠诗人，最出名的是海洋诗歌，马克·阿瑟顿认为，《魔戒》中莱戈拉斯的诗歌“向海！向海！白鸥鸣啼”与梅斯菲尔德最著名的诗歌《海狂》很相似。

11 在表演《管家的故事》时，他尝试以乔叟所用的方言读音来背诵，对稿子做了相应编辑，这份小册子成了后来“二战”时为海军学员授课的讲义底本。

12 《论仙境奇谭》中说，“人类打扮成会说话的动物，或许能实现滑稽、模仿的效果，却达不到幻想的境地。……这部分是因为创作戏剧的人必须或试着用器械来呈现幻想或魔法。”

13 19世纪开始，流通图书馆在英格兰兴起，集中向出版社采购图书，然后以相对较低的金额租给交了定期会费的图书馆赞助人阅读。因为流通图书馆有能力集中采购一些相对冷门的书籍，所以对出版社定价颇有影响力。

14 来自1952年11月13日刘易斯致托尔金的信。

15 《托尔金书信集》，书信135号。

16 托尔金在3月写给雷纳的信中建议了两套方案。他心仪的方案是为六卷各拟一个标题，卷一至卷六分别为：《魔戒出发》《魔戒南去》《艾森加德的背叛》《魔戒东去》《魔戒大战》《第三纪元的终结》。如果这个方案行不通，他还提出一套备选方案，即为三部各取一个标题：《阴影渐长》《阴影里的魔戒》和《魔戒大战》（或者《王者归来》）。详见《托尔金书信集》，书信136号。

17 某些早期美国版本还把火焰文字印颠倒了。原文中有句话，弗罗多说：“我看不懂这些火焰文字”。托尔金评价：“他当然看不懂，因为这块文字被印得上下颠倒了。”

18 《托尔金书信集》，书信141号。

19 三部书的英国初版初印实际印量分别是2998、3294、7160册。下章提到的“3500本”也是错的。

20 《魔戒同盟》初版前勒口上的推荐语如下：

《魔戒》并非一本能用三言两语描绘的书籍。它是一部英雄浪漫传奇——“自从斯宾塞的《仙后》以降，就很少有人做如此规模的尝试了，所以无法通过对比来赞美这本书——它无可比较。我又能说什么呢？”**理查德·休斯**继续说，“就想象力之宏大，它难遇敌手，它情节的栩栩如生也颇为出众，又以其叙事技巧吸引住了读者，让其逐页继续，不忍释卷。”

托尔金创造想象世界的技艺高超，在每个细节处都发挥得淋漓尽致，这是一个虚构世界中的全新神话。至于故事本身，“这真是一部超级科幻小说”，**内奥米·米奇森**在读了第一部分《魔戒同盟》后宣称，“这是个恒久存在的故事，会无休无止继续下去。你知道这很怪，你会很严肃地看待这个故事，如同对待马洛礼的故事一般。”

C. S. **刘易斯**同样热情相待。“如果说阿里奥斯托能在创造力上与其比肩（其实不能），那他在英雄题材的严肃性上就稍逊一筹了。还没有一个幻想世界被呈现得如此多姿多彩，在其内在法则下又如此真实可信。还没有一个世界看上去如此客观，如此免疫于作者个人心理的影响。也还没有一个世界与现实中的人类境遇如此息息相关，却又并非寓言。而书中的风格又有着细微的区分变化，以适应几乎数不清的各种场景和人物——有的有趣，有的朴实，有的俨然史诗，有的丑陋骇人，或有的充斥恶魔。”

斯宾塞、马洛礼、阿里奥斯托还是科幻小说？这本书兼有他们的特点，又有自己的风格。只有读过《魔戒》的人，才会认识到，要表达这部伟大著作的所有特点是不可能的。

21 阿里奥斯托的著作即《疯狂的罗兰》，这个浪漫传奇还包含神话、寓言、魔幻、乡村传说等元素。

22 但托尔金也说：“我很高兴，看到那些主要的见解都很好，虽然我觉得与斯宾塞、马洛礼和阿里奥斯托做比较（更别提说我的小说是超级科幻小说），让我的虚荣心大大膨胀了！”《托尔金书信集》，书信145号。雷纳·昂温也提到，虽然托尔金不喜欢与阿里奥斯托等做比较，这甚至成为一些评论家的笑料，但这些介绍仍然达到了目的，也保留下来了，因为没人能想到更好的选择。

23 《托尔金书信集》，书信142号。

第三章　名还是利

1 《男孩杂志》，宗教发行协会在1879年创刊，旨在对抗当时低俗的廉价小说，给男孩们提供健康向上的文学作品，该杂志收录了柯南道尔、儒勒·凡尔纳等作家的故事，希望通过冒险故事中的英雄，引导提高年轻人的精神品质。

2 《托尔金书信集》，书信149号。

3 托尔金解释："很多人批评我不该加入这个结尾，应该在此前某处结束。"（《托尔金书信集》，书信144号）很可能有些批评者来自墨象社。但他事后也抱怨，"我依旧认为没有山姆和埃拉诺的对话，画面是不完整的。但我想不到不会破坏结尾的方法，除了在附录里暗示这一幕（可能这也足够了）"。《托尔金书信集》，书信173号。

4 奥登的评论更多内容如下：

近期，如果有人重视这类故事，他一定会感到，故事里的角色和事件，就算表面上再怎么不像我们生活的世界，还是为我们所知的唯一世界、为我们自己提供了镜鉴。这本书也是如此，托尔金先生大获成功。夏尔历1418年发生在中洲第三纪元的事情，不仅在公元1954年颇具吸引力，还给我们以警示和启迪。在过去五年里，我读过的所有小说中，数《魔戒同盟》给我带来的快乐最多。

5 印刷厂漏印了所有如尼文音值。之后按托尔金指示补全了大部分音值，但用到特殊字母œ、ə、ʌ等的几个音值还是没有印出，一直延续至今。

6 托尔金此行先是坐船渡过英吉利海峡（还讥讽了法国警察，非要排长队填表来办签证），在法国加来坐火车到意大利，途中经过瑞士，过了日内瓦湖、临近他曾游历过的布里格时，他对景色赞叹不已。他们在米兰换乘，途中看到了维罗纳城和加尔达湖，到达威尼斯。他参观了一些画作，对提香、丁托列托、吉罗拉莫·达·巴萨诺、乔尔乔内非常欣赏，表示自己喜欢意大利画作，而且年代越早越喜欢。他乘火车离开威尼斯，在佛罗伦萨和泰龙托拉、佩鲁贾的车站短暂停留，最后到达阿西西。事后给克里斯托弗的信中，托尔金表达了对阿西西的壁画以及意大利语的喜爱。

7 这段话描绘的是自己被威尼斯的宗教氛围所感染。他接着记录："这与艺术和形式之美无关……也和当地人及游客无关……我好奇地窥见了隐修生活与基督恩慈的一角，尤其是在这圣体堂里［位于威尼斯圣母升天圣殿］。”托尔金在此次意大利之旅中多次参加当地的弥撒。至于托尔金自称身在“基督教世界的心脏”，却没有去罗马，而是去了圣方济各的家乡阿西西，《托尔金和意大利》指出，可能是他认为圣方济各与他“不断有人信奉的基督教”理念颇为相近，他在牛津近距离接触过方济各会的活动，想在意大利延续下去。

8 《酿酒圣经》，一本介绍如何在家中酿酒的书籍，用语古雅繁复。

9 19世纪晚期，出现了大量以青少年为读者群体、描述男孩冒险的小说，这一批评试图将《魔戒》列入这类“男孩读物”中。而托尔金一直将《魔戒》视为浪漫传奇，中世纪的浪漫传奇本来也较少女性角色。而不少学者也指出，虽然《魔戒》中女性角色不多，但都非常关键，帮助本书重新定义了“权力”，即真正的权力应该是“爱胜过高傲”。

10 《托尔金书信集》，书信177号。

11 按照爱尔兰政治家查尔斯·詹姆斯·奥唐奈的要求，开设年度讲座“奥唐奈讲座”，旨在促进对“英语中的布立吞、凯尔特元素，英格兰乡间方言，农业、手工业中特殊术语与字词，英格兰当今住民所用的布立吞、凯尔特语元素”的研究。1953年10月16日，牛津英语系教务委员会任命托尔金加入相关的选举委员会，照理托尔金此时起就要开始他的讲座。

12 托尔金对荷兰、瑞典译本中各种译名的评论，其复印件后来被艾伦与昂温出版社广发各国译者。托尔金去世后，克里斯托弗·托尔金将其编辑为《〈魔戒〉名称指南》，1975年发表在《托尔金指南》中，又经哈蒙德和斯卡尔校正扩充，以《〈魔戒〉命名法》收录在《〈魔戒〉读者参考》中。

13 晚宴组织者是福尔胡弗与迪特里赫书店。宴席上菜名灵感均来自《魔戒》：麦曼·黄油菊的鸡蛋沙拉、金莓的蔬菜、吉尔多的冰品和水果、马戈特的浓汤（蘑菇汤，但maggot本意为“蛆”，引发了误会和哄堂大笑）、吉姆利的小牛肉，大厅还挂着宣传海报：“献给霍比特人的烟斗草：三种品质可选，长谷叶、老托比、南区之星”。每道菜之间会穿插演讲，虽然限制每人讲五分钟，但大家都长篇大论，等讲完菜都凉了。只有一个人没有等待：菜一上来，托尔金立马就闷头大吃，足以证明他的确是个真正的霍比特人。事后大家都对托尔金交口称赞，只有一句负面评价：他喝太多了。

14 演讲一开始，托尔金用荷兰语和大家打招呼，模仿了比尔博的告别演说，感谢"霍比特人"齐聚一堂，给了他一生中最棒的一场聚会。他谦虚地称《魔戒》是"差强人意的作品，却也是我自己的作品"。他不相信大家愿意听一段餐后自述，所以径直开始解释自己的写作，表示那枚魔戒只是个工具，"将时针拨快了"。他深入浅出地讲解了《魔戒》的内容，以前只在某封信里大致介绍过这些。然后他念了首精灵语诗歌，开玩笑说每当有人威胁要朗诵诗歌，霍比特人就着慌了，又解释说自己写《魔戒》已经用了二十年：

二十年光阴，漫漫流水，逝者如斯／在我人生中，奔流到海，难以追回／啊回首遥望，过往多少岁月，时不我与／只有广袤乡间，树木仍在，又唤春来／然而冷血巫师，吐出死亡气息，来摧折森林／他们行破坏之举，来了解万物，却残害万物／他们用人们对死的恐惧，建立苛政。

他提到"二战"带给鹿特丹的毁灭现在依然能看到，这幅景象让他悲伤，他为这"奥克"带来的创伤唱起挽歌。"那些无情的巫师"追逐知识和权力，一无是处，只会带来毁灭。

另外，他实际的祝酒词与卡彭特的引文（可能是准备的演讲稿）有所出入（加粗部分）：

……**我想**我们霍比特人没有魔法武器来对付他们，不过**亲爱的**霍比特女士们先生们，请允许我**以**为你们祝酒**做结语**：敬霍比特人！祝他们活过**所有那些巫师！**

15 昂温透露，其实托尔金的主要心态是要"利"，他非常怕上缴巨额所得税和欠债，怕退休后陷入窘迫，很不希望齐默尔曼的电影计划搁浅，因此才会耐着性子、长文回复明显没多少诚意的齐默尔曼。另外，相关信件显示，布洛达克斯和阿克曼（代表齐默尔曼）是各自独立地向托尔金申请电影改编权的，前者申请的时间是1957年5月或6月（原本托尔金打算前往美国与他商谈，后因妻子生病作罢，合作也无疾而终），后者是1957年9月4日，带着齐默尔曼、科布一起到托尔金家中拜访，虽然托尔金说的每五个字里就有一个阿克曼听不懂，但聊天很愉快，托尔金答应给阿克曼留出一年时间找到制片人。

16 《托尔金书信集》，书信197号。

17 霍顿·米夫林出版社违反了当时美国版权法的规定，因此大部分《魔戒》印次版权页上没有申明版权，《王者归来》甚至没有登记版权。

18 这首歌全名“告别了，罗瑞恩的加拉德瑞尔的挽歌”，是《魔戒》“告别罗瑞恩”一章中加拉德瑞尔向众人唱的歌。他听斯旺现场演奏这首歌后，哼了格里高利圣咏，建议改成这种风格。托尔金给予其他曲子高度评价，宣称原词配不上它们。斯旺后来将其编入乐谱集《旅途永不绝》，书中托尔金所做的注释和翻译是研究精灵语的重要资料。

19 大约在1965年5月、7月，艾斯书局分别出版了《魔戒同盟》与《双塔殊途》《王者归来》。

20 1960年托尔金曾试图大幅度修订《霍比特人》，使它的行文风格更类似于《魔戒》，但只改了三章就放弃了。这次修订的文稿参见《〈霍比特人〉的历史》。

21 后来收录于《中洲历史》卷十二。

22 准备索引的是南希·史密斯夫人，她丈夫是克里斯托弗的好友。事实上托尔金自己曾准备了一份索引，即对一系列昆雅语、辛达语、矮人语、黑语、洛汗语的单词和词组的解释，比如yrch（奥克）、elen（星辰）、namarië（告别）等，他注释到《魔戒同盟》的“洛丝罗瑞恩”一章就发现任务太过庞杂，于是放弃。这份索引后来发表在2007年的《埃尔达语言之书》第17期上。

23 封面上一开始还有只狮子，在托尔金的强烈抗议下狮子在第二年被抹去了。修改后的图片一直用到1973年，最终被替换为托尔金的插画作品《比尔博来到木筏精灵的小屋》。

24 《托尔金书信集》，书信277号。

25 托尔金绘制的三幅插图《小丘：小河对岸霍比屯》《范贡森林》和《巴拉督尔》在1973年分别被用作三本书的封面。

26 托尔金对此有清晰的认识，他曾不下三次对克莱德·基尔比提起，是艾斯书局让他变得有名。

27 《蝇王》也是百万级销量的畅销小说。1957年的国际幻想奖获得者是《魔戒》，得票第三名即为《蝇王》。托尔金为此出席了当年第15届世界科幻大会结束后、9月10日的午宴，他其实强烈反对被授予这个奖，讲话中揶揄了设计丑陋的火箭奖杯，活动后就急着逃回了牛津。值得一提的是，出席午宴的还有科幻作家阿瑟·克拉克，以及正在联系托尔金拍动画片的商人阿克曼。

28 H. C.麦克，1971年克拉克大学硕士论文。

29 1968年8月2日，时任美国总统林登·约翰逊的女儿林达·约翰逊·罗布用白宫抬头的信纸致信托尔金，表达了对《霍比特人》的喜爱，并索要后者的签名。而斯科特·卡彭特参加过1962年的"水星—大力神7号"任务，因此成了第二个绕地球轨道飞行的宇航员，他非常爱看《魔戒》，提到自己1973年给托尔金写了一封信。

30 原文"Hobbit-forming"是个双关语，与"容易上瘾"（habit-forming）音近。

31 前者来自越战美军影响，后者是美国和平队志愿者创建的。

32 1972年1月，英国托尔金学社正式成立，通过了章程，定下了管理成员人选，薇拉·查普曼（外号"贝拉多娜·图克"）为负责人，当年6月，贝拉多娜在艾伦与昂温出版社办公室的欢迎会上见到了托尔金，后者同意担任该学社的荣誉主席。托尔金去世后，克里斯托弗·托尔金婉拒了这一荣誉称号，在他的建议下，J. R. R. 托尔金成为学社的永久主席。

33 托尔金从大量爱好者来信中发现，只有一小部分是认真读过《魔戒》的。他也不理解这种"校园崇拜"为何产生，在《托尔金在牛津》采访中询问：这类事怎么会发生的？他觉得美国人比起欧洲人更容易燃起激情。唐纳德·斯旺也曾和托尔金聊起这一现象，后者觉得这让他尴尬甚至厌恶，不知道发生了什么，会将他自己所爱的幻想世界变成一场崇拜。那些从中获得乐趣的人，为何会粗鲁地打扰他的生活？

34 其实基尔比在到访前就表示了兴趣和焦急等待之意。多年前托尔金就对基尔比说，《精灵宝钻》缺乏一个统领的主题，无法把各部分整合起来，这是主要的问题，希望有个“外来者”帮助自己。1965年基尔比致信托尔金，表示渴望看到《精灵宝钻》出版，愿意在1966年夏天来牛津，帮助促成第一纪元故事的出版。当年圣诞托尔金回信，表示自己的确需要有个朋友在旁边提建议，他还提到以前写作《魔戒》时刘易斯的重要作用，对基尔比的帮助表示感激并愿意支付报酬。基尔比后来的确与托尔金长期交流合作，对《精灵宝钻》撰写的协助延续到了托尔金去世后。

35 经历过此次摄制的人回忆，说托尔金是个真正的喜剧演员，虽然的确是喋喋不休的老人，但很愿意合作。

36 《托尔金书信集》，书信336号。这里的“偶像”（idol）并非如今意义上的大众偶像，而近似于被崇拜的神明。因为原文在“谦虚的偶像”后还有个括号：比楚布年轻，比希米什大不了多少。这两个形象来自邓萨尼勋爵的小说《楚布与希米什》。故事中，楚布作为一尊偶像已被敬奉百来年，希米什刚被敬奉不久，祭品都是蜂蜜、谷物和油膏，他们因为对对方的嫉妒而导致了灾难结果。托尔金可能是以此故事告诫自己。

第七部　1957—1973年：最后岁月

第一章　黑丁顿

1 有人寄来一个刻着至尊戒铭文的钢铁酒杯，托尔金没拿来喝酒，而是当烟灰缸用了。

2 托尔金曾被一个美国女士的半夜来电激怒了。对方问：“是你吗，教授？我只想说‘哈喽’！”托尔金生气地回答：“我只想说‘再见’！”他还曾在凌晨4点接到美国的电话："我们能给你寄一点烟草吗？我们知道霍比特人爱抽烟。"

3 原文为scoured Shire，呼应《魔戒》卷六第八章标题"夏尔平乱"（The Scouring of the Shire）。

4 刘易斯人生最后几年中，托尔金与他的几次会面如下：

（1）大约1962年末到1963年初的某天，克里斯托弗劝父亲拜访一下刘易斯的家。根据前者向A. N. 威尔逊的描述："这是场尴尬的会面，就像家里分居的两人碰了头一样。托尔金和刘易斯和对方都没什么好说的。"

（2）1963年7月15日，刘易斯进了牛津的阿克兰疗养院进行体检，其间心脏病发作，一度陷入昏迷，后来逐渐恢复。此后两周内，托尔金去看望了他。

（3）1963年8月19日至24日的某天，托尔金得知刘易斯出院了，希望去看看他。儿子约翰开车带他去了刘易斯家，托尔金和刘易斯聊了大约一小时，主要话题是《亚瑟王之死》。

5 托尔金作为天主教徒，颇为忌讳离婚这件事。据他的朋友塞耶回忆，他觉得刘易斯"和一个生病又跛扈的女人的古怪婚姻"前景黯淡。"最让他担心的是，她是个离过婚的女人。他不能接受我的辩解，即她不算离异，因为她从未作为一个基督徒结过婚。"

6 伊迪丝与戴维曼只是泛泛之交，两人同在牛津的阿克兰疗养院养病，由此相识，这倒是托尔金与戴维曼唯一碰面的机会，也是借着他们各自探望自己妻子的机会，托尔金与刘易斯可能此时再次见面，这发生在戴维曼死前一个月（1960年6月）。

7 1959年4月22日，刘易斯给内森·斯塔尔写信，提到："我们还是会每周在小鸟与小儿碰头，但不管你是否会叫我们一群老友，现在酒吧有了新老板，查尔斯·威廉斯去世，托尔金再也不来，这几乎成了个形而上学的问题……"

8 他在告别演说将近结束时，还深情回忆了赖特、克雷吉、布拉德利、奥尼恩斯、乔治·戈登、怀尔德等人，引用了诗歌《漫游者》。这篇演说收录在1983年出版的《怪物与批评家》中。

9 托尔金编辑的《隐修女指南》于1962年发表，详见附录三“托尔金已发表作品”的“1962年”词条。

10 1966年3月2日的一次采访中，托尔金表示：“我不知道为什么有些人做关于我的研究，而不征求我的意见，毕竟我是拿着钥匙的那个人。”这说明托尔金很在意自己创作的解释权。

11 《托尔金书信集》，书信342、345号。

12 《托尔金绘图集》《托尔金：艺术家与插画家》《托尔金：中洲缔造者》三本书里收录了这些图稿。

13 除此以外，托尔金还对乔治·塞耶说自己花了很多时间读侦探小说，后者并不责怪他，因为他毕生的工作已经完成。

14 托尔金和哈佛一起去教堂，正是源于前者的孤独。托尔金对哈佛说他状态很不好，后者要他去忏悔（来安抚自己），于是带他一起去，托尔金称之为“这是我该有的那种医生”，因为大部分医生就是使用“机械”缝缝补补的人，但哈佛是个天主教徒，会把人当人看，而不是看作一堆“任务”的集合。

15 《托尔金书信集》，书信251号。另外他给儿子迈克尔的信中说（《托尔金书信集》，书信252号）：“22日杰克·刘易斯的死占据了我的心神。这让我还要应付一些信函问询，因为很多人以为我还是他的密友之一。唉！大约十多年前就不是这样了。先是查尔斯·威廉斯的突然出现，再是他的婚姻，让我们渐行渐远。他甚至从未告诉我他结婚了，很久后我才知道。但我们都亏欠彼此太多，因此产生、维系了一段深情，将我们牵绊在了一起。”刘易斯病危期间，托尔金去探望他，遇到了乔伊·戴维曼的儿子、刘易斯的养子，对后者说，如果杰克发生了什么，他又找不到地方住的话，可以过来和自己一起住。后来托尔金出席了刘易斯的葬礼。

16 他拒绝是基于宗教的理由：“一个天主教徒不可能对杰克的书不表示强烈反感，而说出什么真挚之词。”

17 一年后托尔金在给别人的信中提出，“我个人觉得《飞鸿22帖》让人痛苦，甚至有点让人惊骇。我在写关于它的评论，但就算写完了也不发表。”（《托尔金书信集》，书信265号）这份评论题为“Ulsterior Motive”（可理解为“刘易斯这个阿尔斯特人的隐秘动机”），不对外公开，部分内容记录在卡彭特的《墨象社》中，参见“挚友杰克”一章注释6“托尔金聊起自己的天主教信仰”一句。托尔金在自己手头的《飞鸿22帖》上旁注，这本书“讨论的并非祷告，而是刘易斯自己的祈祷。但整本书**总是那么有趣**。为什么？因为这是关于杰克、由杰克撰写的，熟悉他的人就算在生气的时候，也会觉得这话题非常有趣”。托尔金还说，“这本书其实完全是**自我中心**的，这么说，我的意思不是C. S. 刘易斯在膜拜自己，或是个高傲或虚荣的人，对自己的价值或智慧评价太高。我真正的意思是，若有人以任何形式写自传，他会发现C. S. 刘易斯是个引人入胜的话题。”

18 即萧伯纳字母，是为了取代原来复杂的常规拼读方式，提供的一套相对简单的音位文字，根据萧伯纳遗嘱设立了相关的基金会，推动这套字母的创设。另外，《托尔金：艺术家与插画家》的第185、186号图片展示了部分“新英语字母”，《托尔金：手稿的艺术》第18号图片展示了“新英语字母”全套字母表。

19 托尔金在1966年3月2日的采访中说，他的《魔戒》并不是给孩子写的，但《金钥匙》明显针对孩子，“这就是为什么我不是非常喜欢乔治·麦克唐纳，他像个可怕的老太太。”托尔金还反感麦克唐纳经常在作品中布道。

20 托尔金认为，虽然《金钥匙》中的确出现了仙境，但其并不扮演重要角色。他在未完成的序言中进一步指出，仙境最初完全不代表什么“生物”、无论大小与否；它意味着魔力或魔法，以及有魔力的世界或国度，这里居住着神奇的人们，无论大小与否，他们都有或善或恶的奇妙心智能力或意志力。那里所有的一切都充满神奇：土壤、河流、空气、火焰，在那里所有的生命和生长之物，包括飞鸟走兽、芳草树木，都如此奇诡危险，这是因为它们蕴含的力量，比必死人类所能看到的要多。

21 《大伍屯的铁匠》共有三版文稿，第一、二版均名为“大蛋糕”，第三版才改成最终的定名。写给《金钥匙》的序言收录在了2015年哈珀柯林斯出版社的扩展版《大伍屯的铁匠》中。

22 托尔金对克莱德·基尔比坚决否认《大伍屯的铁匠》有自传性质，说本意只是想写个大蛋糕的故事，但基尔比也认为这个故事的自传和寓言色彩很明显。根据基尔比的分析，《大伍屯的铁匠》很多元素是针对乔治·麦克唐纳的寓言。老诺克斯即麦克唐纳，认为孩子只想看到精灵和甜点，看不到“大蛋糕”（仙境奇谭/童话）里的星星；主人公铁匠即托尔金自己，认为这是关于仙境奇谭的严肃事情。另外故事中提到主角的儿子内德依赖他的父亲，他只有从父亲的讲述和陪伴中才能认识“仙境”，这可能是在讲托尔金的儿子克里斯托弗，是个很好的评论者、合作者，但并非创造者。

23 来自1966年约翰·伊扎德的采访。

24 来自托尔金写给克莱德·基尔比的记录“故事的缘起”。托尔金很在意这部小说里的寓言成分，在一份未发表的文章开头强调其并非寓言，而是仙境奇谭，但下文又指出其寓言成分。罗杰·兰斯林·格林的评价直接点出了托尔金反复纠结的意图所在：“（从这个故事中）寻找意义，无异于切开一个皮球，寻找它的弹性根源。”

25 托尔金在前言中说，这两本书是相关的，以树与叶的象征，通过不同方式点出了论文中的“次创造”主题。

26 《托尔金书信集》，书信238号。

27 意指不支持发展商用超声速飞机。托尔金在《论仙境奇谭》的某个弃稿中表达了对飞机的深深厌恶，认为飞机“巢穴的吵闹粉碎了所有的宁静，还会突然间坠向人类脆弱的房屋……这还是在‘和平年代’。战争时期，飞机会升格为量产的杀戮工具”。

28 托尔金去世前一个月立的遗嘱中，赠予几家机构和亲友3200英镑，剩余的分给子女。他留下的净资产是14万英镑。

29 埃尔温（Elvin）即“精灵之友”的意思，当初基于同样的意思，刘易斯将“空间三部曲”主角取名为“埃尔温”（Elwin）。

第二章　伯恩茅斯

1　来自《四种爱》。

2　他在1968年10月写给儿子迈克尔的信中描绘了自己搬家后的心境，他记得桑菲尔德路家中书房里的每样东西，搬家后再也不是原样了，他说："这就像正在读的故事突然中断（一两个章节似乎缺失了），熟悉的情景全变了。很长一段时间，我感觉自己在做一场（噩）梦，可能某天醒来，发现自己又回到了老房子里。这还让我觉得坐立不安、不太自在——以及'疑神疑鬼'。"

3　乔伊·希尔后来回忆这段经历，提到托尔金家里"装满了爱好者来信和人们寄来的礼物——一瓶红葡萄酒、一张挂毯、霍比特人图画、银酒杯……大量蘑菇……我到了之后，第一项任务就是举行拆礼物仪式。然后开始工作，通常是激烈讨论出版社业务，比如他想把所有有趣的信件归类为'甲等'……你会和他一起散步，他会给你来一堂半小时讲不停的讲座，关于弗罗多在道德上的失败，或是某个词语的来源。另外乔伊·希尔还回忆了一件轶事，有天托尔金在剪爱好者寄来包裹的扎绳时说，如果这是个镶满钻石的金手镯，"这就是你的"，当然这不是。很久后她另一次到访时，托尔金说，既然拆遍了包裹都没发现金手镯，"我决定这首《比尔博最后的歌》就是给你的金手镯"。他将这首诗的版权送给了希尔。

4　相关的文章分别为"精灵的衰老""努门诺尔人的衰老""精灵的年龄与努门诺尔人""死亡"，均收录在2021年卡尔·霍斯泰特编辑的《中洲的自然与本质》一书中。

5　阿恩·塞特斯滕在《托尔金的双重世界和创造历程》中解释，晚年的托尔金"对自己的能力失去了信念"，他说自己邀请托尔金去丹麦的《贝奥武甫》可能的发生地游览，确保他一路上舒适无虞，但托尔金坚定地说："不不，想都别想！这会搞得我很累！现在我已经不怎么出门旅游了，而且这地方太远。"他还说，托尔金依然有兴趣了解语文学的最新进展，但没精力再投入研究破解相关问题之中，也没精力去研究《隐修女指南》诸多文本之间错综复杂的关系了。而关于《精灵宝钻》，托尔金确信儿子克里斯托弗最终能完成出版任务。另外，托尔金生前最后创作的《宝钻》文本是关于加拉德瑞尔的。

6 托尔金在当天给威廉·凯特的信里说："(伊迪丝的)勇敢和决心(关于这点你说的是真的)让她似乎熬到了恢复的边缘，但病情突然恶化，她抗争了将近三天，终究失败了。最后她死得很安详。我被彻底抛下了，还无法振作起来，但我的家人和许多朋友在我身边。"《托尔金书信集》，书信331号。

第三章　默顿街

1 东门饭店，即东门酒馆。

2 托尔金在给儿子迈克尔的信中说："总体上我觉得很不'真实'，感觉已经没人可以对话了……我还会去想'我要跟伊(迪丝)说下这事'，突然觉得自己像一艘大船沉没后被遗弃的人，站在冷漠的苍天下、荒芜的孤岛上。"托尔金同时回忆，自己母亲死时，他徒劳地向天空挥手，说"这真是空旷而寒冷"。弗朗西斯神父死时，托尔金对C. S. 刘易斯说："我感觉像真实的世界已经逝去，我是一个迷失在完全陌生的世界的幸存者。"托尔金还说，"如今，她比贝伦先走一步，让他当真只剩独手，但是他没有力量去打动铁面无情的曼督斯，而在这个堕落的阿尔达王国里，也没有'死而复生者之地'，人们都在敬奉魔苟斯的仆人们……"《托尔金书信集》，书信332号。

3 托尔金在授勋前描述女王："我是她忠诚的子民之一，非常仰慕她，虽然她的恩典并不包括她的嗓音。"托尔金给克里斯托弗岳丈的信中提到，觉得自己凭借"对文学的贡献"获得勋章很有意思，因为他长期以来感受到英语文学研究群体对他的敌意。他认为自己获得牛津的名誉文学博士价值更大，因为大学里很少有人获此殊荣。

4 克里斯托弗后来完成了《精灵宝钻》和《中洲历史》(涉及《精灵宝

钻》和《魔戒》的文稿）等编辑出版，详见附录三。雷纳·昂温回忆，他在托尔金的葬礼上委婉地提醒克里斯托弗作为文学遗产执行人需要完成的工作。“但我没有料想到，克里斯托弗将终身致力于这一工作，完成出版的不只是跳票已久的《精灵宝钻》，还有因为他父亲的犹豫不决而搁浅的大量其他著作：《高文爵士》《未完的传说》《幸福先生》《圣诞老爸的来信》，还有最令人印象深刻的十二本《中洲历史》……结果出现了独一无二的情况：托尔金去世后出版的著作反而比他生前更多，而且他所有著作的销量逐年增加。”

5 托尔金对死亡有很多思考。死亡是托尔金始终关切的核心问题，他笔下精灵最大的特点就是不死，他也多次表示死亡是《魔戒》的主题。托尔金在1956年4月的书信草稿中提到，《魔戒》真正的主题更加恒久和艰难：死亡和永生。1957年11月17日的信件中说，《魔戒》其实并不是在说权力和支配，这些只是让故事的车轮向前而已，它说的是死亡和对不死的渴望。他又解释，死亡本身并非敌人，我们把“不死”和不受限制的长寿混为一谈，这种混淆才是敌人。他以阿拉贡的死亡和戒灵做对比，又说精灵们称“死亡”是伊露维塔给人类的礼物，这两种诱惑是不同的，一种是想摆脱承受太多的记忆，一种是想让时间停止。详见《托尔金书信集》，书信186、203号。

另在《托尔金在牛津》采访中，托尔金引用了两年前出版的波伏娃著作《安详辞世》，他说：“如果你真的要讲一个吸引人的长篇故事，让人们一直关注它，或者要讲有关人性的故事，它们总是围绕同一个主题，是吧？就是死亡，死亡的必然性。我前几天在报纸上读到摘录的波伏娃的几句话，对我来说真是一语中的，我读给你听吧。‘没有什么自然的死亡，人类身上发生的一切都不是自然的，因为他的存在本身就是对整个世界的质问。凡人皆有一死，但凡人之死都是意外之事，即便他知道自己将死，坦然接受，死亡仍是对他的一种不当的暴力。’不管你是否同意这些话，但这就是《魔戒》的主旨所在。”波伏娃《安详辞世》记录了自己母亲的死亡历程。他也曾对女儿普莉西拉说，一个人最有英雄气概的一面，就是尽其所能嘲笑自己的必死命运。

6 《托尔金书信集》，书信341号。

后记　一棵大树

1 来自《李尔王》(第五幕第二场)。这也是刘易斯母亲去世那天，她屋里所挂年历翻到的那页写的话。

2 即帕多瓦的圣安东尼教堂。

附录

附录三　J. R. R. 托尔金已发表作品

1 本传记于1977年首次出版，较为完善地整理了托尔金在1977年之前发表的作品及其版本信息。此后再版的英文原版传记中增添了若干重要著作，并删去了大部分译本信息。中文译本仿照先例将本表更新至2023年(新增条目和内容标记为*)，并依据2000年霍顿·米夫林版恢复了译本信息。此外，托尔金已发表作品相对完整的列表参见：*The J. R. R. Tolkien Companion and Guide*, Christina Scull & Wayne Hammond, HarperCollins, 2017，“Reader's Guide”下册附录“The Punlished Writings of J. R. R. Tolkien”。也可参见：*J. R. R. Tolkien: A Descriptive Bibliography*, Wayne Hammond, St Paul's Bibliographies, 1993。托尔金的中世纪学术研究列表参见：*J. R. R. Tolkien's Medieval Scholarship and its Significance*, Appendix A & B, Michael Drout, *Tolkien Studies, Vol04*, 2007, pp171–176。《霍比特人》各语言译本参见：《霍比特人：插图详注本》，托尔金著，道格拉斯·安德森注释，吴刚、黄丽媛译，上海人民出版社，2022年版，附录“《霍比特人》的译本及插图本”。其他作品的大致翻译情况参见*The J. R. R. Tolkien Companion and Guide*, Christina Scull & Wayne Hammond, HarperCollins, 2017，“Reader's Guide”下册附录“Translation of Tolkien's Works”。

2 即引用《贝奥武甫》的一行诗句（第3052行）。此处译文来自：《英国早期文学经典文本》，陈才宇译，浙江大学出版社，2007年版，第113页。

3 即“古老的灰色山丘下”一诗，其中有两句“马夫有只小醉猫，小猫会拉五弦琴”。

4 即“木叶长，蔓草绿”一诗，其中有一句“如椴叶一般轻盈”。

5 即牛津西部乡村金斯顿·巴格皮尤兹的缩写。

6 该词意义丰富，只能音译。它在《出埃及记》古英语版中指代埃塞俄比亚（Æthiops），其词源为Sigelhearwan。但正如托尔金所说，后者解释不了任何东西，本意还很模糊。《通往中洲之路》指出，由这个词可以衍生出两个中洲的概念，即“sigel”在古英语中表示“太阳”（sun）和“宝石”（seal），由此有了精灵宝钻（Silmaril）的概念；“hearwan”在拉丁语中表示“煤烟”（soot），在古英语中又会令人联想到穆斯贝尔（Múspell）的火之巨人，由此有了炎魔（Balrog）的概念。

7 托尔金拿到这本小册子后，手写更正了里面的许多印刷错误，以下是经他更正的标题：Ides Ælfscýne、Éadig Béo Þu、Ofer Wídne Gársecg、La, Húru。

8 美版第三部是1956年发行的。

附录四　资料来源与致谢

1 来自《高文爵士与绿骑士》。

2 雷纳·昂温提到，卡彭特一直在与克里斯托弗交流如何写这部传记。他把书稿交给克里斯托弗后，后者逐字逐句修改卡彭特的稿件，卡彭特回到自己卧室，用了一到两周重写全书，修改稿得到了克里斯托弗的认可，最终送交艾伦与昂温出版社出版。

C. S.刘易斯为托尔金作品写的书评

[1] C. S.刘易斯发表在《泰晤士报》上的评论《托尔金教授的霍比特人》

全文如下：

这本书大人都能反复阅读，所有喜欢这类童书的人注意了，一颗新星正冉冉升起。如果你喜欢《柳林风声》中河鼠和鼹鼠的冒险，你也会喜欢这本J. R. R.托尔金创作的《霍比特人》（艾伦与昂温出版社出版）。对这些小伙伴行动的社会和地理背景，如果你很重视它们的严谨性，那你会对这本书多一层喜欢。这位霍比特人，比尔博·巴金斯，像那位鼹鼠先生一样平凡，但命运促使他浪迹于矮人和精灵之中，行走在半兽人居住的高山之上，寻找巨龙看守的黄金。这是本孩子爱读的书，但老练的人看来，能看到这些角色几乎就是从神话中来的——尤其是爱吃鱼的可怜小人咕噜，还有野蛮又善良、半人半熊的贝奥恩，在他的花园里忙着养蜂。

事实是，有几项优点，此前从未结合在一起，在这本书里都有了：幽默，对孩子的了解，作为学者和诗人对神话的融会贯通。托尔金教授笔下的一个角色会在山谷边停下来说："嗯嗯！闻起来有精灵的味道！"可能要多年以后，才会诞生另一位能闻出精灵味道的作者。以托尔金的态度，他发明的东西绝非空穴来风。他亲自研究食人妖和巨龙，忠实地把他们描绘出来，远胜很多添油加醋的"原创"。配有如尼文的地图妙不可言，前往这一区域的年轻旅行家会发现，这地图相当可靠。

[2] C. S.刘易斯发表在《增刊》上的评论《一个献给孩子的世界》全文如下：

出版社宣称，《霍比特人》与《爱丽丝漫游仙境》非常不同，但都是牛津教授的娱乐之作。更重要的事实是，两者都属于一类小众书籍，虽然彼此截然不同，却都能指引我们进入它自己的世界，这世界似乎在我们跌跌撞撞闯进去前就已在运转了。但如果碰上合适的读者，他就会爱不释手。它可以与《爱丽丝》《平面国》《仙缘》《柳林风声》相提并论。

当然，要明确界定霍比特人的世界是不可能的，因为它前所未见。你的这次旅程行前无法预计，事后毕生难忘。作者妙笔绘制了黑森林、半兽人大门、长湖镇的插图与地图，我们由此在其中走马观花；而初次翻开书页时，我们的目光为矮人、巨龙的名字所吸引，也由此对其略知皮毛。而那里有数不尽的矮人，托尔金教授跳出了以往儿童故事的老花样，让如此扎根于其土壤、历史的生灵呈现在你面前——他对这些生灵的了解显然远超故事所需。那些老花样，也不足以让我们领略从故事开始的写实风格（“霍比特人是矮小的种族，个头比矮人要小［霍比特人没有胡子］，但比小人国里的人大多了”），到后来章节的史诗基调之间（“我心里倒也有个问题想问，如果你们来的时候发现我们已经被杀，宝藏无人看守，不知你们会分给我们的同胞多少他们应得的继承”），存在多么奇妙的转折。你必须自己发现故事的转折是如何不可避免的，如何随着主角的旅程起承转合。虽然所有的情节设计都令人拍案叫绝，但都不是随意为之：像我们世界中的居民一样，大荒野所有居民的存在似乎都合情合理，虽然那个撞见他们的幸运孩子对他们从哪儿冒出来毫无概念（他见识短浅的长辈们也没好多少），但他们其实深植于我们的血脉与传统之中。

必须理解，说这是一部儿童读物，仅仅因为我们可以在儿时初次阅读，此后反复重温。孩子们读《爱丽丝》会认真以待，成人读来却忍俊不禁，而《霍比特人》最年幼的读者会觉得它更趣味盎然，多年后当他第十次、第二十次重读，才会意识到其中包含了多么丰富的学识和深邃的思考，才能让书中的一切都如此水到渠成、如此可亲可近，而在它自己的逻辑中又如此真实可信。预言未来是有风险的，但《霍比特人》必然会成为一代经典。

［3］刘易斯发表在《时代与潮流》上的评论《诸神回归大地》全文如下：

这本书如同一道划过晴空的闪电，在我们这个年代，如同当年的《天真之歌》一般卓尔不凡、出人意料。要说这本书将英雄浪漫传奇，尤其是它锋芒毕露的绚丽雄辩特质突然带回到世间，在这个反对浪漫主义到近乎病态的年代里，这么说是不够的。对于生活在这个奇怪时代的我们，回归浪漫传奇（以及它完全抚慰了我们）无疑非常重要。但置身于浪漫传奇的历史之中（这段历史可上溯到《奥德赛》甚至更远），这本书不是一种回归，而是一种超越和革新：去征服新的疆界。

此前未曾出现过这样的作品。“你会严肃地看待这个故事，”内奥米·米奇森说，“如同对待马洛礼的故事一般。”而我们读《亚瑟王之死》会感觉真实可信，这多是它汲取了诸多世纪以来他人作品的深厚积淀。托尔金教授开天辟地的成就在于，他仅凭一己之力，就带来了几可匹敌的真实感。很可能这世上还没有另一本书提供了如此到位的范例，作者称之为“次创造”。每个作家都要从现实世界中获取素材，而在这里现实的影响（当然这种影响更为微妙）被小心地削弱到最低程度。他不满足于写故事，还以近乎铺张的态度，创造了一整个世界。这个世界有自己的宗教、神话、地貌、历史、古文书、语言、各种生灵，“充满了不胜枚举的神奇生物”，故事由此展开。单是各类名称就是场盛筵，让人联想到或是宁静的乡村（大洞镇、南区），或是伟岸与高贵（波洛米尔、法拉米尔、埃兰迪尔），或是斯密戈（又名咕噜）那样的恶心，或是对巴拉督尔、戈埚洛斯的邪恶力量愁眉不展，而最好的那些名称（洛丝罗瑞恩、吉尔松涅尔、加拉德瑞尔），它们展现出高等精灵的炫目之美，其他小说家从未达到这一境界。

这样一本书注定有一批铁杆读者，即便到了当下，他们也比一般认为的人数更多、更为挑剔。对他们来说，评论家不必过多置喙，只需点出此书之美如锋芒之利，又如寒铁之灼，这是本打破你心防的书，他们便会知晓这是喜事一桩，比他们期待的还要好。为了让这些读者更开心，评论家只需添上一笔：我保证此书会是一本壮丽长卷，而且只是三本书里的第一本。但这本书太有价值，如果只是让这些铁杆拥护者心悦诚服颇为可惜。我必须对那些尚未被征服的人（“非天生拥趸”）讲几句。至少至少，我可以撇清一些可能的误解。

首先，我们必须清楚地看到，虽然《魔戒同盟》某种程度上延续了该作者《霍比特人》的童话故事，但并非一本成人版的“青少年读物”。真相恰恰相反，《霍比特人》仅仅是从作者的宏大神话中撕下的碎片，改编得适宜孩子阅读，这个过程中必然会失去些什么。最终，《魔戒同盟》以一种栩栩如生的方式为我们真实展现了上述神话的轮廓。第一章可能会助长这种误解，作者在其中的文风（冒了点风险）

近乎早期轻快得多的风格。那些被整本书深深触动的人，可能不太会喜欢第一章。

当然开头这么写有很好的理由，再之前的楔子更是如此（这篇楔子极为精彩）。首先我们当然会深深沉浸于“温暖如家”、轻松自在的氛围，甚至霍比特人这种生灵的粗俗质朴之中（一种赞扬），这非常重要。霍比特人这个种族毫无野心、和平温顺，甚至几乎无为而治，他们的脸“和善而非美丽”“经常开怀大笑，吃吃喝喝”，把抽烟草视为一种艺术，喜欢阅读那些介绍他们已知事物的书籍。这不是关于英格兰民族的寓言，但可能是只有英格兰人（或者我们还要加上荷兰人？）才能创造的神话。霍比特人（或者说“夏尔”）以及某些霍比特人所承受的可怕使命之间，形成了鲜明反差，这差不多就是本书的核心主旨。霍比特人将夏尔颇为贫乏的欢乐视为司空见惯、理所应当，当他们发现事实上自己只是偏安一隅、欢乐并不长久，而这一切均有赖于霍比特人不敢想象的力量的庇佑，感觉大为惊骇。任何一个霍比特人都可能被迫离开夏尔，卷入更大的冲突之中。更怪异的是，这个几乎最弱小的人，将决定最强大势力之间的冲突如何发展。

书中没有指向某个特定的神学、政治学、心理学议题，这表明我们读的是神话，并非寓言。对每个读者，神话指向他最熟悉的那个国度。这是把万能钥匙，你能用来开自己喜欢的那扇门。而《魔戒同盟》中还有其他一些同样重要的主旨。

这就是为什么诸如“逃避主义”“怀旧”之类的标签，以及对“私人创造世界”的不信任，都没拿上审判台。这里没有［夏洛蒂·勃朗特笔下的］安格利亚，没有白日梦。这是个理性清醒的发明，逐步显露作者的构想。这个世界我们都能涉足其中、探索其中，发现其中的一体至衡，称呼它是“私人”的世界有何意义？至于逃避主义，我们主要逃避的是日常生活的幻象。当然我们面对痛苦没有逃避。且不论诸多舒适的炉边时光，不论诸多满足了我们身上的“霍比特人”而享受到的欢愉时刻，对我来说，痛苦几乎就是基调。但这并非异于常人或冥顽不灵之人的痛苦（如我们这个时代最典型的文学形象）：而是曾享受过欢愉的人们感受到的痛苦，他们目睹了邪恶出现，熬到了邪恶消失，重新变得快乐。

而怀旧的确存在，这份怀旧并非属于我们或作者，而属于角色本身。这与托尔金教授最了不起的成就之一息息相关。我们本以为虚构世界中最缺乏的特质就是一致性，事实上我们也会不安地感到，在大戏帷幕拉起前，《疯狂的罗兰》《奇迹岛的水》的世界完全不存在。但在托尔金世界的广袤大地上，从埃斯加洛斯到佛林顿，从埃瑞德米斯林到可汗德，你无论踏足何处，很难不扬起一点历史的尘埃。除了极少数的时刻，我们自己的世界与过去的羁绊并不如此紧密。而历史的羁绊就是主角们所承受的痛苦之一。伴随着痛苦，也带来了不寻常的快乐。他们一度为已逝文明和过往辉煌的回忆所困，他们活过了第二和第三纪元，在长久的年月中畅饮生活之酒。我们阅读此书，共享了他们的重担，我们读完之后，回到自己的生活，并未如释重负，却沉醉其中。

但此书的内涵还不止于此。时不时地，我们只能从书本信息中推断出作者惯常的想象事物，对此（有人会）觉得非常陌生。我们看到的形象如此充满生机（并非人类的那种生机），让我们自己所谓的痛苦和快乐显得微不足道。汤姆·邦巴迪尔和让人难忘的恩特都是其中之一。当一个作家的创作甚至脱离了他而独立存在时（更别说也脱离了其他人），这肯定是创造所能达到的最高境界了。说到底，是否神话创造中包含了并非最多，却是最少的主观因素呢?

尽管说了这么多，我还是遗漏了这本书里的几乎所有东西，比如葱郁的森林、饱满的热情、高贵的德性和遥远的天际线。纵然让我畅所欲言，也难以写尽个中一二。归根结底，这本书最明显也是最深重的引人入胜之处："尽管那时也有悲伤，有聚拢的黑暗，但还有非凡的英勇，以及并未全然成空的伟大功绩。"并未全然成空——这是介于梦幻与梦醒之间，那个冷静的中间点。

[4] 刘易斯发表在《时代与潮流》上的评论《将权力废黜》全文如下：

当我评论这个作品的第一部时，虽然肯定它应当大获成功，但对此还不敢抱什么期望。很高兴事实证明我错了。然而，最好还是借此机会回应一条错误的评价。有人抱怨（第一部的）角色都非黑即白，既然第一部的高潮主要是波洛米尔心中的正邪之争，怎么会有人说出这样的话，倒是不容易理解。我来猜测一下。“在这样的时代，一个人该如何判断自己该做什么？”第二部中有人这么问。“他过去如何判断，现在就如何判断。”有人回答。“善恶从来都不曾改变。它们在精灵和矮人当中，与在人类当中并无不同。”

这就是整个托尔金世界的基石。我认为有些读者看到（而且反感）黑白对立，误以为看到的是不同群体非黑即白。看着国际象棋的棋盘，他们认为（无视事实）所有棋子都该像“象”一样，只在同一颜色的格子上移动。但纵然是这样的读者，也很难觍颜对待［《双塔殊途》和《王者归来》］这最后两部。即便正义一方的动机都是复杂的，如今的叛徒往往肇始于当初相对无辜的意图。英雄的洛汗和帝国刚铎都带着病体。甚至可怜的史密戈，在故事将近尾声前都会闪过良善的念头，而且有个悲惨的悖论，正是由最无私的角色说出的一段意料之外的话，让他最终掉下了悬崖。

每一部有两卷，既然六卷书都已摆在了我们面前，这个浪漫传奇高度体系化的特质便显露无遗。由第一卷确立的主题，在第二卷中延续，很多回忆文字对此进行了补充。然后转折来临。第三第五卷中，魔戒同盟分道扬镳，他们的命运卷入了各路势力的大网中，这些势力因为与魔多的关联而集结重组。而第四卷和第六卷开头（这一卷后面当然给出了所有的结局）围绕独立于此的主题展开。但我们无法忽略主题与其他内容之间的密切联系。一方面，整个世界走向战争，故事回荡着飞奔的马蹄声、号角声、兵刃的碰撞声。另一边，在非常遥远的地方，凄惨的主人公在魔多的昏暗中艰难前行（像矿渣堆上的老鼠）。我们始终明白，世界的命运寄托在小人物而非大人物的行动中。这是最高层面的体系化的创造：最大程度放大了故事中那些受难、讽刺、庄严的元素。

当今的“青少年读物”评论家习惯使用戏谑、怪诞的腔调，但这并不适用于这本书的主题。它当然是严肃的，与日俱增的痛苦，颈项上魔戒的重负，霍比特人抛下所有流芳百世的希望或遗臭万年的恐惧后，顺理成章变成了英雄。如果没有本书后面那些目不暇接的章节来解压，你会觉得难以忍受。

当然那些章节绝非稍逊一筹，其中有数不尽的伟大时刻（比如刚铎围城时的公鸡啼叫）。我提一下两个贯穿全书的（也是全然不同的）优点。意料之外的是，一个是现实主义。这场战斗正具有我们这一代所知的战争特质，所有的尽在于此：无休无止、令人费解的行军转移，“一切到位”时前线死一般的寂静，逃难的平民，生动的友谊，近乎绝望的背景和欢快的前景，还有天赐的意外之财，比如把烟草从废墟中“抢救”出来，作为躲避战争之选。作者曾告诉我们，他对仙境奇谭的品位在服役期间被唤醒而成熟，这就是为什么我们可以如此描绘他的战场景象（引自矮人吉姆利的话），“这里的岩石很好。这片大地有坚硬不屈的骨架。”另一个优点是，没有任何人和任何物种的存在只是情节所需。所有生灵都在努力自谋生路，即便与情节毫无关联，就凭他们的特质，他们就值得被创造出来。若在其他作者笔下（如果别人能创造出来的话），树须就值得写一整本书。他的眼睛“装满了经年累月的记忆和漫长、和缓、稳定的思虑”。他的年岁越长，姓名也越长，如今已讲不出真名，要拼完也会费时良久。当他认识到自己站立的地方是座山丘时，抱怨要拿来称呼如此历史悠久之地，“这词还是太草率了”。

树须多大程度上可视为“作者自况”还有待斟酌，但当作者听闻有人想把魔戒视为氢弹、把魔多视为苏联，我想他会称之为“草率”之辞。人们觉得要花多久才能发展出他笔下的世界？他们不会认为这能像现代国家树立头号公敌或现代科学家发明新武器一样快吧？托尔金教授开始写作时，很可能还没发现核裂变，而魔多的当代化身距离我们的海岸线要近太多了。但这个作品教导我们索隆将永远存在，魔戒大战只是对抗他的数千场战争之一罢了。每次战斗我们都要保持警惕，生怕这就是索隆的最终胜利，在此之后将“再也没有歌谣。”我们一再发现“东风又吹起，树木尽数枯萎的时候可能要逼近”的清晰证据。每次我们获胜，应当认识到胜利只是暂时的。如果我们要坚持追问故事教给了我们什么，那就是如下这些：从不切实际的乐观和悲观恸哭中抽身，痛苦地（但还没完全绝望）洞悉人类不变的困境，英雄时代就曾立基于这些困境之上。北欧神话与此最为亲近不过，你能听到锤击之声，也能感受怜悯之情。

“但为什么”（有人会问），“如果你必须严肃点评人类的真实生活，为什么一定要借助于讲述你自己幻想中的镜花水月这种方式呢?”因为我认为，作者想说的主要内容之一，即人们的真实生活本身就有那种神话与英雄的品质。我们可以在他的形象塑造中看到一些起了作用的原则。他把一个角色简单地设定为精灵、矮人、霍比特人，就基本完成了现实主义作品的“人物形象描述”环节。这些幻想生灵的外在体现了他们的内在，他们的灵魂一目了然。而人类作为一个整体，与周遭万物截然不同，在有人成为仙境奇谭的主角前，我们可曾看到过他？书中伊奥梅尔［身边的骑手］草率地将“绿草地”与“传奇故事”类比，阿拉贡答复说，绿草地本身就是“传说中的重头戏”。

神话的价值，在于它的素材来自我们所熟知的事物，然而“熟知的面纱”遮蔽了它们丰富而又重要的特性，而神话为我们重新展现了这些特性。孩子假装他吃的冷盘肉来自自己用弓箭猎杀的水牛（不然就难以下咽了），吃得津津有味，这么做很聪明。沾了故事的酱料，送入口的真实的肉更加可口了，你可以说直到此时这才是份真正的肉。如果你厌倦了真实的景色，试着从镜子里去看它。将面包、金子、马、苹果或者道路置于神话之中，我们并未逃离现实，我们重新发现了现实。只要故事还留在我们脑海中，真实的事件就有了更多的含义。这本书不仅如此探讨面包或苹果，还探讨正义与邪恶，探讨我们永远存在的危险，探讨我们的痛苦、我们的欢乐。通过将它们浸润在神话中，我们更加认清了它们。我想不出还有其他方式能实现这点。

这书太有独创性、太过丰富，第一次阅读难以盖棺论定。不过我们马上就知道它影响到了我们，我们读后再也不同以往。我们以后每次重读前都要小心计划，但我几乎不怀疑，它很快将会列入人们的必读之书。

译者注释参考文献

“附录三 J. R. R. 托尔金已发表作品”中提到的文献此处不再列举。

《19世纪以来牛津导师制发展研究》，杜智萍，内蒙古大学出版社，2011年版。

《C. S. 路易斯：天赋奇才，勉为先知》，阿利斯特·麦格拉思著，苏欲晓、傅燕晖译，上海三联书店，2018年版。

《埃达》，石琴娥、斯文译，译林出版社，2000年版。

《贝奥武甫：古英语史诗》，冯象译，三联书店，1992年版。

《不列颠诸王史》，蒙茅斯的杰佛里著，陈默译，广西师范大学出版社，2009年版。

《沉寂的星球》，C. S. 刘易斯著，马爱农译，译林出版社，2011年版。

《霍比特人：插图详注本》，J. R. R. 托尔金著，道格拉斯·安德森注释，吴刚、黄丽媛译，上海人民出版社，2022年版。

《霍比特人》，J. R. R. 托尔金著，吴刚译，上海人民出版社，2014年版。

《惊悦：C. S. 刘易斯自传》，C. S. 刘易斯著，丁骏译，上海文艺出版社，2016年版。

《坎特伯雷故事》，杰弗雷·乔叟著，方重译，上海译文出版社，1983年版。

《萨迦》，石琴娥、斯文译，译林出版社，2003年版。

《四种爱》，C. S. 刘易斯著，汪咏梅译，华东师范大学出版社，2013年版。

《索姆河战役：第一次世界大战的幽灵》，约翰·邓肯著，梁力乔译，华文出版社，2019年版。

《托尔金：中洲缔造者》，凯瑟琳·麦基尔韦恩编，邓嘉宛、石中歌译，上海人民出版社，2023年版。

《小埃达》，斯诺里·斯蒂德吕松著，林艳榕、管昕玥译，译言·古登堡计划，https://read.douban.com/ebook/37953490/?dcs=search。

《写给青少年看的狼族传说故事》，威廉·莫瑞斯著，知青频道出版社，2008年版。

ハンフリー·カーペンター，J. R. R. トールキン：或る伝記。菅原啓州 訳，評論社，2002。

Anderson, Douglas. J. R. R. Tolkien and W. Rhys Roberts's 'Gerald of Wales on the Survival of Welsh', *Tolkien Studies* 2, 2005, pp 230–234.

——. Obituary: Humphery Carpenter (1946–2005), *Tolkien Studies* 12, 2005, pp 217–224.

——. R. W. Chambers and The Hobbit, *Tolkien Studies* 3, 2006, pp 137–147.

——, ed. *Tales Before Tolkien: the Roots of Modern Fantasy*. Del Rey, 2003.

Arduini, Roberto & Testi, Claudio, ed. *Tolkien and Philosophy*. Walking Tree, 2014.

Benedikz, B. S.. Some Family Connections with J. R. R. Tolkien, *Mallorn* 209, 2008, pp 11–13.

Blok, Cor. *A Tolkien Tapestry: Pictures to Accompany The Lord of the Rings*. HarperCollins, 2011.

Bowers, John. *Tolkien's Lost Chaucer*. Oxford University Press, 2019.

Brewer, Derek & Gibson, Jonathan, ed. *A Companion to the Gawain-poet*. D. S. Brewer, 1997.

Bru, José Manuel Ferrández. 'Wingless fluttering': Some Personal Connections in Tolkien's Formative Years, *Tolkien Studies* 8, 2011, pp 1–15.

——. *'Uncle Curro': J. R. R. Tolkien's Spanish Connection*. Luna Press, 2018.

Bunting, Nancy. Tolkien in Love: Pictures from Winter 1912–1913, *Mythlore* 32-2, 2014, pp 7–14.

Burns, Maggie. John Ronald's Schooldays, *Mallorn* 45, 2008, pp 27–31.

——. 'An unlettered peasant boy' of 'sordid character' —Shakespeare, Suffield and Tolkien, *Mallorn* 49, 2010, pp 17–23.

——. They Sleep in Beauty, *Amon Hen* 201, 2006, pp 11–12.

Carey, John. *The Unexpected Professer: An Oxford Life in Books*. Faber & Faber, 2014.

Carpenter, Humphrey. *J. R. R. Tolkien: uma biografia*. Ronald Kyrmse(translator), Omar de Souza, 2018.

——. *J. R. R. Tolkien*. Cigdem Erkal(translator), Türkiye iş Bankasi, 2013.

——. *The Inklings: C. S. Lewis, J. R. R. Tolkien, Charles Williams and their friends*. HarperCollins, 2006.

——. *Secret Gardens: The Golden Age of Children's Literature*. Houghton Mifflin, 1985.

——. "… One Expected Him to Go On a Lot Longer": Humphrey Carpenter Remembers J. R. R. Tolkien, *Minas Tirith Evening-star*, Vol 9, No 2, 1980, pp 10–13.

—— & Sayer, George & Kilby Clyde. A Dialogue: Discussion by Humphrey Carpenter, Professor George Sayer and Dr. Clyde S. Kilby,recorded Sept. 29, 1979, Wheaton, Illinois, *Minas Tirith Evening-star*, Vol 9, No 2, 1980, pp 14–18.

Chance, Jane, ed. *Tolkien the Medievalist*. Routledge, 2003.

Christopher, Joe. J. R. R. Tolkien, Narnian Exile, *Mythlore*, Vol 15, No 1, 1988, pp 37–45.

Cilli, Oronzo. *Guida completa al mondo di Tolkien*. Vallardi, 2022.

——. *Tolkien e l'Italia: Il mio viaggio in Italia*. Cerchio, 2016.

——. *Tolkien's Library: An Annotated Checklist*. Luna Press, 2019.

Croft, Janet Brennan & Donovan, Leslie A., ed. *Perilous and Fair: Women in the Works and Life of J. R. R. Tolkien*. Mythopoeic Press, 2015.

Currie, Elizabeth & Lewis, Alex. *Tolkien's Switzerland: A Biography of One Special Summer*. Elansea, 2019.

Drout, Michael. J. R. R. Tolkien's Medieval Scholarship and its Significance, *Tolkien Studies* 4, 2007, pp 171–176.

Dunshire, Brin. And the Mabinogion, *Amon Hen* 54, 1982, pp 7–10.

Edwards, Raymond. *Tolkien*. Robert Hale, 2014.

Farrall, Robert & Salu, Mary, ed. *J. R. R. Tolkien, Scholar and Storyteller*. Cornell University Press, 2013.

Fimi, Dimitra. *Tolkien, Race and Cultural History: From Fairies to Hobbits*. Palgrave Macmillan, 2009.

Fisher, Jason, ed. *Tolkien and the Study of His Sources: Critical Essays*. McFarland, 2011.

Fletcher, Rachel A..Tolkien's Work on the Oxford English Dictionary: Some New Evidence From Quotation Slips. *Journal of Tolkien Research*, Vol 10, Iss 2, 2020, Art. 9.

Flieger, Verlyn. *A Question of Time: J. R. R. Tolkien's Road to Faërie*. Kent State University Press, 2001.

——. *Interrupted Music: The Making of Tolkien's Mythology*. Kent State University Press, 2005.

——. *Splintered Light: Logos and Language in Tolkien's World*. Kent State University Press, 2002.

—— & Hostetter, Carl, eds. *Tolkien's Legendarium: Essays on The History of Middle-earth*. Greenwood Press, 2000.

Fliss, William & Schaefer, Sarah. *J. R. R. Tolkien: The Art of the Manuscript*. Marquette University, 2022.

Garth, John. Robert Quilter Gilson, T. C. B. S.: A Brief Life in Letters, *Tolkien Studies* 8, 2011, pp 67–96.

——. 'The road from adaptation to invention': How Tolkien Came to the Brink of Middle-earth in 1914, *Tolkien Studies* 11, 2014, pp 1–44.

——. *The Worlds of J. R. R. Tolkien: The Places that Inspired the Writer's Imagination*. White Lion Publishing, 2020.

——. *Tolkien and the Great War: The Threshold of Middle-earth*. HarperCollins, 2004.

——. *Tolkien at Exeter College: How an Oxford undergraduate create Middle-earth*. Exeter College, 2019.

Gilliver, Peter & Marshall, Jeremy & Weiner, Edmund, eds. *The Ring of Words: Tolkien and the Oxford English Dictionary*. Oxford University Press, 2006.

Gilson, Christopher & Patrick Wynne. Bird and Leaf, Image and Structure in Narqelion, *Parma Eldalamberon* 9, 1990, pp 6–32.

Glyer, Diana Pavlac. *Bandersnatch: C. S. Lewis, J. R. R. Tolkien, and the Creative Collaboration of the Inklings*. Black Squirrel Books, 2016.

Goodknight, Glen & Reynolds, Patricia, eds. *Proceedings of the J. R. R. Tolkien Centenary Conference 1992*. Milton Keynes & Altadena, 1995.

Gorelik, Boris. 'Africa... always moves me deeply':Tolkien in Bloemfontein. *Mallorn* 55, 2014, pp 5–10.

Green, Roger Lancelyn. Recollections of Tolkien, *Amon Hen* 44, p.16.

—— & Hooper, Walter. *C. S. Lewis: A Biography*. HarperCollins, 2002.

Hammond, Wayne & Scull, Christina. *J. R. R. Tolkien: Artist and Illustrator*. Mariner Books, 2000.

——. *The Lord of the Rings: A Reader's Companion*. HarperCollins, 2014.

Harvard, R. E.. Professor J. R. R. Tolkien: A Personal Memoir, *Mythlore*, Vol 17, No 2, 1990, p.61.

Hayes, John & Morton, Andrew. *Tolkien's Gedling: The Birth of a Legend*. Brewin Books, 2008.

Hicklin, William & Tolkien, J. R. R.. The Chronology of The Lord of the Rings, *Tolkien Studies* 19, 2022 Supplement, pp 22–152.

Higgins, Andrew. *The Genesis of J. R. R. Tolkien's Mythology*, Cardiff: Cardiff Metropolitan University, 2015.

Höfundur er ljósmyndari. Barnfóstran frá Íslandiog Tolkien-fjölskyldan, *Morgunblaðið*, 28 Feb. 1999, pp 26–27.

Hyde, Paul Nolan. 'Narqelion', *Vinyar Tengwar* 12, 1990, pp 16–17.

Jakupcak, Sister Maria Frassati. 'A Particular Cast of Fancy': Addison's Walk with Tolkien and Lewis, *Tolkien Studies* 11, 2014, pp 45–66.

Kärkkäinen, Pekka & Vainio, Olli-Pekka, eds. *Apprehending Love: Theological and Philosophical Inquiries*. Luther-Agricola-Society, 2019.

Kilby, Clyde. *Tolkien and the Silmarillion*. Harold Shaw, 1976.

Lee, Hermione. *Penelope Fitzgerald: a life*. Alfred A. Knopf, 2013.

Lee, Stuart D.. 'Tolkien in Oxford' (BBC, 1968): A Reconstruction, *Tolkien Studies* 15, 2018, pp 115–176.

Lewis, C. S. *Image and Imagination*. HarperCollins, 2013.

Lewis, Warren & Kilby, Clyde(ed.) & Mead, Marjorie(ed.). *Brothers and Friends: The Diaries of Major Warren Hamilton Lewis*. Ballantine Books, 1982.

Louis, Roger, ed. *Penultimate Adventures with Britannia: Personalities, Politics and Culture in Britain*. I.B. Tauris, 2007.

Mathison, Phil. *Tolkien in East Yorkshire 1917–1918: An Illustrated Tour*. Dead Good, 2012.

McIlwaine, Catherine & Ovenden, Richard. *The Great Tales Never End: Essays in Memory of Christopher Tolkien*. Bodleian Library, 2022.

Noad, Charles E.. Annual Centural Meeting of the Tolkien Society, *Mallorn* 8, 1974, pp 20–26.

——. Donald Swann Obituary, *Amon Hen* 127, 1994, pp 11–12.

——. 'Tolkien Reconsidered': A Talk by Humphrey Carpenter Given at the Cheltenham Festival of Literature, *Amon Hen* 91, 1987, pp 12–14.

——. TS's Offical Vera Chapman Obituary, *Amon Hen* 140, 1996, pp 4–5.

Noia, Marco di. Best wishes from Thorin and Company: Following Tolkien trails in Oxford, *Amon Hen* 212, 2008, pp 18–23.

Ordway, Holly. *Tolkien's Faith: A Spiritual Biography*. Word on Fire Academic, 2023.

Organ, Michael. Tolkien's Japonisme: Prints, Dragons, and a Great Wave, *Tolkien Studies* 10, 2013, pp 105–122.

Pearce, Joseph, ed. *Tolkien A Celebration: Collected Writings on a Literary Legacy*. Ignatius Press, 2001.

Pełczyński, Zbigniew. My J. R. R. Tolkien Memories, *Simbelmynë* 2(31), 2018, pp 11–13.

Phelpstead, Carl. *Tolkien and Wales: Language, Literature and Identity*. University of Wales Press, 2011.

Priestman, Judith. *J. R. R. Tolkien: Life and Legend*. Bodleian Library, 1992.

Rateliff, John D.. 'And Something Yet Remains to Be Said': Tolkien and Williams, *Mythlore*, Vol 12, No 3, 1986, pp 48–54.

Resnick, Henry. An Interview with Tolkien. *Niekas* 18, 1967, pp 37–47.

Reynolds, Pat. 991–1991 Battle of Maldon Millennium, *Amon Hen* 112, 1991, pp 22–24.

Russell, Beth. The Birthplace of J. R. R. Tolkien, *Tolkien Studies* 2, 2005, pp 225–229.

Sayer, George. *Jack: A Life of C. S. Lewis*. Harper & Row, 1994.

——. Recollections of J. R. R. Tolkien, *Mythlore*, Vol 21, No 2, 1996, pp 21–25.

Scull, Christina & Hammond, Wayne. *The J. R. R. Tolkien Companion and Guide* (2nd Edition). Harper Collins, 2017.

Sherwood, Will. Tolkien and the Age of Forgery: Improving Antiquarian Practices in Arda, *Journal of Tolkien Research*, Vol 11, Iss 1, 2020, Art. 4.

Shippey, Tom. *J. R. R. Tolkien: Author of the Century*. HarperCollins, 2000.

——. *The Road to the Middle-earth*. HarperCollins, 1982.

——. ed. *Leaves from the Tree: J. R. R. Tolkien's Shorter Fiction*. Tolkien Society, 1991.

Simpson & Weiner, ed. *Oxford English Dictionary* (2nd Edition). Clarendon Press, 1989.

Smith, Arden & Wynne Patrick. Tolkien and Esperanto, *VII: Journal of the Marion E. Wade Center*, Vol 17, 2000, pp 27–46.

Stanley, Eric. C. S. Lewis and J. R. R. Tokien as I knew them (never well), *Journal of Inklings Studies*, Vol 4, No 1, 2014, pp 123–142.

Swann, Donald. *Swann's Way: A Life in Song*. William Heinemann, 1991.

Sweetman, David. *Mary Renault: A Biography*. Harcourt Brace & Company, 1993.

Tolkien, Christopher. The Silmarillion by J. R. R. Tolkien: a Brief Account of the Book and Its Making, *Mallorn* 14, 1980, pp 3–8.

Tolkien, J. R. R. & Flieger, Verlyn. 'The Story of Kullervo' and Essays on Kalevala, *Tolkien Studies* 7, 2010, pp 211–278.

Tolkien, J. R. R.. *A Secret Vice: Tolkien on Invented Languages*. Dimitra Fimi & Andrew Higgins, eds, HarperCollins, 2016.

Tolkien, Michael. An Interview with Michael Hilary Reuel Tolkien, *Minas Tirith Evening-star*, Vol 18, No 1, 1989, pp5–9.

Tolkien, Priscilla. Talk Given at the Church House Westminster on 16.9.77, *Amon Hen* 29, pp 4–6.

—— & Tolkien, John. *The Tolkien Family Album*. Houghton Mifflin, 1992.

Unwin, Rayner. *George Allen and Unwin: A Remembrancer*. Merlin Unwin Books, 2021.

van Rossenberg, René. Tolkien's Exceptional Visit to Holland: A Reconstruction, *Mythlore*, Vol 21, No 2, 1996, pp 301–309.

Williams, Hugh. Selected Official Documents of the South African Republic and Great Britain, *The Annals of the American Academy of Political and Social Science*, Vol 16, Supplement 14, 1900, pp 65–72.

Wilson, A. N.. *C. S. Lewis: A Biography*. W. W. Norton & Company, 2002.

Zaleski, Philip & Zaleski, Carol. *The Fellowship: the literary lives of the Inklings, J. R. R. Tolkien, C. S. Lewis, Owen Barfield, Charles Williams*. Farrar, Straus & Giroux, 2015.

Zettersten, Arne. *J. R. R. Tolkien's Double Worlds and Creative Process: Language and Life*. Palgrave Macmillan, 2011.

译后记

我第一次接触这本《托尔金传》时，完全是当旅游指南来读的。

当时2018年，正好托尔金展览在牛津举办，《刚多林的陷落》新书上市，我有了去英国参加活动的想法，顺道看下伯明翰和牛津的托尔金遗迹。本来只想根据《托尔金传》寻访旧踪，却对传记本身入了迷：托尔金是严肃的学者，也是满脑子奇思妙想的史诗创作者，还是亲切的丈夫、热情的朋友、可爱的父亲，这些形象充满反差，而又与自己的作品充满千丝万缕的联系，这一切都太有趣了。一直以来，我都盼望能看到这本书的中文版。

所以后来接到翻译《托尔金传》的任务，我感到突然，却也做好了准备。我已经读过几遍，多少品出了作者的用心。卡彭特的原稿略显啰唆，扯开讲了不少细枝末节，后来全面删繁就简，正式文本非常流畅简洁（但也删减了引用的书信原文，个别会产生歧义，注释中做了说明、补全）。作者还用了类似章回体的结构，很多地方草蛇灰线、伏笔千里，增强了可读性。我甚至不觉得自己是译者，而是守着热播剧的观众，恨不得立刻看到下一集，解开一个个悬疑和问题，所以在两个月内就完成了初稿。

作者很有幽默感（我在纪录片中看到的卡彭特快人快语，始终面带微笑，颇有些托尔金的风采），文采斐然，有些语句深具对仗之美，笔下一幅维多利亚时期牛津校园和社会生活的画卷徐徐展开，我尽可能在译文和注释中对此予以还原。

而这本书不仅是传记佳作，还是“托尔金学”研究的重要原典，相当多研究托尔金的书籍、文章都会引用它、讨论它，这就给翻译带来了另一番问题。托尔金研究专家汤姆·希比为英国《卫报》推荐了10本托尔金读物，卡彭特的传记名列榜首，但希比也说，这本书还“不完善”。约翰·拉特利夫评价这本书是“官方传记。一些细节上不准确，但过了三十年，在回顾托尔金一生这方面，依然未被超越”。不完善、不准确，都没说错。虽然这本书经过了克里斯托弗·托尔金的逐字逐句修改，保证了严谨可靠，但它出版近半世纪，托尔金研究早已今非昔比。翻译前，我正好读了哈蒙德和斯卡尔夫妇的三卷本《托尔金：参考与导读》，此后和戴故秋研究了克里斯托弗·托尔金编辑的《中洲历史》和拉特利夫的《〈霍比特人〉的历史》，还有其他诸多研究，它们都对《托尔金传》进行了纠错或补充。我无法视若无睹，于是冒着“译者痕迹过重”的大不韪，添加了一些注释，努力权衡学术性和趣味性，提供一个更丰满、更准确的托尔金形象。为了确保阅读的流畅，我尽可能在注释和原文、附录中减少中英混排，省略了大部分注释的出处，并在附录中增加了专名对照表和译者注释参考文献。我还通过注释，指出正文中提到的那些托尔金“未完成”手稿，大多在附录三中交代了下落。卡彭特精心制作了这份作品列表，可能就是想告诉我们，至少可以将此书视为一份“旅游指南”，按图索骥，从《魔戒》《霍比特人》到《精灵宝钻》，再到传说故事集和语文学研究，走向中洲和托尔金研究的广袤世界。

托尔金的世界丰富而庞杂，这本传记也包罗万象。我深感幸运，身边有很多托尔金和奇幻同好，帮助我解决一个个问题，不然才疏学浅如我，是断然不敢翻译这本书的。我甚至感觉，翻译托尔金相关的作品，每每就是需要一个同盟，而不是孤胆侠客的独自冒险。我想感谢Erio、周浩、王知易三位语言学专家，没有你们的大力协助，那些佶屈聱牙的读音和无从查找的词义注定是我无法翻越的大山。感谢Egalmoth、zionius、theo、Norloth、周仰、人间心光、水鸟、南辰等等的帮助，按照中洲的说法，与你们的相遇是最美好的萍水相逢。感谢编辑lulu，你总是善意勉励和指点我这个翻译新手。还要感谢我的妻子，如果不是你一再积极鼓励，我这个成天加班的奶爸断然不敢接下翻译的任务。感谢你们，愿星光照耀你们的前路。

最后，我这篇译后记是献给戴故秋（LawrenceMVC、马丁）的，他是本书的校订者，在我心中就是第二个译者。他纠正了大量正文、注释乃至地图的错误，尤其全书后半部分，不少句子完全是他翻译的。他写了来自《中洲历史》《〈霍比特人〉的历史》的大部分注释，悉心查阅了Reader（准教授）、At Homes（家庭聚会）、交换名片等背景资料，甚至对“for 3 are wanted”这句话写了专文研究如何翻译，还精心制作了仿古文献这一趣味周边。上述全是他的心血所系，我不敢掠美。他是那么可靠的朋友，每当我的西伏尔德陷落时，他的刚铎总能及时拍马赶到，与他的交流是翻译中最美妙的时刻。如今他已经沿笔直航道去往维林诺，愿他群星为伴、托老为邻，永远生活在光明与快乐之中。

牧冬

2023年7月19日

专名对照表

《1914和其他诗作》*1914 and Other Poems*
阿宾顿出版社 Abingdon Press
阿狄森小道 Addison's Walk
《阿狄森小道与托尔金、刘易斯》'A Particular Cast of Fancy': Addison's Walk with Tolkien and Lewis
阿督耐克语 Adûnaic
阿尔波因 Alboin
阿尔·布洛达克斯 Al Brodax
阿尔弗雷德街 Alfred Street
阿尔弗雷德·沃里罗 Alfred Warrilow
阿尔滕提丝·索尔皮亚尔特纳尔透提尔 Arndís Þorbjarnardóttir
阿格尼丝·雷恩 Agnes Wrenn
阿格纽女士 Lady Agnew
阿克兰疗养院 Acland Nursing Home
阿拉斯泰尔·丹尼斯顿 Alastair Denniston
阿莱奇冰川 Aletsch glacier
阿里奥斯托 Ariosto
阿利斯泰尔·坎贝尔 Alistair Campbell
阿莉达·贝克尔 Alida Becker
《阿列苏莎》Arethusa
阿罗拉 Arolla
阿姆斯特丹 Amsterdam
阿舍昂 Acheux
阿什菲尔德路 Ashfield Road
阿什莫尔博物馆 Ashmolean Museum
阿乌斯吕赫 Áslaug
阿西西 Assisi
埃卜瑟鲁特队长 Captain Absolute
埃德温·缪尔 Edwin Muir
埃德温·尼夫 Edwin Neave
埃尔达玛 Eldamar
《埃尔达语言之书》*Parma Eldalamberon*
埃尔温 Elwin
埃格拉玛 Eglamar
《埃克塞特抄本》*Exeter Book*
埃克塞特学院 Exeter College

埃里克·斯坦利 Eric Stanley
埃里克·瓦伦丁·戈登 Eric Valentine Gordon
埃里欧尔 Eriol
埃利奥特 C. N. E. Eliot
埃纳的贵妇小径 Chemin des Dames
埃奇巴斯顿 Edgbaston
埃塔普勒 Étaples
埃文 Avon
埃文河畔的斯特拉福德镇 Stratford-upon-Avon
埃沃莱纳 Evolène
《埃雅仁德尔的歌谣》Lay of Earendel
艾达·戈登 Ida Gordon
艾尔夫威奈 Ælfwine
艾格峰 Eiger
艾伦·布利斯 Alan Bliss
艾伦·马维尔 Allen Mawer
艾米丽·简·萨菲尔德 Emily Jane Suffield
艾米丽·斯帕罗 Emily Sparrow
艾斯莉普 Islip
艾斯书局 Ace Books
艾辛顿 Easington
《爱的徒劳》Love's Labour's Lost
爱德华·克兰克肖 Edward Crankshaw
爱德华·利尔 Edward Lear
爱德华·约翰·莫尔顿·德拉克斯·普伦基特 Edward John Moreton Drax Plunkett
爱德华国王骑兵 King Edward's Horse
《爱德华国王学校编年》*The King Edward's School Chronicle*
爱丁堡大学 Edinburgh University
爱尔兰 Ireland
爱丽娜·戴德雷斯 Alina Dadlez
《爱丽丝镜中奇遇记》*Through the Looking Glass*
《爱丽丝漫游仙境》*Alice in Wonderland*
《爱努林达列》Ainulindalë
《爱神话的人致恨神话的人》Philomyth to Misomyth
安·邦瑟 Ann Bonsor
安德鲁·朗 Andrew Lang
安东尼爵士 Sir Anthony
安东尼·莎士比亚 Anthony Shakespeare
安东尼·伍德 Anthony Wood
安格利亚 Angria
安妮 Annie
安徒生 Hans Andersen
《安详辞世》*A Very Easy Death*
昂温·海曼出版社 Unwin Hyman Ltd.
盎格鲁–撒克逊学罗林森与博斯沃思讲席教授 Rawlinson and Bosworth Professor of Anglo-Saxon

盎格鲁–撒克逊语 Anglo-Saxon language
《盎格鲁–撒克逊语读本》*Anglo-Saxon Reader*
《盎格鲁与布立吞：奥唐奈系列讲座》Angels and Britons: O'Donnell Lectures
奥登 W. H. Auden
奥多 Odo
奥尔德肖特 Aldershot
奥尔科特 Olcott
奥尔斯特街 Alcester Street
《奥菲欧爵士》*Sir Orfeo*
《奥格戈》The Orgog
奥古斯丁·埃默里 Augustin Emery
奥克森福德 Oxenford
奥克语 Orkish
奥拉托利会教堂 Birmingham Oratory
奥兰治自由邦 Orange Free State
奥利尔广场 Oriel Square
奥利弗路 Oliver Road
奥利弗·萨菲尔德 Oliver Suffield
奥尼恩斯 C. T. Onions
奥特穆尔河畔查尔顿 Charlton-on-Otmoor
奥托·彭兹勒 Otto Penzler
奥维莱尔 Ovillers
奥乌兹万德尔 Aurvandill
《巴比特》*Babbitt*
巴伯 E. A. Barber
巴德 Bard
巴德尔 Balder
巴恩特格林村 Barnt Green
巴格皮尤兹 Kingston Bagpuize
巴兰坦图书 Balantine Books
巴黎裁缝 Parisian Modiste
巴里 Barry
巴利 J. M. Barrie
巴林 Balin
巴罗百货商店 Barrow's Stores
巴罗人协会 Barrovian Society
巴斯 Bass
巴斯洛学校 Bath Row School
巴兹尔·布莱克维尔 Basil Blackwell
白马酒吧 White Horse
白马山丘 White Horse Hill
百座烟囱之家 House of the Hundred Chimneys
班伯里 Banbury
班廷 Banting
《邦巴迪尔去划船》Bombadil Goes A-Boating
邦波谷 Bumble Dell
邦赫迪格 Bonhedig
邦尼·古德奈特 Bonnie Goodnight
保罗·格雷特克 Paul Gratke
保罗·诺兰·海德 Paul Nolan Hyde

伯明翰 Birmingham
伯明翰奥拉托利会 Birmingham Oratory
伯明翰梅森理学院 Birmingham Mason College
《伯明翰邮报》*Birmingham Post*
伯纳德·莱文 Bernard Levin
《伯特伦旅馆》*At Bertram's Hotel*
伯托尔村山峰 Clocher de Bertol pinnacle
伯托尔小屋 Bertol Hut
博德利图书馆 Bodleian Library
博南萨 Bonanza
博斯库姆 Boscombe
《博瓦狄翁残篇》The Bovadium Fragments
博瓦尔 Beauval
博物学家 Fisiologus
不从国教 Nonconformist
不列颠帝国司令勋章 C. B. E.
布拉多辛 Bladorthin
布莱恩·西布利 Brian Sibley
布莱克维尔出版社 B. H. Blackwell
布兰达·古道尔 Brenda Goodall
布兰克森山脊 Branksome Chine
布朗酒店 Brown Hotel
布朗特 C. H. C. Blount
布劳瑟顿图书馆 Brotherton Library
布雷齐诺斯巷 Brase-nose Lane
布里尔 Brill
布里格 Brig
布理 Bree
布立吞人 Britons
布列塔尼 Brittany
布列塔尼语 Breton language
布隆方丹 Bloemfontein
布鲁克兰兹 Brooklands
布鲁克斯–史密斯夫妇 Brookes-Smith family
布罗姆斯格罗夫 Bromsgrove
布赞库尔 Bouzincourt

《彩色童话集》*Fairy Books*
茶社 Tea Club
茶社和巴罗社团 T. C. B. S. (Tea Club and Barrow Society)
查尔斯·弗思 Charles Furth
查尔斯·雷恩 Charles L. Wrenn
查尔斯·穆尔曼 Charles Moorman
查尔斯·威廉斯 Charles Williams
查理·卡尔 Charlie Carr
彻韦尔河 Cherwell River
《沉寂的星球》*Out of the Silent Planet*
《晨报》*Morgunblaðið*
吃煤人 Coalbiters (Kolbítar)
《出埃及记》Exodus
《初读恰普曼译荷马史诗》First looking into Chapman's Homer

《冬日童话》*Winter's Tales for Children*
动物话 Animalic
“洞穴” The Cave
都柏林 Dublin
《都柏林评论》*The Dublin Review*
杜奇斯路 Duchess Road
多贝尔和古道尔 Dolbear & Goodall
多拉·欧文 Dora Owen
多兰（威尔弗雷德·多兰）蒙席 Mgr Wilfred Doran
多萝西·塞耶斯 Dorothy Sayers
多萝西·尤娜·拉特克利夫 Dorothy Una Ratcliffe
多姆斯顿 Dormston
多瑞亚斯语 Doriathrin/Dor.

峨参 Cow Parsley/Anthriscus sylvestris
《莪相集》*The Poems of Ossian*
俄语 Russian language
厄普 T. W. Earp
厄斯金·麦克唐纳 Erskine Macdonald
恩特 Ents
恩特语 Entish

法弗尼尔 Fafnir
法拉米尔 Faramir
法利 Filey
法内尔博士 Dr Farnell
法师精灵 scorcerer-elf
法语 French language
方维 Fonwey
方维吉恩 Fonwegian
放飞自我社 Apolausticks
《飞鸿22帖：刘易斯论祷告》*Letters to Malcolm, Chiefly on Prayer*
菲比·科尔斯 Phoebe Coles
菲尔德一家 Field family
菲利普·诺曼 Philip Norman
菲利普·西德尼 Sidney
菲莉丝·詹金森 Phyllis Jenkinson
菲斯普 Visp
费艾诺字母 Fëanorian alphabet
费丝 Faith
芬兰语 Finnish language
《芬兰语语法》*A Finnish Grammar*
《疯狂的罗兰》*Orlando Furioso*
丰塔纳出版社 Fontana
《凤凰与魔毯》*The Phoenix and the Carpet*
弗兰克利 Frankley
弗朗西丝·布拉特 Frances Bratt
弗朗西斯·安德森 Francis Anderson
弗朗西斯·汤普森 Francis Thompson
弗朗西斯·泽维尔·摩根 Francis Xavier Morgan
弗朗西斯路 Francis Road
弗雷德里克·布拉特 Frederick Bratt
弗罗多·巴金斯 Frodo Baggins

咕噜 Gollum
古诺斯语 Old Norse
古英语 Old English
《古英语和中古英语时代元音的变长》The lengthening of vowels in Old and Middle English times
《故事和传说中的人物》Gestalten aus Märchen und Sage
《观察家报》*Observer*
《管家的故事》*The Reeve's Tale*
《广播时代》*Radio Times*
“圭尔夫号”蒸汽船 S. S. Guelph
国际幻想奖 International Fantasy Award
《滚塌山》Tumble Hill

《哈尔盖斯特红皮书》*Red Book of Hergest*
哈佛 R. E. Havard
哈格德 Rider Haggard
哈格利路 Hagley Road
《哈莫农夫贾尔斯》*Farmer Giles of Ham*
哈珀柯林斯出版社 HarperCollins
《哈特勒弗雷萨萨迦》*Hallfreðar Saga*
海奥尔兰达 Heorrenda
海菲尔德路 Highfield Road
《海狂》Sea Fever
海伦·福克纳 Helen Faulkner
海洋点 Sea Point
海鹦图书 Puff in Books
《海上钟声》The Sea-bell
汉弗莱·卡彭特 Humphrey Carpenter
汉兹沃思 Handsworth
《航海者》The Seafarer
《航向人角星》*A Voyage to Arcturus*
豪小姐 Miss How
荷兰归正会教堂 Dutch Reformed church
荷兰语 Dutch language
赫伯特·斯基罗 Herbert Schiro
赫尔 Hull
赫尔福德河 Helford river
《赫拉夫凯尔萨迦》Hrafnkels Saga
《黑暗之劫》*That Hideous Strength*
黑丁顿 Headington
黑蛮地语 Dunlendish
黑骑手 Black Riders
黑森林 Mirkwood
黑语 Black Speech
亨伯 Humber
亨吉斯特 Hengest
亨利·布拉德利 Henry Bradley
亨特太太 Mrs Hunt
《恨神话的人》Misomythos
《红色童话》*The Red Fairy Books*
《狐狸乌鸦之书》The Book of Foxrook

教皇党人 Papist
杰弗里·巴赫·史密斯 Geoffrey Bache Smith
杰克·刘易斯 Jack Lewis
杰里米 Jeremy
杰索普 C. H. Jessop
杰索普一家 Jessop family
杰维斯·马修 Gervase Matthew O. P.
杰西卡·肯博尔–库克 Jessica Kemball-Cook
洁怡 Jeyes
捷影 Shadowfax
《姐妹之歌》Sister Songs
《借东西的小人》*Borrowers*
戒灵 Ring-wraiths
金莓 Goldberry
金斯希斯 King's Heath
《金钥匙》*The Golden Key*
《金银岛》*Treasure Island*
精灵 Elves
精灵宝钻 The Silmarils
《精灵宝钻》*The Silmarillion*
"精灵的年龄与努门诺尔人" Elvish Ages & Númenórean
"精灵的衰老" Ageing of Elves
《精灵王之女》*The King of Elfland's Daughter*
精灵语 Elvish languages
《精灵语词典》Gnomish Lexicon
《精灵语通讯》*Vinyar Tengwar*
《惊悦》*Surprised by Joy*
《巨龙来访》The Dragon's Visit

卡德蒙 Caedmon
卡德蒙唱片公司 Caedmon Records
卡尔·霍斯泰特 Carl F. Hostetter
卡尔法克斯 Carfax
《卡勒瓦拉》*Kalevala*
卡雷尔·斯库曼 Karel Schoeman
卡罗琳·希利尔 Caroline Hillier
卡索科布 Castle Cove
开普敦大教堂 Cape Town Cathedral
凯尔特文学神话 Celtic literature and mythology
凯里郡 Kerry
凯奈斯湾 Kynance Cove
凯瑟琳·法拉尔 Katherine Farrar
《凯瑟琳丛稿》Katherine Group
《凯特琳》Seinte Katerine
康奈尔大学出版社 Cornell University Press
康沃尔 Cornwall
考普雷逊街 Corporation Street
考试院 Examination Schools
柯林斯出版社 Collins
科顿 Cotton
科恩市场 Cornmarket
科尔 G. D. H. Cole

科尔·布洛克 Cor Blok
科尔比 W. H. Kirby
科尔河 River Cole
科尔提力安 Kortirion
《科尔：一座失落与死亡之城》Kôr: In a City Lost and Dead
科克 Cork
科里根 Corrigan
科林·哈迪 Colin Hardie
科林·卡利斯 Colin Cullis
科尼什书店 Cornish's bookshop
克尔 N. R. Ker
克拉克大学 Clarke University
克拉伦登出版社 Clarendon Press
克莱德·基尔比 Clyde S. Kilby
克莱恩施岱格 Klein Scheidegg
克莱夫·斯泰普尔斯·刘易斯 Clive Staples Lewis
克里斯蒂安·托尔金 Christian Tolkien
克里斯蒂娜·斯卡尔 Christina Scull
克里斯托弗·怀斯曼 Christopher L. Wiseman
克里斯托弗·吉尔森 Christopher Gilson
克里斯托弗·鲁埃尔·托尔金 Christopher Reuel Tolkien
克利夫登 Clevedon
克吕索菲拉克斯 Chrysophylax
肯尼思·赛瑟姆 Kenneth Sisam
肯特平原 Kentish plains
肯特州立大学出版社 Kent State University Press
恐法症 Gallophobia
恐树症 dendrophobia
寇拜厄塔 Coal-béet-are
《库勒沃的传说》*The Story of Kullervo*
《库洛叔叔》*Uncle Curro*
库兹都语 Khuzdul
快步佬 Trotter
匡托克丘陵 Quantocks
昆雅语 Quenya
《琨雅语词典》Qenya Lexicon/Qenyaqetsa

拉布瓦塞勒 La Boisselle
拉丁语 Latin language
拉斐尔·汉密尔顿 Raphael Hamilton S. J.
拉斐尔前派 Pre-Raphaelite Brotherhood
拉莫纳海湾 Lamorna Cove
拉萨尔 La Salle
拉塞勒·阿伯克龙比 Lascelles Abercrombie
拉瑟兰塔 Lasselanta
拉特 J. C. Latter
莱姆里吉斯 Lyme Regis
赖特夫人 E. M. Wright

兰巴斯 lembas
兰伯特 J. W. Lambert
兰开夏燧发枪手团 Lancashire Fusiliers
《兰开夏燧发枪手团史：1914—1918》 *History of the Lancashire Fusiliers, 1914–18*
兰塞姆 Ransom
《狼族传说》*The House of the Wolfings*
朗文·格林出版社 Longmans，Green
浪漫传奇 Romance
劳埃德银行 Lloyds Bank
劳伦斯·托尔金 Laurence Tolkien
劳伦斯·韦里出版社 Lawrence Verry
劳特布伦嫩 Lauterbrunnen
老阿什莫尔大楼 Old Ashmolean building
《老埃达》*Elder Edda*
老诺克斯 Old Nokes
老鹰与小孩 Eagle and Child
勒图凯 Le Touquet
雷德克里夫广场 Radcliffe Square
雷德纳尔 Rednal
雷丁大学 Reading University
雷克塞德路 Lakeside Road
雷蒙德·爱德华兹 Raymond Edwards
雷纳·昂温 Rayner Unwin
雷诺兹 R.W. Reynolds
雷日纳战壕 Régina Trench
礼来公司 Eli Lilly
里奇韦 Ridgeway
里维埃拉 Riviera
理查德·普洛茨 Richard Plotz
理查德·韦斯特 Richard C. West
理查德·休斯 Richard Hughs
理夏德·德津斯基 Ryszard Derdziński
利弗休姆基金会 Leverhulme
利基丘陵 Lickey Hill
利泽德灯塔 Lizard Lights
利兹 Leeds
利兹大学 Leeds University
莉迪亚 Lydia
莉娜·戴维斯 Lena Davis
莉齐·赖特 Lizzie Wright
《两块顽铁》Two Stubborn Pieces of Iron
列日大学 Liège University
《猎鲨记》*The Hunting of the Snark*
林达·约翰逊·罗布 Lynda Johnson Robb
《林间日光》Wood-sunshine
林·卡特 Lin Carter
林奇 R. P. Lynch
林赛 Lindsay
林屯路 Linton Road
《林中的科尔提力安》Kortirion among the trees
《灵魂守护者》Sawles Warde

马德莱纳尔（约瑟夫·马德莱纳尔） Josef Madlener
《马尔登之战》*Battle of Maldon*
马尔文学院 Malvern College
马费特 A. C. Muffett
马凯特大学 Marquette University
马克·阿瑟顿 Mark Atterton
马拉普洛夫人 Ms Malaprop
马洛礼 Thomas Malory
马诺路 Manor Road
马瑟韦尔 Motherwell
马特峰 Matterhorn
玛格达伦·马修斯 Magdalen Matthews
《玛格丽特》Seinte Margarete
玛格丽特夫人学堂 Lady Margaret Hall
玛吉·彭斯 Maggie Burns
玛丽·简·斯托 Mary Jane Stow
玛丽·迈克尔 Mary Michael
玛丽·诺顿 Mary Norton
玛丽·普里查德 Mari Prichard
玛丽·瑞瑙特 Mary Renault
玛丽·萨卢 Mary B. Salu
玛丽·因克尔登 Mary Incledon
玛乔丽·因克尔登 Marjorie Incledon
迈克尔·麦克拉根 Michael Maclagan
迈克尔·乔治·鲁埃尔·托尔金 M. G. R. Tolkien
迈克尔·萨德勒 Michael Sadler
迈克尔·希拉里·鲁埃尔·托尔金 Michael Hilary Reuel Tolkien
迈林根镇 Meiringen
麦德维德 Medwed
麦卡勒姆 R. B. McCallum
麦克米伦出版社 Macmillan
《麦田里的守望者》*Catcher in the Rye*
《曼威的宫殿》Halls of Manwë
《漫游者》The Wanderer
矛盾修辞 Oxymore
《瑁珑》*Mallorn*
梅 May
梅贝尔·米顿 Mabel Mitton
梅贝尔·萨菲尔德 Mabel Suffield
梅布 Mab
梅努斯 Maynooth
梅特兰街 Maitland Street
《每日电讯报》*Daily Telegraph*
《每日电讯杂志》*Daily Telegraph Magazine*
《每日画报》*Daily Graphic*
《每日快报》*Daily Express*
美国科幻作家协会 Science Fiction Writers of America
美国托尔金学社 Tolkien Society of America
美文出版社 Belles Lettres
迷雾山脉 Misty Mountains

米德加尔德 Midgard, Miðgarðr
米尔顿·沃德曼 Milton Waldman
米迦勒学期 Michaelmas Term
米拉马旅馆 Miramar Hotel
米纳斯·魔古尔 Minas Morgul
《米斯林》Mithrim
《秘密嗜好》*A Secret Vice*
《喵喵猫》Puss-cat Mew
名誉院士 Honorary Fellowship
明登 Minden
魔多 Mordor
《魔法戒指》The Magic Ring
魔苟斯 Morgoth
《魔鬼家书》*The Screwtape Letters*
《魔戒》*The Lord of the Rings*
《〈魔戒〉读者参考》*The Lord of the Rings: A Reader's Companion*
《〈魔戒〉命名法》Nomenclature of The Lord of the Rings
《摹想社档案》The Notion Club Papers
莫德雷德 Mordred
莫德林桥 Magdalen Bridge
莫德林学院 Magdalen College
莫德林学院鹿园 Magdalen Grove
莫顿·格雷迪·齐默尔曼 Morton Grady Zimmerman
莫里斯考利车 Morris Cowley
莫莉·菲尔德 Molly Field
莫诺格拉夫 monographs
莫斯利文法学校 Moseley Grammar School
墨菲神父 Father Murphy
墨瑞亚矿坑 Mines of Moria
墨象社 The Inklings
《墨象社研究杂志》*The Journal of Inklings Studies*
默顿街 Merton Street
默顿学院 Merton College
默顿英语文学教授 Merton Professor of English Literature
默顿英语语言和文学教授 Merton Professor of English Language and Literature
木材山 Timber Hill
穆思提 Musti
《暮星埃雅仁德尔的远航》 *The Voyage of Earendel the Evening Star*

纳法林 Naffarin
纳菲尔德勋爵 Lord Nuffield
《纳尼亚传奇》 *Narnia*
纳皮耶 A. S. Napier
纳什维尔 Nashville
奈夫波什 Nevbosh
男孩俱乐部 Boys' Club
《男孩杂志》*Boy's Own Paper*

南安普敦 Southampton
南非 South Africa
南非荷兰语 Afrikaans
南希·史密斯夫人 Mrs Nancy Smith
内奥米·科利尔 Naomi Collyer
内奥米·米奇森 Naomi Mitchison
内德 Ned
内森·斯塔尔 Nathan Starr
内斯比特 Nesbit
内维尔·科格希尔 Nevill Coghill
《尼伯龙根之歌》*Nibelungenlied*
尼葛 Niggle
《尼葛的叶子》 *Leaf by Niggle*
尼科尔·史密斯 Nichol Smith
《你和我以及失落嬉游的小屋》You & Me and the Cottage of Lost Play
《酿酒圣经》*Brewers' Biblical*
牛津 Oxford
牛津大学 Oxford University
牛津大学英语语言文学系 Oxford University Honour School of English Language and Literature
《牛津儿童文学参考》*The Oxford Companion to Children's Literature*
《牛津来电》*Oxford Calling*
牛津龙小学 Dragon School
牛津人出版社 Oxonian Press
《牛津诗刊》*Oxford Poetry*
《牛津时报》 *Oxford Times*
《牛津英语词典》*Oxford English Dictionary/OED*
《牛津邮报》 *Oxford Mail*
《牛津杂志》*The Oxford Magazine*
纽鲍尔博士 Dr Neubauer
《纽约时报》*New York Times*
《纽约先驱论坛报》*New York Herald Tribune*
努门诺尔 Númenor
"努门诺尔人的衰老" The Ageing of Númenórean
努民诺尔 Numinor
诺丁汉郡 Nottinghamshire
诺多语 Noldorin/N.
诺勒姆路 Norham Road
诺曼·戴维斯 Norman Davis
诺曼·克雷格 Norman Craig
诺森布里亚王国 Northumbria
诺斯穆尔路 Northmoor Road
诺斯语与北欧神话 Norse language and mythology
《女尼的教士的故事》*Nun's Priest's Tale*
《女占卜者的预言》 *Prophecy of the Seeress/völuspa*

欧本阔特出版社 Open Court
欧比松 Aubusson

乔伊·希尔 Joy Hill
乔治·艾伦与昂温出版社 George Allen & Unwin
《乔治·艾伦与昂温出版社：一部回忆录》*George Allen & Unwin: A Remembrancer*
乔治·布赖恩·布鲁梅尔 George Bryan Brummell
乔治·布鲁尔顿 George Brewerton
乔治·菲尔德 George Field
乔治·冯·霍亨索伦 George von Hohenzollern
乔治·戈登 George Gordon
乔治·格罗夫 George Grove
乔治·吉尔伯特·斯科特 George Gilbert Scott
乔治·麦克唐纳 George Macdonald
乔治·梅瑞狄斯 George Meredith
乔治·塞耶 George Sayer
乔治·沃明 George Worming
乔治奖章 George Medal
《乔治诗集》*Georgian Poetry*
切达峡谷 Cheddar Gorge
切尔滕纳姆 Cheltenham
切尔滕纳姆飞行器 Cheltenham Flyer
切斯特顿 G. K. Chesterdon
《情敌》*The Rivals*
琼·安妮 Joan Anne
琼·特维尔-彼得 Joan Turville-Petre
丘奇夫妇 Mr and Mrs Church
《秋天》Narqelion
全英图书联盟 National Book League

人人图书馆 Everyman's Library
日光反射信号器 heliograph
荣休院士 Emeritus Fellowship
荣誉等级考试 Honour Moderations/ Mods
荣誉学位 honour degree
《如同两棵美好的树》As Two Fair Trees
儒米尔 Rúmil
儒米尔字母 Alphabet of Rúmil
瑞典语 Swedish language
瑞秋·托尔金 Rachel Tolkien
瑞士阿尔卑斯山 Swiss Alps

萨尔霍 Sarehole
萨菲尔德一家 Suffield family
萨福克军团 Suffolk regiment
萨拉 Sarah
萨默塞特 Somerset
萨默塞特·毛姆奖 Somerset Maugham Award
萨茹曼 Saruman
塞克斯顿·布莱克-福尔摩斯 Sexton Q. Blake-Holmes
塞林格 J. D. Salinger

塞缪尔·约翰生 Samuel Johnson
三杯旅馆 Three Cups Hotel
《三极》*Triode*
三一学院 Trinity
《散文埃达》*Prose Edda*
桑菲尔德路 Sandfield Road
桑普森·甘姆吉 Sampson Gamgee
瑟罗尔 Thror
僧侣峰 Munch
沙法师 sand-sorcerer
沙格伯勒礼堂 Shugborough Hall
《沙丘》*Dune*
莎士比亚 Shakespeare
傻子蒂姆 Tim Tit
《山灵》Der Berggeist
山姆·甘姆吉 Sam Gamgee
善德女神 Bona Dea
善灾 Eucatastrophe
《少年魔法师》*Young Magicians*
《少年书架》*Junior Bookshelf*
少女峰 Jungfrau
《神话传说》*Mythlore*
《神话创造》Mythopoeia
神话创造学社 Mytho-poeic Society
《神秘花园》*Secret Gardens*
圣阿洛伊修斯天主教堂 St Aloysius' Catholic Church
圣安德鲁斯大学 St Andrews
圣安妮教堂 St Anne's
圣布伦丹 St Brendan
《圣诞老爸的来信》*Letters from Father Christmas*
圣邓斯坦天主教堂 Roman Catholic church of St Dunstan
圣斐理伯文法学校 Grammar School of St Philip
圣格里高利教堂 St Gregory's
圣公会教堂 Anglican cathedral
圣礼拜堂 Sainte Chapelle
圣马丁出版社 St Martin's Press
圣马可巷 St Mark's Terrace
圣母大学出版社 University of Notre Dame Press
圣乔治大教堂 St. George's Cathedral
圣三一学期 Trinity Term
圣徒纪念日 saint's day
圣心修道院 Convent of Sacred Heart
圣休学院 St Hugh's
圣约翰街 St John's Street
《圣朱利安的生平与受难》*The Life and Passion of St. Julienne*
《失落的传说》*The Book of Lost Tales*
《诗辩》*Defence of Poesie*
《诗人贝奥武甫》*The Beowulf Poet*
《诗体埃达》*Poetic Edda*
《狮子、女巫和魔衣柜》*The Lion, the Witch and the Wardrobe*
《狮子之地》*Place of the Lion*

施岱格 Scheidegg
施瓦本堡垒 Schwaben Redoubt
《时代与潮流》 *Time and Tide*
《时间机器》 *The Time Machine*
《时间之问》 *A Question of Time*
《十四世纪诗文集》*Fourteenth Century Verse & Prose*
《世纪作家》 *J. R. R. Tolkien: Author of the Century*
《世界的面貌》Ambarkanta
世界语 Esperanto
《世外仙姝》The Mistress of Vision
《书信集》Epistularum
树须 Treebeard
《树之叶》*Leaves from the Tree*
双圣树 The Two Trees
斯巴克布鲁克 Sparkbrook
斯多葛式 stoic
斯基特英语语言奖 Skeat Prize for English
斯科普斯 F. Scopes
斯科特·卡彭特 Scott Carpenter
斯毛格 Smaug
斯毛希斯 Small Heath
《斯纳格人的奇妙世界》*The Marvellous Land of Snergs*
斯普林希尔学院 Spring Hill College
斯塔福德郡 Staffordshire
《斯泰普尔顿杂志》*The Stapeldon Magazine*
斯坦利·昂温爵士 Sir Stanley Unwin
斯特拉福德 Stratford
斯特拉·米尔斯 Stella Mills
斯特灵路 Stirling Road
斯特罗莱瑟 Strollreither
斯图尔特 J. I. M. Stewart
斯旺出版社 Swan Press
斯威特 Sweet
斯韦特与蔡特林格出版社 Swets & Zeitlinger
死灵法师 The Necromancer
四旬期学期 Lent term
《四种爱》*The Four Loves*
《苏格兰人报》*The Scotsman*
苏联 Soviet Russia
苏珊·达格诺尔 Susan Dagnall
苏特 Suet
《俗世天堂》*Earthly Paradise*
《岁月》 *The Years*
梭林·橡木盾 Thorin Oakenshield
索利泰尔 Solitaire
索隆 Sauron
《索姆河》*The Somme*
索姆河战役 battle of the Somme

《她》*She*
《他们在静美中安睡》They Sleep in Beauty

塔尔博特·达利桑德罗 C. Talbot d'Alessandro
塔利斯卡语 Taliska
塔尼魁提尔 Taniquetil
塔茹伊松 Taruithorn
泰勒瑞语 Telerin/Tel.
泰龙托拉 Terontola
《泰晤士报》*The Times*
《泰晤士报文学增刊》*Times Literary Supplement*
汤米 Tommy
汤姆·邦巴迪尔 Tom Bombadil
汤姆·希比 Tom Shippey
唐·查普曼 Don Chapman
唐可雷德 G. S. Tancred
唐纳德·弗莱 Donald K. Fry
唐纳德·斯旺 Donald Swann
唐耶·里恩 Tangye Lean
陶顿女王学院 Queen's College, Taunton
特尔街 Turl Street
提德瓦尔特 Tidwald
提摩太·蒂图斯 Timothy Titus
提尼缀尔 Tinidril
《天路归程》*The Pilgrim's Regress*
《天渊之别》*The Great Divorce*
天主教会 Catholic Church
《天主教先驱报》*The Catholic Herald*
甜馅饼 Tarts
《田野之花》*Flowers of the Field*
《通往中洲之路》*The Road to Middle-earth*
通信盘 disc signalling
同级会 Ad Eundem Club
《同志情谊问题》A Case of Comrades
统御之戒 The One Ring
《痛苦的奥秘》*The Problem of Pain*
图尔赫斯特 B. J. Tolhurst
图林 Túrin
托尔 Tor
托尔埃瑞西亚 Tol Eressëa
《托尔芬努尔·卡尔特尔爱普尼斯萨迦》*Þorf inns Saga Karlsefnis*
托尔赫特海尔姆 Torhthelm
托尔基恩 Tolkiehn
《托尔金：参考与导读》*The J. R. R. Tolkien Companion & Guide*
《托尔金的传说故事集：关于〈中洲历史〉的论文》*Tolkien's Legendarium: Essays on The History of Middle-earth*
《托尔金的日本风》Tolkien's Japonisme
《托尔金的瑞士》*Tolkien's Switzerland*
《托尔金的双重世界和创造历程》*J. R. R. Tolkien's Double Worlds and Creative Process*

威尔士亲王剧院 Prince of Wales
威尔逊（A）A. N. Wilson
威尔逊（F）F. P. Wilson
威廉·埃尔温 William Elvin
威廉·布莱克 William Blake
威廉·福斯特 William Foster
威廉·戈尔丁 William Golding
威廉·凯特 William Cater
威廉·柯林斯 William Collins
威廉·克雷吉 William. A. Craigie
威廉·雷迪 William Ready
威廉·卢瑟·怀特 William Luther White
威廉·莫里斯 William Morris
威廉·萨菲尔德 William Suffield
威廉·伊尔德曼斯出版社 William B. Eerdmans
威尼斯 Venice
威瑟恩西 Withernsea
威斯特帕克 West Park
威特沃特斯兰德 Witwatersrand
《微观世界》*The Microcosm*
薇拉·查普曼 Vera Chapman
韦恩·哈蒙德 Wayne G. Hammond
韦尔琳·弗利格 Verlyn Flieger
韦兰德铁匠长冢 Wayland's Smithy
唯灵论 spiritualism
唯美主义者 aesthetes
维多利亚哥特式 Victorian gothic
维京俱乐部 Viking Club
维拉 Valar
维利 Willie
维林诺 Valinor
《伟大传说永不绝》*The Great Tales Never End*
温特顿 C. J. G. Winterton
汶基洛特 Wingelot
文森特·里德神父 Father Vincent Reade
文森特·特劳特 Vincent Trought
文学士学位 B. Litt
《文艺复兴研究绪论》Prolegomena to Renaissance Studies
文印中心 Supercopy
《文字之戒》*The Ring of Words*
《瓮葬》*Urn Burial*
沃尔弗科特 Wolvercote
沃尔特·黑格 Walter Haigh
沃尔特·胡珀 Walter Hooper
沃尔特·罗利 Walter Raleigh
沃尔特·斯基特 Walter Skeat
沃尔特·因克尔登 Walter Incledon
沃里克 Warwick
沃里克郡 Warwickshire
沃伦古英军墓园 Warlencourt British Cemetery
沃伦·刘易斯 Warren Lewis
沃明霍尔 Worminghall

野芹花 hemlock

《一个文盲乡下小孩的"丑角"形象》 An unlettered peasant boy of 'sordid character'— Shakespeare, Suffield and Tolkien

一位论派信徒 Unitarian

《伊阿宋的生与死》 *The Life and Death of Jason*

伊迪丝·布拉特 Edith Bratt

伊迪丝·玛丽·萨菲尔德 Edith Mary Suffield

伊尔贝瑞丝 Ilbereth

伊尔科尔语 Ilkorin/I'll.

《伊尔米尔的号角》 The Horns of Ylmir

伊夫琳·伯恩 Evelyn B. Byrne

伊夫舍姆 Evesham

伊格利什梅克语 Iglishmêk

伊莱恩·格里菲思 Elaine Griff ith

伊丽莎白·拉姆斯登 Elisabeth Lumsden

《伊姆兰》 Imram

伊普尔 Ypres

伊萨卡 Ithaca

伊萨克·米斯特·托尔金·维克特 Isaak Mister Tolkien Victor

伊斯顿路 Eastern Road

伊斯雷尔·戈兰茨 Israel Gollancz

伊希利恩 Ithilien

依拉略学期 Hilary Term

《医生的宗教》 *Religio Medici*

意大利语 Italian language

因克尔登一家 Incledon family

因特拉肯 Interlaken

《音变传播中的问题》 Problems of the dissemination of phonetic change

《音乐和音乐家词典》 *Dictionary of Music and Musicians*

《银号角》 *Silver Trumphet*

《隐修女指南》 *The Ancrene Wisse; The Ancrene Riwle*

《〈隐修女指南〉词汇注评》 Notes and Observations on the Vocabulary of Ancrene Wisse

《印第安故事集》 *Red Indian stories*

《印第安童话》 *Red Indian Fairy Book*

英格尔夫兹·阿尔纳尔松 Ingólfur Arnarson

英国广播公司 British Broadcasting Corporation/BBC

英国国家学术院 British Academy

《英国国家学术院会议论文集》 *Proceedings of the British Academy*

《英雄国》 *Land of Heroes*

《英语方言词典》 *English Dialect Dictionary*

英语系 English School
《英语协会成员的论述与研究》*Essays and Studies by members of the English Association*
《英语研究》*English Studies*
《英语研究的崛起》*The Rise of English Studies*
《英语研究年度作品》*The Year's Work in English Studies*
《英语研究评论》*The Review of English Studies*
英语语言系 The Honour School of English Language
《英语中的盎格鲁-诺曼元素》The Anglo-Norman element in English
樱草会 Primrose League
《罂粟草田》The Thatch of Poppies
《蝇王》*Lord of the Flies*
雨果·戴森 Hugo Dyson
语文学协会 Philological Society
《语文学协会学报》*Transactions of the Philological Society*
原初世界 Primary World
原始埃尔达语 Primitive Eldarin
原始昆迪语 Primitive Quendian
《远方群岛》*The Far Islands*
《远古时代的海颂》Sea Chant of an Elder Day
院士花园 Fellows' Garden
约翰·巴肯 John Buchan
约翰·本杰明·托尔金（J. R. R. T. 高祖父）Johann Benjamin Tolkien
约翰·本杰明·托尔金（J. R. R. T. 祖父）John Benjamin Tolkien
约翰·布尔曼 John Boorman
约翰·布赖森 John Bryson
约翰·德莱顿 Dryden
约翰·弗朗西斯·鲁埃尔·托尔金 John Francis Reuel Tolkien
约翰·哈里斯 John Harris
约翰·亨利·纽曼 John Henry Newman
约翰·济慈 John Keats
约翰·加思 John Garth
约翰·克拉克·霍尔 John R. Clark Hall
约翰·拉特利夫 John D. Rateliff
《约翰·罗纳德的校园生活》John Ronald's Schooldays
约翰·罗纳德·鲁埃尔·托尔金 John Ronald Reuel Tolkien（J. R. R. T.）
约翰·梅斯菲尔德 John Masefield
约翰·梅特卡夫 John Metcalf
约翰·弥尔顿 John Milton
约翰·默里出版社 John Murray
约翰·萨菲尔德 John Suffield
约翰·托尔金 John Tolkien
约翰·韦恩 John Wain
约翰·伊扎德 John Ezard
约翰尼斯·托尔基恩 Johannes

Tolkiehn
约翰斯·查尔斯 Johns Charles
《约克郡诗歌》 *Yorkshire Poetry*
《约拿书》Book of Jonah
约瑟夫·奎尔特 Joseph Quilter
约瑟夫·赖特 Joseph Wright
《约瑟大·赖特的一生》*The Life of Joseph Wright*
约瑟夫·威尔斯 Joseph Wells
《月仙来太早》The Man in the Moon Came Down Too Soon

《早晨》Morning
早期英语文献协会 E. E. T. S.
詹姆斯·邓达斯–格兰特 James Dundas-Grant
詹姆斯·默里 James Murray
詹姆斯·希尔 James Hill
詹妮·格罗夫 Jennie Grove
《侦探、厨师和妇女参政论者》The Bloodhound, the Chef, and the Suffragette
《真相》 *Truth*
《珍珠》Pearl
中古英语 Middle English language
《中世纪》*Medium Ævum*
《中世纪研究绪论》Prolegomena to Mediaval Studies
中学证书 School Certificate
中洲 Middle-earth
《中洲导读》 *A Guide to Middle Earth*
《中洲历史》*The History of Middle-earth*
《仲冬：古英格兰的某些旅人》 *Midwinter: Certain Travellers in Old England*
《朱利安》Seinte Iuliene
朱丽叶·格林道尔 Juliet Grindle
《诸神回归大地》The gods return to earth
兹比格涅夫·佩乌琴斯基 Zbigniew Pelczyński
《自由邦之友》*The Friend of the Free State*
自愿搁置怀疑 the willing suspension of disbelief
《最后一战》*The Last Battle*
最终荣誉学科 Final Honour School
《作为诗人的乔治·梅瑞狄斯》 George Meredith as a Poet

索引

托尔金故事里的人名和地名标注在引号内。他的作品名（无论是否公开发表）均列于“J. R. R. 托尔金”一栏下，以下页码均为2002年英国平装本页码，即本书边码。

圣安德鲁斯大学
格拉斯哥
英
国
爱
尔
兰
都柏林
法利
*哈罗盖特(1917)
*霍恩西营地(1917)
*赫尔(1917)
*威瑟恩西(托尔纬瑟农岛，1917)
利兹
亨伯河口
鲁斯(罗斯)
凤凰农场
*大海伍德
(塔芙洛贝尔，1916—1917)
*朋克里奇营地
(1915—1916，1918)
伯明翰
沃里克(科尔提力安)
多姆斯顿(袋底)
剑桥
马尔文
*贝德福德营地
利兹
威斯特帕克
路
环
奥特利路
*达恩利路
(1924—1926)
*霍利班克(1921)
格罗夫巷
昆士伍德路
圣安妮路
*圣米歇尔街(1920—1921)
柯克斯托尔路
卡迪根路
伯利路
海丁利巷
*圣马可巷
(1921—1924)
利兹大学
斯通盖特路
斯坦贝克路
彼特牛顿路
米恩伍德路

切尔滕纳姆
(凯尔巴洛斯)
克利夫登
韦兰德铁匠长冢
伦敦
福克斯通
*霍夫(1904)
莱姆里吉斯
西德茅斯
*伯恩茅斯(1968—1971)
利泽德
拉莫纳海湾
牛津附近
奥特穆尔河畔查尔顿
艾斯莉普
彻
韦
尔
河
伍德伊顿
沃特伊顿
布里尔
牛津
沃明霍尔
泰
晤
士
河
伯明翰
*奥利弗路
(1902—1904)
斯毛希斯
巴罗百货商店
爱德华国王学校
圣安妮教堂
奥拉托利会教堂
*杜奇斯路
(1908—1910)
*斯特灵路(1905—1908)
*海菲尔德路
(1910—1911)
埃奇巴斯顿
火车站
斯巴克布鲁克
科尔河
*伯明翰大学临时医院(1916)
*格雷斯维尔路
(1896—1900)
萨尔霍磨坊
*阿什菲尔德路(1895—1896)
金斯希斯
霍尔格林
*威斯特菲尔德路
(1901—1902)
圣邓斯坦教堂
利基丘陵
*雷德纳尔
(1904—1905)
巴恩特格林
布罗姆斯格罗夫

注：带*的地名为托尔金曾经的居所所在地，括号中为居住的起止年份。

往*沃尔弗科特公墓
加尔默罗女修道院
*诺斯穆尔路
(1926—1930, 1930—1947)
伍德斯托克路
班伯里路
林屯路
牛津
龙小学
圣休学院
玛格丽特夫人学堂
*阿尔弗雷德街

因特拉肯
布里恩茨湖
迈林根
图恩湖
阿勒河
劳特布伦嫩(幽谷)
格林德瓦
艾格峰
米伦
僧侣峰
希尔伯峰
(银齿峰)
少女峰
锡永
谢尔
布里格
罗讷河
埃沃莱纳
伯托尔小屋
阿罗拉
采尔马特
马特峰

瑞士之旅

(1911—1914)
尔
河
老鹰与
小孩酒吧
贝利奥尔学院
*圣约翰街
(1914—1915，1918，1919)
*霍利韦尔街
(1950—1953)
*马诺路
(1947—1950)
白马酒吧
殉道者纪念碑
老阿什莫尔大楼
博德利图书馆
宽街
莫德林学院
(鹿园)
阿狄森小道
雷德克里夫广场
市场街
布雷齐诺斯巷
室内市场
院士花园
考试院
东门酒馆
卡尔法克斯
高街
奥利尔广场
默顿学院
莫德林桥
伦敦路
往*桑菲尔德路
(1953—1968)
彭布罗克学院
基督圣体学院
*默顿街
(1971—1973)
往考利镇
埃克塞特学院
泰晤士河
牛津

文
景

Horizon

社科新知　文艺新潮

托尔金传

[英]汉弗莱·卡彭特　著

牧冬　译　戴故秋　校

出 品 人：姚映然
策划编辑：卢　茗
责任编辑：卢　茗
特约校对：zionius　虫子
营销编辑：杨　朗
装帧设计：赤　徉
美术编辑：施雅文

出　　品：北京世纪文景文化传播有限责任公司
(北京朝阳区东土城路8号林达大厦A座4A　100013)
出版发行：上海人民出版社
印　　刷：山东临沂新华印刷物流集团有限责任公司
制　　版：南京展望文化发展有限公司

开 本：850mm×1168mm　1/32
印 张：16.25　　字 数：304,000　　插 页：14
2024年2月第1版　　2024年2月第1次印刷
定 价：118.00元
ISBN：978-7-208-18390-2 / K·3300

图书在版编目（CIP）数据

托尔金传 /（英）汉弗莱·卡彭特（Humphrey Carpenter）著；牧冬译. — 上海：上海人民出版社，2023

书名原文：J.R.R.Tolkien: A Biography

ISBN 978-7-208-18390-2

Ⅰ. ①托… Ⅱ. ①汉… ②牧… Ⅲ. ①托尔金（John Ronald Reuel Tolkien, 1892-1973）-传记 Ⅳ. ①K835.615.6

中国国家版本馆CIP数据核字（2023）第125140号

托尔金在文景

《霍比特人：电影书衣本》
《霍比特人：经典书衣本》
《霍比特人：精装插图本》
《霍比特人：萌趣插图本》
《霍比特人：插图详注本》
《霍比特人》
《魔戒》
《魔戒：插图本》
《魔戒：精装插图本》
《魔戒：全 7 卷》
《精灵宝钻：精装插图本》
《努门诺尔与中洲之未完的传说》
《贝伦与露西恩：精装插图本》
《胡林的子女：精装插图本》
《刚多林的陷落：精装插图本》
《圣诞老爸的来信》
《幸福先生》
《〈霍比特人〉的艺术》
《纸上中洲：艾伦·李的〈魔戒〉素描集》
《中洲旅人：从袋底洞到魔多——约翰·豪的中洲素描集》
《神话与魔法：约翰·豪的绘画艺术》
《中洲地图集》
《托尔金：中洲缔造者》
《托尔金的世界》

《托尔金传》

《险境奇谈：托尔金短篇小说集》

《西古尔德与古德露恩的传奇》

《努门诺尔沦亡史》

《托尔金与世界大战》

《世纪作家》

……